Journalism and communication

政治传播学（第二版）

主　编　周宇豪
副主编　徐　键　宗俊伟　姚　鹏　詹志苇

WUHAN UNIVERSITY PRESS
武汉大学出版社

图书在版编目(CIP)数据

政治传播学/周宇豪主编 .—2 版.—武汉：武汉大学出版社，2022.6
(2022.8 重印)
ISBN 978-7-307-23072-9

Ⅰ.政… Ⅱ.周… Ⅲ.政治传播学 Ⅳ.D0-05

中国版本图书馆 CIP 数据核字(2022)第 074413 号

责任编辑：喻 叶 沈继侠 责任校对：汪欣怡 版式设计：马 佳

出版发行：**武汉大学出版社** (430072 武昌 珞珈山)
(电子邮箱：cbs22@whu.edu.cn 网址：www.wdp.com.cn)
印刷：武汉图物印刷有限公司
开本：787×1092 1/16 印张：19.25 字数：453 千字 插页：1
版次：2013 年 8 月第 1 版 2022 年 6 月第 2 版
2022 年 8 月第 2 版第 2 次印刷
ISBN 978-7-307-23072-9 定价：58.00 元

目　录

第一章 导 论

【本章重点】

本章主要介绍了政治和政治传播的内涵和基本内容。什么是政治，什么是政治传播，政治传播的研究对象是什么，是政治传播学研究的基本命题。政治和政治学的产生和发展离不开政权、利益、权力、权利、道德等概念及其相关理论，而政治学与传播学的联姻则产生了一门以研究政治传播现象为主要内容的新学科——政治传播学。本章重点对政治传播学的学科领域进行了界定，并对政治传播理论、主要流派做了梳理。

第一节 政治和政治传播

一、政治的内涵

马克思主义认为，政治是一个历史概念，它并不是人类社会与生俱来的现象和社会关系……政治起源于人类原始社会的氏族公社阶段，① 是维护和协调氏族公社中的共同利益和协调利益差异和矛盾，规约氏族成员的公共权力及其机关的关系与活动。“政治”一词在西方，无论是英语 Politics，法语 Politique，还是德语 Politik，都起源于希腊语 πολις。关于这个词的最早的文字考证记载于《荷马史诗》。在古希腊，政治开始从宗教中分化出来，而哲学或科学则从神话中分化出来。② 政治最初的字面含义是指城堡或者城邦，后又同人民的政治生活相联系，发展成含有政治制度、政治家等意思的词。由此我们可以看出“政治”一词的最早意义就是指城邦中公民参与政治统治、社会管理等各种公共行为的总和。

在我国，先秦时代就出现了“政治”一词，《尚书·毕命》中有“道洽政治，泽润生民”；《周礼·地官·遂人》中记载着“掌其政治禁令”。需要指出的是，我国古代“政治”的含义与西方意义不太一样，多半指君臣维护国家统治、治理国家的行为，而且“政”和“治”是分开来讲的：“政”一般指朝代的制度秩序、统治或施政的手段、君臣的政治活动以及符合礼仪道德的修养；“治”则指的是安定社会状态、治国的行动，正如“古之欲明德于天下者，先治其国……”现代汉语中的“政治”是舶来品，当英语 Politics 经由日本传入我国时，孙中山认为“政就是众人之事，治就是管理，管理众人之事，就是政治”。因此，

---

① 王浦劬等：《政治学基础(第二版)》，北京大学出版社 2006 年版，第 10 页。

② [美]乔治·萨拜因：《政治学说史》，邓正来译，上海人民出版社 2008 年版，第 24 页。

他选择将 Politics 译作“政治”一词，孙中山对政治的理解在当时影响甚广。马克思主义从广义政治角度分析，政治就是在特定社会经济关系及其所表现的利益关系的基础上，社会成员通过社会公共权力确定和保障其权利并实现其利益的一种社会关系。①

在漫长的人类历史进程中，人们对于政治的理解不断深化。进入现代社会，政治科学成为一门显学，但是人们对政治内涵的理解和阐释也各不相同。由于不同时代需要政治发挥作用的侧重点不同，不同的阶级对于政治的阐释的立场和价值观各不相同，因此不同时期，不同群体对政治理解的各种理论观点也就打上了特定时代和特定的阶级烙印。但是，无论对政治怎样界定，或者不管是立场、观点、价值、风俗、文化差异有多大，在诸多有关对政治的探讨中，下列几个因素作为政治研究的核心要素从未被忽略。

(一)权利与权力

在政治与国家权力相关的概念中，还应该提到的是，把政治看作一种管理国家事务和社会生活的行为这种观点。从政治最初的概念来看，这的确是体现了政治的主要表象特征。孙中山在将英文 Politics 一词翻译为中文时，认为政治(Politics)就是“管理众人之事”，西方也有学者认为政治是权威性的决策制定行为和执行活动。但是这个观点忽视了政治更深层次的关系，没有明确提出政治管理的主体是谁，因此它的表述是不完整的。

另外一种观点是认为政治是权术计谋，把政治看作一项统治技术，不需要用善恶的道德标准来评判，这种观点认为政治是执政者针对被统治者采用的统治技术、管制计谋，为了实现巩固统治地位的目的，采取的权术和计谋可能会逾越道德的底线。这种观点关注的过多的是对政治的批判，只看到了政治的黑暗层面，尤其是在阶级社会中，政治作为统治工具所带来的负面影响。事实上，这些黑暗面并不是政治的全部，政治对人类社会的进步起着重大的积极作用，它是社会管理的一种特定形式，能够推动社会的发展和人类文明的进步。因此，这种把政治看作权术、计谋的观点是不准确的，甚至是有害的。

与上述观点不同的是对权利的理解，认为政治是权威的象征或者权力的利用。我国法家思想的集大成者韩非子认为“先王所期者利也，所用者力也”，其直白地表述出政治就是权力的使用。西方也有诸多观点是从权力的角度解释政治，德国社会学家马克斯·韦伯认为：“‘政治’是指力求角度分享权力或力求影响权力的分配”；② 美国当代政治心理学家拉斯韦尔认为政治主要是“权力的形成和分配”。③ 的确，政治的权威是执政者对整个社会公共生活的管理、对社会结构进行调节的权威，这种公共的权威也体现了政治现象的核心。事实上，政治的良好发展也需要树立和维护这种权威。但是，把政治看作权力衍生品的观点，仅仅注意到了政治的强制性，这就很容易造成一种误解，即政治只是一种争权谋利的行为。这些有关政治的观点涉及了一对重要的关系范畴，即如何理解权利与权力的关系。

① 王浦劬等：《政治学基础(第二版)》，北京大学出版社 2006 年版，第 9 页。

② 转引艾·C. 艾萨克：《政治学：范围与方法》，郑永年等译，浙江人民出版社 1987 年版，第 21 页。

③ H. 拉斯韦尔，A. 卡普兰：《权力与社会》，王菲易译，上海人民出版社 2012 年版，第 240 页。

实际上，权利(Right)与权力(Power)既是政治永远躲避不开的重要话题，也是从属于政治学的重要范畴。权利和权力都是有着悠久历史的概念，也是被广泛使用却又被广泛模糊的一对概念。权利或者权力是什么？学者们对此争论由来已久。毋庸置疑的是，只有在人和人组成的社会中才能形成权利和权力，孤立于社会的个人无所谓个人权利，也无所谓权力。

因此，对于权利或权力是什么，马克思主义认为，只有在社会关系中才能找到答案。简言之，我们所要探讨的权利与权力的关系就是政治社会中个体权利和国家权力的关系问题。卢梭的社会契约论为我们理解权利与权力的关系提供了线索。在《社会契约论》中，卢梭说道，"我设想，人类曾达到过这样一种境地，当时自然状态中不利于人类生存的种种障碍，在阻力上已超过了每个个人在那种状态中为了自存所能运用的力量。于是，那种原始状态便不能继续维持，并且人类如果不改变其生存方式，就会消灭"。① 在这里，卢梭假设了这样一种理念状态：自然状态。在自然状态下，由于人和人的交往逐渐变得频繁而经常，并伴随着私有财产的出现，使得"自然的不平等，不知不觉地随着关系的不平等而展开了"，"在最强者的权利和先占者的权利之间发生无穷尽的冲突"。这个时候，"富人就很容易地造出一些动听的理由，诱导他们达到自己的目的。他向他们说：咱们联合起来吧，好保障弱者不受压迫，约束有野心的人。"②这种联合不仅刺激了权利观念的产生，使承认和尊重成为人们生活的需要，也使权利逐渐成为社会生活中人类维持和调整彼此关系的重要工具。

对于社会生活中权利观念的形成，格林说，"没有这种承认或者承认的要求，权利就不可能存在。权利是而且必须是不仅作为社会的产物，而且是有自我意识的社会的产物：人们已经察知其共同利益并共同具有这种意识，所以，人们愿意并且能够共同协调他们的行为"。③ 关于这种结合的必然性，卢梭接着说，"然而，人类既不能产生新的力量，而只能是结合并运用已有的力量；所以人类便没有别的办法可以自存，除非是集合起来形成一种力量的总和才能够克服这种阻力，由一个唯一的动力把它们发动起来，并使它们共同协作"。④ 那么，这种组合是如何实现的呢？卢梭认为，"那就是：每个结合者及其自身的一切权利全部都转让给整个的集体"。⑤

在卢梭看来，公共权力的产生是个体权力集中的结果，是社会个体在缔结社会契约的过程中全部让与权利形成的。通过这种让与和集合，人类社会获得了一种高级的权利——共同体的权力。共同体权力的产生，意味着人类社会已经完成了自然状态向政治状态的转变。卢梭的社会契约解决了人类政治共同体的形成，或者说解释了人类"从自然状态下的

① ［法］卢梭：《社会契约论》，何兆武译，商务印书馆 1982 年版，第 22 页。

② ［法］卢梭：《论人类不平等的起源》，李常山译，东林校，商务印书馆 1962 年版，第 111～130 页。

③ ［英］格林：《政治义务原理讲演集》，剑桥大学出版社 1968 年版，第 45 页。转引自［美］贝思·J. 辛格：《实用主义、权利和民主》，王守昌等译，上海译文出版社 2001 年版，第 61 页。

④ ［法］卢梭：《社会契约论》，何兆武译，商务印书馆 1982 年版，第 22 页。

⑤ ［法］卢梭：《社会契约论》，何兆武译，商务印书馆 1982 年版，第 23 页。

个体到政治状态下的人民的转化”。① 至此，卢梭也完成了由权利到权力的证明。也就是说，权利先于权力而存在，权利中蕴含着权力因素；共同体权力产生于权利，是一种特殊的权利，或者是更高级的权利；这种权力根源于社会个体的权利，但并不是权利的上位概念，也不是与权利对立的概念。卢梭认为，在人民所代表的权利之上创立一个权威是荒谬的，因为人民本身就是权威。因此还可以进一步说：从本源上看，权力在效力或正当性上来源于权利。

在政治状态下，虽然权力是一个相对独立的概念，但是，无论是独立的权力还是权利之中的权力，其根源都来自社会个体。在政治状态中，我们把这种社会个体的集合称为人民。这种理解对我们处理权利与权力的关系是有意义的。卢梭认为，在任何一个政治社会中，个体成员都具有两种身份：既是主权者，也是臣民。② 具体讲，个体成员的权利中隐藏着这样一种权力：一方面，它使得社会成员得以主权者的身份参与主权，形成共同体意志，并据此制定普遍性的法律，这个意义上的个体成员可以称之为公民，也即主权者，但这种权利却不能简单地称为权力，因为它仍然是权利的范畴；另一方面，主权者制定法律后，这种权力因素便在日常生活中隐藏起来，社会成员的权利成为不具有权力因素的权利，它要求社会成员承认并遵守法律，服从秩序。这种情况下的权利，我们一般也称之为法律认可的权利。在第一个意义上，权利中的权力因素得到显现，社会成员以主权者的身份登上舞台；第二个意义上，权利褪去其权力因素，社会成员成为臣民。

正是因为权利内部存在这种差异性，为了标明社会个体在这两种角色下的权利状态，我们主张对权利作这样一种区分，即“具有权力内涵的权利”和“不具有权力内涵的权利”。

前者对国家主权发生意义，且可以不以法律规定为必需，如选举权、复决权、监督权等，这种权利奠定了人民通向主权者的道路。后者对国家主权之外的广阔领域发生意义，且一般以法律规定为依据，如一般情况下的社会经济文化权利，这种权利并不要求“人民出场”，社会个体只要遵从法律即可。关于权利的这个划分，德国著名法学家耶利内克也曾有过类似的论述。他认为可根据公民个人的法律地位对权利作如下一种分类：(1)消极地位，即对国家的一般服从。(2)否定地位，即防备国家的权利。(3)积极地位，即由国家授予采取积极行动的权利。(4)主动地位，保证参加政治、特别是选举的权利。③ 据此，耶利内克进一步将公民在政治社会中的角色，分成被动身份、消极身份、积极身份和主动身份四个不同的身份。其中，主动身份以“参与国家”为主要内涵，旨在形成公共意志。在这里，我们看到，被动身份一般并不拥有权利，而消极身份所拥有的权利并不具有权力内涵；积极地位的某些权利虽然包括了一定的权力内涵，但一般都不具有权力内涵，因而我们一般将这几种公民身份中可能包含的权利视作“不具有权力内涵的权利”。但是，由于选举权等具有权力和权利的双重属性，且关系到国家主权范畴，因而，主动地位的权利一般被看作“具有权力内涵的权利”。

---

① 陈端洪：《宪治与主权》，法律出版社 2007 年版，第 97 页。

② [法]卢梭：《社会契约论》，何兆武译，商务印书馆 1982 年版，第 26 页。

③ 林来梵：《从宪法规范到规范宪法——规范宪法学的一种前言》，法律出版社 2001 年版，第 89 页。

(二)道德伦理和物质利益

以孔子、柏拉图和亚里士多德为代表的中外思想家们认为政治的最高目的就是为了让人和社会达到至高的道德境界，按照他们的逻辑和观点，政治从属于伦理道德。进入中世纪以后，西方的政治成为了宗教神学的奴仆，这种状况一直延续到文艺复兴时期，政治才从宗教神学的藩篱中解脱出来。中国也是如此，在两千多年漫长的封建时期，政治被以儒家为代表的宗教哲学取代。尽管如此，政治仍按其自身的规律行使着本该由政治所承担的各种使命。

但是，古今中外有关政治即伦理的观点却长盛不衰。这种观点认为治理国家和社会的应该是善恶的伦理道德标准，应该把政治看作符合正义标准的“善”，而且是最高标准的善。近代德国思想家康德认为道德法则是人行为标准的绝对命令，黑格尔把国家政治看作道德伦理发展的最高阶段，认为人们意志上的真正自由只有在国家政治生活中才能实现。我国传统儒学对政治的阐释，也寄托在其对仁、义、礼、智、信的道德追求上。孔子认为：“政者，正也。子帅以正，孰敢不正?”正，就是儒家讲的道德规范。

其实，道德和政治是有本质区别的，道德所起的规范作用依靠的是人的信念或者社会的舆论，而政治维护社会规范是由国家强制力保证实施的，所以不能混为一谈。不过，用道德的观念来解释政治，具有一定的合理性：一来政治权力需要道德的外在帮助，再者二者都存在于客观环境中，在相同的现实环境中并存。张玉亮在《政治概念之比较分析及其他》一文中曾指出：政治与道德的融合则是因为，一方面，道德弱化导致政治失控，进而延缓了政治的发展进程(客观要求)；另一方面，政治在超常发展过程中同时为道德发展铲除了障碍，也为道德进一步发展打下良好基础(现实条件)。① 但是，这种对道德的解释有两个缺陷：首先，从哲学思辨的角度出发而不是从现实角度分析问题，这就使得政治带有浓重的“神秘和思辨的色彩”②，不能对社会政治生活进行现实的反映；其次，抽象的伦理价值会使社会中的利益冲突和阶级对立得以掩盖，不能揭示出社会政治的本质。

从整体上讲，道德是受社会经济关系决定的一种特殊的意识形态。与其他意识形态相比，它是一种特殊的调节规范体系；与科学、艺术相比，它是一种把握世界的特殊方式，即实践精神的方式。在马克思主义产生以前，人们对道德的本质问题有很多探讨。宗教神学认为，道德是上帝、神的意志的表现。唯心主义否认道德有客观的物质基础，或者把道德归结为人的情感意志、内心活动；或者把道德归结为某种客观精神、“善的理念”。旧唯物主义中有的从人的感性需要、生理本能、自然属性解释道德的起源和本质，有的则把道德与物质生活水平直接相联系，认为道德水平是被物质生活水平所制约的。这些观点对道德的本质的理解不正确，没有超出历史唯心主义的藩篱。

马克思主义辩证唯物主义和历史唯物主义科学地回答了这个问题。马克思主义认为，科学确定政治含义，要正确反映政治现象的本质，首先政治社会关系是围绕一切特定的社

---

① 转引自周鸿铎主编：《政治传播学概论》，中国纺织出版社 2005 年版，第 26 页。

② 《马克思恩格斯选集》第 1 卷，人民出版社 1995 年版，第 29 页。

会利益，通过社会公共权力而形成的。① 而道德与人的物质生活紧密联系，也是与特定的社会利益相关联，道德在一定意义上，是社会利益关系协调的基础要素。

道德作为一种特殊的社会意识形态，经济关系对它的决定作用主要表现在以下几个方面：第一，社会经济结构的性质直接决定各种道德体系的性质。道德体系是指各种道德现象所构成的有机整体，其中主要包括道德意识、道德规范、道德活动。而道德活动是在道德意识和道德规范的指导下进行的。从本质意义上说，道德意识和道德规范是一定的经济关系在人们思想中的反映，是一定的经济关系对人们的道德行为的要求。因此，有什么样的经济结构、经济关系，就会有什么样的道德观念和道德要求。在人类历史上，与不同的经济结构相适应，产生了不同的道德原则与不同的道德规范。因此，便出现了原始社会、奴隶社会、封建社会、资本主义社会和社会主义社会的不同的道德体系。

第二，在阶级社会中，处于同一经济结构中的不同经济地位的人，其道德观念有所不同，在经济生活中处于统治地位的阶级的道德观念在道德生活中也处于统治地位。在阶级社会中，不同阶级的人虽然处于同一经济结构之中，但是由于人们的经济地位不同，实际的经济利益不同，其道德观念、道德情感也有所不同。比如，在封建社会中，地主阶级要求维护贫富贵贱的差别，而广大受剥削受压迫的农民阶级则要求"均贫富、等贵贱"。所以，在阶级社会中，虽然不同的阶级处于同一经济关系之中，但由于阶级利益的不同，各阶级之间除了一些相同的道德观念之外，还形成了不同的、甚至完全对立的道德观念。而在几种不同的道德观念之中，哪个阶级在经济生活中占据统治地位，哪个阶级的道德观念在道德生活中也就占据统治地位。这是因为，支配着物质生产资料的阶级，同时也支配着精神生产的资料。没有精神生产资料的人的思想，一般是受统治阶级支配的。"占统治地位的思想不过是占统治地位的物质关系在观念上的表现，不过是表现为思想的占统治地位的物质关系。"②

第三，经济关系的变化迟早要引起道德的变化。道德作为上层建筑的一部分，是适应经济基础的要求而产生的，它的使命是为其赖以产生和存在的经济基础服务。当旧的经济关系被新的经济关系取代之后，新的经济关系则要求人们的道德观念发生变化，要求用新的道德观念代替旧的道德观念，以有利于新的经济关系的巩固与发展。同时，新的经济关系也必然要反映到人们的思想中，这就为新的道德观念的产生提供了一个物质关系的基础。旧的经济关系被新的经济关系取代之后，旧的道德观念就失去了赖以存在的基础。同时，旧的道德观念由于不能适应新的经济关系的要求，所以总是要受到新的道德观念的批判。在这种情况下，旧道德就日趋衰亡。在人类历史上每一次新的经济关系对旧的、过时的经济关系的代替，也会引起新的道德对过时的道德的代替。即使在同一个社会里，经济生活中某些重大的变化，也会引起道德观念的相应变化。比如，在漫长的封建社会中，封建的道德体系虽然没有根本的变化，但是某些道德观念在它的后期与前期是不大相同的。这种变化的根源，就存在于经济生活的变化之中。

总之，道德是对社会经济关系的一种反映，是受经济关系制约的一种意识形态。之所

① 王浦劬等：《政治学基础(第二版)》，北京大学出版社 2006 年版，第 9 页。
② 《马克思恩格斯全集》第 3 卷，人民出版社 1995 年版，第 52 页。

以把道德称为特殊的意识形态，是由于把道德与其他意识形态相比较时，它又有着区别于其他意识形态的特殊的本质。这种特殊本质表现为它是一种调节规范体系。社会意识形态除了道德之外，还有政治法律思想、艺术、哲学、宗教。在整个意识形态中，只有道德是由各种准则构成的行为规范体系，其余几种或者根本不是行为规范，或者虽含有一些行为规范，但不构成体系，其性质与道德规范也不相同。

（三）马克思主义的政治定义

马克思主义辩证唯物论和历史唯物论的创立，为科学的政治观奠定了坚实基础。马克思主义者在不同的历史环境下从不同角度对政治含义的论述，构成了马克思主义政治观。马克思主义政治观是19世纪社会矛盾运动和政治斗争的结果，是马克思主义创始人运用辩证唯物主义和历史唯物主义分析人类社会政治现象的本质及其发展规律的思想结晶。马克思主义政治观认为，政治是一种社会关系：政治是经济的集中体现；政治的根本问题是国家政权问题；政治是有规律的社会现象。具体讲，马克思主义政治观包括以下几个方面的内容。

首先，政治是经济的集中体现。历史唯物主义的基本观点是社会生产力决定生产关系，经济基础决定上层建筑。政治是由经济基础决定的上层建筑，要适应经济的发展。同时，政治对经济的发展起反作用，与经济基础相适应的政治促进经济的发展，反之，对经济的发展起阻碍作用。在一定的历史环境中，政治对经济发展的价值取向和发展速度起决定性作用。

其次，政治是阶级之间的关系。这一命题，侧重在典型的阶级社会中从政治与阶级的关系上阐述政治的含义，着重指出政治与阶级及阶级关系密切相关，阶级性是阶级社会中政治的最基本特征。马克思主义认为：在阶级社会中，政治是阶级统治的工具，是进行社会利益争夺的手段。

再次，马克思主义的政治观点中揭示了政治的基本任务和基本内容，即管理国家公共事务。统治阶级与被统治阶级之间矛盾的调和，以及内部复杂问题的处理，都需要好的政治环境提供社会得以维持基本生产和生活秩序的保障。因此，与政治分不开的是国家权力问题，国家权力就是阶级社会中的公共权力，国家权力掌握在哪个阶级手里，政治就为哪个阶级服务。因此，政治的根本问题就是国家权力的问题，即阶级社会中的公共权问题。

最后，马克思主义认为政治作为一种社会现象是有规律可循的。尽管在现实生活中，政治的表象特征非常复杂，也带有一定的主观色彩。但是，从本质上来讲，政治现象也是一种特殊的矛盾运动，它的产生、发展、消失，都遵循着特定的规律。人们研究政治现象，就要透过现象看本质，发现政治发展的轨迹，这对人类认识世界、认识社会具有非常重要的理论和现实意义，也会为人类的社会实践提供正确的方法论依据。从这个意义上来讲，“政治是一种科学、一门艺术”。

要而言之，马克思主义认为，政治的定义要把政治的本质归结为特定的经济基础上的社会关系。政治的本质的内容包括利益、政治权力和政治权利这三种基本关系。

所谓政治，就是在特定社会经济关系及其所表现的利益关系基础上，社会成员通过社会广告权力确认和保障其权利并实现其利益的一种社会关系。其外延形态具体体现为政治行为、政治组织、政治制度和政治文化等政治现象。①

二、政治的发展演变

政治作为社会现象，是一个历史范畴，也是一个实践范畴。随着人类社会从低级到高级的发展，社会成员参与社会政治生活的方式、程度都随之发展，政治的含义、功能等也发生了变化。总体来讲，政治的发展与社会、经济的发展密切相关。

人类的早期社会，人们都无奈地受着变幻莫测的大自然的支配，或者受着社会上层人物的支配，所以他们对人间秩序的构想来自根据宇宙现象的秩序性启示，古希腊人把他们的基本社会秩序解释为宇宙，这样的执政秩序以一个神王为中心，这个神王受到一种神职科层制的支撑和支持。② 因此早期的政治是以秩序和组织的规则和习俗，是以宇宙的法则构成，遵从上层带有“神性”的专断人物的善意和智慧，维护秩序的自然法则，进而延展到部落和城邦的运作规则。形成一种以神性为主体的人间秩序的自然法则，这在中国古代社会中的“天子”“天人合一”的政治观里也得到鲜明的体现。

从经济角度讲，原始社会的生产力和生产工具水平都极其低下，每个人的生产能力有限，人们就要组织起来进行群体劳作和分工，这就出现了原始的群体组织。最初，人类组织的形成是血缘关系起决定性作用。当这种类似家庭的组织形式不能适应生产力的发展时，人们就开始与外系血缘进行联合来进行生产分工，这就形成了原始公社。这种分工的组织的维系就需要简单的规范加以制约，才能保证劳动工作的顺利进行和劳动产品的平均分配，如果有人违反了群体公共规范，也会受到严厉的惩罚。这应该就是最早的政治现象，公共规范的监管者就是最早的公共权力所有者。这种公共权力不仅调节人与人之间的关系，也调节个人与整个群体、家庭与整个群体之间的关系。因此，原始公社中的人就是“政治人”。这种公权力的强制性还是依靠群体形成的自然形成的法则来维持，这种自然法则包括风俗、习惯及道德认同。我们也能在长老主持议会和家族会议中看到自然法则运行机制的雏形。

人类的政治生活，随着经济社会的发展而发展，比如对自然的控制和调节能力的提升，使人们的生活和福利主要还是依靠他们自己所从事的活动，即由法律调整的协调活动，这样一来政治的特征就越来越突出了。最早被誉为“政治”的城邦就在公民和大自然之间设置了一个缓冲器，同时对统治者(专断人物)的专断欲求设定了制约措施，这样一个城邦的公民就像一个不受任何外部意志支配的人一样自由，然而其生活却是严格地受制于法律和习俗。③

随着生产力的不断发展和生产关系的不断变革，人类社会经历了奴隶社会、封建社会、资本主义社会等阶级分明的社会，经过不同阶级的利益对抗和政治较量，政治以秩序为核心，在本质上是为统治阶级服务的工具，而社会中的全体人民也变为政治的施予者或参与者，社会也发展到了权力与社会生活日益结合紧密的阶段。

① 王浦劬等：《政治学基础(第二版)》，北京大学出版社 2006 年版，第 10 页。
② [美]乔治·萨拜因著：《政治学说史》，邓正来译，上海人民出版社 2008 年版，第 26 页。
③ [美]乔治·萨拜因著：《政治学说史》，邓正来译，上海人民出版社 2008 年版，第 28 页。

当原始社会发展到父系氏族时，由于生产力的发展，社会分工出现了，畜牧业、农业分离，手工业和其他行业出现，导致了社会生产增长，剩余产品增多，在氏族中掌握公共权力的首领可能占有剩余的劳动财富，另一方面，生产分工会增加对劳动力的需求，战俘和没有或者缺少生产资料的穷人就变成了奴隶，这就导致了私有制和奴隶制的出现。不同阶级的分化日益鲜明，阶级矛盾成为政治中的突出因素，人类社会第一次出现以阶级利益为目的的对抗。为了维护奴隶阶级的利益，原本靠道德和公约为强制力的公共权力已经不能满足社会的需要，由此便产生了新的组织形式和公共权力——国家。

国家产生之后，人类社会又相继经历了封建社会和资本主义社会，随着生产方式和经济基础的变化，社会上先后出现了农民与地主、工人与资本家的阶级对立。但是这种由地主(封建主)贵族垄断的公共权力经过工业革命的变革，发生了巨大变化。

社会政治文明进入现代社会阶段后大致经历了三个阶段的变化：第一个阶段是国家的建设阶段，即从封建主义、诸侯割据到建立现代民族国家的集权过程；第二个阶段是政治民主化阶段，即通过资产阶级革命，逐步确立了普通公民的政治权利和义务，这个阶段中政治参与的阶层增加，建立了政党制、司法独立制等民主体制；第三个阶段是福利化阶段，国家行使社会职能，建立了现代意义上的福利国家。

随着无产阶级登上历史舞台及新型社会制度——社会主义制度的建立，社会组织的性质发生了根本变化：生产资料国家所有的制度消除了阶级利益对立的基础，作为上层建筑的政治形态也由压迫人民的手段变为服务人民的工具。在社会主义国家也会有社会分工、经济利益、民族区域、宗教信仰等问题，只是这种政治矛盾不再是阶级矛盾，是人民内部的可调和矛盾。由于社会主义的发展仍处于初级阶段，经济发展、社会进步和人们的文明素质还亟待提升，为了人民的幸福，保障人民的权利和利益，是社会主义政治的根本诉求，民主与法治的规范和制约是社会主义的基本条件，而以此为基础的政治文明建设是一个长期的任务。

三、政治和政治传播

(一)政治与传播的关系

自古以来，政治和传播就联系密切，首领、君主或者其他统治者们为了维持统治秩序，要传达政令、树立自己的形象、争取民心、上情下达等都需要运用传播手段进行；不同等级之间的信息传递、社会民情通晓、部族利益平衡等也需要传播手段来维系。

社会发展到今天，通信技术的发达和传播手段的改进，使得传播的影响力几乎涉及了人们生活的每一个领域。而在政治领域，绝大多数的政治活动有大众传播媒介的跟进报道，也有的政治活动本身就是传播信息的途径。“政治是传播的主神经，传播是政治的控制器。”①因此，虽然传播对于政治来讲如影随形，但是媒体报道也不是“随心所欲”。作为社会的上层建筑，政治与人们的生活息息相关，但又不是每位公民都能直接接触到政治活动；对政治统治者来说，他们也不可能直接把信息传递给每位公民，所以作为中间工具

① 邵培仁主编：《政治传播学》，江苏人民大学出版社 1991 年版，第 18 页。

的传播媒体就受到政治力量的制约，因为政客们要尽最大可能保证自己的意思有效被传达，或者是传播的内容有助于他们的形象建立和维护，毕竟社会公共权力的所有权在他们手中。而公众又需要了解统治阶层的政治运作，监督和监视政治运作，政治传播就是在这样的统治者和被统治者相互作用中发生和发展。在多重合力的作用下，传播活动也受到制约。同时，统治者的传播和被统治者的传播，形成一种互相构成和互相作用的关系，舆论成为政治传播中极为重要的因素。作为中介的传播媒介，从语言、文字、印刷载体、广播电视载体和互联网载体，不断地发展扩张，其传播功能不断升级，在统治者、公众和社会之间形成错综复杂的政治传播网络。这样一来，政治和传播相互促进又相互制约的关系，成为政治传播的基本面。

政治与传播的关系，总体来讲包括两个层次的含义：政治对传播的作用主要体现在控制力上；传播对政治的作用主要体现在影响力上。下面就从这两个方面来具体阐述政治和传播的关系：

1. 在政治环境中诞生的传播学

传播学起源于20世纪初期，作为一门学科开始于20世纪四五十年代的美国。传播学起源于美国，这与美国的政治环境是密不可分的。1922年，沃尔特·李普曼就提出到政治家可以利用传媒来构建、制造和引导公共舆论，西方政客们游走在政治和传媒之间，利用其权力或者财力控制媒体的报道。与此同时，公共关系已经成为一种显学，被引入政治领域，各种政治力量高度重视利用媒体来宣传自己的主张，树立形象。美国每四年一次的大选是政治宣传活动的鼎盛时期，参选者运用政治演说、政治广告争取选民支持是必不可少的功课。

1940年，拉扎斯菲尔德在美国大选期间，针对传播对选民投票意愿的影响做了深入的调查研究，即著名的“伊里调查”(因调查的地点在美国俄亥俄州的伊里县而得名)。这次调查得出的结论对后来传播学的研究具有非常大的影响：“政治既有倾向”假说，“选择性接触”假说，“意见领袖”和“两级传播”理论等都是这次调查得出的成果。这也表明了政治环境是有利于传播学效果研究的。

美国的传播学研究除了与选举关系密切，受战争的影响也很大。两次世界大战对传播学的研究都有很大的促进作用。第一次世界大战期间，同盟国和协约国除了正面战场的较量也展开了“宣传战”。美国总统威尔逊在正式参战后专门成立了“公共信息文员会”，负责战时宣传，向社会分发了大量战争广告、宣传手册、新闻电影等。

“二战”期间，耶鲁大学的心理学教授C.I.霍夫兰等人针对美国为了鼓舞士气制作的6集系列纪录片《我们为何而战》的宣传效果进行了调查研究，实验得出的结论与“伊里调查”的结果有些出入，霍夫兰等人认为纪录片虽然让士兵们对战时情况有了了解，但是并没有实现制作方想要鼓舞士气激发对敌军仇视的效果。从这方面来讲，霍夫兰认为说服效果的取得是需要条件的。这种效果研究不仅丰富了传播学理论，而且这种心理实验的方法和拉扎斯菲尔德采用的抽样调查法都成为以后传播学研究的主要方法。除此之外，对传播学研究意义重大的美国著名的政治学家拉斯韦尔的《世界大战中的传播技巧》成为了宣传研究的经典之作；美国成立的第一个研究宣传的学术机构——宣传分析研究所，因为该所的研究者对战争时期德国对美国的影响很关注，把研究结果结集成书，即《宣传的艺术》，该书中归纳了七种常用的宣传手法。

无论是美国大选还是两次世界大战，我们都能看到传播学的诞生和发展都依附于政治的土壤，而这种传播效果的研究又对政治家们如何取得更好的宣传效果提供了“教材”。

2. 传播学对政治的影响

从上面的论述我们就可以看出来，传播效果研究之所以被政治家们关注，就是因为传播效果对政治发展尤为重要。虽然说媒体宣传并不是获取政策理解的唯一通道，但是美国总统利用大众传播媒介传播自己的政策、获取选票、赢得选举的例子不胜枚举。因为，宣传的意义并不限于宣传本身。1972 年美国传播学家 M. E. 麦库姆斯和 D. L. 肖在《舆论季刊》上发表了题为《大众传播的议程设置功能》的文章。这篇文章是一篇基于 1968 年美国总统选举期间大众传播媒介的选举报道对选民的影响的调查报告。该文章中提出的“议程设置”理论全面地分析了大众传播媒介关于议题报道程度，如何报道能引起人们在认知、态度和行为三个层面不同的影响。①

这些研究都为政治家们如何使用媒介取得更好的宣传效果提供了借鉴。但是现代意义上的传播与政治的关系，更加注重的是公众舆论和话语权对政治的影响。

现代政治更加注重民意的表达和人民话语权的实现。政府与公众的信息沟通情况，公民参与政治生活的程度、通过媒介了解政事的频率，不仅体现出一个国家大众传播媒介的发达程度，更是衡量一个国家政治水平的标识。现代媒体特别是以微博、微信和客户端为代表的移动新媒体的发展，对公众充分赋权，为公民更广泛参与公共事务创造了条件，公众舆论对与政治的影响越来越突出，推动了更广泛的网络问政和舆论监督。

总之，传播不仅仅是政治的宣传工具，更是大众实现话语权和政治监督权的渠道。新媒体环境下，信息传播速度加快，信息传播范围更广，信息接收者更加广泛，政治监督的方式更加多元化，这对政治家们也提出了新的课题。

(二)政治传播

关于政治传播，目前还没有一个完全没有异议的定义。因为，政治传播包含着“政治”和“传播”两个要素，这两个要素又在分属的两个学科中有着狭义和广义之分。而且一个概念中包含两个要素给概念界定带来的困难还在于：政治传播到底是从传播学的角度来界定，还是从政治学的角度来界定。此外，随着政治学和传播学本身研究的领域不断拓宽，新的研究元素也不断被引进政治传播研究，对原来就没有形成共识的已有概念形成了新的冲击。

目前，西方学者在政治传播学的概念界定上有两种趋向，即政治学本位和传播学本位。坚持政治学本位的学者认为政治传播是一种政治现象和政治行为。如：最早关于政治传播学概念的表述：“政治传播是一种过程，一种有多种因素在其中相互影响的过程：政府及其辖设的社会事业机构与公民的选举行为两者不断向对方传达政治性的影响因素。”②

---

① 参见郭庆光著：《传播学教程》，中国人民大学出版社 1999 年版，第 213 页。

② Lynda Lee Kaid, *Handbook of Political Communication Research*, Lawrence Erlbaum Associates. Inc, 2004, p. 15.

美国的民意研究学者莫里·艾德尔将政治传播作为一种政治图像进行了抽象的定义，他认为，政治传播似乎不是一种传播的流动过程，而是由公众舆论所形成的人们对政治的种种假设或者意向。① 这些关于政治传播定义的界定或者解释都是基于对国家如何应用传播手段取得公众认同感和维护社会政治秩序正常运行知识的了解。在了解这些之后，政治传播就可以通过直接的政治宣传、政治广告、政治公关和隐性的报道来达到政治宣传的目的。

从传播本位界定政治传播概念的学者中，来自查菲的观点最简单也最容易被接受，他认为政治传播是"传播在政治过程中所扮演的角色。"②与查菲的观点不太一样，阿尔蒙德和波尔认为："政治传播是一基本的系统功能，其很多结果将可维持或改变政治文化及政治结构。"③英国学者赖恩·麦克奈尔综合了传播学角度解释政治传播概念的观点，作出了比较权威的定义，把定义简化为"关于政治的有目的的传播活动"④，后又概括为三个层面："1. 一切党派人士与政治活动家为了达到特定的目的而进行的各种传播活动。2. 一切非党派人士针对党派人士展开的传播活动。3. 一切涉及以上三类人群政治行动的新闻报道、时事评论文章或通过其他媒介形式的展开的政治讨论。"⑤

从西方学者对政治传播概念界定的角度，我们可以从侧面看出西方学者政治传播研究的范式，因为概念界定是研究的第一步，它制约了学者从哪个角度、用什么方法来研究问题。

中国的政治传播研究最早开始于20世纪80年代，2000年开始蓬勃发展。从目前的情况看，中国对政治传播的概念理解也表现在两个方面。

一是从政治学的角度把政治传播看作一种政治活动，其中有代表性的定义是"理想的政治传播是一种政治符号的共识(共同解释)"。"政治传播是由政治系统的结构和功能导致的政治信息的传递与处理过程。"(李元书)⑥"政治传播是特定共同体中政治信息扩散和被接受的过程。"(荆学民)这类观点认为传播与政治是同时诞生的，并且政治传播与传播学产生的背景在许多方面是相同的。

二是从传播学的角度把政治传播当作一种传播活动。其代表性的定义为："政治传播是由政府和其他的政治参与者通过各种渠道、运用各种符号，广泛、迅速、连续不断地向受众目标传输政治信息，继而影响其政治态度、信念与行为的传播过程。"(郎劲松)"政治传播者通过多通道、多媒体、多符号传播政治信息，以推动政治过程、影响受传者的态度

① 参见张晓峰，赵鸿艳著：《政治传播研究·理论、载体、形态、符号》，中国传媒大学出版社2011年版，第12页。

② Lynda Lee Kaid, *Handbook of Political Communication Research*, Lawrence Erlbaum Associates. Inc, 2004, P. xiii.

③ 转引自彭芸著：《政治传播——理论与实务》，台湾巨流图书公司1986年版，第36页。

④ Brain McNair 著：《政治传播学概论》，林文益译，台湾风云论坛出版社有限公司2002年版，第1~5页。

⑤ Brain McNair 著：《政治传播学概论》，林文益译，台湾风云论坛出版社有限公司2002年版，第1~5页。

⑥ 李元书著：《政治体系中的信息沟通——政治传播学的分析视角》，河南人民出版社2005年版，第3页。

与行为的一种对策。”(邵培仁)“政治传播是一定的政治传播主体(民众、政治家、政府或政府组织)运用有意义的符号，通过大众传播媒介与政治传播的对象之间进行的政治信息传递、接受和反馈的行为与过程。”(鞠丽华)“政治传播是大众传播的一项内容，以宣传、教育、辩论、广告等方式报道国务活动、党政方针、选举与竞选、政治民主化和现代化、政治与经济、文化等方面的关系等内容。”(宣传学大辞典)

上述各种阐释中，布赖恩·麦克奈尔的“政治传播是关于政治的有目的的传播活动”和中国荆学民的“政治传播是特定共同体中政治信息扩散和被接受的过程”，相对比较切近，结合这两者的定义，可以较好地把握政治传播的基本内涵。

第二节　政治传播学及其研究对象

一、政治传播学的产生

(一)关于政治传播学产生的争议

简单地说，政治传播学就是研究政治传播的科学，是研究政治传播现象及其发展规律，是系统探索政治传播的结构、功能、过程、本质、效果及技巧等的一门学科。一门科学的产生一般以该学科的核心概念或研究对象命名的专著问世的时间为主要标志。传播学诞生于20世纪40—50年代，以威尔伯·施拉姆1949年出版的《大众传播学》为标志，这是中外学术界已经达成的共识。20世纪50年代，又出现了几本以“传播学”为名的专著。有人认为传播学的诞生就意味着政治传播学的诞生，也有人认为，政治传播学的诞生要晚近一些，标志是20世纪60年代第一部关于政治传播研究的专著诞生。

政治传播学的概念，在英语中为Political Communication Study，可以直译为“政治传播”或者“政治传播研究”。早期的传播学者很少使用“政治传播学”这个名称，他们没有明确解释不使用“学”字的原因，但是从现有资料来看，主要的原因大致包括：首先，政治传播研究的领域过于广泛，各个组成部分又相对独立；再者，政治传播是由多个学科组成的边缘学科，整合起来的难度很大；最后，在研究对象方面，来自不同学科的学者在研究时政治传播学往往从自己的研究角度出发，研究对象很难统一。因此，他们并不急于寻求共同的研究对象、研究主题和研究领域。戴维·斯旺森和丹·尼莫在1990年出版的《政治传播新动向》一书中写道：“政治传播研究因受其他学科的影响，本来在年前就该独立出来，而如今还未能独立出来。”①我国学者大多使用“政治传播学”的说法，对此，学者李元书在《政治传播学的产生与发展》中提道“使用了政治传播学的名称，并不是我们对政治传播学有了精深的研究，而是出于中国人研究问题的习惯，也出于介绍学科的需要”。②

关于政治传播学的争议还体现在学科出现的时间上，因为没有标志性的专著问世，政

① David L. Swanson & Dan Nimmo, *New Directions in Political Communication*, Calif: Sage Publications, 1990, pp. 8-9, p. 7, p. 14.

② 李元书：《政治传播学的产生和发展》，载《政治传播研究》2001年第9期。

治传播学的产生时间就存在争议。学术界大致有两种观点：第一种观点认为，20 世纪 60 年代的中国台湾学者彭芸，在她 1986 年出版《政治传播：理论与实务》中指出，虽然政治传播领域没有完整的理论，但是在 20 世纪 60 年代期间一些学者的研究早就涉入了该领域，比如：1963 年出版的卡尔·多伊奇《政府的神经：政治传播及控制的模式》和卢·派伊出版的《政治交流与政治发展》，1969 年出版的费根的《政治与传播》和爱略拉和拉斯维尔的《印度和美国政治名流的公共语言》等。这一观点得到了我国大多数学者的认同。但是，美国的政治传播学者丹·尼莫和凯思·桑德斯并不认为政治传播学诞生于 20 世纪 60 年代，他们在编辑《政治传播手册》的导论中指出，政治传播研究不是产生于 60 年代而是产生于 50 年代，因为在 1956 年出版的一部研究政治传播的书中，已经把政治传播看成政治家、政府组织与公民三个互动环节之一，政治传播在三者之中充当中介的角色。他在正式的政府组织与公民的投票行为之间建立的联系，能够实现政治动员、传输政治影响力，这种表述是重要的，也是具有预见性的，因此，他们认为，政治传播学在 50 年代就诞生了。

(二)政治传播学产生的背景

政治传播学产生的背景，除了上面我们在第一节政治与传播关系中提到的政治背景，像大选宣传、两次世界大战的背景之外，另外一个背景是关于大众传播学研究的勃兴，尤其是对大众传播媒介研究的深入。虽然关于政治传播学诞生的年代颇有争议，但是起码可以确定为 20 世纪五六十年代，这个年代有什么样的历史背景呢？综合中外学术界的研究，可以归纳如下：

政治传播是政治家(政府机构)、媒体、公民三者互动的中间环节，而这三者的互动关系正是狭义政治传播学研究的对象，许多学者把这种政治传播直接看作大众传播媒介的政治传播。因此，大众传播媒介产生及发展是传播学产生的背景，它对政治生活的影响就构成了对政治传播学产生的前提条件。最早出现的大众传播媒介就是报纸，报纸及其报道与政治之间是最古老的伴生关系。此后，传播技术的改进也都利于大众化媒体的发展：1844 年美国出现了世界上第一条电报，标志着现代通信的产生。这给新闻出版业和政治生活都带了巨大的变化，总统演讲、集会信息以更快的速度传播出去。然后，无线电广播的出现、电视的问世，这种把声音、画面结合起来的传播形成形象政治和表演政治的新景观。

1960 年，美国 NBC、ABC、CBS 三家电视网同时转播了尼克松和肯尼迪的总统竞选辩论，引起了美国人的空前关注，收视观众达到 7500 万。这是美国政治生活中的大事件，在政治传播发展史上也具有重大意义。《媒介与政治》一书的作者在评价这次电视辩论的意义时指出：“这次辩论的结论是尼克松输了还是肯尼迪赢了并不重要，重要的是它成了现代政治与传统政治的分界点。从此，政治走向了媒介政治的时代，新时代的政治家需要有全新概念意义上的媒介专家为其服务。”①

通过上面的论述，我们可以大致把大众传播对政治传播学的奠基作用归结为：首先，

① Ronald Berkman and Laura W. Kitch, *Politics in the Media Age*, McGraw Hill Book Company, p. 40.

大众传播媒介自产生以后就对政治生活发挥了不可替代的纽带和中介作用；其次，在西方国家，大众传播媒介的私营性和产业化，使其具有“独立性”，这使其在不断发展壮大中成长为所谓的“第四种力量”，或“第四种权力”；最后，受大众传播媒介的作用和影响，文化传播速度更快、传播的内容也更世俗化，这推动历史进入了一个大众化文化的时代。另外，发展中国家传统文化对西方的传播的抵制，西化和反西化的文化和政治文化斗争，也促使这些国家社会科学学者研究政治传播。

二、政治传播学的发展

(一)西方政治传播学的发展

西方学者认为传播学、大众传播学以及政治传播研究的起点是相互交错的，他们将政治传播研究分为后现代时期(Post-modern Time)与现代时期(Modern Time)两个大的阶段。[①] 如果将政治传播视为一种社会现象与社会行为，西方学术界普遍认为它肇始于古希腊时期的政治辩论与政治演讲。前现代的政治传播研究可溯源到古希腊柏拉图与亚里士多德对于修辞与辩论方法的探究。在柏拉图的《法律篇》中我们可以看到一些关于辩论技巧的精彩陈述。这种对于修辞学与辩论技巧的探究不仅促进了古希腊修辞学、演讲术的兴起和发展，也在客观上成为西方的政治传播学研究的源头。对于政治修辞研究的偏爱至今仍是西方政治传播研究的一个显著特点，而严格意义上的西方政治传播研究是指现代政治传播研究，可以分为萌芽和形成两个阶段。

基于大众传播媒介对政治传播的重要影响，现代政治传播研究起源于20世纪20年代，其标志是美国政治学者沃尔特·李普曼在这一时期开始了关于印刷媒体和无线电广播宣传效果的研究。这种传播效果为取向的研究及现代政治传播奠定了发展方向。传播学奠基人拉斯韦尔则从方法论意义上作出了重要贡献，他致力于用传播学的方法研究政治现象，并把两者结合起来对政治传播的研究方法进行了系统研究。他提出的“五W”传播模式深远地影响了西方现代政治传播研究。一方面，“五W”模式中的“What”，即传播了什么，使政治传播学者开始关注政治传播过程中的内容分析，阐明了政治传播中内容分析的理论必要性。另一方面，“五W”模式中的最后一环“What Effects”，即产生了何种效果，将现代政治传播研究推向了一个关注政治传播效果研究的时代，使政治传播效果研究贯穿于政治传播研究发展的各个阶段。1940年，拉扎斯菲尔德在对选举中公民投票行为的研究中，将定量研究方法运用到政治传播研究中，这使得政治传播学研究的调查法更加可信和科学化，现代政治传播研究开始将行为研究作为极其重要的变量。

政治传播学至今已有七八十年的历史，大致可以划分为四个发展阶段：第一个阶段：在政治传播学诞生的初始阶段(20世纪50年代到60年代)，绝大多数学者把研究领域的主题定为选举、主要研究政治选举、选民态度和投票行为。因此，这个时期也被称为研究“选民说服”的典型时期。第二个阶段：20世纪70年代到80年代，是政治传播学发展“多

① Lynda Lee Kaid, *Handbook of Political Communication Research Lawrence Erlbaum Associates*, Inc. 2004, p. 3.

元化”阶段。这个时期政治传播学在迅速成长，研究领域也在不断地扩大，出现了三大学派和若干小学派。第三个阶段：开始于20世纪90年代，政治传播学的研究开始尝试成为一门独立的学科。政治传播学界认为虽然70年代到80年代的多元化发展丰富了政治传播学的研究，但是也使得理论研究过于零碎，很难形成相对完整的体系。丹·尼谋等学者对寻求共同的研究主题和研究模式提出了倡议，这一号召也得到了一些政治传播学者的响应，但事实上，至今政治传播学的系统概念体系和理论框架还不是很清晰。

从20世纪90年代起，政治传播学研究进入了一个新的发展阶段，即寻求共同的研究主题、方法和概念的阶段。也就是说，从90年代起，政治传播研究试图向独立的学科发展。丹·尼谋等学者的倡议得到了一些政治传播学者的响应，美国政治传播学者玛丽·E. 斯塔基在1996年出版的《政治传播的理论与实践》一书中重点研究了政治传播学的最基本的问题：政治传播的符号世界、政治的本质及其与传播的关系问题。她试图从政治传播研究的方法角度去寻找政治传播学的公共领域。她在前言中强调指出，这本书的焦点不是在分歧点上，而是在总体上同意作者们探讨理智的公共领域，开始构建更系统地、精确地理解这个领域的基础。① 学者们日益关注政治传播学的一般理论和研究手段。

第四阶段，20世纪末21世纪初，随着互联网信息技术的接入，网络的广泛覆盖性和跨界性，使政治传播研究进入新的发展阶段——网络政治传播学。网络媒体的诞生和发展，更进一步加强了媒体与政治的相互嵌入、公众和各种利益群体对政治更广泛的参与，进入互联网政治或数字政治时代。

总体而言，网络政治传播在网络政治、网络传播的范围内探讨，其含义是对政治传播的“网络化更新”，其主要探讨的问题是虚拟空间(Cyberspace)中的政治问题。学者们非常重视互联网等新媒体的出现，使网络政治传播的方向性由单一向多元转化，利勒克尔认为随着网络新媒体的发展，政治传播成为“二维过程”，即政治精英向公众传播政治信息的过程，更是社会公众的意见得到更积极反馈并鼓励政治参与的过程。霍夫曼则认为网络政治传播包括一维、二维、三维的方式进行的同步或异步传播的过程，其中一维指政府到公众的传播，且不提供有效的回应和反馈；二维指政治行动者与公众之间的传播，包括直接的沟通和互动，三维指公众之间关于政治议题的讨论和主动。② 网络政治传播学的研究体系研究领域在接续原有的研究的基础上更加广泛，相关的概念体系和研究框架在不断扩展和搭建之中。这也是当代政治传播学研究的核心议题。

(二)我国政治传播学的发展

我国政治传播学研究起步较晚，这是西学东渐的结果。政治传播学首先传入中国的香港和台湾地区。香港研究者十分关注以香港和内地为社会背景的政治传播，他们的研究很多与政治意识形态、权力重组、建构现实等有关。香港浸会大学朱立教授对于内地的新闻自由和意识形态，以及改革开放以来的新闻传播系统的变化等问题发表过多篇论文，在海

---

① Mary E. Stuckey, *The Theory of Political Communication Research*, University of New York Press Albany, 1996, p. 41.

② 贾哲敏：《互联网时代的政治传播：政府、公众和行动过程》，人民出版社2017年版，第48页。

内外产生了一定的影响；李金铨、陈韬文的《大众传播媒介与政治过渡》(1991)，对社会权力重新分配与新闻媒介之间的互动关系，以及市民对政治改革、社会现状和移民问题的态度进行了研究。香港学者的研究为西方传播学界打开了认识中国传播领域变化的大门。

最早系统研究政治传播学的学者是中国台湾的祝基滢博士，他于1983年出版了专著《政治传播学》，在该书中对西方学者关于政治传播研究的基本内容、理论和方法作了初步介绍，对一些具体课题作了介绍。来自中国台湾的另一位学者彭芸于1986年出版了《政治传播：理论与实务》，比较系统地向中国读者介绍了西方学者在传播学研究领域的理论分歧，后来又创办了一系列的刊物为中国读者了解政治传播学的产生、发展及理论形成提供了参考。

我国大陆的政治传播学研究起初比较冷清，随着海外研究的繁荣，在20世纪90年代开始兴盛起来。邵培仁是最早关注政治传播学研究的学者之一，他在1991年出版的《政治传播学》中对政治传播学的研究对象提出了自己的见解，并试图建立具有中国特色政治传播理论体系。此后出版的一系列新闻传播、媒体研究方面的书籍都与政治传播研究有着极大的相关性。如清华大学的国际传播研究团队，对政治传播学给予极大的关注，其重大课题"政治传播学与国家形象构建"等，已经形成了一系列理论研究成果。中国传媒大学刘继南教授主编的《大众传播与国际关系》《镜像中国》《中国形象》等著作进一步把传媒的历史发展与国际关系的历史联系起来，较系统地把传播学引入到国际政治传播研究领域。

进入21世纪，中国的政治传播学研究更加活跃，系统化和深层化研究进一步拓展。如李元书主编的《政治体系中的信息沟通——政治传播学的分析视角》，从学科建设的角度，对政治传播学作了系统的归纳和整理，其内容涉及政治传播学概述、政治传播过程、政治传播形式和目的、政治传播的环境和政治传播学的发展前景等。在政治传播研究机构和学科建设上，中国传媒大学于2009年设立了政治传播研究所，并创设了"政治传播研究""政治传播与政治社会化"的博士和硕士研究生培养方向。在近年来发表的政治传播研究论文中，中国传媒大学政治传播研究所所长荆学民等发表《视界融合：政治传播研究的几个基本理论问题辨析》等一系列论文，系统地梳理了政治传播学的研究对象、研究范畴和基本框架，特别对学界争议较多的"政治传播"的范畴界定、政治传播学的学科标准、政治传播的本质与政治社会化等问题进行了梳理和辨析，同时提出构建中国特色政治传播理论的基本思路。

近年来，国内政治传播研究发展较快，呈现多元化趋势，马克思主义是政治传播研究的主导理论，与西方相比，国内政治传播学的研究范围更加广泛，主要以政治舆论场为基点，以政治宣传、政治信息传递、政治沟通、政治营销等为重点，并与舆情治理、互联网政治治理、国家形象传播等相贯通，在各个领域都开始全面地开拓。总体看来，我国政治传播学研究仍处在初期繁荣阶段，在治理体系和治理能力现代化的框架下，我国的政治传播学正进入不断深入探索之路。

三、政治传播学的研究对象

政治传播学作为一个交叉学科，以政治学和传播学为主要学科资源，又涉及新闻学、社会学等多种学科，其研究领域比较混杂宽泛，在政治学中以沟通传播统摄的内容和传播学中政治性统摄的内容中形成各自的话语，而政治学和传播学都有自己的研究体系，二者都有各自取向的内涵和外延，这就加大了确定政治传播学研究对象的难度。

（一）政治学和传播学各自的研究对象

政治学的主要研究对象是各种政治现象，具体包括：对国家有关的理论、制度、活动以及影响国家活动的各种政治力量和政治斗争进行研究，总结历史上各个阶级之间夺取争权、建立争权及巩固政权的行动，为参与政治生活、运用政权为本阶级的根本利益服务的正、反两个方面的经验，总结国家兴亡盛衰的规律性并给予揭示，对各阶级治理国家的理论、政策方法的是非得失进行评估。其中政治文化、政治参与和政治沟通被认为是政治学中极其重要的构成部分，在某种意义上，政治信息的输入和输出成为政治学研究极其重要的枢纽。而政治传播是以此为基点展开的。

传播学是一门边缘性的学科，是政治学、社会学、新闻学、社会心理学等诸多学科都会研究涉及的，是处在交叉十字路口的学科，是在舆论、新闻、广告、公关、宣传乃至现代性营销的实践中逐步统合而成的一门学科。它的研究对象具有不确定性。从发生学的视角看，政治性在传播学研究中具有基础性和统摄性。

传播学的奠基人之一拉斯韦尔在《传播在社会中的结构与功能》中，第一次明确提出研究传播的五“W”要素：即 Who（谁传播），Say What（传播什么），In Which Channel（通过什么渠道传播），To Whom（向谁传播），With What Effect（传播的效果怎样），这就是后来传播学研究的五大领域：“控制研究”“内容分析”“媒介分析”“受众分析”和“效果分析”。[①] 而韦弗-香农再提出了传播以“信源—信道—信宿”以及相关的噪音和反馈为主要研究对象。从这两个维度确定传播学的研究对象的基础。政治传播的研究对象可以简化为以政治性为核心的传播，其研究对象与传播学研究的对象是同一的，但更加侧重于政治权利和权力以及政治沟通合作政治参与为目标的传播。

（二）政治传播学的研究对象

综合考察政治学和传播学的研究对象，可以大致确定出政治传播学的研究对象。从根本上讲，政治传播学的对象就是政治信息传播及其运行规律。重点在政治信息输出和输入的过程。丹·尼莫根据传播学研究对象的五个基本要素来探讨政治传播过程中的不同部分：①政治的传播者。②传播使用的语言、符号、技术等。③政治传播通过的媒介。④政治传播到达的受众。⑤传播在政治中的效果。[②]

根据这五个基本要素，结合政治信息的输入和输出以及相关的反馈过程，政治传播学包括对政治传播中的人、信息和媒介和与之相关的运行过程及其效果的研究。其中对人的研究包括了政治的传播者和政治传播所到达的受众。

---

① 参见 McQuail，D. & Windahl，S.，*Communication Models*，London & New York，1981，p. 10.

② Dan Nimmo，“Political Communication Theory and Research：An Overview”，*Communication Yearbook*，1976，Vol. 1，p. 442.

1. 政治传播学中人的研究

(1)政治传播活动的主体。政治传播学中的人包括政治传播活动的主体和受众两个部分。政治传播的主体是由不同的群体组成。

一是政治家。传统的政治传播者以政治人物居多，在社会政治生活中处于核心地位的政治家或者政治领袖作为政治权力的行使者，往往掌握着政治权力和资源，在政治生活中发挥着重要的作用。通常他们也掌控着国家话语权，重要的是他们也热衷于这种传播活动。

二是专业的传播者。政治传播者中的专业传播者不同于传播学中的专业从业者，这里是指专业的新闻从业者和为政党、政府或国家服务的公关人员。专业的新闻从业者直接参与到媒体"议程设置"的过程中，他们对政治新闻信息的选择、取舍、加工，都包含了他们的政治观念和政治态度；为党政国家服务的公关人员在信息时代更要具备过硬的专业素质，在政治传播的过程中，政府形象的树立，危机公关的处理中他们的言谈举止、观念态度都是具有很大的影响力。

三是政治行动者。政治行动者包括了公私团体中的发言人或者游说者，也包括意见领袖。这些代表某些政党或某一利益团体的政客，一般是以政治为职业的，目标在于追求和掌握政治权力，但他们实现目标的手段比较激进，有时甚至忽视政治原则和道德标准。除了这些政客，意见领袖也是在政治传播中要特别注意的一类人。1940 年拉扎斯菲尔德在"伊里调查"研究中，提出了两个重要的理论，即"两级传播"和"意见领袖"。肯定了那些在首先或较多接触大众传播信息后将自己加工过的信息传播给其他人的人在传播过程中的作用：认为他们在大众传播媒介与受众中起着桥梁作用：加速了信息传播、扩大了信息的影响，也会对他人的看法和态度产生影响。因此，意见领袖是政治传播研究不可忽视的人的因素。

(2)政治传播活动中的受众。政治传播活动的主体进行政治传播活动，选择有效的传播方式，传达政见信息，其目的都是为了影响信息接收的对象。这些政治传播的受众是政治传播活动中重要的人的因素，他们的接受态度如何直接反映了政治传播的效果。大众传播学研究中对受众的分析和传播效果的研究花费了大量的时间和精力，也经历了漫长的理论发展，政治传播受众理论与此密切相关。在政治传播过程中，并不是每一位受众都对传播的内容感兴趣或者作出反应。

我们首先要对受众进行划分，麦尔柏斯与奇尔从政治参与的角度划分了政治传播的受众，分为积极者、中介者、旁观者和无动于衷者四种。积极者当然热心政治活动，积极参与；中介者则介入政党政治，属党员型；旁观者属大众中人口最多的一群，参与政治讨论与投票；无动于衷者几乎不参与任何政治活动。①

受众接收到信息后，对信息的处理也受到很多因素的影响。他们自身有着不同的特性，所处的社会地位、社会环境，个人的认知能力、受教育程度，宗教信仰，年龄性别，接触媒介的水平、动机，都会影响到政治传播的效果。在强势的媒体宣传面前会采取什么样的态度，接受还是抵触？在舆论环境中是受大多数的影响还是坚持己见？而且，作为不

① Mibrath, L. W. and M. Goel, *Political Participation*, Rand McNally, 1977, p. 38.

断发展的个体，他们的心理和影响他们判断的因素又是不断变换的，所以对他们的研究是复杂的，但也不是无章可循，心理学研究和先前的传播学研究都有可供我们参考的理论。总而言之，无论是从哪种角度研究政治传播，最终的归宿都是受众，他们是决定传播效果的最终评判者，在政治传播中占有重要的地位。

2. 政治传播学中的内容(生产)分析

所有的传播活动都有一定内容的传递，大众传播媒介传播的内容是信息。政治传播活动中，主体活动者的思想、信念、观点、感情等都同样需要通过传递信息来完成。因此，政治传播学中的内容研究就是政治信息的研究，包括政治传播使用的语言和符号的研究。政治信息使用的符号要以使用性优先，政治传播者可以利用适合的传播符号，通过婉转、直接、夸张、比喻等方式来引导群众的思路，激发他们的情绪，以争取政治利益。他们也可以利用政治谈话来提升自己的地位，建立社会权威，以及通过政治谈话表达个人的见解及或者采用公众讨论的方式，发表自己的意见。由此可见，政治谈话可以塑造个人的政治形象。那政治传播中的语言到底有什么功能呢？一般来说，其功能为：①统治精英为了自己的利益而使用政治语言来取得大众的沉默，或煽动。②利用符号来增强地位。③利用符号来表达挫折或不安，或是利用符号来展现自我形象、爱国心、忠诚等。①

3. 政治传播学中的媒介分析

政治传播中的媒介值是政治传播活动中信息传递的中介或者渠道，我们可以把政治传播的媒介划分为三种：人际传播媒介、组织传播媒介和大众传播媒介。我们在前面提到的意见领袖和两级传播理论中，大多属于人际传播媒介的范围，选举的演讲现场、政治会议、内部文件的转发等这都属于组织传播的范畴，有正式和非政治之分；而平时我们日常生活中接触最多、受影响最大的就是经过大众传播媒介传递的信息，对大众传播媒介来讲，因为传播手段和发展程度的不同，不同的媒介各自具有政治传播的特点和优势。

报纸是最早出现的大众传播媒介，在传播媒介中占有重要的地位，它在政治传播媒介中也是历史最长和使用频率最高的。在便士报出现之前，报纸大多以官报为主，并伴随有严格的报纸审查制度。政党报纸的出现更是把报纸的政治传播作用发展到了顶峰，报纸成为党派之间必争的工具，公开宣传自己所依附政党的主张，为自己的党派辩护，不同党派之间的报纸也会相互攻击、诽谤，这些现象虽然极端，但是也可以从中看出政党报纸的本质，就是政党的宣传工具。就算现在传媒呈现了多样化的发展，报纸因为自身所带有的权威性，依然在政治过程中扮演着重要角色。

除了报纸，杂志和传单、图片、海报等印刷媒体，也具有自身的优势：杂志虽然不如报纸时效性强，但是其针对性强、内容丰富、印刷精美等也是优势；传单、图片、海报因为内容单一更具有目标针对性和视觉冲击力，特别是在公共场所张贴的告示或者海报，可以作为其他传播方式的辅助手段。

广播和电视在传统媒体中属于比较能吸引受众的传播方式，它们都具有时效性强的特

---

① Dan Nimmo, "Political Communication Theory and Research: An Overview", *Communication Yearbook*, 1976, Vol. 1, p. 444.

点。广播虽然不如电视在现代传播中的地位高，但是在“二战”期间，它也在政治传播中发挥了重要的作用，比如罗斯福利用广播宣传“新政”而进行的著名的“炉边谈话”。电视诞生后，广播的政治影响力开始下降，电视的高普及率使人们对“媒体”的认知几乎完全变成了对电视的认知。从对政治传播的影响来看，电视也改变了美国政治中竞选的程序，这让候选人的表达能力、利益风度等外在魅力成为影响胜负的重要因素。

传统媒体对政治传播的影响，更多地表现在单项传播上，新媒体的出现，则是这种传播变得更双向性，普通受众参与政治生活的方式也有所改变。网络媒体和社交媒体，智能化、数字化的传播载体和平台，实现了人际传播、组织传播、大众传播在同一载体上同时出现，实现全媒体化传播。在“人人都是传播者”的新媒体传播环境中，公众使用网络参与政治事务也变成了日常生活的一部分，除了参与热点事件的讨论还能行使政治监督权力，政治传播者也反过来受到网络民众的影响，他们必须了解网络舆情，做到政务更加透明，这也表明他们要面临的任务更具挑战性。

政治传播的研究对象不仅包括对政治传播活动中人的研究、内容的研究、媒体的研究，也应该包括政治传播效果的研究，以及对政治制度、国家政策、传媒体制等政治传播环境的研究。我们界定政治传播的研究对象，是为了使研究更具针对性和系统化，在同样的时间和精力复出后达到最佳效果。目前，虽然对政治传播的研究还局限在大众传播的影响下，但是经过中外学者的共同努力，可以把这个浩瀚的工程，完成得更加出色。

第三节　政治传播学的流派及理论演变

一、政治传播学的主要流派

在前面政治传播学的发展中，我们就已经提到了，政治传播学在西方的发展大致经历了三个阶段：诞生的初步发展阶段、迅速发展的“多元化”阶段和趋于独立发展阶段。在这三个阶段中，政治传播学的流派形成是在20世纪七八十年代政治传播研究的“多元化”阶段。在这个阶段中主要形成了三个流派。

(1)主流学派或说服选民范式派。主流学派研究的主要内容是政治选举，也被新闻传播学界称为说服选民范式学派。政治传播学的主流学派出现了一大批具有影响力的研究成果：1975年，著名政治传播学者柴非的《政治传播：研究的问题与策略》一书，首次系统阐述了主流学派的政治传播基本理论框架、研究领域、研究问题及主要的研究方法。1981年由丹·尼谋和凯思·桑德斯编辑的《政治传播手册》问世，该书除了总结了政治传播研究的产生、发展过程，还归纳和构建了主流派政治传播研究的理论体系及其方法论，除此之外，该书的作者还在书中表达了政治传播研究多元化的主张，对后来政治传播学的研究发展产生了很大的影响。但是，这一学派刚刚诞生就受到了来自欧洲的批判学派的尖锐批判。

(2)批判学派。欧洲的政治传播的研究者，在法兰克福学派的影响下，对政治传播学主流学派进行了批判，从该学派发表的著作看，研究主要集中在20世纪70年代到80年代。批判学派对现行的资本制度持否定态度，因此，他们反对注重政治竞选和说服选民的“主流”派理论，也反对脱离社会系统的大众传播研究。在他们看来，以竞选为背景来确定政治传播研究的范畴和主题是错误的。他们认为，从传播角度研究政治家与新闻记者的表象互动及他们如何影响选民决策，将妨碍人们认识更重要的真相：“‘媒介对选举的描述构成了戏剧性仪式，而这种仪式把自由民主中的权力结构合法化了’。政治选举事实上只提供一种选择，因为竞选各方所谓的不同并没有实质性的区别。这样选举就‘支持了代议民主、政治平等和集体自决等神话’，也因此强化了教育、政治和国家机构所灌输的政治价值。”①

批判学派主张把传播理论与社会理论结合起来，着重考察社会结构与意识形态相关的宏观问题，着重研究社会发展的一般趋势和人的基本价值，在此基础上探讨大众传播的作用及与社会结构的关系。凡违背社会发展的一般趋势和人的基本价值的现象和理论都在他们的批判之列。此外，这期间还出版了批判学派主要代表人物哈贝马斯的代表作《论功能主义批判》(1981 年)。从 1985 年起，Praeger 建立了“Praeger 政治传播研究系列丛书”。这一系列丛书向所有的定量研究和定性研究开放。1985 年以来的许多重要的政治传播学著作都出自该丛书。

(3)中程学派。在 20 世纪 70 年代到 80 年代，除了主流学派和批判学派这两个大学派外，在欧洲又产生了很有影响力的中程学派。该学派“既不与批判学派联结，也不与所谓的实证(主流学派)联结，乃采取较为中程的理论立场”，“强调媒介系统与政治系统的关系”。② 研究的重点是制度的政治和文化的政治。中程学派的产生导致了政治传播学研究的三足鼎立。

(4)其他学派。在三大学派中还出现了许多小的流派。例如，在主流学派中，以研究领域的不同，形成了选举学派、制度学派、语言修辞学派等众多学派；以研究的具体方法论的不同，有现象学派、解释学派等。在批判学派中又明显地区分为政治经济学派、文化研究派、意识形态霸权理论派、女权主义派，等等。多学派研究的繁荣促进了观念更新，为学术研究增添了活力，活跃了学术活动，推动了政治传播学研究的发展，出现了一批专业性的学术刊物，主要有《政治传播评论》《政治传播与宣传》(季刊)、《政治传播年鉴》《大众传播年鉴》(后两种为年刊)等，其各自建立了自己的阵地。还有一批政治传播研究的学术组织的成立：1973 年，由国际传播学会成立了政治传播研究学会，美国传播学会也随后成立了政治传播研究小组。作为一门学科的发展，政治传播学在这个时期开始作为一个独立的学科被列入大学的本科和研究生的教学课程。许多院系，例如演讲与传播学系、政治学系、新闻系、大众传播学系、社会学系、社会心理学系等都开设了政治传播学的课程。

---

① David L. Swanson & Dan Nimmo, *New Directions in Political Communication*, Calif: Sage Publications, 1990, pp. 8-9, p. 7, p. 14.

② 彭芸著：《新闻媒介与政治》，黎明文化公司 1993 年版，第 3~4 页。

二、政治传播学的理论演变

(一)政治传播产生的基础

政治传播学产生的基础有两个：政治传播学产生的理论渊源和政治传播学产生的方法论基础。首先我们来看理论渊源，丹·尼谋和凯思·桑德斯在出版的《政治传播手册》指出政治传播学的理论是多个领域、多个学派研究成果的汇集，并详细地介绍了政治传播学的理论渊源，包括：最古老的分析政治信息、政治动机与政治风格的理论方法——语言分析理论；关于传播效果的研究——态度转变研究；关于选举时竞选活动影响和新闻媒体在传播中角色的研究——投票研究和竞选技术风格研究；关于新闻媒介和政治之间具体关系的研究——政治与新闻媒体的关系研究，以及源于比较政治分析的功能与制度研究和关于传统传播工具和现代电子传播技术的传媒技术的理论研究。此外，宣传分析理论，也是政治传播学的主要源流之一。

任何学科的产生除了理论背景之外，还需要相应的研究方法和技术支持，政治传播学当然也不例外，下面我们就来讲一下政治传播学的方法论基础。丹尼·谋和凯恩·桑德斯认为产生于20世纪50年代，并在60年代占据统治地位的行为主义，是传播学产生的方法论基础。行为主义反对用法律的描述和抽象的、思辨的演绎；反对单纯的描述和原始的经验主义；反对对历史的演进作宏观的解释；也反对把政治学与道德问题混杂在一起。① 丹·尼谋和凯思·桑德斯认为行为主义是政治传播学的方法论基础，是因为它在社会科学研究中的广泛运用，产生了令人兴奋的变化，除了新的研究领域的开辟，还涌现出一大批新兴学科，这些新兴学科主要是综合性的交叉学科和边缘学科，所以说政治传播研究就是行为主义的产物。

在具体的研究方法上，行为主义主张用科学的思想方法和研究方法来研究政治学、社会学这些社会科学，并从物理学、数学等自然科学中引入理论模式和方法，把注意力集中在实际的、可观察的行为上，即那些对政治社会确实具有重大意义的政治人以及投票、公共政策的制定与评价的研究上；行为主义强调研究的问题和理论的可检验性，并寻找多种方法检验理论，企图找到政治学科学化的方法论通则和研究技术。②

(二)政治传播学的理论发展

政治传播学的研究受到不同学术领域的影响，也享受着众多学术领域的研究成果的滋养，特别是传播学的研究成果。西方学者认为传播学、大众传播学、政治传播学这三个领域的研究是相互交错的，因为，这些领域的学者都十分关注大众传播媒介对社会所产生的影响。作为政治与传播两个领域结合下的一门新兴的学科，政治传播研究的发展近一个世纪，其理论主要源于两次世界大战中宣战对民意影响的研究、20世纪40年代美国选举的研究、大众传播媒介对政治行为影响的研究，以及学者长期以来对传播媒介、政府与民意

① 参见曾繁正译：《西方政治学》，红旗出版社1998年版，第42页。

② 彭芸著：《政治传播——理论与实务》，巨流图书公司1986年版，第37页。

互动的研究兴趣，以及21世纪网络政治传播的研究。下面，我们从理论发展的顺序介绍与政治传播相关的几个主要理论。①

1. 政治修辞理论

政治修辞理论是政治传播最源远流长的理论来源。经历了亚里士多德的规劝说，到博克的认同说以及20世纪后期后现代主义认知说等阶段。政治修辞以一般修辞为基础，但又区别于一般修辞，它是政治主体围绕政治利益，运用政治语言以及表达技巧所进行的修辞行为。政治修辞的目的是说服受众，进而达到政治主体的政治目标，政治修辞理论可以概括为几种形态：情景修辞、运动修辞、制度修辞和反修辞。

情景修辞是以情景为基础的政治语言修辞活动，其主要内容为政治信息产生与具体的历史情景，是对历史情景的必要反映，由三个方面构成：事变状态、积极参与的受众和种种制约因素。运动修辞认为，政治运动必须适应调动人力物力，能够对外界施加影响，抵制对立影响的要求，政治领袖能够在修辞上处理一系列紧要问题。其中“要求—问题—策略”的(RPS)理论最为突出。制度修辞是以政治制度为基础而进行的政治机构之间的政治修辞活动，它突破了个人修辞的传统框架，更注重政治宣传修辞的制度化特征。首脑修辞是指一国首脑所进行的政治修辞，是制度修辞和个人修辞的综合运用。反修辞是指政治修辞的逆向运用，即“政治修辞在某种意义上具有相反的社会功能，因为政治语言常用于下列目的：不是说服而是控制，不是激发思想而是阻滞思想，不是传递信息而是隐藏或歪曲信息，不是吸引公众关注而是掩人视听”。政治修辞服务于政治传播目的，是政治传播的主要技巧和手段，应用于政治传播的全过程。②

2. 政治劝服和效果理论

首先是媒介皮下注射理论。第一次世界大战是第一次由几十个国家参战的全球性战争。在现代性战争中，各国动员老百姓，采取了极具煽动性的极限宣传方式。当时蓬勃发展的大众化媒介恰恰可以满足这一需求，也形成了极为强大的影响力：通过不同的媒介传播设计特殊的信息，鼓舞人民为了完成国家目标团结一致。各国不断开发的宣传传播技巧，取得了显著的宣传效果，为战后不少学者对宣传展开研究提供了材料。很多学者认为以20世纪20年代的广播为代表的大众传播，其政治传播影响是绝对的，一般大众只能盲目接受，没有主张，也没有“反击”的能力。如果一位伟大的演说者或领导者，运用其恢宏的气势和特殊的气质，通过大众传播媒介发出强有力的信息，老百姓就会毫不考虑地接受，并心甘情愿地接受这些信息的影响而改变态度，进而以行动响应。这种理论被称之为“皮下注射”或“枪弹”理论，传播学的集大成者施拉姆曾经对它的描述是：“传播被视为魔弹，它可以毫无阻拦地传递观念、感情、知识和欲望。……传播似乎可以把某些东西注入人的头脑，就像电流使灯光发出光亮一样直截了当。”③

其次是有限效果理论。20世纪30年代后期及40年代初，传播劝服和传播效果“皮下注射”理论遭到挑战，几项不同的研究都否认了这种全能的传播理论。

---

① 彭芸著：《政治传播——理论与实务》，巨流图书公司1986年版，第53页。

② 张晓峰，荆学民：《现代西方政治传播研究述评》，载《教学与研究》2009年第78期。

③ 转引自张隆栋：《大众传播学总论》，中国人民大学出版社1987年版，第156页。

20 世纪 40 年代的美国总统大选，哥伦比亚大学广播研究中心在拉扎斯费尔德的领导下研究选民为何投票，如何投票，发现大众传播媒介对选民的政治行为影响微乎其微，同时发现大众传播媒介只能“加强”选民原有的决定，而非意见的塑造或改变。反而，研究发现选民受其人际传播的影响更大，进而提出著名的“二级传播”理论，认为消息的传播首先通过大众传播媒介到达意见领袖，在通过意见领袖的评估与解释传至一般老百姓。

第二次世界大战期间，美国陆军召集由霍夫兰等社会心理学家组成的一支研究小组来研究特殊设计、制作的军事教育影片对军人的影响。这些影片告知了战争的背景，欲影响军人对敌军和我军的态度，以激发士气。研究的结果却发现军事教育片确实使军人获得了许多知识，态度虽然发生了改变，但变化非常有限，完全不符合设计、制作影片者的初衷。这段时间重要的学术研究推翻了“皮下注射”理论，提出“有限效果”理论，认为受个人心理、社会因素的制约，媒介的传播效果是有限的，媒介只能“加强”而并非“改变”人们的既有态度。

3. 议程设置理论

20 世纪 60 年代以前的传播研究重点都是媒介在改变人们态度上所起的效果，而忽略了其在传递消息方面的功能。一般来说，态度使个人对外在人、事的评价，认知则是个人对外在人、事所拥有的消息，态度可能是因为有了消息后加上的判断，两者从根本上是不同层次的。60 年代中后期越来越多的研究开始重视媒介对受众所持对真实世界的认知的影响上，特别是一系列对美国总统大选的研究，发现大众传播媒介为每一场竞选设定议程，影响了人民对政治事件重要性的态度。这就是所谓的“议程设置”理论。

由于人们受到时空的限制，不可能对所有事件有完全的了解，因此非要依赖大众传播媒介来认识其生活的环境和世界。“议程设置”理论认为大众传播媒介没有办法来告诉受众“怎么想”，却可以很成功地通过媒介组织的选择、整理、表现方式建构一个“拟态环境”，把事实加以筛选并用不同的报道程度来告诉人们“想什么”。

议程设置理论本来就是政治传播研究的话题，其研究是围绕选举、政治人物形象、政治议题、政治决策等基本问题展开，是政治传播研究的基本形态。

4. 媒介使用与满足理论

媒介使用与满足理论有几个基本的假设：第一，受众是对大众传播媒介使用是有目的的积极的受众；第二，人们会在大众传播过程当中，主动地将其需求与满足联结起来；第三，媒介传播活动和其他活动竞争，以满足人们不同的需求。

使用“媒介使用与满足”理论研究政治行为出现在 20 世纪 60 年代中期以后。研究者发现受众在收看政治材料的动机时，接触政治材料的动机是对投票的指引，为了加强已做的决定、对政治环境的侦察和兴奋感，期望以后与人沟通时用得上，而避免政治材料或是因为孤独感作祟，或因对政党绝对认同，不需要接受其他材料，或是政治材料太过沉闷，无法达到休闲娱乐的效果。①

“议程设置”理论及媒介的“使用与满足”理论改变了传播研究的方向，打开了看待传播在政治过程中扮演角色的视野，扩展了研究的领域，如以传播行为研究认知、消息获

① Blumler，J. G. and D. McQuail，*TV in Politics*，Chicago University of Chicago Press，1969，p. 69.

得、选民的投票决定、政治社会化等。

三、政治传播的研究意义

(一)西方政治传播研究的启示

西方政治传播研究对我国政治传播研究的科学化有重要启示。西方政治传播研究科学化体现在两个方面：一方面，将其他学科理论置于政治传播学的框架下进行再思考，如把政治学中的政治市场理论放在政治传播活动中进行思考，形成了政治传播研究中的政治市场学。另一方面，注重科学研究方法的运用。其主要研究方法：数据分析法、调查研究法、内容分析法、人际网络分析法等之所以能够得到丰富与完善，正是因为每一种方法都经过了学者不断的使用与反复的验证。我国的政治传播研究缺少科学的、系统的研究方法，并且对研究方法的创新重视不够，缺乏中国特色、时代特色和学科特色。未能实现从"应然"向"实然"、从静态研究向动态研究、从定性研究向定量研究的根本转变。

西方政治传播研究促进了我国政治传播学科建构的"视界融合"。我国政治传播研究尚处于起步阶段，还有不少重大政治传播理论问题没有得到科学的回答。如对政治传播学的政治学本位和传播学本位的各自界定，虽然从政治学和传播学的角度对"政治传播"范畴注入了必要的本质要素，但却未能从政治学与传播学的"视界融合"的高度来界定和把握政治传播范畴，这正反映了仅从政治学或传播学界定政治传播的局限性。而且，从对政治传播的研究来看，这种局限所带来的学科偏狭贯穿于研究的整个过程。再如，对于政治传播学的一些基本范畴及其内在的逻辑关系，如对政治传播、传播、政治、大众传播、公共领域、参与式民主等，还缺乏深层次的理论研究。在研究取向上，对中国政治系统与政治传播的现实问题的关注还不够全面和深入，有许多应由政治传播研究回答的问题没有去研究、去回答。在研究的学术性上，我国政治传播学研究的总体学术水准和科学性还比较低，缺乏现实感和原创性。对国外政治传播学发展的研究，基本上还停留在客观介绍上，尚未做到分析、批判、借鉴。有些学者习惯于从西方的研究体系中借来一个个新颖的概念套用在中国的传播学研究之中，却未能清晰地说明这一概念的含义、产生的背景和它承载的方法论意义。在不能精确理解政治传播学基本概念和方法的情况下，任何一种研究都将给后来的研究者带来理解上的困难和参考上的误解。因此中国政治传播学急需在学科建设上取得新的突破和进展。

西方政治传播研究促进中国政治传播研究发展路径的建构。我国政治传播研究视野局限性的主要原因在于我国政治体制，西方政治传播的很多议题并不适合我国国情，比如竞选研究等。但通过对西方政治传播研究各个领域的分析，我们可以探讨一些新的研究切入点。比如，在我国虽然没有西方所谓的政治广告，但中国共产党向来重视弘扬主旋律的广播电视节目的制播。为了提高这些节目的传播效果，我们可以借鉴西方政治广告学中的相关研究方法与原理，并运用到这些节目的创作用去，为增强我国的思想政治教育与政治传播的效果找到新的突破口。国内关于政治传播研究的文献虽然都不同程度地使用了"政治传播"这一概念，但实际上缺少对政治传播理论体系的认知。唯有从整体上对现代西方政治传播研究进行把握，对其研究体系，包括研究历史、研究方法、研究范式、研究动态进行清晰的梳理，才能够为中国的政治传播研究提供可供借鉴与参考的范例。不同的研究范式之间往往是一种相互借鉴、相互补充的关系，因此，我们了解西方研究范式并非要否定中国的研究范式，而是通过文明互鉴，根据我国的国情与现实发展需要，从西方的研究范式中汲取必要的研究养分，丰富我国自己的研究范式与研究框架。在考察西方政治传播理论的同时，我们应该建立以马克思主义为指导的政治传播学科体系。

(二)政治传播研究的现实及理论意义

从现实意义的层面上来讲，政治传播的意义首先在于有助于维护政治系统的平衡。在现代政治体系里，政治传播是政治系统必不可少的部分，它为政治和社会搭起了二者沟通的桥梁，是政治系统获取社会信息提供途径，这就保证了公众意见传达给上级政府，再转化为政府议程。信息的通畅就会有利于国家政策的制定、贯彻执行、合理调整，如果政治传播不到位就会引起信息不对称，结果会造成负面影响。政治传播的完善有利于公民的政治参与，专家在听取公民意见后作出的决定会更加科学和正确，这就有利于维护社会的稳定和政治系统的平衡。

其次，政治传播有助于培养公民的政治参与习惯。社会成员参与政治的众多方式之一就是政治传播，公众通过大众传播媒体和网络新媒体表达相关的声音；政治传播也教育公众实现政治社会化，促进公众利用政治传播的途径实现政治参与，事实上，公众对政治的参与程度与媒介的发达程度密切相关，媒介水平越发达，公众参与政治生活的程度就越深。

再次，政治传播有利于推进政治治理体系和治理能力现代化。国家治理体系和治理能力现代化的关键在于现代政治治理，现代政治治理的核心是强化政治沟通和政治认同。形成文明的现代政治文化，通过政治传播强化公民的政治意识，扩大公众的知情范围、提供政治参与渠道，形成政治信任和有效的政治协调，把我国的制度优势转化为国家治理的效能，不断扩大中国特色社会主义制度的影响力。

最后，政治传播有助于国家形象的塑造。国家形象的塑造，既受到国内因素的影响，也受到国际因素的影响。国际社会中，积极的国家形象会给国家的发展营造有利的国际环境，反之，消极的国家形象也会对国家发展产生不利的因素，起到阻碍作用。当今世界，国家的竞争不仅是经济、军事、政治等力量的竞争，更是包含国家形象的软实力的竞争。就像产品的品牌效应，好的形象就是国家的品牌，其在国际竞争中发挥着不可忽视的作用。

从理论层面来讲，政治传播的意义在于拓宽了政治学和传播学的研究范围，深化了政治学和传播学研究的层次。政治学作为一门古老的社会科学，在接入传播学研究后，其科学性得到了进一步提升，而传播学在政治传播的研究中不断深化对传播内涵、本质和运行规律的研究。政治传播学的研究不仅仅是简单地把政治学和传播学研究相融合，而是促成了一门新的学科的产生。重要的是，政治传播回答了人们关于政治学实际操作性不强的疑问。美国的行为主义政治科学的主要创始人之一拉斯韦尔，在他的著作中都对政治的实操性作出了阐释，他认为，政治可以“通过操纵有意义的符号控制集体的态度”。

从社会意义的角度来讲，政治传播有助于传承和创建政治文化。“政治文化”一词，最早出现在美国政治家加里艾尔·阿尔蒙德在1956年出版的《比较政治学》中，他认为“政治文化是一个民族在特定时期流行的一套政治态度、信仰和感情。这个政治文化是由本民族的历史和现在社会、经济、政治活动进程所形成……政治文化影响各个担任政治角色的行为，他们的政治要求内容和对法律的反应”。① 在我国，学者们对政治文化的强调主要是围绕着政治权力核心所形成的对政治生活的非理性情感认知。无论是哪种观点，政治文化的形成都是在本民族长期的社会、经济、政治活动中形成的。政治传播对政治文化的形成所起的作用主要表现在：政治传播促进政治社会化，公众参与政治生活的积极性提高；有助于传播现代政治文化，对传统政治文化传播取其精华，去其糟粕；有助于创建现代化政治文化，法治、民主、文明、和谐、美丽等核心价值观在政治传播活动中得以提倡，会提高公民的个人政治素养，也会提升整个国家民众的政治文明素质和能力。

【延伸阅读】

1. 邵培仁：《政治传播学》，江苏人民出版社1991年版。
2. 祝基滢：《政治传播学》，三民书局印行1983年版。
3. 彭芸：《新闻媒介与政治》，黎明文化公司1993年版。
4. 张昆：《大众媒介的政治社会化功能》，武汉大学出版社2003年版。
5. 李元书：《政治传播学的产生和发展》，载《政治学研究》2001年第3期。

【思考题】

1. 什么是政治？与其产生的相关理论有哪些？
2. 从古至今，政治经历了哪些发展演变？
3. 政治传播学是在什么样的背景下产生的？分别在中西方经历了怎样的发展？
4. 政治传播学的主要流派有哪些？
5. 概述政治传播学的理论演变过程。
6. 政治传播学具有哪些现实意义及社会意义？

① 丛日云著：《西方政治文化传统》，大连出版社1996年版，第80页。

第二章　政治传播与传播媒介

【本章重点】

“传播即政治”，现代传播媒介尤其是网络媒体是政治传播的主要载体。政治传播是在民主、法治和治理能力这三种现代价值的语境下进行的。政治民主理论以依宪治国、民主参与和理性选择为基本内核，经过长期的发展，民主的基本类型为参与性民主、代议式民主和商议性民主；大众传播媒介对政治传播的核心命题——公共舆论有着重要的影响力，对政治民主化进程有着不可或缺的作用，“信息中心化”是当代的政治传播的突出特征。

第一节　政治传播与现代政治理论

马克思主义认为，精神交往是人类群体生命存在的一部分，它始终伴随着人们的生产和生活。传播是人类精神交往的主要方式和载体。在人类现代性交往时代，大众传播是人们生存的“第二气候”。“政治即传播”“传播即政治”。作为社会神经中枢的政治，是人类精神交往和信息交流的核心领域之一，与大众传播媒介的关系紧密。“政治是众人之事”，现代政治是主权在民和人民当家作主的法治体系，是以自由、平等、充分的民意表达和政治参与为核心，以建构民主文明的公共规则，建立有效的公共生活秩序为价值诉求的社会交往过程。政治公共信息的传播和交流，是现代政治运行的基本方式。

一、政治民主理论的源流

现代政治理论的核心要件是民主和法治。从词源学的意义上看，民主，即人民的统治或权力。民主理论经历了漫长的发展历史。在古希腊时代，与城邦的直接民主统治形式相关联的，就有大量关于民主的论述。在柏拉图的《理想国》关于政府形式的分类中，不仅区分了民主制(人民的权力)与僭主制(由最邪恶类型的人进行的一人统治)，而且还将民主与其他的一些政治形式区别开来，如寡头制(少数富人的统治)、荣誉制(心智较高的护卫者的统治)和位于顶层的哲学王的统治。

在《政治学》里，亚里士多德给出了不同的分类标准，它由一个双重标准构成，即由多少人统治，是否考虑到了共同的利益(或者仅仅促进比较狭隘的利益)两个方面考量。另外，还有经济方面的认识，即大多数人的统治将成为相对贫穷之人的统治。如果一个政府形式对共同利益予以了考量，那么它就是“正常的”，否则就是“反常的”。君主制、贵族制和“共和制”是正常的，是各自以共同利益为目的的一人、少数人和多数人的统治。

亚里士多德似乎更中意君主制，即有一个有德性的人来统治，但他同时也认为，贵族制统治(由少数德性最佳或相对最佳的人来统治)允许统治和被统治的更迭，这是公民身份的一个关键部分。他认为，民主制、寡头制和僭主制是各自谋取自身利益的多数人、少数人或一人的统治，是反常的统治。民主制是反常形式中最不恶劣的一种，至少大多数人的利益得到了关注。①

在亚里士多德的学说结构中，“民”(Demos)意味着结合为人民的集会的雅典社会，民主是一个相对的词，是指在古希腊城邦中的人民(一个紧密联系的小共同体，人数最多为5000人，一般为2000~3000人)，以当场决定方式工作的具体决策机构。是“完美的城邦”(Politifa)的退化形式，亚里士多德民主制中的“民”，是由混杂的人群构成的，它不但包括很多人，而且包括穷人，也就是说同时包含有着各种缺点的(自私、没有法律观念的)许多人和穷人。② 在这里，民既可以被视为一个整体，也可以视为许多人或多数人，或者暴民。

“民”的内涵在古罗马时期发生了转变，拉丁语“民”(Populus)这一概念在此后使用了15个世纪，主要是指单一整体的人民。在古罗马时代，虽然有过断断续续的军事民主化时期，但主要是在贵族政体下，有限的民主“共和国”政治，而且在反复的变乱中，不断被“僭主政治”破坏，最终形成独裁专制的君主制。随后，整个西方社会进入黑暗的中世纪，专制的王权统治和基督教神权统治，视民主统治为暴民统治，认为不同意见的、许多人的尤其是暴民的统治，与社会秩序和国家安宁互不相容。政治民主也被“黑暗时代”的封建专制制度深深地埋葬。

一般认为，近现代世界与近现代政治观念的形成，与哥伦布的地理大发现和古登堡的活字印刷技术有着密切的关联。马克思、恩格斯的《共产党宣言》指出，地理大发现促进了商业航海业和工业的繁荣，为资本主义开辟了新的活动场所；印刷技术开启的传播文明及其相应的文明结构，“直接造就了现代精神发展的历史前提”③，资本主义观念得以传播，早期“全球化”道路得以开启，国家意识和国家主权观念得以建构。其后，跌经文艺复兴和宗教改革，人们开始寻找希腊文明和罗马文明中的“良法美意”，广泛利用希腊、罗马的文化成果，神权统治和封建王权统治开始动摇，“自然权利学说”“社会契约论”“人民主权”学说开始滋生，专制统治的观念不断打破，正在走向崩溃的封建社会内部的各种革命因素迅速发展。

紧跟其后的是启蒙运动，进一步全面地在思想上有力地冲击着封建专制制度及其精神支柱——天主教会，并使其逐步坍塌。启蒙运动广泛地传播科学和民主的观念，传播社会契约和主权在民的思想，其根本出发点是天赋人权的观念，即每一个人都是自由平等的，自由平等的权利是天赋的，任何都不能剥夺这些权利。“自由、平等、博爱”和三权分立的民主观念日益深入人心。启蒙运动与17世纪英国革命、18世纪美国革命和法国大革命

① [英]杰斐逊·托马斯：《政治哲学导论》，顾肃等译，中国人民大学出版社2006年版，第253页。

② [美]乔万尼·萨托利：《民主新论》，冯克利译，上海人民出版社2009年版，第21、37页。

③ 陈力丹著：《精神交往论》，开明出版社1993年版，第96页。

互相推动，互相激荡，“宣告了欧洲新社会的政治制度……而且在更大程度上反映了当时整个世界的要求”。① 美国《独立宣言》和法国大革命的《人权宣言》最终确定了天赋人权和相应的自由、民主制度的安排，并以此为基础形成宪法，将自由民主政治作为资本主义革命最根本的制度安排。至此，宪政民主最终确定。

依宪治国的民主是现代政治发展的根本走向。西方现代政治理论的起源首先来自霍布斯，其在著作《利维坦》(用《圣经》中的巨型怪兽利维坦来形象比喻国家，指它具有统治一切、管辖一切的无限权力)中指出，国家创立的目的，就是根据每一个人的授权(一大群人互相订立信约)运用托付给国家的权力和力量，通过其威信组织大家的意志，对内谋求和平，对外抵御侵略。国家和每一个人的授权立约，实际上隐含了一个民主授权的过程。其后，洛克、弥尔顿、卢梭等一大批倡导现代自由民主的思想家，更深入和明确地阐述了个人自由、人人平等、公众理性、社会契约和政治民主、法治的关系。形成了现代政治民主理论的主要源头。其中作为西方自由主义和三权分立民主理论的创始人，洛克是自由民主理论的重要代表者。由他开始，代议制政治民主理论和个人(或公民)权利相互结合的学说，在理论和实践的推进中不断发展和完善。

洛克是以天赋人权的自然法则为基石展开其自由民主理论的。他认为，自然状态是一种平等的状态，在自然状态下，一切权利与管辖权都是平等的，没有任何人享有多于别人的权力。平等是人类互助互爱的基础，自然状态是一种完备的自由状态，但不是一种“放任”的状态，人不同于低等动物，在自然的状态下，人们虽然享无限的自由，但并不用这种自由人任意侵害别人或毁灭自己。② 因此，自然法就是人类的理性“教导着有意遵从理性的人类：人们既然是平等与独立的，任何人就不得侵害他人的生命、健康、自由或财产。”③

但是自然状态虽然美好，却仍然是一种“不稳定”的状态，是一种经常受到他人侵犯和威胁的状态，是一种尽管自由却是充满恐惧和经常危险的状况，因为其存在一些固有缺陷：包括缺乏一种确定的、众多周知的、作为个人的是非标准和裁判人们之间一切纠纷的共同尺度的法律，缺少一个有权根据既定的法律来裁判一切争执的知名的公正的裁判者，缺少权力来支持正确的判决，使它得到应有的执行等。人们就不愿意长期在这种状态下生活，为了确保自己的生命、财产安全不受威胁，人们就订立契约，把在自然状态中除了享受天真乐趣的自由之外的权力(一是为了保护自己和别人，个人可以做他认为合适的任何事情的权力，二是自由惩处违反自然法的罪犯的权力)，交由他们中间被指定的人来加以行使，而且要按照社会所一致同意，或他们为此目的而授权的代表所一致同意的规定来行使。……这就是立法和行政的原始权利和这两者所产生的缘由，政府和社会的起源也在于此。④

① 《马克思恩格斯选集》(第1卷)，人民出版社1995年版，第318页。
② 马啸原：《西方政治思想史纲》，高等教育出版社2008年版，第252页。
③ [英]洛克：《政府论》(下卷)，商务印书馆1983年版，第5页。
④ [英]洛克：《政府论》(下卷)，商务印书馆1983年版，第78页。

人们订立契约建立国家以后，会产生多种多样的国家形式，其中，议会民主制是最进步的，也能更有效地保障人民的自由和利益的国家形式。民主制国家立法权力属于社会大多数成员，因而也是人民可以选择政府和监督政府行为的国家。立法权、行政权和联邦权(管理对外事务)的三权分立及其在议会中立法权优先的公正法律下的运行，是其基本内核。人民把自然权力交给政府，是为了保障公众的福利和安全，政府一旦背离了这一目的，人民便有权认为契约已经被违背，可以自动收回自己的权力。概而言之，洛克认为自由民主制(代议制民主)是最合理的民主制度。当代的资产阶级民主大多是以此为蓝本和基本构架展开和发展的。

二、现代政治理论

如上所述，自由民主理论是衍生于现代欧洲的早期资产阶级对于专制政权的批判。是在“自由、平等、博爱”的大旗下展开的。其主要目的是为了资产阶级的思想自由和行动自由，是资产阶级政治和经济权力在意识形态中的体现。此后，西方政治民主化的实践进入快速发展阶段，自由民主理论的探索进程一直没有停歇。

总体来讲，政治民主化进程在全球先后出现三波浪潮，第一波从16、17世纪资产阶级革命，特别是在19世纪中后期，到20世纪30年代西方主要国家的政治民主化过渡；第二波始于第二次世界大战后，随着法西斯独裁政权的瓦解和西方殖民统治的衰败，在全球出现大批的民主国家；第三波始于20世纪70年代，至今仍然在推进和发展的过程中。其主要特点是与社会的现代化过程紧紧相连，即在传统社会向现代社会的转型过程中，政治的形式与内容从非民主走向民主，特别是从专制走向民主的过程。同时，也是从多种民主形式走向“自由民主”的过程。① 在这一历史进程中民主观念进一步觉醒，民主力量开始崛起，至20世纪七八十年代，才基本完成现代政治民主的框架，政治民主化的“现代性”才得以稳定。

当今，民主已经成为整个人类普遍的政治价值取向和世界潮流。虽然民主不一定是最好的政治形式，也不是人类发展的最终目的，但至少是人类迄今为止所能创造的最好的政治形式。② 从不同的视野划分，民主的特性与民主的组合要素可以从三个方面展开分析。

首先，现代民主政治是自由民主理论与公民权利学说的有机结合体。人民赋权和政府限权成为民主考虑的主要问题，在这种框架下，投票权被引进，宪政的观念得到强化，相应地，在制度上对滥用政治权力作出了约束。自由民主的政治理论主要演变为“赋予个人民主自由，使其不受国家侵犯”。在这一前提下，扩展公民权利是政治民主必不可少的一步，公民的“同意”和“异议”就成为自由民主政治的重要关键词。一方面，赢得选举的政治领袖通过“正式请求所有公民的同意”获得全体公民(即使是那些没有在选举投票给他们的公民)尊重和效忠的权利；另一方面，公民有权对执政者的智慧保留意见，并把他们的异议反映到下一次约定的选举中。

公民的选择权利基于以下的先决条件，公民拥有不同的选择对象以保证选举的异议，

① 陈振明主编：《政治学——概念、理论和方法》，中国社会科学出版社2004年版，第421页。

② 李宏，李民等：《传媒政治》，中国传媒大学出版社2006年版，第17页。

并且实施这种权利的选民是理性而有洞察力的，只有这样，公民才能选择“公民伙伴中最睿智、诚实和博学的人”为代理人，委托这些代理人保障和实现公民的基本权利。以此为基点，现代自由民主理论以立宪、民主参与和理性选择为主要支柱建构现代民主政体。

立宪就是有一套程序和规章来规范选举过程，约束获胜者及反对者的合法活动，这些规章制度通常以宪法和权利法案的形式确立。民主参与是指全体公民中参与民主过程的人数必须达到“足够”的比例，而不能像早期民主那样，仅限于一小部分富有并受过良好教育的人，只有这样，才能保证理性而具有洞察力的选民参与民主政治。理性选择包括两个方面，一是具有不同的选择可能(即有至少两个以上的党派和政治团体，如民主党对共和党)，二是公民具有作出理性选择的能力，即要求有一个有洞察力而且受过较好教育的公民整体作为先决条件。① 在现代传媒高度发展的情况下，现代自由民主政治理论对传媒给予了厚望，思想言论自由也是现代宪政的立点之一，传媒被视为公民民主参与和理性选择的重要载体。

其次，现代民主政治是民主政治与其派生物法治政治、政党政治、传媒政治的有机统一。法治、政党、传媒政治的前提和基础是民主政治，他们既是民主政治的主要内容和形式，也是实现民主政治的主要途径和工具。民主的核心含义是“主权在民”“一切权力属于人民”“人民当家作主”。法治主要是指民主、共和制，它同代表专制、等级特权等人治相对立；政党政治的核心，是政党通过获得人民的支持，成为执政党，通过领导和掌握国家政权实现党的政纲和政策，把自己所代表的阶级或阶层、集团的意志转变为国家意志，以实现和保护人民的利益为自己的行为指南；传媒政治主要是自由、平等、充分的民意表达以及自发自愿的政治参与，通过沟通、对话为中心的民主形态和舆论的形成，影响和改变政治。法治政治、政党政治和传媒政治，从不同的方面体现、完善和推动民主政治的发展。

最后，现代政治民主是参与式民主、代议民主和协商民主等多种民主形式的有机结合和优化统一。民主与民主的实现形式一直是民主政治理论探索的主要问题，民主的基本内核是统治行为必须合乎受其影响的人们(至少是大多数人)的愿望，即统治行为必须回应公众的愿望，并与其愿望达成必要的一致性；要达成这个一致性，有三种基本路径，即民主制的三种类型或实现形式。

一是直接的、参与性的民主。即统治行为所影响的那些人亲自参与颁布政令的决策过程，他们的活动直接控制公共政策的表达、采纳和(某种程度上)的执行。这在古希腊的城邦民主中是最典型的方式，在人数不多和团体内部也是比较流行的方式；二是代议制民主，也叫间接民主或议会式民主，即受统治行为影响的人们选择那些将代表自己去阐述、采纳和执行公共政策的人员，如选举议会人员和人民代表等形式，这就是现代民主共和政体的主要起源，其主要内涵是，一个所有权力直接和间接来自绝大多数人民的政府，它由自愿任职的人在一定期间内忠于职守地管理。直接民主和代议制民主都是票决性民主，即投票权得到平均分配，每一个公民享有且只有一张选票，选举和决定委托的统治者和公共决策事项。三是协商性民主(慎议民主、商谈民主)。慎议民主是针对票决民主不足的一

① ［英］布莱恩·麦克奈尔：《政治传播学引论》，殷祺译，新华出版社2005年版，第18页。

种民主方式，是在直接民主加上公共理性基础上的“商谈伦理”①，是以公民自由、平等对话和讨论为核心的理性的公民参与、决策和治理，并把审慎协议和商讨的民主决策，在宪法的框架下实现的过程。协商民主在政治治理中具有基础性作用，是完善现代民主政治的重要途径。在一定程度上，现代民主更加关注的是自由、平等的公民在宪法的框架下，通过多种民主实现形式“公民主权”的有效机制和过程。在传媒成为社会生活的第二气候的情况下，传媒是政治民主的重要载体和运行平台，是多种民主实现形式优化结合的关节点之一。

在本质上，社会主义民主政治追求的是一个更高层次的民主化进程，是与全社会的自由解放和人的全面发展进程相一致的。中国特色社会主义的政治民主，是以宪法为根本、坚持人民的主体地位为前提的，民主、自由、人权和法治全面贯通的政治文明体系，其核心要义是坚持中国共产党的领导、人民当家作主、依法治国的有机统一。

第二节　大众传播媒介与政治传播

政治传播是连接政治学与传播学的交叉学科，是伴随现代传播和现代民主的发展而生长的一门学科。从人类政治交往和信息流动的角度考察政治传播，是政治传播研究的起点。从大众传播媒介的发展史考察，它是作为守望环境的基本需求而产生的，大众最初、最基本的基因是与政治相关的信息传播。政治传播是大众传播的重要功能，同时政治传播又是政治过程的重要因素，在现代政治中，主要是指围绕政治民主而展开的信息传播过程。所以我们首先要考察的是政治信息的流动过程。

一、政治信息流动的结构要素

从广义的角度看，政治传播是关于政治的有目的的传播，包括三个方面：所有的政治行动者为求达到目的而进行的传播活动；所有非政治行动者对政治行动者进行的传播活动，例如选民、关心政治的公众及报纸评论员；所有媒介中涉及政治行动者的新闻报道、评论及政治讨论。②

从一般的意义上讲，政治传播就是指政治信息的流动过程。③ 这一过程包括政治信息的传播者和接受者通过媒介以及其他围绕政治信息传播的互动(传播、反馈和回应)。

从结构性的角度，政治传播的支撑性要素为政治组织与公众之间的关系。具体地讲就是政治组织的信息与公众的信息流动和互动，政治组织的信息通过宣传、公关、广告和形象包装，而公民的信息为公众的评议、讨论和对政治组织信息的回应，在一般程度上显现为公共舆论(民意)。

所有的传播手段都是为了一个目的——说服，现代社会，说服是建立在双向沟通基础

---

① [英]杰斐逊·托马斯：《政治哲学导论》，顾肃等译，中国人民大学出版社 2006 年版，第 255 页。

② [英]布莱恩·麦克奈尔：《政治传播学引论》，殷祺译，新华出版社 2005 年版，第 4 页。

③ 李宏、李民等：《传媒政治》，中国传媒大学出版社 2006 年版，第 45 页。

上的信息对流过程(信息是否对称则是其中的重要指标)。沟通、说服和信息的流动都通过一定的途径，借助于中介工具。这些中介工具包括政治符号和传播媒介，其中传播媒介是最基本的平台和中介。因此，政治组织、公民(受众)和媒体是政治传播的三个基本要素。

政治组织包括政党、公共组织(政府和非政府组织)和集团性的政治行动者；政治传播中的受众具有相对宽泛而又灵活的内涵，主要是指政治组织有目的地传播信息所针对的人群；媒介则是政治传播者和受众之间信息流通的主要渠道，在现代民主政治体系中，媒介具有双重功能，一方面传递来自媒介外的政治信息(包括政治组织信息和公众舆论)，另一方面，又传递记者生产的政治性新闻。

所有的政治传播活动都需要通过传播媒介，在现代社会，主要通过的是大众传播媒介，在网络等新兴媒体高速扩展和高度覆盖的情况下，还有与大众传播媒介并行的具有超大众传播媒介功能的社会化媒体(目前主要为论坛、微博、微信)等。在这种情况下政治组织和受众之间关系更加直接，政治传播的中介更进一步泛化和多元化。

从传播的内容和过程性角度分析，政治传播主要包含的内容为政治说服、媒体信息和公共舆论之间的关系。政治说服是政治组织为政治目的而传播的多种信息，包括政治组织希望构建的舆论氛围，公共舆论则是公众对基于对政治组织信息的反应和多元信息集合以后形成的自发的舆论集合。其中大众传播媒介(在新媒体环境中主要以社会化媒体作为集合点)为信息的主要平台和舆论晴雨表。

二、大众传播媒介的政治传播功能

一般来说，大众传播媒介在本质上改变着政治，它也以不同的方式影响着世界政治，这种影响力不仅是政治家的，也是针对平民的……如同其他社会关系一样，大众传播媒介与政治的关系也包括结构性控制和人类的能动性。① 大众传播媒介给我们的社会和政治生活建构了一个全面的信息运作框架，人们在这一框架里，规划、经营和展开自己的生活，政治组织、公众、媒体从业者根据他们的组织目标和生活方式，在其中建构起传播框架与信息生产和消费方式。

首先，大众传播媒介是政治传播的主渠道。政治传播的主体是各种政治组织，他们会运用多种传播方式和手段，展开政治传播，人际传播和组织传播都是他们的基础性工具，在社会媒介化和媒介社会化的信息社会，无论哪种传播都离不开大众传播媒介，并且政治传播的幅度越大，范围越广，对媒体的依赖程度越深。而媒体又处在不断的技术变迁之中，从印刷媒体到电影、广播、电视，再到当代的网络媒体，网络媒体又处在持续的革命和再革命的进程中，社交化媒体和移动媒体的兴盛，在更大程度上重构了当代媒体的结构版图，新媒体会导致新的权力中心的出现。不管怎么变，媒体与大众的连接和嵌入在社会的特性越来越强，媒体已经成为社会整合的中介力量，它们把不同的群体连接起来，提供

① [美]大卫·克罗图、威廉·霍伊尼斯：《媒介·社会：产业、形象与受众》，邱凌译，北京大学出版社2009年版，第70页。

一种共享的经验，向大众解释并帮助他们理解这个世界。① 大众传播媒介的高度复制化、弥散化信息流动，公众的广泛性和对其信息的容易接近性，信息传播的快速性和及时性，使之成为人们最贴身的生活工具，是人们参与政治生活的主要入口，个人的政治思想、政治意识和价值观念形成，除来自直接生产和生活经验外，主要是来自大众传播媒介所传递的间接经验，人们在接触大众传播媒介的过程中，或多或少受到媒体政治传播功能的影响，形成自己特定的政治知识素养、政治文化认同能力甚至政治行为能力。② 政治组织和公众就是在这个基础上形成了政治传播的互动。

第二，大众传播媒介对政治生活具有强大的渗透力和影响力。在信息社会，与人的社会化过程相伴的是大众传播媒介，媒体成为社会沟通和交流的主要通道，而公众通过媒体，这个观察事件、获得体验的窗户，延伸他们的视界，通过媒体这面镜子，观看和监视社会生活的变动、反映和反思社会的问题。媒体还成为人们在其中展开博弈、商议和讨论的公共空间，使社会越来越扁平化。总之，媒介社会中，人们对大众传播媒介的依存度越来越高，媒体已经渗透到人们生存空间的每一个方位，人们知的权利(知情权)和说的权利(表达权)得到空前的提高和解放，人们追逐媒体获得信息，通过媒体上出镜率越来越高的专家和意见领袖来对获得的信息进行分析、解读；进入网络时代，尤其是社会化媒体对媒体结构的全面重构时代，每一个人都是记者，每一个人都在网络上发言、讨论，人们的政治表现欲望得以充分的展示，媒介政治热点事件层出不穷，网络曝光、网络搜索、网络挖掘和多种媒体的合唱、媒体对各种信息的梳理、导航，形成了立体的媒体信息结构，形成了人们重大事件的集中关注，③ ……现代社会，媒体在很大程度上塑造和改变了人们的生活方式和参与政治的方式，在政治传播中的渗透力和影响力越来越强。

第三，大众传播媒介改变和影响了政治传播结构和形式。现代社会，大众传播媒介也不断地形塑政治传播的形态，一是平民性媒体政治成为当代政治传播的主旋律。政治组织通过媒体接触最广大的公众，已经成为政治过程总的常态；政治组织的信息越全面、透明和公开，越与公众贴近，越受到公众的关注和支持；电子政务和网络政治成为当代政治传播的主要建构方式，密室政治和封闭性政治运作日渐式微，开放性的、家常化的政治传播形式已经初露端倪，美国总统奥巴马的竞选并连任成功，与其成功运用社会化媒体与公众进行广泛、全面、贴身的交流有着密切关系，其竞选纲领、竞选经费、竞选运作，都是由千千万万的细小的粉丝群体广泛传递、筹集和支持展开的，书写了一个"社交化媒体总统"的成功传奇，也极大地提高了美国公众的政治参与热情和活跃度。二是形象政治成为政治传播的主要支撑点。媒体的立体化和全方位的发展，在很大程度上改变了政治传播的形式，媒体传播进入影像时代，政治传播的情感展现成为其重要诉求点和展现点，媒体"表演政治"和"形象政治"成为当代政治传播的重要面相。表演政治也称为"赛马政治"，主要指政客、政党等政治组织，运用把执政理念和行政思维具象化的方法，用形象化、口号化、简易化的方式展现，注重政治仪式，塑造媒介事件，形成政治秀场，让公众在不费

① ［英］詹姆斯·卡伦：《媒体与权力》，史安斌等译，清华大学出版社2006年版，第98页。

② 李宏、李民等：《传媒政治》，中国传媒大学出版社2006年版，第79页。

③ 李宏、李民等：《传媒政治》，中国传媒大学出版社2006年版，第81页。

力的观看中鉴赏和挑选，这在政治传播中由来已久；政治象征主义也是政治传播的基本属性，其主要特点是以具象暗示内心的奥秘，即将活生生的具体可感的物象当作内心世界的对应物；注重象征、暗示和隐喻；以联想实现物质世界和精神世界的相互感应；把思想还原为知觉，用质感的形象来表达抽象的意境，追求思想的形象感，如美国的“自由女神”，中国的“天安门”，都是此种方法的运用。在媒体飞速发展和视觉化的“看”的媒体的环境中，政治传播的象征主义更加泛化，如通过媒体，奥巴马的“平民总统”令人瞩目、“邪恶轴心国家”让人看到大规模杀伤武器，看到战争和杀戮，人们通过联想，对这些媒体广泛传播的特定名词背后的政治信息和意义可感可触。政治组织通过媒体，略去历史的证明和现实的分析，用政治理念标签化、形象化、雕塑化和高尚化，把对手类型化、单一化和妖魔化，使对媒体的依赖的受众很容易把具象化的政治现象与政治传播主体所暗示的政治理念结合起来，从而对政治意识和政治倾向发生影响。①

后现代主义理论认为，形象的重要性日趋显著，这意味着一种新的“现实”，即形象已经开始替代现实，结果公众很难分辨形象与现实，真实的政策辩论与塑造政客和政治组织的形象相比，已经处在次要地位。② 当代的政治传播充分利用这一过程，达成目的和效果。

第四，大众传播媒介是提升国家的“软实力”、扩展政治传播感召力的主要途径。美国学者约瑟夫·奈认为，所谓软实力，又称为软力量，是相对于传统的国家经济、军事力量组成的硬实力相对应的一个概念，就是“一国通过吸引和说服别国服从你的目标，从而使你得到自己想要的东西的能力”。包含导向力、吸引力和效仿力，是一种无形间同化式的实力。具体指影响其他国家意愿的精神力量，包括政治制度的吸引力、价值观的感召力和文化感染力。软实力通过吸引、感染、影响，无形中同化人、说服人，改变人的思维方式、价值观念和行为方式。其基本内核就是通过传播等方式，建构意识形态、文化和道德诉求的力量。大众传播媒介是软实力的构成部分，也是软实力的传递载体，一个国家的媒体在国际传播秩序中的地位，在很大程度上决定了它在国际上的地位。③ 占领大众传播的制高点，对媒体实力的传播能力的加强，是提升国家软实力的主要突破口，也是政治组织提升其影响力和感召力的主要途径。

三、政治传播在媒介中的运行

动态地看，大众传播媒介与政治传播的关系，是政治传播在不断地渗透和充分运用媒体的过程。作为一种社会控制的机制，媒体是当代政治合法化的基础性工具，从另一个角度看，媒体也使政治人物和政治团体必须回应其信息流通，向其传递更有共识性的民意妥协和协商④，传媒成为当代政治运行的重要平台。具体来讲，政治传播主要是在大众传播

① 李宏、李民等：《传媒政治》，中国传媒大学出版社 2006 年版，第 80 页。

② [美]大卫·克罗图、威廉·霍伊尼斯著：《媒介·社会：产业、形象与受众》，邱凌译，北京大学出版社 2009 年版，第 227 页。

③ 李宏、李民等：《传媒政治》，中国传媒大学出版社 2006 年版，第 82 页。

④ 丹尼斯·麦奎尔：《麦奎尔大众传播理论》（第四版），清华大学出版社 2006 年版，第 398 页。

媒介中运行的，其与大众传播媒介的关系体现在运行的过程之中。

首先，政治行动者通过大众传播媒介向目标受众传递信息。从政治家的角度来看，有一点是很明确的，那就是，在民主社会中，权力和影响力的大小，取决于对信息的掌握和有策略性的运用。① 不管什么政治纲领、政策综述，还是社会团体活动乃至恐怖主义组织行为，如果没有经过媒体报道并且为受众所接受，那么就没有任何政治意义，更不用说要产生有效的政治交流了。因此，任何政治传播者都必须通过某种途径敲开媒体之门。其中一种是通过立法和相关政策，对媒体的政治传播予以规定，各种规定根据各国的政治体制的不同而不同，但基本内核是一致的，要么要求按照执政者的意志确定政治传播的框架和路径，要么要求公共性媒体对不同的政治组织给予相同程度的报道；另一种是通过充分了解媒介生产环节来保证信息得以传播，这取决于通过媒介宣传策略的运用和媒介公关体系的建构。近年来，随着控制公共信息和影响人们理解的传播技术越来越复杂，一大批的政治传播从业人员应运而生。② 他们除用传统的政治广告、直邮等方式影响媒体以外，政治营销(将政治信息进行包装，把政治信息以新闻的方式传递出去，通过新媒介与公众进行信息联谊和互动)已经成为政治传播在大众传播媒介中运作的重要方式。新闻发布、新闻公关稿件等媒体公关活动等成为政治传播的常规，形象管理和媒介管理成为与政治宣传、广告同样重要的政治传播手段。设计和执行这些政治传播手段的全新职业团体，成为政府向媒介渗透、延伸的重要抓手。20 世纪以来，这些团体已经作为一种惯例受聘于各个政党和政治组织，这些职业人士或者叫作“媒介或政治咨询顾问”“形象管理者”，或者叫作“舆论导向专家”，等等，他们熟悉媒介的生产各个环节，并嵌入到其中，应对和利用传媒展开政治传播的新型组织。

第二，大众传播媒介通过多种报道方式作用于政治进程。这主要有三种方式，一是政治组织和社会团体自己创办媒体，联系和影响相关媒体，(媒体基于自己的利益有着自身的政治态度和立场、大众传播媒介对重要的信息源的需求——政治组织对信息的提供和包装控制)展开向内向外的多向传播。在网络时代，社会化媒体已经成为政治传播的重要阵地。二是媒体对政治事实的叙事，也充满了价值判断、主观臆断甚至偏见。一般来说，政治“事实”由三个范畴组成：客观的政治事实存在——真实发生的政治事件；主观的政治事实——政治行动者和公民认识到的事实；构建的事实——即媒介报道的那个政治事实。而政治事实在政治行动者和公民脑海中的形成，与大众传播媒介构建的事实息息相关。媒体的偏见有些与新闻生产活动自身的局限和受到的制约有关，有些则是因为媒体自身的利益和立场，为了支持这个或那个政治组织或政治观点而刻意选择的产物。三是媒体还会以言论和观点等更加直接的方式作用于政治过程，如果说媒体作为“新闻纸”，受到事实选择的制约，容易陷入偏见的话，那么大众传播媒介尤其是平面媒体作为“观点纸”，则会直接对政治过程发言，所有的媒体，尤其是报纸媒体和网络媒体，都把自己的社论——政治观点的“公众声音”，作为树立品牌，提升影响力的重要支点。有些社论和评论以受众

---

① [美]W. 兰斯·班尼特：《新闻：政治的幻象》，杨晓红等译，当代中国出版社 2005 年版，第 7 页。

② [英]布莱恩·麦克奈尔：《政治传播学引论》，殷祺译，新华出版社 2005 年版，第 11 页。

和读者的声音的形式出现，有些用媒体本身署名，以客观的立场出现，这两类社论和评论都是政治干预。

第三，大众传播媒介不断集合和传送公共舆论作用于政治进程。现代政治传播本质上是一种沟通机制，传播的主体(政治行动者)与客体(传播的目标受众)的互动，形成的不断流动的舆论场，是其主要的外显标志。大众传播媒介对政治进程最重要的机制是把民众的意见不断地传送给政治组织与相关的政治行动者。媒介一般把自己作为公众的代言人(网络媒体和社会化媒体中公众直接发言)，把自己作为民众的耳目和喉舌，代表他们在公共领域的观点和利益，向政党、公共组织和其他的政治行动者传达公共舆论，报道民意调查，调查社会和政治问题，而政治家和政治行动者，通过公共舆论来评估政治形势，这样，“下情”得以“上达”；① 媒体还设立了读者来信来论、各类政治辩论等为公众讨论政治事件提供平台，在网络媒体中，公共的讨论和参与性发言成为最有传播价值的新平台，这些直接的代表性的民意，成为当今政治行动者政治传播首先要考虑和回应的主要议题。

第四，大众传播媒介嵌入全球化传播作用于政治进程。全球化和国际互联技术，使政治传播的舞台不断从国内向国外延展，正如大众传播媒介的覆盖面积不断扩张和开放性地不断融入全球传播体系中。政治传播的受众和媒介的目标受众包括国内和国外两个范围，全球舆论作为各国政治治理中非常重要的一极，是政治执政成功与否的重要因素；各国政府、各种政治组织乃至恐怖组织都利用全球媒体来推进他们的政治目标。在各种外交纠纷、摩擦，政治和经济交往中，赢得国际舆论的一方往往会胜出②。我国在开放度不断扩大，进入全球化分工的程度加深的情况下，在走向和平崛起、成为负责任的全球大国的过程中，传播良好的国家形象，提升国家软实力的需求非常迫切。大众传播媒介是其主要渠道，我国的政治传播不仅要与我国的媒体走向世界相贯通，也要与外国媒体的连接相贯通。国际舆论在一定程度上，成为政治传播的重要参照点。这包括我国媒体对全球性的舆论的敏感，尤其是重大的涉及我国的全球舆论，要及时收集和传递这些舆论，便于我国政府及时回应和应对，同时，要扩大我国媒体的传播影响力，加强与全球的政治、文化等各个领域的交流与沟通，争取在全球舆论领域占据主动权和话语权的一席之地。

总体来讲，大众传播媒介是政治传播的多元主体(政治行动者与受众)博弈的场所，是一个以与现实相贯通的一个公共空间，在这个空间里，政治信息不断地编码解码，在输入和输出中不断流动，形成一个多元的说服、回应、协商、监督的开放平台，现代政治的传媒化就在这样的空间展开；在这个过程中，媒体也许还有很多缺陷，这个传播空间也有很多天然的和人为的梗阻，包括现代传媒的结构性制约，但从根本的趋向看，这一由大众传播媒介构成的平台和空间，在不断促进政治传播机制的创新，促进政治的民主化进程方面发挥着巨大作用，这也是现代传媒政治的基础性正能量。

---

① 参见[英]布莱恩·麦克奈尔：《政治传播学引论》，殷祺译，新华出版社 2005 年版，第 11 页。

② 参见[英]布莱恩·麦克奈尔：《政治传播学引论》，殷祺译，新华出版社 2005 年版，第 14 页。

第三节　大众传播媒介与公共舆论的关系

现代舆论主要是指公共舆论，进而言之，主要是以大众传播媒介为主要平台传播集结和传播的舆论。从现代舆论的发展史看，社会现代化进程中舆论的勃兴，同初期的党派政治宣传，以及随后急速增长的商业广告、大众文化娱乐等需求一起，直接刺激着现代传媒的产生……从18世纪末开始，越来越多的思想家把大众传播媒介定位为“社会舆论的机关”。[①] 从动态的角度考察，舆论是精英、媒介和公众根据共同关心的问题在互动过程中活跃意见的汇集。大众传播媒介与政治传播都是在一定的舆论环境中生生不息运行的，公共舆论是他们有机运动的背景和框架，也是他们在与公众的持续互动中引发和塑造的。他们被公共舆论所制约，并反映和影响舆论。

一、公共舆论：政治传播的关节点

首先，政治传播的目标是获得公共舆论支持。政治传播作为政治行动者发挥政治优势的重要途径，其根本目标是在政治信息的流动中影响公众，具体讲就是影响公共舆论，获得民意支持。从理论的角度细分，舆论是有着不同的圈层的，简化性地分析，公共舆论至少在三个舆论圈形成：一是政治组织的舆论圈，二是公众舆论圈，三是两个舆论圈通过大众传播媒介的集合和对流所形成的舆论圈。政治组织在这样的套叠的舆论场域中的立点，自然就是公共舆论集合点——大众传播媒介，媒体成为政治行动者最为关注的区域，他们通过这个区域与公共舆论的贯通，采取政治行动策略。其中沟通和劝服是政治传播的起点和归宿，在民主政治的框架下，沟通和说服目标，是以民意为依归，获取广大公众的同意。在向更广大的公众开放投票权和大众传播媒介更广泛覆盖的现代社会，公众的同意是由选票决定，并且公共舆论影响的合力构成。在一定程度上，公共舆论决定了选票的流向。公共舆论因此成为政治传播的核心命题。

第二，公共舆论是传媒政治的基础条件。体察和回应公众的意愿和要求(包括异议、监督和批判)，获得公众的理解、认同和支持，是任何政治行动者的目标，要实现这些目标，必须借助传媒。而公共舆论业总是通过一定的载体和中介集合和反映出来，这个集合体就是大众传播媒介，现代社会媒介在政客和公众之间的居间角色越来越重要，传媒政治被认为是现代民主政治的外在表现。

这是问题的一面，另一面是在舆论持续进入和溢出大众传播媒介的“黑箱”，并以此为基本中介不断地形成、扩张和变化。李普曼发现，在这个过程中，公共舆论可以被构建、制造和引导；美国舆论传播学者赫伯斯特研究发现，现代社会大众传播媒介越来越显示出影响舆论的趋势，他概括了现代舆论整体的三个发展趋向：(1)大众意见的传播从“自下而上”向“自上而下的转向”。(2)意见的表达与衡量日益合理化。(3)意见的结合日益无名化。即已有的舆论借助大众传播媒介自上而下流动成为主要趋势，社会精英的意见与一般公众意见的融合、无名化的趋势和现代舆论理性化的程度提高的趋势，这些舆论的

① 陈力丹：《舆论学：舆论导向研究》，中国广播电视出版社2000年版，第60页。

发展趋势应当被视为长期以来大众传播媒介与舆论互动所产生的总体结果。① 政治过程的媒体化也是在这样的背景中被嵌入的，现代的传媒政治与民主政治的联系就在这样的框架中建构出来的。

政治传播过程(政治信息的流动过程)同大众传播媒介与公共舆论互动是同步的。政治组织的行为、意见和观点传播，是建立在对媒体运作的深入理解，并把这种理解转化为政治优势的基础上，通过宣传、广告和媒介公关等方式展开，形成了政治信息的多层次流动，并希望以此影响和引导公众舆论，这不仅是传媒政治的形成过程，也是体认和遵循新闻传播规律，放松对媒体的硬控制，释放媒体的民主化、平民化潜能的过程，客观上使媒体有了更多的相对独立性、形成政治组织并列的地位建构，扩展了民主参与的范围。虽然这一过程中，总是伴随着政治组织传播中驯化媒体和左右舆论的主观意图。

最后，公共领域是政治民主的枢纽性要素。现代社会，政治传播不再仅仅是政治组织一味地灌输和传播，而是由媒体与公众制约的、政治组织主导的信息发送和回馈的循环过程中的双向传播，是围绕舆论的相互作用展开的、政治组织与媒体之间，最终进入政治组织与公众之间的协商性传播。一般来说公共舆论形成有三个基本环节：一是精英阶层自上而下的煽动，二是普通公众的舆论向上沸腾，三是这一过程中相关团体的认同。舆论的瀑布和沸腾的形成机制与此相关：舆论多阶梯的方式向下流淌，就像瀑布被一系列的水潭切断一样，最上面的是社会和政治精英的水潭，接下来是大众传播媒介的水潭，舆论领袖的水潭，最后是人民大众的水潭，在舆论瀑布下流的每一个横向层面，都有被打断和改造的冲突。更突出的是，每个下一级层次的舆论水潭又在向上沸腾和喷涌，② 其中最低层公众的水潭是舆论蓄积池和潜流，其沸腾和喷涌的方式和程度，对公共舆论状态具有整体性的影响，而大众传播媒介和舆论领袖的水潭，在舆论的相互作用中的地位非常突出。大众传播媒介在形成公众舆论方面起到最大的作用，一方面向精英的水潭不断倒流，另一方面，向下一级的舆论领袖直接下落，再通过舆论领袖转手传出去。舆论就是在这种反馈和反馈循环中形成的。

对于公众来说，公开、通畅的信息流动是政治参与的关键，这就决定了民主政治必须在公开的领域进行，公民赖以作出政治选择的知识和信息必须能够自由流通，并且可以被所有人获得。同时，公共舆论不仅是从公众是主体这个意义上说的，也是从关系到公共事务的意义上说的，也就是说，它涉及有关于公共事务的信息所形成并反作用于这些信息的舆论。民主理论一方面强调个体的首要性，另一方面关注民主程序要求单个公民的集体行动，共同作出选择，以双重要求来判定政治组织和政治行为的合法性。在这个意义上，公共舆论出自“公共领域”。在公共领域这个独特而散漫的空间中，个人在这里聚集，并扮演强大的政治力量角色。这些力量的集中体现就是公共舆论，这是维护和推进政治民主的重要渠道。

---

① 陈力丹：《舆论学：舆论导向研究》，中国广播电视出版社 2000 年版，第 61 页。

② [美]乔万尼·萨托利：《民主新论》，冯克利等译，上海人民出版社 2009 年版，第 109 页。

二、大众传播媒介对公共舆论的影响

从上述分析中可知，大众传播媒介对公共舆论具有重要的作用，其根本性影响就是建构一个公共平台，维护公共舆论形成的公共领域。哈贝马斯指出，“所谓公共领域，我们首先意指我们生活生活中的一个领域，每种接近于公众舆论的东西能够在其中形成……公民以不受限制的方式展开协商时，他们作为公共团体行事——也就是说，对于涉及公众利益的事务，有聚会、结社和发表意见的自由”。他认为，公共领域最早在18世纪的英国发展起来，那时候，最早的一批报纸已经具备了现代报纸的功能，不仅仅提供信息，还登载意见、评论和批评，为兴起的资产阶级和受过教育的阶层提供互相辩论的平台。其原初内涵是“一个能够形成自己主见的大众所作出的批评性思考”。公共领域作为“一套制度”在资产阶级民主建构中具有枢纽性作用，它的出现，代表了国家和私人领域之间的一个缓冲地带，保护公众的私人活动不受独裁的非理性干预。公众在知情的情况下，通过公共领域进行批判性的讨论，监视国家的权力机关。由此可见，公共领域本质上是由社会中的传播机构组成的，事实和观念在这些机构中流通，集体政治性活动所依赖的共享信息在其中累积，这一机构就是大众传播媒介。

第一，大众传播媒介是反映舆论的载体。

马克思指出：“具有各种各样色彩和深刻矛盾的舆论，它会找到相应的报刊。”①公开表达是舆论的必要条件，也是舆论最后形成的标志，舆论的公共表达必须借助一定的媒介，现代社会公众最自然、也最容易选择大众传播媒介发表意见和评论，最后形成舆论在媒体这个公开的渠道上广泛传播。② 马克思把报纸比喻为舆论的纸币，他还形象把报刊比作驴子，而它背上的麻袋，就是舆论，他这里强调的是大众传播媒介作为舆论载体的功能。当代的网络媒体，进一步把这一载体功能发挥到极致，网络舆论就内生地负载在网络媒体及其传播过程中。

同时，媒介基于自己的立场和利益，会以公众的“代言人的方式，发表意见和观点，与公众的意见和观点一起构成新闻舆论”；而“被统治者的舆论是一切统治的真正基础”，现代政治中的“舆论统治”使政治行动者不断地对公众舆论作出回应，承诺其负责的统治和相关政治行为，这些主要都是通过大众传播媒介这个载体，正是因为传媒这种对舆论的经常性的承载和反映作用，人们往往称传媒为社会舆论的机关。

第二，大众传播媒介具有引导舆论的重要功能。

较大范围的舆论的产生和消失，往往是大众传播媒介信息传播引导公众的结果。大众传播媒介再构扩大了公众的时空观，通过媒体可以关注全国乃至全球的各种变动，以及这种变动的意见和议论，但是，人们不能直接经历这些变动和议论的环境，只有通过大众传播媒介的传播去间接体验，在广阔时空中海量的事件信息和意见信息海洋中，媒介成为人们的“导航圈”。③

---

① 《马克思恩格斯全集》(第50卷)，人民出版社1956—1983年版，第509页。

② 李良荣：《新闻学概论》(第二版)，复旦大学出版社2005年版，第56页。

③ 孟小平：《揭示公共关系的奥秘——舆论学》，中国新闻出版社1989年版，第176页。

大众传播媒介对舆论的引导首先表现为议程设置，议程设置的经典概括是“报纸或许不能直接告诉你怎么想，却可以告诉你想些什么”，其中心思想是，公众通过媒介知晓事件和问题，按照媒体对各种问题的重视程度来调整对这些问题重要性的看法。或者说，媒体对某一事物的强调程度同公众对同一事物的重视程度成正比例关系。这包括三个层面，在认知层面，公众因为媒介的报道意识到议题的存在；在次序层面，媒介所安排的议题顺序一般会影响公众考虑问题的顺序；在显著性层面，媒介赋予议题的意义(包括给予版面位置和节目的先后次序)，一般会影响公众对这个议题重要性的认识。①

其次，媒体通过持续不断的信息流，构建“拟态环境”，作用于人们的认识，进而引导舆论。信息是舆论的建筑材料，它决定着人们对事实的掌握程度和对外界的感知，是意见态度形成的基础，当代社会人们日益浸润在媒介信息的汪洋大海中，人们眼中的现实，是媒介在选择信息的过程中，有意无意营造的媒介现实，这是与现实差距很大的媒介拟态现实，这种拟态现实环境，对人的意见和态度形成具有很大的制约性和框架性，其作用力也很大。

最后，媒介通过直接和间接的意见表达，来引导公众的意见。媒介一方面通过报道中的隐含性意见(即用事实说话)，或者通过直接的评论来表达立场观点，来引导舆论。沉默的螺旋理论认为，在舆论形成过程中分散的公众成员在发表意见时，会受到从众心理的很大制约，出于避免被孤立的想法，会自觉或不自觉地受到占优势地位的多数意见的左右，人们对于占优势地位的多数意见的感知，主要来自人际传播和大众传播，在现代社会，由于大众传播媒介的广泛覆盖，并被赋予公众代言人的角色，其意见传播影响力较强，公众感知外界意见的时候往往视媒介意见为多数意见，这种人们对媒介“多数意见”的遵从和附和，是媒介影响舆论的重要体现。②

三、大众传播媒介与政治民主进程

总体上讲，媒介政治与民主政治是互相推进的关系，在“人民当家作主”和“一切权力属于人民”的基点上，大众传播媒介与政治民主的孕育和发展是同步的过程，政治传播的本质是政治组织与公众通过传媒进行的博弈式沟通和商谈过程。在这个过程中，大众传播媒介发挥对促进民主作出贡献的潜能，促进政治文明，是其发展的目标，也是其基本功能。

(一)大众传播媒介促进民主进程的路径

维护公众的知情权、表达权、参与权和监督权，是政治传播的出发点和归宿，也是大众传播媒介运动的出发点和归宿。在服务于民主政治和推进民主的进程中，传媒运作的主要维度是：一是发挥环境守望功能，告知民众我们身边发生了什么；二是发挥教育功能，让公众知晓发生了的“事实”的意义和重要性，这要求媒体保持新闻客观性的严肃态度，恪守职业准则，不带偏见地对事件作出评述；三是必须为政治讨论提供公共平台，促进公

---

① 陈力丹：《舆论学：舆论导向研究》，中国广播电视出版社 2000 年版，第 79 页。

② 李良荣：《新闻学概论》(第二版)，复旦大学出版社 2005 年版，第 56 页。

共舆论的形成，并把舆论回馈给公众；四是发挥公开监督功能，加强对政府、政治组织和官员的决策和行为的监督；① 五是进一步开放，提高公众对媒体的近用权。总体来说，媒体在促进公民的政治参与和公共领域的建构中，促进政治过程的重心从统治走向治理，从善政走向善治过程中，具有促进民主政治充满生机和活力，也具有促进自身公共性的巨大潜力。

（二）大众传播媒介对信息公开的推进

维护公民的知情权是大众传播媒介推进民主进程的主要责任。在我国，政府信息公开已经进入政府、传媒和公众合力推进的法治化阶段，发挥推进政府信息公开的主渠道作用，是当代大众传播媒介的主要角色使命。

信息公开制度是政府和其他社会公共组织把自己拥有的文件和其他信息向人民公开的制度。信息自由（公众的知情权）是现代社会的基本人权，也是推进政治民主建设的主要途径。信息公开的主要渠道是大众传播媒介，信息公开是公民政治自由和新闻自由的现代体现，是公民政治权利在现代政治结构中的建构和维护，大众传播媒介在其中的作用是作为公民知情权的保障工具，促进政府和公共组织主动、及时、全面、深入地公开政府信息，确保政治信息的自由流动，为公众的民主参与和民主决策提供透明的信息环境，因此，信息公开是透明社会和阳光政府的主要保障。

大众传播媒介在政府信息公开进程中，处于极端重要的中介地位，而不仅仅是政府信息公开的一个被动载体。其根本的指向是，作为公共利益的维护者和公共领域的建构平台，以持续的信息报道和调查求证维护信息公开的质量和效益，促进民主政治进程，维护现代性的政治文明。

首先，以公共利益为依归，促进信息的自由流动。及时、公正、全面地反映民意，表达民意，进行政治信息传播，提高政府信息传播的透明度，在公共舆论的镜鉴中监督政治传播信息，保障促进政府的信息开放与公众负责的协同性，运用有效的采访和报道消减政治组织和公民之间的信息不对称性，通过"严密监视法则"，让决策者全面、及时地公开信息，解释他们的决策，也解释和论证他们的每一个行为。② 在公众的支持下，扩展公众对政治信息公开的运用渠道，协同政府与公众在信息公开中有效互动，促进政府和公共组织深入推进信息公开。

其次，维护公众权益，促进政府与公众政治沟通。作为传播的中介，媒体作为政府的信息客观性传播中介，在政治传播中保持独立和理性，加强传媒的公共性中营造公开、公正和透明的信息环境；同时坚持人民群众的主体地位，立足服务公众的传播价值立场，从贴近实际、贴近群众和贴近生活的视野，全面、深入地传播社会的信息，传达公众意愿和需求，推动事关公众生存和权益的基本问题和重大问题的信息公开度，提高社会能见度，维护公众的信息权利，并在这个基础上，为政府、公共组织与公众的舒畅交流提供信息支持。

① ［英］布莱恩·麦克奈尔：《政治传播学引论》，殷祺译，新华出版社 2005 年版，第 23 页。
② ［英］约翰·基恩：《媒体与民主》，刘士军等译，社会科学文献出版社 2003 年版，第 118 页。

（三）大众传播媒介对舆论监督的推进

舆论监督是指公众通过舆论这种意识形态，对各种权力组织及其工作人员，以及社会公众人物自由表达看法所形成的一种客观效果。① 从动态的角度看，舆论监督是公众或新闻媒体发表和传播针对政府和政治组织及其工作人员的批评性言论。这些言论主要通过大众传播媒介传播出来，所以舆论监督是与大众传播媒介结合在一起的，狭义和常态的舆论监督就是媒体代表公众对权力运作尤其是权力滥用而导致的腐败行为进行监督。舆论监督的前提是政府信息公开透明，同时也是促进政府信息公开和透明的重要路径。其共同的指向是推进政治民主和政治文明。

舆论监督主要在三个层面展开；第一个层面是决策层，即对决策及其制定过程公开，置于公众的舆论监督之下；第二个层面是对政府、公共组织和工作人员的施政行为的监督；第三个层面是对一切腐败行为的披露和批评报道。②

舆论监督与政治传播是一体两面的关系，是政治传播的背景。如上所述，政治传播的主体是多元的，其中政治组织为达到目的的传播，非政治行动者对政治行动者作出的传播以及媒介对政治行动者的传播是其中的主要元素；政治组织的传播是带有公共关系性质的传播活动，包括宣传、广告和政治营销，而公众和媒体的传播则是对政治组织传播的反馈和监督，大众传播媒介对民主政治的进程的作用，不仅表现在全面的、准确的和无遗漏的信息传播，而且表现在作为公众表达权实现的载体，作为民主的代言人和信息管理助手，加强对信息的鉴别、反思和批判，其中最重要的是作为公众舆论监督的主要渠道，加强对政府和公共组织的监督，促进政治文明，从深度和广度上推进政治民主进程。

首先，舆论监督给政治传播以持续性压力。促进政府和公共组织开放信息资源，按照依法治国的轨道，把他们装进制度的铁笼中，促进他们在阳光下运行。克服政治传播的信息偏向，消减公共权力对信息的垄断，消减社会的信息不对称性。这就要对公众舆论保持高度敏感，保障促进公共利益表达渠道的畅通，并以此来团结公众、教育公众，最终促进政府的决策与行为的改善。

其次，舆论监督给政府以强大的压力。对权力的监督是舆论监督的重点，对权力的监督包括权力的产生过程、权力的运行状况以及权力的运用结果，其中，对掌权者的监督是中心环节。大众传播媒介在实施舆论监督时，发挥公共舆论代表的作用，将公众的监督传达给政府，向政府的所作所为呈现给功能公众，以使政府接受公众的监督。③

最后，舆论监督是解决社会热点难点问题的动力。社会的发展进程，就是不断解决时代问题的进程。维护和实现人民的利益，是政府行为的根本立足点。舆论监督要关注公众最关心、最涉及切实利益的问题，找准矛盾、揭露真相、解疑释惑、促进解决、完善制度。通过渐进的改革和制度性建构，促进各项政治体制、机制改革，是政治民主和政治文明的动力性要素。

---

① 陈力丹：《舆论学》，上海交通大学出版社 2003 年版，第 142 页。

② 孙旭培：《中国传媒的活动空间》，人民日报出版社 2004 年版，第 235 页。

③ 李良荣：《新闻学概论》（第二版），复旦大学出版社 2005 年版，第 145 页。

（四）大众传播媒介对协商民主的推进

政治传播是现代居间（传媒）政治的一个重要面相，所谓（传媒）居间政治就是发挥媒体在政府与政治组织与公民之间的居间角色，建构现代性的公众与政府协商、公众与公众协商以及媒体与公众协商的政治过程的“媒体化”倾向。协商民主是当代政治民主化的重要发展维度，其基本要求是，给政治权力和公民权利的博弈提供一个理性和现实的平台。协商民主追求理性和积极的公民，对有关公共事务和决策问题进行集体参与、讨论和决策，来实现普遍认同的共同利益。①

在协商（慎议）民主中，商议的过程即讨论的过程，在这一过程中，“参与者们自己提出问题，表达他们的利益所在，并试图向他人证明那些利益的正当性。一场讨论并不只是个人独立反思的汇总，而是一个集体过程，在这一过程中，每个参与者的观点与其他人的观点互动并在更高层次上集中起来。每个人的反思都由于其他人的反思而更加丰富充实。”②

当代政治传播与大众传播媒介存在着作用与反作用的张力，这些张力要求开放性的媒体和更加民主的政治结构，其中在信息公开的背景下，政府通过媒体与公众的商议，以及传媒作为公共平台，提供多元的、不同影响的信息组成的完整结构，促进公共讨论，维护公共舆论的形成与顺畅流通，是其中的结构性要素。

首先，大众传播媒介是公民政治参与的重要中介。在维护公众知的权利的前提下，开放的媒体是扩大公民政治参与的渠道和联系者。从一定意义上讲，政治组织以媒介公关和政治营销为主要方式的政治传播，其隐含的前提就是以一种对位、平等的姿态与公众协商的过程，形成一种博弈式商议的区域，其中有制造同意和操纵的意图，但在媒体与公众的调查与求证的过程中，会受到限制和消解，因为政治组织的政治优势最终要在公众的信任中才能得以发挥。更加重要的是，媒介对公众的开放性接近，提供公众就公共事务发言、对话和讨论的平台，充当公共舆论形成和传递公共舆论的渠道，这也是公民社会建构的基础条件。在一定程度上，政治传播是与大众传播媒介的技术变革和市场变革同步的一种政治治理方式，他们协同引动和顺应传媒与政府各自回到适当定位，在平列式间离的前提下，在认同传播规律的基础上的再结合。在这个过程中，媒介从单纯的宣传工具性角色转换到中介的角色。大众传播媒介具有更大的空间接纳和安顿公民的政治参与。尤其是在“人人都是记者”的网络传播时代，媒体的公共领域的功能得到更进一步的释放，媒体作为社会的协调者的角色更加突出，成为政治结构治理的“第三种力量”，承担了国家与社会的“中间领域”角色。

其次，表达权是公民政治参与的基本工具。“说”是公民政治参与的主要方式。公众的表达权的保障是公民政治参与的根本条件之一。公众的表达，是以充分周全的信息结构和信息沟通为前提，以公众以平等、自由的方式参与讨论和对话方式展开，以公众多元信息的明辨和多途径、多渠道的信息反馈为杠杆的系统过程。在媒体多元化和传播方式多样

① ［美］迈克尔·舒德森：《新闻的力量》，刘艺婷译，华夏出版社2011年版，第187页。

② ［阿根廷］卡洛斯·桑·尼诺：《慎议民主的宪法》，赵雪纲译，法律出版社2009年版，第5页。

化的新传播环境中，媒体传播的信息结构的立体化程度日益提高，媒体在市场化运作和网络传播突破单向传播的栅栏，公众的表达成为媒体发声的主要力量，媒体代表公众发言，并在与公众通过媒体发言的合唱中，公众的表达权进一步得到提升。

最后，媒体的公共平台是商议民主的进化土壤。大众传播媒介作为信息和舆论平台，具有提升公共领域的品质和作为民主资源的价值。公众通过媒体展开讨论和协商，公众通过媒体信息对政治组织的传播进行审视和博弈式协商，政府的传播策略从俯视的和灌输的高地，转为放下身段，开掘与媒体公关、与公众协商的新路，是当代政治传播的主要特点。网络媒体进一步拓宽了这一平台。博客、微博、微信、小视频等自传播形式形成的媒体的社会化特质，使媒体建构公共领域的潜能得到进一步释放。一方面多元的信息流动和话语体系，反映了多元的公众状态，另一方面，多元的媒介结构是一种自我检查的结构系统，一个渠道的信息会受到另一个渠道的检视和防范。在政府信息公开的语境中，为广大公众提供对话和讨论的平台，同时在信息管家、时事顾问和意见领袖的角色转换和扮演中，为协商性的公共空间，提供理性讨论、信息导航和结构周全的信息的支援。

【延伸阅读】

1. [英]杰斐逊·托马斯著：《政治哲学导论》，顾肃等译，中国人民大学出版社 2006 年版。
2. [美]大卫·克罗图著：《媒介·社会：产业、形象与受众》，邱凌译，北京大学出版社 2009 年版。
3. [美]乔万尼·萨托利著：《民主新论》，冯克利等译，上海人民出版社 2009 年版。
4. 孟小平著：《揭示公共关系的奥秘——舆论学》，中国新闻出版社 1989 年版。
5. 孙旭培著：《中国传媒的活动空间》，人民日报出版社 2004 年版。
6. [美]迈克尔·舒德森著：《新闻的力量》，刘艺婷译，华夏出版社 2011 年版。

【思考题】

1. 亚里士多德考察政府类型的双重标准是什么？
2. 现代自由民主政治理论的三个支撑点是什么？
3. 如何理解协商性民主的内涵？
4. 如何理解政治传播的主要结构性要素？结合实际进行分析。
5. 大众传播媒介对公共舆论的影响表现在哪些方面？
6. 简要分析传媒与政治民主进程的关系。

第三章　政治传播的生产过程

【本章重点】

政治信息流通是政治活动中必不可少的方面。政治传播的起点是政治信息。从一般的意义上讲，政治传播的生产过程就是政治信息输入和输出的过程。政治传播的(内容)生产过程是指运用传播方法，对政治信息的收集、生产、传递和由此产生的与公众进行信息交换的关系及公众信息反馈。政治信息传播不仅仅是过程，更是一种关系性建构，是政府与社会的信息交换过程，从政府的角度来说，这个过程就是从社会收集不同的信息来源，加工制造再输出信息于社会的生产过程。在这个过程中，政府、公众都扮演着十分重要的角色。

政治传播本质上是政治信息流通的过程，其起点和终点在于政治系统的输入和输出过程。“输入—输出”模式是政治系统分析理论、政治结构功能理论和政治沟通理论共同使用是概念。其核心就是政治信息的收集综合和(公共政策)整合、处理、转换的输出以及相关的反馈过程。

第一节　政治信息的收集和综合

信息收集是指通过各种渠道和不同的方式来获取有关的信息。信息收集是信息得以利用的第一步，也是关键的一步。信息收集过程是否科学合理，直接关系到以后信息综合、处理、整合和转换工作的质量，政治信息的收集是政治传播过程中的首要充分必要条件。

一、政治信息的收集过程

(一)政治系统“输入—输出”与政治信息

戴维·伊斯顿政治过程系统分析理论认为，政治过程是一个“输入—输出—反馈”的循环过程，并由此提出“输入—输出”系统模型。即在整个政治过程中，政治信息的流动贯穿于其中：政治始于传播，政治系统要达到自己的目标，需从各方面收集、接受、分析和综合涉及体系目标、有关环境变化的信息，这些信息即是语言、符号化的政治支持与政治需求，因此，无论什么样的政治要求的提出都离不开政治信息的传递。

政治运行于传播过程，政治系统内的政治转换是政治精英相互之间运用各种传播形式交流和沟通的复杂过程，政治系统对所接收的信息加以选择、储存、分析和处理，形成政治决策。

政治止于传播过程的结束，政治输出是语言符号对转换结果的反映和描述，也可以说是政治信息从政治系统中的流出，它以权威性的决定、法令、政策等为形式公布并执行；反馈是新的传播过程的开始，政治系统通过反馈过程，获得决策执行过程和决策在环境中引起的信息变化，使政治系统及时了解反应，正确地调整自己的决策和执行，从而形成新的政治过程和传播过程。因此，政治的过程即政治传播的过程。① 政治传播系统模型如图3-1所示。

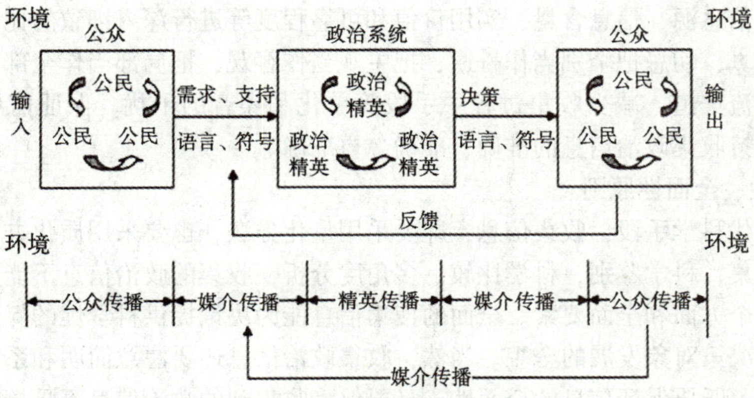

图 3-1　政治传播系统模型

多伊奇在《政府的神经》中把政治沟通与政治信息的传递作为核心概念，他认为，政治系统的运作被视为一个组织依靠有关的环境信息进行决策，并根据该决策结果所反馈出来的信息进一步调整决策的过程。政治系统要在变动中保持内在稳定和发展延续自身，就必须不断获得并反馈所有影响政治系统运行的信息，改变自身与环境的关系以及适应过程中的关系变化。……由此，政治系统的运行被抽象为一个信息交换及控制过程。②

政治系统的输入在政治传播的运行过程中有两个基本环节，即公众(媒体)自下而上政治信息表达和政治组织自上而下的政治信息收集和综合的过程。③

(二)政治信息收集的原则

政治信息是指以中介形式对诸种政治关系相互作用以及运动过程的特征，反映政治活动的内容、形式、特点和规律，以及人们对以国家政权为核心的政治制度、政治实践的要求和态度。是参与政治的各主体间(政府和社会、各类组织机构、个人)从自下而上、自上而下彼此交流三个层面有效传递、交流政治信息的过程。

政治信息收集是从广泛的社会信息中甄选、采集和综合政治信息的过程。其中传播媒

① 苏颖：《政治传播系统的结构、功能和困境分析》，载《东南传播》2016 年第 10 期。

② 景跃进、张晓劲主编：《政治学原理》(第三版)，中国人民大学出版社 2015 年版，第 216 页。

③ 荆学民、于淑婧：《互联网政治时代政治传播输入的变革与挑战》，载《现代传播》2019 年第 1 期。

介和公共舆论是政治信息收集的主要载体。随着信息技术的飞速发展，社会信息面临着数量暴涨，流速加快，信息老化、污染与分散等一些严重的问题，在这种情况下，我们必须坚持保证政治信息的科学性收集原则。

1. 真实性、准确性原则

真实、可靠是政治信息收集的核心和本质要求，也是信息收集工作的基本前提，是正确决策的重要保证。这就严格要求在收集政治信息过程中要有严谨、求实的态度、方法和准确的判断力。必须对收集到的信息反复核实，不断检验，力求把误差减少到最低限度。在信息收集过程中必须坚持严肃认真的工作作风，实事求是的科学态度，科学严谨的采集方法，对各类信息源、信息含量、实用价值和可靠程度等进行深入细致的比较分析，去粗取精，去伪存真，切忌把个别当作普遍，把主观当作客观，把局部当作全部。另外，要尽量缩短信息交流渠道，减少收集过程中手段简单化和噪音的干扰。保证信息的真实、准确、有效。保持收集政治信息的准确、准确、再准确。

2. 科学性、全面性原则

要采用现代科学手段，收集信息，即要采用量化方法，也要采用质化方法，对相关政治信息科学采集，科学鉴别，科学比较。多角度分析，收集的政治信息不能局限在一个方面，要网罗各个方面和全面要素。全面的搜集信息能为决策提供科学性的保障，全面地反映管理活动和决策对象发展的全貌。当然，收集政治信息还要注意简明和系统性，不能胡子眉毛一把抓，既要保证信息的全面性，又要保障收集到的政治信息不是蜻蜓点水，面面俱到，善于鉴别其主要矛盾和主要矛盾方面，尤其是在一些急迫和紧要的决策判断中，快速抓住政治信息的核心要素，在政治信息相对不完整、但其本质内涵比较确定的情况下作出科学，正确的决策。

3. 时效性、前瞻性原则

对政治信息的收集要注重前瞻性和时效性原则。一方面要有前瞻性的政治思维，持续性的战略视野，见微知著，对政治信息的收集要有历史性、全局性和长期性考量，又能够以问题意识和目标意识为基础，抓好政治信息收集的战略性定位。另一方面，政治信息的价值取决于该信息是否能及时地提供，即它的时效性。信息只有及时、迅速地提供给它的使用者才能有效地发挥作用。特别是决策对信息的要求是“事前”的消息和情报，而不是“马后炮”。所以，强化政治信息“事前”性，在“事中”性和全程性收集和综合分析，对决策才是有效的。为此，政治信息收集既要有战略眼光和全局思维，更要有精准、细致的问题思维和工作思维，采取积极主动的工作态度，及时发现、捕捉和获取有关事物发展的动态信息；要有敏锐的信息意识和强烈的竞争意识，以及高度的自觉性、使命感、洞察能力和快速反应能力；同时要有过硬的工作本领，熟悉各种信息收集途径并能掌握先进的信息采集技术和方法。

4. 系统性、连续性原则

信息反映的是客观事物的运动状态，客观事物运动既有空间范围上的横向扩展，又有时间序列上的纵向延伸。所谓政治信息收集的系统性、连续性，就是指信息采集空间上的完整性要求和时间上的连续性要求，即从横向角度，要把与某一问题有关的散布在各个领域的信息搜集齐全，才能对该问题形成完整、全面的认识；从纵向角度，要对同一事物在不同时期、不同阶段的发展变化情况进行跟踪搜集，以反映事物的真实全貌。信息采集的系统性、连续性原则是信息整序的基础。只有系统、连续的信息来源，才能有所选择，有所比较，有所分析，产生有序的信息流。

5. 适度性、经济性原则

一般情况下，由于相关的信息很多，渠道也很多元；而在政治信息输入和输出的过程中，收集信息的资源和时间相对稀缺和有限，所以不可能无止境收集信息。在政治信息的收集过程中，要考量信息成本问题。所谓的信息成本就是从一无所知到无所不知的成本。① 在政治信息收集中，始终要记住的信息收集的目标要求，不能陷入为收集而收集的机械主义和形而上学的误区，不能陷入“好谋无断”或“无谋寡断”的陷阱。古人所云“多谋善端”就是指导政治信息收集的重要切入点。在收集信息的过程中要注意对信息的取舍选择。不能一味地想穷尽性获得，这样不仅会浪费人力、物力、财力，还会分不清主次因果，选不出有价值的信息。因此，在政治信息采集中必须坚持科学适度适量原则，讲求效率，注重效果。一般来说，政治信息的收集必须在适当的数量范围之内，要考虑政治决策需求、政治决策时间要求和政治行动者接受利用的能力。同时，使用的有效性和方便性也是政治信息采集过程中需要考虑的问题，让收集的政治信息比较全面系统，又比较深入明晰，能达到事半功倍的效果，如此才能提高政治信息收集的效率，才能更好发挥政治信息收集的经济和社会效益。

（三）信息流通中的政治信息收集综合

从整体上看，政治信息的输出与输入是一个整体化的动态过程，作为政治传播的主体——政治组织，其收集政治信息的目的，是通过对政治信息的分析综合，形成输出性的政治决策和政治行动，并通过传播媒介等载体传递政治（决策、行动）信息，流向各个政治行动者（公众、媒体），形成政治信息循环流动的效应。

正是因为政治信息在社会体系里的纵向流动和横向流动，个人和组织才能在一个社会体系中习得关于个人与政治体系的价值、规范、概念和态度，同时又形成新的政治信息输入的过程，在这一轮又一轮的政治系统“输入—输出”的过程中，形成政治信息的流通。

从广义的角度看，政治系统的“输入—输出”过程，也是在建构、强化和更新政治价值体系的过程。一般来说，政治传播首先从人际传播开始。在人际传播过程中，主要是社会成员、各种社会力量表达自己的需求、支持、情绪、意见，通常具有自在性的“地下”性质。从政治价值观的角度看，当主导性认知和价值观逐渐形成之后，各种政治信息就以“公意”形式出现，进入到传播媒体中。通过传播媒介，各种价值体系的支持者公开进行博弈。获胜的价值体系框架定义为新的价值观，并通过以组织传播为主渠道、以其他传播为辅渠道的格局进行广泛传播，加速其在全社会的确立。

主流政治价值观是建立在社会生态基础上的行为和文化取向，它规范着社会成员的总体选择，是政治文化、政治结构、政治体系的灵魂。政治社会化既是一定政治文化传播和

---

① ［德］柯武刚、史漫飞：《制度经济：社会秩序和公共政策》，韩朝华译，商务印书馆2004年版，第64页。

延续的过程，也是特有的政治态度、政治情感、政治价值观和政治认知模式的形成过程。在这一过程中，政治信息流通和政治行动者的互动交流是至关重要的环节。政治传播的作用首先在于强化和建构政治价值体系。在社会变革和转型的过程中，其作用在于把旧的价值体系失灵的情景放大，然后进一步扩展传播其替代性选择，以让更多的人了解并接受，进而形成各种新的价值观，并扩展传播行动价值观，引导人们进行选择接受。当然，新价值体系不会在瞬间形成，需要经过不断地碰撞、熔炼，在这个过程中政治信息的流通成为其主阵地和主要途径。

政治治理主体要使其政治意识形态成为全社会共同的价值取向，需要一个社会化的过程，即政治信息从权力的金字塔尖向下一直传输到最底层民众，即主要通过大众传播媒介载体来实现其运行。政治传播在很大意义上是通过大众传播媒介(互联网络环境中的新媒体和社交媒体)完成的中介传播。① 正因为这样，阿尔蒙德和鲍威尔认为，大众传播媒介工具对政治最重要的影响就是使政治事件引人注目。而政治事件之所以引人注目，是因为大众传播媒介工具促进了政治信息的普遍化。政治文化交流越频繁，二者相互渗透就越深，这也意味着政治信息流量越大。

从狭义层面看，国家政治治理是指国家通过行政机关依法对国家事务和社会事务实施的管理过程，实质上就是一个政治传播过程，是一个包括咨询、决策、指挥、执行、协调、监督和再咨询、再决策的连续不断的往复循环的信息传播过程。在这个过程中，各种政治行动者包括政党、政府机构、社会团体乃至公众和媒体的，都在进行着政治信息交换和反馈的互动和博弈之中。所有的政治活动都以信息为基础来进行和展开。所以，当政治管理者进行一项决策或行动时，总要先搜集情报、征询意见、集中决定，然后再由决策中心发出控制讯息如命令、决策指示、意见、通知等，执行系统接到讯息后，随之转化再现为具体的行动。接着又将监督反馈系统活动中的状态、效果通过组织渠道反馈到决策中心，决策中心再把搜集到的反馈信息和其他相关信息加以过滤、分析综合，在征询、议定后再由决策中心发出协调讯息，这整个过程就像一个首尾衔接、前后贯通、往复循环的封闭道，行政讯息就在这个封闭的通道里一刻不停地循环奔跑，不断做功，从而保证行政管理系统应有作用的充分发挥。

对政府自身而言，政治传播是行政管理的神经中枢。对政治传播职能的正确、有效行使，首先在于调查研究的功夫，在于对政治信息的有效收集和综合，建立在真实、准确、科学、有效基础上的政治信息收集和综合，才能使政治和行政决策的输出精准、务实，才在有效的信息交换和沟通中进行，才可使行政管理沿着正确方向有条不紊地进行。“组织不能生存于没有沟通的状态之中，它只有通过沟通这座桥梁，才能安然地越过那由于有时彼此隔绝所造成的误解之河。”公共行政部门正是以信息为枢纽发挥沟通作用的组织，履行其行政职能。

结合宏观政治传播视野和具体的行政运作过程，政治系统的“输入—输出”的基本路径为两个：一是政治传播的文本化，即以话语表达、话语建构和互动为核心的政治信息，二是政治传播行动化，即以政治行为主体的行动选择和传播策略为基本信息源，形成政治

① [英]布莱恩·麦克奈尔：《政治传播学引论》，殷祺译，新华出版社2005年版，第30页。

系统输入—输出的有效互动和调适。

政治信息的收集和综合必须围绕着这两条路径来进行。政治信息的收集、整理和综合在这个基础上展开，系统、动态、清晰地把握政治系统运行的信息。简要地讲，就是将公众之中存在的政治意见和意愿向政治系统输入，政治治理者回应公众的要求，与公众互动，进行决策和行动的信息输出的过程。这一过程往往通过大众传播媒介(网络新媒介)的居间传播实现。①

政治信息的收集整理和综合，要统摄公众通过话语表达的政治信息和通过具体行动参与策略选择和参与的政治信息。把握其核心要素是需求和支持。在进行政治信息收集和综合的过程中，从需求、支持和相关反馈信息三个维度展开，是其基本运作方向。第一种是以需求为核心的政治信息，一般来说，需求是一种明确的意向表达，需求可以产生于政治系统的外部环境，也可以产生于政治系统内部，其形式各异，内容繁杂，各种社会成员的期望、公共舆论、动机、利益诉求、偏好等虽然不能构成直接“需求”，但却能刺激并形成需求，因此，伊斯顿指出，需求具有明确的指向，即人们提出需求，想要影响有关的价值分配，就必须指向那些具有权威当局地位的人提出要求。② 需求要具有明确性，这是政治信息收集和综合的基本指向；第二种是支持性信息，本质是对大量输入之后的挑选，包括行动方面的显性支持和态度，情绪方面的理性支持等。这是信息收集和综合时也需要注意的。第三种是反馈性信息，即政治系统“输入—输出”的连续的过程中，权威当局生产输出后，公众对输出所做的反应。这种反映的信息与权威当局沟通，最后权威当局作出下一步的可能行为。③ 以需求、支持和反馈为指向的这种信息收集、整理和综合是政治传播生产的起点，也贯穿于政治传播生产的整体过程。

二、政治信息收集的途径方法

从系统的视野看，整个社会大系统及其相关子系统的运行，主要依赖的是信息的通畅传递。这一思维也切合于政治分析，政治系统的信息收集、综合、转换和传递，政治系统的“输入—输出”，是政治传播的前提，也是政治运行的基本条件。政治传播过程实质就是信息传递与获取的过程。通过不同渠道、形式，收集、挖掘和获取政治信息，对大量原始政治信息进行分类、筛选、校核、整理加工，分析综合，变原始化信息为系统性信息，变低层次信息为高层次性信息，是政治主体可以获得有效政治信息的基本途径和方法。

(一)利用媒介的信息收集方法

1. 耳闻目睹法

最简单的方式是运用媒介的政治传播的居间(政治主体和公众)特性，广泛从媒介渠道得到政治信息，选择有用的信息储存或加以利用的方法称为“耳闻目睹法”。人们每天

① 贾哲敏：《互联网时代的政治传播：政府、公众与行动过程》，人民出版社 2017 年版，第 182 页。

② ［美］戴维·伊斯顿：《政治生活的系统分析》，王浦劬译，人民出版社 2012 年版，第 36 页。

③ ［美］戴维·伊斯顿：《政治生活的系统分析》，王浦劬译，人民出版社 2012 年版，第 346 页。

接触各种媒介，许多信息自发地进入脑海，但大多数信息成为“耳旁风”或“过眼烟云”，能利用的十分稀少，有时甚至会出现信息泛滥的情况。接触的信息很多，但是吸收进去留下印象的却少之又少，真正能留下来的只是一些重大信息。熟练的政治信息收集者会自觉留意，以准备利用有用信息为动机而收集信息。具体收集方法是首先确定信息的大致目标和范围，处处留意，时时留心，使耳闻目睹方法积累信息成为一种自觉行为习惯。尽可能对原初和原真的政治信息保持敏感。耳闻目睹法最大的优点是可以方便、快捷、大量、低成本地获得信息，它最大的缺陷是这些信息比较原始、零碎、杂乱，是一种线索性东西，需要深入挖掘、调查、核实、验证和再加工。作为一般性政治主体，在无其他专门渠道获得信息的情况下，可以将此方法作为了解政治信息的日常性、基础性方法。

2. 媒体文本收集分析法

这是比耳闻目睹法更进一步运用传播媒介的方法，即为了获取政治信息，专门对媒体上的有关政治信息进行分类剪贴，汇集成册或形成专门政治信息资料库，为自身或提供给他人使用。传统的媒体文本政治信息收集方法，主要为报刊剪贴法。在互联网媒体快速发展的阶段，则是分门别类地对各种媒体的相关文本中，搜寻和收集政治信息，进行集中建档储存的方法。

其主要方法包括：确定资料收集范围，即准备开发收集哪些类别的信息；确定圈选媒体，即准备选择哪些平面媒体、视听媒体和网络媒体作为收集筛选对象；编制分类表，分类表的编制要规范化，便于存储和检索；确定人员分工合作的方法，好的分工合作办法有助于避免信息剪辑或筛选的遗漏或重复；确定标准化工作方法，包括圈选符号、剪贴形式、贴报式样、整理装订程序，以及采集、分类编号、编制索引等；准备相关用具和设备，包括底本、储存架、计算机及相应软件等。其优点在于：成本相对较低；大众传播媒体尤其是新媒体本身具有大众性、多样性和广泛化特点，所能收集到的信息量非常多、比较贴近现实。缺点是：许多信息是零散的和缺乏针对性的；大多数媒体提供的信息，都经过他人的加工和转用过程，缺乏原始的全貌和背景，有的信息提供者为追求轰动效应，不免哗众取宠，使信息可靠性有一定的出入，利用价值受影响。因此，采用媒体文本资料库（剪报）方法收集政治信息虽然是一种好方法，但在利用其信息时应谨慎从事，预先要辨其真伪。

3. 舆情监测分析方法

政治系统的输入中，公众的表达占据核心地位，因此，利用媒体进行的舆情监测分析方法是政治信息收集的主要方法。舆情监测分析是一个常态化的过程，也可以就特定问题的需要，针对性地对相关舆情收集整理，进行深层次的加工和分析研究，获取有效的政治信息的方法。

舆情监测和分析的对象是媒体上公众表达（言论和观点），当前主要为互联网中对热点、焦点问题所持的有影响力的言论和观点。主要方法为内容分析和实证分析。内容分析法是主要通过媒介渠道（尤其是在新媒体中的公众表达和舆论走向），集中关注其中的舆情信息，对信息内容作客观系统的定量分析，其目的是弄清或测验信息中本质性的事实和趋势。提示信息所含有的隐性情报内容，对事物发展作情报预测。

实证分析法是通过收集分析大量案例和相关数据，理解把握其中的公众需求、意愿和舆情展开个案性、针对性、动态监测性分析。

对舆情的分监测分析一般要常态性坚持，这是当代政治信息收集的基本功，在针对性收集和监测分析中，要明确事件或话题本身所处的阶段，针对引发期、酝酿期、发生期、发展期、高潮期、处理期、平息期和反馈期等不同阶段，确定监测、信息收集和分析的重点内容和方法。其次，对舆情热点进行科学的类型界定。热点事件一般主要分为突发自然灾害事件、生产安全事故、群体性事件、公共卫生事件、公权力形象、司法事件、经济民生事件、热点社会思潮等，根据不同的类型采用不同的舆情信息收集框架和媒体选择。

舆情监测分析的流程包括选择相关媒体(尤其是互联网媒体)、对其进行信息采集和挖掘，对舆情预警的全方位、全时段监测，对舆情的动态性分析和深度分析，提出相关对策建议。在舆情监测分析中，应注意收集的信息主要为：事件发展概况与脉络，公众的主要观点与情绪是什么，是处于认知、态度表达还是行动阶段；引起民众从认知到行动的程度；组织化程度与有无行动计划性；有无明确的利益诉求；有没有对现存社会体制构成巨大冲击；行动的对象目标明确与否，其具体指向是哪些部门甚至现存体制等；舆情分析研究人员要成为“非参与性的观察者”，而要防止成为“非观察性的参与者”，既要保持中立，又要敏锐。

舆情监测分析在确定目标后，就要对相关的个人、群体、组织、社区、社会产品、社会现象或社会体制对象的舆情样本进行横向研究，作探索性、描述性或解释性分析，获取有效的政治信息，并可以围绕政策建议为针对性目标做应用性的研究。从时间性维度考虑，对于舆情事件与主体的发展变化，可以针对不同人物、组织和群体进行纵向研究。在舆情监测分析过程中，要区分舆情分析的不同类型，采用不同的方法，结合媒体内容要做好相应的抽样调查工作，特别是网络舆情，要运用多种抽样方法；社会热点事件舆情分析要注意题材广泛，样本选择需要注意时效性与全面性，需要考虑复杂因素进行综合把握；话题、现象类舆情分析的题材也很广泛，但要注意抽样与分析的尺度，结合对象发展趋势与特点，找准角度有效进行监测和分析。

当下，舆情监测和分析基本实现机制化、数字化和智能化，通过智能化技术在各类新媒体中进行数据抓取和挖掘、监测和分析，已经成为常态。各类相关咨询机构蓬勃发展这一专业性、服务性职能。他们结合互联网信息采集技术及信息智能处理技术，通过对互联网海量信息自动抓取、自动分类聚类、主题检测、专题聚焦，实现用户的网络舆情监测和新闻专题追踪等信息需求，形成简报、报告、图表等分析结果，为客户收集政治信息，提供综合性信息和深度分析。实行定制式和全程性服务。行业化、服务化是舆情监测分析的发展趋势。

4. 媒体数据库利用和发掘法

利用媒体的政治信息收集，还要善于运用数据库。当下，大众传播媒介和平台媒体对数据技术的开发运用已经全面展开，其最简单的部分就是媒体所有内容已经全面录入数据库，所有相关的政治信息通过检索可以获取。同时大量的书籍、文献都形成了大量分门别类的数据库矩阵，采用数据库收集和综合政治信息，已经成为一种常态性、便利性方法。当前，大量媒体的多媒体或超媒体数据库都已经建立起来，各类政治信息数据的呈现方式和表达方式都有了更大的提升，检索和收集相关政治信息更加便利、丰富、全面。

采用该法采集的政治信息，一类是启发性的，还有一类是预测性的。数据库信息资源可以分为三种：有价值而暂时用不着的信息；时机未到故意滞后的信息；已经用过仍可再利用的信息。以地方志为例，其就属于可以再利用的信息。例如日本学者曾利用我国的《八闽志》《霞浦县志》等了解到中国东南沿海海域的鱼类汛期活动规律，取得了显著的研究成果。

从数据库中发掘信息，也包括在档案中发掘信息，不仅开发信息成本低，而且所载信息也是经过历史实践检验的，由此得到的信息可靠性强，利用这类信息往往容易出奇制胜。缺点在于从大量的陈旧信息中发掘出有用信息，耗工耗时量较大，而且有些陈旧信息容易给人主观上的误导作用，不利于作出正确的抉择。在使用这种方法时，需要增加智力投入，即增加检索的有效性，在筛选、整理、分析的脑力劳动投入，舍此就可能徒劳无功。

(二)通过咨询收集政治信息方法

咨询是通过某些人头脑中所储备的知识经验和通过对各种信息资料的综合加工而进行的综合性研究开发。现代社会，调查、预测、咨询等中介机构，尤其是智库型咨询机构，已经成为活跃的专业性信息收集、综合、分析基础要素。咨询产生智力劳动的综合效益，起着为决策者充当顾问、参谋和外脑的作用。作为一项具有参谋、服务性的社会活动，在军事、政治、经济领域中发展起来，已成为社会、经济、政治活动中辅助决策的重要手段，并逐渐形成一门应用性软科学。

咨询自古有之，如三国时期大军事家诸葛亮实际上就是今天所说的著名咨询家，他在《前出师表》中就写道："愚以为宫中之事，事无大小，悉以咨之，必能裨补缺漏，有所广益。"在现代，咨询是社会信息化发展的条件，并已经形成一个独立的行业。现代咨询以科学为依据，以信息为基础，综合运用信息和知识等为政府部门、企事业单位、各类社会组织及个人的决策和运作服务。

日本学者对咨询与信息关系的理解是："信息化"的发展，使人们感受到信息过于泛滥，在选择适当的信息方面反而进退维谷。这种状况必然导致那些选择信息和代理判断的咨询业应运而生，从而使咨询业兴旺发达。

1. 内部咨询沟通法

内部咨询就是以本系统本部门内部的政治信息资源的收集、开发和利用，即以非公开、仅限内部交流的资料为对象，从中采集政治信息。这种方法在政府部门之间运用得比较普遍，每年内部资料的交流数量，不亚于公开发表资料的数量。运用这种方法采集政治信息，最常见的是从内部文件、内参文件、上报统计资料、情况汇编等的常规流转中获取相关信息。企业或事业单位之间互相交换信息以获得有用信息。另外，可以向有关部门索要或申请查阅内部参考资料，取得有用信息。由此得来的信息可靠性比较强，而且政治信息居多。

2. 智能化检索咨询法

智能化检索咨询服务是从计算机检索服务发展起来的，传统上有三种服务方式：第一种是定期信息提供。操作人员将用户的信息检索式存入计算机，在检索系统中建立户头。系统定期对新到的资料进行检索和开发。提供这种服务方法可以了解某个领域的最新动态，取得的信息往往是系列的和最新出现的；第二种是追溯检索。检索系统根据用户的随时要求，对过去积累的信息进行专题追溯检索，并针对用户的具体要求给出检索结果。用户可一次获得检索范围和指定时期内的所有信息，通过这些信息了解某一方面的基本情况；第三种是联机检索。用户使用计算机终端设备直接于计算机对话，通过会话型检索语言进行“问答”并获得信息，采用这种方式能提高查全率和查准率。

随着云储存、云计算、区块链等为代表的数字化、智能化技术的高度发展，运用搜索引擎、推荐引擎(算法推送)等基本技术，链接相关数据库，抓取和挖掘相关数据，成为政治行动者收集政治信息的常用性方法。一般来说，完整的信息收集过程主要为：搜索—提炼—集成—整理。搜索就是用各种搜索渠道找到所需的信息；提炼是在众多的信息当中筛选提炼出所需要的精准信息；集成就是把经过筛选的信息，定制成资料库，按照个人习惯分类整理到方便访问的地方；整理就是定期对收集的信息进行整理(删除、去重、归纳、加标签等)，提升搜索效率。在基础上对信息进行综合分析，形成政治信息收集综合的日常性效用。

3. 顾问咨询服务法

咨询顾问受客户委托，一般就某个项目或是管理展开工作，通过详细的调研和论证，提出一个方案，方案一般要切合企业的实际需求。广义的咨询顾问，可以涵盖到其他行业，如学习顾问，留学顾问，私人顾问等工作内容不尽相同，基本是为客户出谋划策，制定一个符合客户实际情况的方案或行动计划等。这种方法更强调长期沉淀下来的经验型信息的开发利用。采集者所获政治信息的价值与所能借用的顾问多少成正比，因此有条件的个人和组织，往往雇佣各种顾问组成智囊团。由顾问提供的见解或建议，不直接是信息，还往往是知识、信息、智能的综合成果，可以直接利用。

这一方法比较适合于政府部门、企业组织和少数掌握指挥权的个人，便于其进行决策。常用的有四种方式：第一种是长期固定雇佣关系方式，即在自身周围总有一个或几个顾问，随时为抉择作参谋。一般政府部门均采用这种方式帮助正确决策；第二种是临时雇佣关系方式。为了某项重大决策或难以解决的重要问题，组织一些专家进行专项咨询；第三种是业务往来关系方式，即与独立化、企业化的智囊机构保持经常联系，从中开发政治信息；第四种是专家网关系方式，即把有关专家聘为自身的指定顾问，平常不坐班也不给报酬，有事请教时支付报酬，并使这些专家形成顾问网。苏联切尔诺贝利核泄漏事故发生时，专家顾问网就在作解释方面起到很大的作用。

综上，这些借助媒体和咨询方法收集的政治信息，一般为二手(二级)信息资料，必须建立在深度调查研究的基础上，亲身到实地调查所获得的一手资料是政治系统输入所需要的核心政治信息。这方面，其基本方法与社会科学调查的方法是一致的。比如定量的抽样调查所获得的一手(一级)政治信息，通过开焦点小组访谈、深度访谈和民族志(田野)调查等质化调查方法所获得政治信息，是政治信息收集的核心和关键。

三、政治信息的处理和整合

(一)政治信息处理整合的意义

政治系统的“输入—输出”机制中，政治信息的收集和综合，是政治系统输入的基本要素，也政治系统输出的前提和基础。从简化的角度看，政治传播就是政治信息的内容同个人和群体反应间的关系……从经验出发理解媒介化的信息与政治部署和行为间的关系十分重要，但同样重要的是要理解更大范围的政治传播环境，这些环境特征还包括：信息及其来源的多样性；各种议题和主题出现的频率，与政治有关的信息发布模式，其中包括发布信息的深度和细节的多寡；在信息框架中宽泛的生活认同暗示和有限的个人认同暗示间的平衡，公众如何对待从媒体中获得的政治信息并予以反馈等情况。①

政治系统(政治传播)的输出，主要是加工提炼的信息的输出过程，是在去粗取精、去伪存真地对收集并综合的信息进行提炼的基础上，作出的政治决策、劝服和政治营销是对收集并综合的政治信息的创造性转换，并通过大众传播媒介等渠道传播出去，形成自上而下的政治劝服或与公众的政治沟通。

在这个过程中，有一个中间环节，就是对收集综合的信息进行编制和整合。现代社会，尤其是在互联网传播的新媒体环境中，各类信息海量多元、纷繁复杂，要充分发挥政治信息的作用，就需要对政治信息进行选择、提炼、编排、整合，得到最有价值的政治信息，从而科学高效地利用政治信息。对政治信息的编排处理整合不同，结果也会不同。

(二)政治信息处理整合的原则

在对政治信息进行处理时，要根据政治要求、国家利益要求和行政目标要求，考虑到决策者、使用者和公众的信息需求。进行政治信息的资源整合和编排处理，基本原则如下。

1. 时效、活化原则

一般来说，政治信息从收集、发送到进入使用的时间要越短越好，传递的速度越快，政治信息进入使用的效率就越高。信息具有一定的时效性和寿命性，一切“活”的信息都会随着时间的流逝而老化，政治信息的价值只有在其最具时效性时才会达到最大值。时效性是指政治信息源发送的政治信息，经过传递、加工、利用等的时间间隔期和效率。由于科学技术尤其是现代信息技术的发展，社会运行速度加快和信息使用者的要求复杂化而呈现出瞬息万变的现象，这使得政治信息表现出很强的时效性。

政治信息编排要遵循时效性原则，就是要提高政治信息时效度，实现即时信息的最大化、最优化，编排和提供政治信息要及时。一方面要尽量缩短编排加工的时间，让使用者能尽快获得各种政治信息；另一方面要注意及时编排加工最新的政治信息。目前，我国许多政府部门都实现了上网工程，智能化数字化运用也不断推进，但是，政

① ［美］W. 兰斯·本奈特、罗伯特·M. 恩特曼：《媒介化政治：政治传播新论》，董关鹏译，清华大学出版 2011 年版，第 5 页。

治信息资源闲置、衰化的问题还是比较突出。我国政府部门掌握社会信息资源80%的有价值的信息，3000多个数据库，但大部分都还是死库，需要采取有效手段让这部分库“活”起来，进入市场进行流动，产生增值，发挥效能。但是政治信息时效性差的现象在政府网站中普遍存在，个别网站甚至长期处于“休眠”状态。网站彼此之间无法实现互联互通，又给用户查询信息带来了困难。政府网站之间不能互联互通，每个政府网站成了互联网世界里的“信息孤岛”，加上不能及时更新增补信息，“信息孤岛”又变成了“信息荒岛”。

2. 真实、可靠原则

真实和可靠是政治信息的生命，一条政治信息如果没有以真实、可靠为基础，该信息也就失去了价值。真实性是政治信息的重要特征和基本要求，主要是指社会政治活动的运行变化特征的客观性和反映政治活动运行变化过程的真实性。客观性就是从客观存在的政治活动和社会现象的实际出发，是一种真正客观的描述，而不能凭人的主观臆想。真实性要求对政治活动和社会现象如实反映，并能反映政治活动中最本质的特征与变化，讲求一个“真”字。政治信息真实化，就是要提高政治信息诚笃度，实现真实政治信息的最大化，杜绝虚假的政治信息“上市”。内容要真实准确，不能发布虚假的信息或道听途说的信息；要恪守职业道德，要为自己编排发布的政治信息负责；要实事求是地描述政治信息特征，做到准确、无误、客观、清楚。

第一要借助于可靠的媒介提炼和鉴别信息。大众传播媒介中传播和流通的信息，不可避免地存在真假、优劣之分。在信息爆炸、社交性媒体和自媒体泛滥的今天，随着海量、多元信息产品的膨胀，虚假信息、情绪化信息、谣言和流言泛滥，信息污染也日益严重，因此，在确定政治信息选材范围、编排和提炼信息时，辨别真伪，区分优劣是极为重要的工作。尽可能选择可靠的信息来源，如各类权威性、公信力强的传播媒体以及国家机构的信息中心等，是获取、整理政治信息的前提。

第二是要减少信息流转的环节，强化调查研究，尽可能多地以一手的信息资料为基础。注重信息来源的一线性，注重信息来源的广泛性。在精准性问题导向的前提下，注重全面地观照各类信息，不仅要重视国内的政治信息，还要重视国外的信息，不仅要重视上层的信息，也要重视来自基层的信息，见微知著，多角度宽视野地比较鉴别。

第三是充分运用数字化、智能化技术，充分利用算法抓取和智能化挖掘技术，实现信息资源序列化、共享化、组织化，进而实现信息资源配置最优化、拓宽信息资源应用领域和最大化挖掘政治信息价值。

第四是政治信息的渠道要内外畅通。一方面要对内部的信息资源编组化、结构化，建构动态的信息资源库。对内部会议特别是各种信息发布会、记者招待会等，以及各种会议简报、会议纪要、内部资料和内部刊物的信息要加强源头管理，对其间的各种反馈做好分析和提炼。对外部信息除了进行科学筛选和质量监控外，还要在软件上加强保障措施和手段。在以可靠的信息来源为基本把关条件的基础上，在对政治信息的加工、提炼编排过程中，要加强质量监测，对政治信息的可靠程度进行分析，剔除那些虚假政治信息，提高编排、重组、整合的政治信息的可靠性。尽量保证政治信息整合的真实性、源信息的可靠性。

3. 全面、系统原则

全面、系统是指时间上的连续性和空间上的广泛性，整合的政治信息不是零星的、个别的、紊乱的，而是由若干个具有特定内容和同类性质的信息，在一定时间和空间内相互以一定联系形成的一连串的政治信息。

政治信息全面化原则，就是要全方位对收集的政治信息进行梳理，保证相关政治信息整合，既包括公共权力、公共事务方面的政治信息，扩大核心信息量，实现政治信息的完整化，还包括政治权力人的全面信息，实现权力人信息的完整化等。政治信息的系统原则实际上包括全面性和连续性，要求政治信息从多方面，而且相对完整地反映政治活动的变化和特征，并随着政治活动的不断进行，能连续地传递出来。对通过各种渠道收集的政治信息进行综合性分析加工编排，使分散于不同信息源的政治信息汇集在一起，并尽可能系统地介绍有关政治信息的各个方面及其发展的全过程，在必要的情况下连续收集、编排与加工。

全方位的政治信息，既包含动态政治信息，又包含静态政治信息。在动态政治信息中不但要重视已经发生的，或正在发生的。也要注意没有发生的，而可能发生的趋势性问题。包括两个方面：一是客观潜在的苗子，二是主观的引导策划。这需要具有前瞻意识，有较强的政治洞察力，有意识地挖掘和注意这类政治信息，并及时传递和汇聚，使信息整合处理的效能提升，掌握处理问题的主导权。在静态政治信息中，要善于了解蕴涵在我们中间，特别是专家、学者、教授的前沿思想、前瞻观点，要善于了解人们当前关注的热点和对中心工作的反应。既注重微观群众日常生活的突出问题，也要注重群众的共同心声和从总体思想趋向的视野出发，对输入的政治信息进行全面观照和处理。

(三)政治信息处理整合方法

政治信息整合处理可以对有用信息资源实施有效管理。其核心要求是就是政治系统的输出，如政治决策和政治行为必须以信息为基础。这就有必要做好分析和判断工作，即从事信息的处理工作，如果不这样做，就会被自己制造的数据淹没。① 政治信息整合处理并没有固定模式。不同要求、不同初始状态的政治信息，信息编排、处理和整合方式或方法都各不相同。其根本要求是把收集到的政治信息转化为有目的和有意义的数据。一般来说，政治信息的整合处理的主要方法主要有以下几种。

(1)政治信息分类。政治信息分类，就是将杂乱无章的处于原始状态的政治信息资料，按问题类型、时间顺序、部门区别、关注热点等进行分类，排列成序。

(2)政治信息判断。政治信息判断，就是对政治信息的可靠性、准确性、可信性、价值性进行鉴别判断，剔除不可靠的、不可信的、不确切的和价值不高的，并对政治信息的含量、质量、时效、价值进行判断。

(3)政治信息比较。政治信息比较，就是对各种政治信息资料进行判断、分析、比较，看是否符合信息收集加工要求，能否反映社会现象和政治活动的变化趋势及其特征，对无用的去除，对不符合要求的就要再进行补充收集。

① ［美］彼得·F. 德鲁克：《德鲁克管理学》，东方出版社2009年版，第73页。

(4)政治信息分析。政治信息分析，这是在政治信息比较的基础上进一步的加工深化，就是从大量政治信息中通过深入研究分析，发现隐藏在表象下面的深度内容，挖掘出“信息背后的信息”，因为一般的政治信息只是如实反映社会现象和政治活动的表象。

(5)政治信息编纂。政治信息编纂，就是要对经过分类、判断、比较、分析后的政治信息进行编纂，将其编写成新的信息资料，以便于贮存、分析和比较对照，要求对信息的内容、格式、文字、结构等做到规范、系统和标准化。

(6)健全政治信息网络系统。收集政治信息是政治信息编排的第一步工作，也是政治信息工作的基础环节。为了做好政治信息的整合处理工作，要畅通政治信息整合处理渠道，健全政治信息网络系统，形成系统的政治信息收集处理平台，并形成政治信息处理常态化机制。

以上这些政治信息编排、整合、处理工作不是彼此分割的，而是相互联系、交叉进行的有机过程。在当代，主要是依托素质化和智能化运作，通过信息系统技术、数据库技术和检索技术，对政治信息进行数据整合、内容整合和过程整合。

第二节　政治信息的传播过程

一、政治信息传播流程

(一)政治系统的决策(信息)输出

政治传播的本质是“表达输入—决策输出”的过程。这是与政治信息的双向流动以及相关的反馈传播流程。信息已经开始替代沟通的其他形式与媒介，代表着一种对现代世界的创新。① 在现实生活中，政治信息传播是一个异常复杂的过程，但这一过程也不是无章可循的，而是有其内在规律的。

政治传播主要是政府和公众间的信息流动，而这种信息一般是指政府所制定的国家发展的大政方针和政策。从政府(权威当局)的角度看，(自上而下)政治传播的重点是回应公众的意见输入，作出行动决策和传播决策，并在与公众的意见互动中实现良好的沟通。② 其输出的结果包括约束性决策，实施这种决策的行为以及我们立即看到的某些相关行为。……有些对外输出是直接针对输入者的，也有针对相关政治过程的一系列对象的。③ 按照其性质可以分为是权威性输出和相关性输出，言语陈述和执行。权威性输出以约束性决策、法律法规和司法决策为陈述方式，以约束性行动为执行方式，而相关性输出

---

① [美]安东尼·奥罗姆：《政治社会学导论》(第四版)，张华青等译，上海人民出版社2006年版，第245页。

② 贾哲敏：《互联网时代的政治传播：政府、公众和行动过程》，人民出版社2017年版，第180页。

③ [美]戴维·伊斯顿：《政治生活的系统分析》，王浦劬译，人民出版社2012年版，第332页。

则以政策、理论和许诺为陈述方式，以利益和恩惠为执行方式。[①]

在这里，政府(权威当局)充当的是传播者的角色，因为他们是政治系统接受输入和主导输出的主体，是政策的制定者和发出者，起着政治信息编码者的作用。公众“要求”和“支持”等不同种类的信息输入政府。政府通过一定的政治过程对这些信息进行加工与处理，这个过程是编码过程。

所谓编码，是指“将意义或信息转换成符号的过程，是传播过程中极其重要的环节”。[②] 经过这个过程生产出新的信息产品，其中主要是公共物品，如法律与公共政策等规则，然后将这些规则传播出去。政府在制定政策进行传播之前，一般会先进行民意调查，也就是传播学上所说的前馈。所谓前馈，“根据控制论的解释，就是尽可能在系统发生偏差以前，根据预测的信息，采取相应的措施”。[③] 政府在制定政策时，之所以要增加前馈这一环节，就是为了使政策能够更准确地反映民情民意，提高传播的有效性，增强传播的控制能力。

政府制定的政策和规则输出后，会形成传播效应，这就是公众解码的过程。在整个政治系统输出的过程中，公众是政治信息解码者。所谓解码就是将符号还原为意义或信息的过程，它和编码相对。公众作为政治信息的接收者，还会对所接收的信息进行新的阐释，然后再把新阐释出来的东西反馈给信息的发出者——政府。“在现代社会，公众信息反馈既是政治传播持续进行的基本条件，也是考察政治传播效应的依据。在这里，公众是存在于一定社会环境中的组织、个人和群体的统称。公众信息反馈是指政府传播的社会回应。这种回应总是存在的，即使是沉默，也可以将其视为一种回应。如果假定政府提供公共物品的信息资源来自社会，那么，公众信息反馈就是这样的资源。”[④]

(二)政治系统输出(信息)的反馈

由此可见，公众信息解码和反馈对整个政治信息传播过程有着非常重要的意义。政治传播反馈是指公众被传播刺激而引起的信息回流，有正反馈与负反馈之区别。正反馈是有助于强化与认同传播内容的信息的流动，它表明传播内容的说服功能强；负反馈则是与传播主旨相背离的信息流动，它表明传播内容的说服功能弱。公众信息反馈是将不同的信息流动通过一定的编码再输入政府的过程。政府可据此调整传播内容与策略，努力使传播的效果达到最大化。政府对公众的作用是通过信息的传递实现的，而公众对政府的作用则是通过信息的反馈实现的。如果没有公众信息反馈的过程，则政治传播就失去了回路，变成为一个单向的一次性行动，这也就是拉斯韦尔公式里面所呈现出的传播过程。而实际上，公众信息反馈联结着新一轮的传播活动，它使传播从整体上呈现出周而复始的动态的循环程。

---

① [美]戴维·伊斯顿：《政治生活的系统分析》，王浦劬译，人民出版社 2012 年版，第 333 页。

② 胡正荣：《传播学总论》，北京广播学院出版社 1997 年版，第 174 页。

③ [美]威尔伯·施拉姆、威廉·波特：《传播学概论》，新华出版社 1984 年版，第 291 页。

④ 商红日、孙珏：《政府传播》，载《公共信息反馈问题》，http：//hnass. com. cn/zzxk/200301/no1-3. htm.

1. 公众信息反馈的意义

(1)公众信息反馈是决策民主化与科学化的基础。决策科学化是指决策要以充足的事实为依据，按照事物的内在联系对大量的资料和数据进行分析和计算，遵循科学的程序，进行严密的逻辑推理，从而作出正确决策。决策的科学化，一是指运用科学理论、方法和现代科技手段进行决策，而不是凭决策者的主观意志与个人偏好进行决策。二是指作为公共物品的生产过程，决策也存在投入产出的关系，因此要追求决策的效率。

决策民主化并非指决策机关扩大了决策者的人数，而是指决策机关通过必需的程序与过程能够得到各种利益主体表达利益要求的信息，并通过编码而使这些信息得到整合。如果说决策科学化旨在追求决策的正确性和效率，则决策民主化旨在追求决策的协调性与公平。公众信息反馈提供了决策科学化和民主化所需的基本信息资源。

假如某项政策是政府获得充分的公众反馈信息并对其加工处理后制定的(假定这个过程是十分理想的，没有失掉任何有价值的信息)，当这项政策向社会发布之后，公众从中了解到自己的要求得到表达的程度，那么，公众对该政策的反馈信息同政府在制定政策之前所掌握的反馈信息属于不同类型。政策发布后的反馈是支持型的信息，政策制定前的反馈是要求型的信息。支持型的信息包括服从法律与公共政策，承担义务，产生认同，提供进一步决策咨询，等等。要求型信息包括公众将各种愿望转换成政策性要求而形成的信息。这两种信息都是必不可少的。没有要求型的信息，则决策既缺少科学性(因为决策信息不充分，难以进行科学分析)，也缺乏民主性(因为决策缺乏相关利益主体的信息表达基础)而没有支持型的信息，则会使新的决策陷入茫然的境地，难以作出维护还是修改已颁布的政策的决定。

(2)公众信息反馈是提高治理能力的动力。当政府被置于社会之中时，政府与公众的联系是通过政治信息交换实现的。衡量治理现代化程度的一个标准是，是否有着政府与公众的通常信息交换关系。公众信息反馈集中体现着信息交换的实现程度。为了简化分析的过程，我们将政府与公众某一信息交换的内容规定为：要求提供更好服务的信息和希望得到更大支持的信息。前者来自公众，后者来自政府。假定某一基层政府部门对社区的治安环境和交通环境治理的要求置之不理，社区公众的生活长期处于不良环境之中，那么，这里的基层政府部门很难得到这里的公众支持。这就是说，信息交换没有得到实现。因为政府只得到了要求治理环境的信息，而没有得到支持政府的信息，这意味着公众信息反馈的中断。虽然这里的社区公众出于对政府的信任(相信政府肯定为社区居民着想)，还可能继续表达治理环境的要求，但这不是新的信息反馈，只是重复了原来的过程。相反，如果这里的政府对社区公众关于环境治理的要求作出了积极的回应，并采取有效措施使这里的环境得到改善，那么公众对政府的满意程度就高，从而完成了一次信息交换过程，其结果是增强了公众对政府的信赖，密切了政府与公众的关系。政府管理社会的能力将在这种信息交换关系中得到增强。

(3)公众信息反馈是政治沟通的必要条件。从一般意义上来讲，是否尊重公民权利并给予公众以监督权，这一点体现在政府是否在观念与行动上注重公众信息反馈。这一点是政治传播的基本问题之一。只有在公众信息反馈真正作为政治传播基本条件的情况下，政府与公众的协调一致才是可能的。例如社会利益关系的协调、社会冲突的化解、腐败的治理、战略决策的制定与实施、社会的稳定与发展，等等，所有这些重大问题的解决，都将与公众信息反馈密切相关。如果政府与公众能够在诸如这些重大问题上取得共识，那么，政府将具有较强的号召力，因为获得了较高的公众支持率。

2. 影响公众信息反馈的因素

既然公众信息反馈如此重要，在政治信息传播过程中就应该加强对公众信息反馈的研究，分析影响公众信息反馈的一些相关变量，这是人们探讨政治信息传播的重要内容，也是解决公众信息反馈问题的关键因素。

(1)传播渠道通畅是公众信息反馈的前提。公众信息反馈是政治系统输出的效能的主要条件，是政府善治，提升治理体系、实现治理能力现代化的重要视角。公众的信息反馈是很好的“镜鉴”，可以审视信息传播过程中出现的问题。

公众信息反馈受到传播渠道承载容量的影响。信息的传播渠道是信息得以传递的载体，这一载体是信息传播和反馈的手段与工具。如果信息超载的话，会造成渠道的拥挤和堵塞，阻碍了有用信息的传播，传播速度也会相应地降低，进而造成事倍功半的效果。

但是如果信息量远远低于信息渠道的承载容量，也会造成传播渠道的闲置与浪费。同时，如果渠道没有得到充分的利用，小道消息就会乘虚而入，从而影响正式消息的传播效果。从政治信息传播的领域看，目前我国的公众信息反馈渠道存在着体制上的不完善。人民代表大会和人民政治协商会议是我国公众信息反馈的制度性的渠道，也是政治传播中公众信息反馈的主渠道。每年春季“两会”开会期间，公众信息反馈渠道十分拥挤，而在闭会期间又存在闲置的现象。政府的“信访办”“长热线电话”以及“现场办公制度”的作用又十分有限，因此，公众信息反馈渠道是稀缺性的资源，如何开拓公众信息反馈渠道已成为我国政府体制改革的重要内容。

(2)传播渠道长短影响公众信息反馈。政治传播渠道的通畅是核心问题，同时，政治传播渠道的长短也有重大制约作用，是影响公众的政治信息反馈的主要变量。随着经济社会的发展、公众的利益主体意识的增强，新媒体的高度赋权，公众表达利益要求的行为不断增加。一般来说，公众的利益与基层或地方政府的运作更直接相关，而与上层或中央政府的运作间接相关。这样，从道理上说，公众应主要向基层或地方政府有关部门或代表来表达自己的利益要求。但是，如果基层或地方政府不作为，或者该级政府没有相应授权，或者政府公职人员无视公众的利益要求，不为公众做事，那么，公众就会越过当地政府或直接能够受理的行政管理机关，把意见和要求向权力更高的党政领导机关直接表达，特别是向上级政府机关表达，以求得上级领导为他们“作主”。或者通过新媒体制造“事件”和“要求”，引起上一级的关注和插手。

是否应该把所有的地方性问题都拿到上级进行处理？大部分人会作出否定的回答，因为这既是做不到的，又是不必要的。实际上，大量的此类问题，上级政府还是会传达给理应接管的下级部门，让它们去解决公众的需求。由此可见，公众跳过直属部门，向上级反馈，结果还是要由直属部门来处理。这一重复的过程其实是一个“走弯路”的环节，绕了一圈又绕回了圆点。在这样的过程中，多层次组织造成行动迟缓，办事拖沓，效率不高，信息传递速度缓慢甚至停滞不前，信息渠道中的噪音干扰使得信息失真、信息传递质量下降，进而引起受理费用不必要的提高，财务和决策负担的加重等问题，都会严重影响各级政府的正常稳定运作，也影响政府与公众之间的沟通。其实质是降低了政治生活的质量和政府绩效，经济效益和社会效益也有所受到影响。

传播理论告诉人们，在信息传播的过程中，如果传播渠道过长的话，信息容量中的熵和冗余就会变得很多，传播的过程就会停滞不前。这里的熵是指信息传播过程中出现的不确定性因素，它表明信息处于无组织的状态，这种状态与传播者在传播信息时选择的自由度有关。冗余是为了抵抗传播渠道中的噪音而出现的信息。传播渠道越长，噪音越多，不确定的因素就越多；信息通过的层次越多，它到达最终接受者的时间也越长。这样，信息经过层层筛选、过滤，出现失真的可能性就越大。当然传播的时候，为了容纳和承载一定的信息量和信息流速，传播渠道必要的长度还是需要的，这里所说的渠道过长主要是指信息传播中多余的路径，而信息的反馈本来可以选择更近的道路。对于传播双方来说，较小的传播空间比较大的传播空间更有利于信息的传播和系统之间的互动，因为这样可以减少熵和冗余出现的数量。

政治信息传播渠道长短问题还触及一些根本性问题。例如，基层政府的权力来源、政府层级及其权力关系、政府的监督与制约，等等，这些问题只能通过改善政治生活和提高政治治理能力来解决。

(3)公众信息反馈受传播渠道多样性的影响。信息渠道的多样性也是影响公众信息反馈的重要因素。公众在主动反映意见时，选择什么样的渠道具有很大的自主性。这一条信道不通，可以换另外一条信道，也可能达到满意的效果。比如中国最有权威性的民意代表机构是人民代表大会，在这个制度化最强的政治性反馈渠道中，民众的政治信息反馈的效果最为显著，但是公众选举代表是依照一定的程序定期进行的，各级人代会也是定期召开，公众选举人民代表体现了其对代表的自主选择性，也是集中表达自己的意愿，而人民代表对公众“要求”和意见的反馈，也只能是带有公共性的重要问题，而且其动态性不强。

在所有的制度性渠道中，大众传播媒介就成为公众信息反馈的重要渠道选择。实际上，公众通过制度性的渠道所表达的要求与支持的信息具有某种规定性，即只能反映某种固定类别的信息，而在广泛的公共生活中随时随地都可能生成要求或支持性的意见。因此，大众传播媒介经常会成为公众信息反馈渠道多样性选择中的基本选择。

从政治系统输入和输出的视角看，大众传播媒介是核心和常态化中介。在政治信息传播中，大众传播媒介传达给公众的信息来自两方面，即政府的决策信息和公众表达的要求和意见信息。两者的连通和互动是政治传播的基本过程。公众的信息反馈不仅沿着公众到政府的线路，或从公众到媒介的线路发生，而且还能够沿着从媒介到政府的线路发生。因此，媒介处于政府和公众之间，具有中介地位。在传播过程中，媒介通过观察、选择、编译并传播信息，以满足政府和公众的信息需求。传媒不仅宣传国家政策方针，报道上层政治决策，它的价值还体现为：贴近公众生活，真实、客观地报道与公众利益相关的典型事件等。大众传播媒介应以不偏颇的客观立场来从事传播活动，否则就会造成这一传播模式的失衡。若保持该传播模式的平衡，大众传播媒介需要扮演两种角色：政府“守门人”和公众代言人。

政治媒介化和媒介政治化成为当今政治传播的主要特征。在互联网传播的生态中，尤其是社交化、数字化和智能化传播的环境中，社交基因和算法传播成为传媒的内在要素。

海量的自媒体、社交媒体与庞大的大众传播媒介系统连接，形成大众政治信息反馈的多样化渠道，这个海量的多样化信息传播通道具有极度的开放性和膨胀性，而且公众的意见表达具有去中心化、中介化的直接性特征，可以使公众的意见反馈更原真化，同时也使公众的信息反馈更零碎化、拥堵化。

二、政治信息传播媒介

(一)媒介政治信息传播的特性

从政治学的角度看，政治传播是一种政治行动，按列宁的解释，政治行动是由“政治活动的性质、方向和方法构成，由特定的政治主体采取的”；[①] 从传播学的角度看，政治传播就是政治信息的流动过程。结合两者的视角，政治传播就是存在于政治主体和客体之间的，以达到特定目的和取得特定效果为价值取向的，以符号和媒介为途径的使政治信息得以流动的过程。[②]

无论是何种性质和形式的传播，都离不开传播媒介，媒介传播过程基本的组成部分，是传播行为得以实现的手段。媒介传播存在于事物的运动过程中，传播意义上的媒介是指传播信息符号的物质实体。施拉姆认为，“媒介就是插入传播过程之中，用以扩大并延伸信息传送的工具”。[③] 在政治信息传播过程中，传播媒介起着至关重要的作用，它是政府和公众顺利沟通的桥梁。传播媒介这种重要的地位，在于其既是公众政治信息输入的通道，也是政府信息输出的通道，更是两者互通互动的通道，是公共舆论的主要窗口和形成空间，而且媒介本身有其内在的独立性的传播诉求，是政治性参与的公共平台。

从理想化的视野出发，传播媒介必须向所有人开放，公共信息必须公开。其公开的功能可以归纳为五种，一是传播媒介告知民众在他们身边发生了什么，即传播媒体的监控功能。二是必须教育民众，让他们知晓事件发生的事实、意义和重要性。三是传播媒介必须为政治讨论提供一个平台，促成公共舆论的产生。四是传播媒介给予政府和政治机构曝光率，发挥“看门狗”的角色作用。五是传播媒介是传播政治观点和政治劝服的渠道。[④] 这些基本功能，在政治传播中表现的更加突出。

在社会现实生活中，很少人是亲身认识政治的，对大多数人来说，他们的政治现实是经过大众传播媒介及群体传播的中介而出现。这个中介过程产生、传输即采纳了不同的政治图像，并确定了什么是真正的现实。从政治权威主体的角度出发，传播媒介是政治劝服、政治广告和政治营销的最广泛和最便利的通道，也是了解民意和公众沟通互动的制度性通道。传播媒体与政治过程之间是一种辩证关系，充满着作用和反作用，这期间，民众与政治(权威当局)的作用和反作用是其核心元素。

① 邵培仁主编：《政治传播学》，江苏人民出版社 1991 年版，第 25 页。

② 李宏、李明：《传媒政治》，中国传媒大学出版社 2006 年版，第 46 页。

③ [美]威尔伯·施拉姆、威廉·波特：《传播学概论》，新华出版社 1984 年版，第 144 页。

④ [英]布莱恩·麦克奈尔：《政治传播学引论》(第二版)，殷祺译，新华出版社 2005 年版，第 21 页。

(二)媒介政治信息传播的历史考察

从原初的意义上看，传播媒介发展的历史就是政治传播发展的历史。传播媒介经过了从单一到综合、简单到复杂的发展过程，它与人类文明的进步同步，而传播媒介的每一次变化都为政治信息传播带来新的手段和中介，带来新的政治传播景观和内涵。

加拿大著名传播学者麦克卢汉提出“媒介即讯息”，指出传播媒介本身就是一种信息，一种新的传播媒介一旦出现，这种媒介本身，而不是它所传递的具体内容，就会给人类社会带来某种信息，引起社会的某种变革。麦克卢汉把人类的传播划分为口语传播时代、印刷媒介时代和电子媒介时代，用媒介很好地类比了人类传播活动的演化，而人类政治信息的传播和媒介的发展息息相关的。从早期的口耳传播政令信息到印刷品、宣传小册子，再到报纸、杂志、广播和电视到当代的新媒介——网络媒介，媒介都发挥着极其重要的作用。

1. 前媒体时代的政治信息传播

大众传播媒介从出现的第一天起，就深深地介入了政治活动。政治活动最初往往是通过媒介活动表现出来的，因为政治力量主要是通过媒介来宣传自己的政治主张和展示政治实力的，所以，在一定的意义上传媒就意味着政治本身。

在人类社会的早期，人类主要是通过手势、语言来进行交流，这一时期被麦克卢汉称为口语传播时代，口语和手势成为最重要的传播媒介，政治信息主要是通过语言媒介进行着传播。如当时的部落首领向部落成员发布命令，靠的就是集会后当众宣读或口耳相传的方式，即人际传播在当时占主导地位，神话、史诗和歌谣成为政治传播的主要载体。在文字发明后，政治传播通过比较笨重的雕刻载体传播，并仍然以口头演讲为主要传播载体，政治仪式和修辞成为政治传播的主要手段。而随着人类社会生产力的发展、技术的进步，尤其是活字印刷技术的出现，使信息大规模被复制和传播成为可能，大众传播时代到来。覆盖影响范围越来越大、受众人数越来越多，使政治信息传播的社会性和大众性程度越来越高，传播和政治的联系越来越紧密，越来越具有决定性作用，这也推动了政治传播的不断发展和社会卷入度的提升。

2. 大众传播时代政治信息传播

随着大众传播技术的不断发展，以印刷媒介为主体的大众传播媒介越来越发达，进入20世纪，广播电视等电子媒介诞生，并快速发展，这无疑为政治信息传播提供了新的媒介手段，为它开辟了一个新的境界。而它的到来对整个人类社会发展有着极其重要的影响，这标志着人类的传播活动进入到大众传播时代。“大众传播媒介工具对政治最重要的影响就是使政治事件引人注目。而政治事件所以引人注目，是因为大众传播媒介工具促进了政治信息的普遍化程度。”①这里说的印刷媒介主要是指报纸、杂志及传单、图片和招贴，电子媒介则主要是指广播和电视。印刷媒介借助大量复制、快速显现的印刷技术而进行的图形和文字传播手段，它可以用于小团体范围和人际传播，但主要属于依赖大规模印刷技术的大众传播手段。它是以文字、图片形式将信息印刷在纸张上所进行的传播。例如报纸、杂志、图片、传单、招贴等。在公共关系活动中以上各种形式的印刷媒介使用频率

① 胡键：《信息流量与政治稳定》，载《社会科学》2004年第2期。

和效率很高。

电子传播媒介是需要运用专门的电子接收和发送设备来传播信息的传播媒介。它以电波的形式传播声音、文字、图像，运用专门的电器设备来发送和接收信息。电子媒介主要有广播、电视、电影、录音、录像、幻灯、多媒体电脑和网络。在这些媒介中，既有人际传播使用的录音、录像，也有小群体传播使用的影像和幻灯等，更有大众传播使用的广播、电影、电视。政治传播的大众化进一步得到强化，政治信息借助电子传播媒介，更是如虎添翼，得到了更广泛的传播。

进入 21 世纪，互联网媒体开始迅速发展，融合化的媒体、全媒体体系越来越完善发达，媒体的数字化、社交化、智能化程度越来越高。网络是一种全效媒体，既适合于人际，又适合群体，更适合大众；既适合大众传播，也适合社交传播。在新媒体传播情境下，政治传播的内容和渠道越来越开放，越来越多元，政治信息瀑布性的流动，成为当代政治传播的主要景观。

(三)大众传播与政治体系的互动

1. 政治传播的媒介环境

从历史性角度看，媒介的演变对政治传播起着重要的影响作用，甚至决定着政治的走向和结构，从共时性角度看，媒介环境制约政治传播。媒介环境的不断改变，直接影响到政治的行为与组织。任何传播与政治的互动都为社会环境所制约，传播的结果、组织与政治的特定气氛与内容直接相关。媒介环境的改变，直接影响到政治传播的行为、组织、结构和生态。

在政治传播中，政治沟通和政治参与是核心变量，政治文化则持续贯穿于其间，成为一种制约性力量。从媒介本身的特性看，不同类型的媒介制约着政治传播的环境生态和传播效能，也制约着传播行为、传播内容、传播途径和传播价值。麦克卢汉认为媒介有冷、热之分，所谓热媒介是能够“高清晰度”地延伸人体某个感官的媒介，所谓清晰度就是媒介所提供的信息清晰、完善的程度，如照片、广播、电影等，因为它们没有给受众留下很多的空白去补充和完成，因此，热媒介需要受众参与其中的程度低。而冷媒介正好与之相反，它提供给受众的讯息不充分，需要受众进行补充和联想，受众参与其中的程度高，如电话、漫画和电视等。麦克卢汉认为正是媒介的这些不同划分影响了阅听人的接受程度；媒介的“热”“冷”程度制约着传播的结构和效能。而批判主义的学者则认为媒介不是单独存在的，而是整个社会环节的一部分，因而媒介与环境的互动就影响了媒介本身，也因而影响了社会。

2. 大众传播与政治主体行为

政治行为在大众传播中不仅仅意味着信息的流通，也意味着大众传播中信息的调控，乃至对大众传播媒介的控制，形成以政治信息流通为核心的多元博弈。其中最突出的表现为政治权威(政府)与大众传播的关系。

大众传播与政府关系的理论，在一定程度上被认为是制度化的。施拉姆等人的《报刊的四种理论》认为，政府与大众传播的关系分为四个制度性层面，即集权主义传播制度、自由主义传播制度、社会责任传播制度和社会主义传播制度，这种分类虽未见完善，但是基本能勾绘出不同政治情境中的媒介与政府之互动关系。

英国传播学者葛伯纳将四大理论合并为二，认为政府企图控制媒介、操纵媒介的形态有二：一是专制控制系统，二是非专制途径的控制。专制控制系统中又分非意识形态的控制及意识形态的控制两种；而非专制途径的控制则包括自由主义与社会责任两种途径。非意识形态的专制控制并没有意识形态作后盾，但统治者希望控制媒介，以免麻烦，以减少批评及不良影响。意识形态的专制控制则认为媒介的使用与控制都是为了支持意识形态的目标。这两种形态的基本假设都是认为政府总是知道并能代表人民最大的利益，媒介因此不该批评政府政策，以免妨碍政府运作；相反的，媒介应该支持政府及其政策，加速政府目标的达成。

在控制方法上，可选用法律的、规范的、结构的与经济的控制，法律的条文禁止媒介报道不利于政府的消息，社会规范限制新闻记者的行为，媒介的组织结构与经济支持等都可有形或无形地影响媒介的运作。透过法律、规范、结构与经济的限制，一种控制的环境已经形成，它们控制的主要目标当然是限制大众传播媒介的接近权，如果新闻记者与媒介表现良好，与政府合作，其接近权就自然增加，在采访与报道上，都有许多方便，这种接近权的限制在非专制控制的国家也多少会采用，只是后者在无形中使用，而前者可能是相当明显而立即用的。尽管一些国家尤其是西方发达国家特别强调新闻自由，但实际上，大众传播媒介从没有毫无限制的所谓自由，它总是受到种种约束和限制。在新闻自由和社会责任之间、在新闻自由和法律制约之间、在新闻自由和政治势力左右之间，大众传播媒介不可能没有任何束缚和限制。而在政治信息传播中，专门机构通过行政手段对大众传播媒介实施政治影响。政府机构是代表统治阶级行使对国家管理权和统治权的重要机构，是政治活动的重要主体，政府对大众传播媒介的影响是发挥政治影响和制约大众传播媒介的重要体现。

(四)大众传播的政治影响力

大众传播媒介从出现第一天起，就介入到了政治和政治活动中，它是一种工具、手段、途径，有时甚至就是政治本身，媒介成为展示政治主张和政治实力的重要舞台。

1. 观照政治运作和发展情况

公民是否有通过传媒发表意见的自由、是否有通过传媒了解信息的自由，是一个国家的公民是否享有和在多大程度上享有政治自由和权利的重要衡量指标，大众传播媒介是否能够发挥对政治的监督作用更是衡量一个国家政治民主化的重要尺度。近代大众传播媒介的出现为政治提供了新的发展机会，并改变了整个传统政治的面貌。它使得公民权利的扩大和拥有成为可能，使公民有更多机会参与到国家大事中，它的生存状态体现和反映了公民政治权利的享有状态，推动着民主政治的发展。现在已经有很多政府建立了可以和公众交流的平台。

2. 影响公众的政治态度和行为

大众传播媒介影响着公众的政治态度和政治行为的选择。大众传播媒介是群体和组织为个人提供社会期待的重要源泉之一，它通过描述各种群体或组织的情况以及其他个体的行为方式，间接地对个人意见的形成和行为选择产生影响。当个人就某一政治问题表明立场并采取行动时，他人的期待和可能的反应、个人在群体中所处的地位以及社会流行的观念和行为都会在瞬间成为他的态度和行为形成的观照物，而被行为主体有意无意地顾及。

大众传播媒介对政治的影响是通过影响在政治活动中承担形形色色角色的人来实现的。今天，一个远离国家政治中心的人也能了解政府的企图和目标，参与某些政治活动，除了可能是自上而下的政府机关以及党派组织的作用外，最能发挥影响的就是无孔不入的大众传播媒介。

三、政治信息传播模式

(一)传播模式与传播机理

传播是一种非常复杂的现象，同样的，传播过程也是一个非常复杂的过程，它是一个多要素互动的动态过程，具有很强的交互性。政治信息传播虽然只是诸多传播现象中的一种，但它是最古老与最年轻的传播现象，在传播学的胚胎中首先发育成熟的就是政治传播，承载着传播发展的基因，其运作过程和内在机理同样非常复杂。为了方便起见，可以用模式来表述政治信息传播的结构和过程。

在传播学中，经常用模式来表示传播要素之间的相互关系。模式是指对客观事物的内外部机制的直观而简洁的描述，它是理论的简化形式，可以向人们提供客观事物的整体信息。模式是多种多样的，分类标准不同，类别也就不一样。按所用符号分有三类：文字模式，即用文字描述的模式；数字模式，即用数学符号、方程式等建筑的模式；图标模式，即用图形、表格等符号构建的模式。按模式作用分为两类：结构性模式，即仅仅描述某事物的结构；功能性模式，即从能量、力量及其方向等角度描述各系统、各要素之间的关系和相互影响。传播模式基本都是利用文字和图表构筑的功能型模式。

模式主要是思想和研究的辅助工具，它特别适合于传播学研究，因为利用模式就可以勾勒出一些线条来表明确实存在而又无法看到的传播关系，并能用其他手段来显示关系的结构、局部解剖图、强度和方向。值得注意的是，没有一个模式能概括一切，如果它能做到这一点的话，它就违背了模式的宗旨——简单地再现现实。

传播学研究中使用模式方法建构的传播模式，实际上就是科学地、抽象地在理论上把握传播的基本过程和结构，描述其中的要素、环节及相关变量的关系。从传播学诞生的那一天起，不少传播学家都曾尝试提出各自的传播模式，提出的模式有几百个之多。英国传播学家丹尼斯·麦奎尔教授及其助手斯文·温德尔将前人的研究成果构筑成直观的模式。他们将这些模式分成五种类型、28 个模式。

基本模式类型有拉斯韦尔模式、申农—韦弗模式、奥斯古德—施拉姆模式与丹斯模式、格伯纳的传播总模式等八种模式。个人影响模式类型：扩散与大众传播对个体的影响模式、刺激与反应模式及其修正、两级传播模式、创新扩散模式等五种模式。大众传播对文化与社会的影响模式类型：间接与直接模式、议题设置模式、大众传播依赖模式、沉默的螺旋模式等五种模式。受众中心模式类型：适用与满足模式、适用与效果模式、信息寻求模式三种模式。

大众传播媒介的体系、制作选择与流动模式类型：比较媒介体系模式、媒介组织模式与守门人模式等七种模式。实际上，他们所说的传播模式可分为两大类，即表征传播过程与结构的模式(如基本模式)和表征传播要素关系的模式(如影响、效果、受众、媒介模式)。在政治信息传播中，主要是以表征传播过程与结构的模式为主，这样的模式可以直观地反应传播要素的组成情况及它们之间的关系。

(二)政治信息传播模式

1. 拉斯韦尔模式

拉斯韦尔模式是政治充的原初模式，拉斯韦尔模式用文字模式表示就是：

谁传播	控制分析
说了什么	内容分析
通过什么渠道传播	媒介分析
向谁传播	对象分析
传播的效果怎样	效果分析

该模式明确指出了政治信息传播最大的一个特点，那就是具有非常强烈的目的性，具有企图影响公众的目的。应该说它是政治信息传播模式的开创者，为以后各种模式的建立起了先锋的作用。

2. 有反馈回路的传播模式

在政治信息传播的整个过程中，公众并不是完全处于被动地位的，他们也是整个传播过程中积极的参与者，具有主动性。政府发出信息后，他们会对这一信息产生积极的反馈，这样就会形成新的反馈回路：传播者，说了什么，通过的渠道，向谁传播，传播的效果。这也是一个互动的过程。

在整个政治信息传播的过程中，起传播者作用的是政府，他们将信息通过广播、电视、报纸等大众传播媒介或新媒体或者是小册子、宣传单等媒介形式传播出去以后，到达公众那里产生一定的效果后，整个传播过程并没有结束。因为这里面有一个非常重要的过程，那就是公众对政府信息的反馈。反馈在整个政治信息传播过程中是可以发挥巨大作用的，从政府的角度看，反馈可以检验政治信息传播效果；政府作为传播者可以据此调整和规划目前和未来的传播行为。因此，作为传播者，政府必须增强政治信息反馈的自觉性。从公众的角度来讲，反馈是公众意见、需要、态度等信息的流通方式；公众可以据此更积极、更主动地介入政治信息传播过程中，主动搜集、使用信息。因此，公众也必须增强政治信息反馈的主动性。只有政府的信息传播和公众的信息反馈相结合，才是一个完整的传播过程完成。

3. 政治传播过程系统模式

前面两种传播过程模式虽然已经揭示出了政治信息传播过程的一般特征，但是都是在传播过程内部探索、研究、揭示出的，都是其中的微观环节和要素。而系统观的形成为整个传播过程注入了新的元素，传播学家在关注传播过程内部微观环节的同时，开始并更多地研究传播过程的宏观环境、系统环境，即抛弃那种传播过程是在社会真空发生的，环境影响不值一顾的观点，更多地认识到传播过程乃是整个社会运行过程中的一个组成部分，而政治信息传播正是处于这样一个过程里面。

第三节　政治信息传播调控

政治信息传播调控还是一个系统带有强制性效果的卷入过程，也是一个动态化协调和博弈过程。从政治主体的角度看，充满了政治行动者的主观压力和介入。从狭义的角度看，政治信息的控制，主要是政治权威当局对政治系统输入和输出的调控。拉斯韦尔是传播学的奠基人之一，也是出色的政治学家。他的传播过程理论是对政治传播过程的最早阐释。在这一理论中，政治信息的传播者作为信息的生产者和传输中心被赋予至高无上的权利。他们是信息的“输出源”，也是信息的控制者。随着传播理论的不断发展，拉斯韦尔这一理论有单一化平面化的缺陷，但作为政治信息传播控制的分析视角，是非常有价值的。

一、政治信息调控的路径

“控制研究”是传播学理论研究中的重要领域，主要考察和分析各种制度因素是传播活动中的作用。它主要包括两个方面：一是考察外部制度对传媒机构及其活动的控制和影响，即社会宏观环境的影响。二是考察传媒机构内部制度对信息的生产、加工和传播活动的制约因素。也有学者研究指出，国家政府在宏观上制定符合自身意志的文化指导思想、发展方针、文化政策，媒介及传播管理者贯彻落实这些方针政策，实际上就是把国家政府的意志渗透到传播当中，从而使政府的意识形态和意志沉淀为文化传播的深层次内涵，成为政府管理意志和意识形态的承载物。就此而言，政治传播学所考察的传播控制的核心要素，也主要在于对处于宏观社会结构中的社会传播，国家和政府如何从制度层面对传播发展进行有效的宏观管理和引导的问题。

(一)对传播资源的控制

对于传播控制研究的具体内容，麦奎尔总结了五种范式：(1)自由多元的范式。通过媒介市场以及最低程度的国家介入，媒介来行使对社会的义务。(2)社会责任范式。强调媒介的社会责任远远高于自我的利益。(3)批判的范式。公众的自我表达被限制，只有抛开主流控制，媒介才具有解放的潜力。(4)管理的范式。具有信息技术导向，以管理者和社会精英出发。(5)文化协商的范式。强调社会公众对文化价值的肯定，促进相互了解以达成共识。

传播控制就是国家和政府通过体制化手段，对传播资源的所有权、接近权，信息的传播和使用权，传播的社会结构、传播的发展导向等问题所实施的有效的控制管理和调控。这里所说的传播控制，主要包含三层含义，首先是对传播信息的所有和使用权利；其次是控制手段，主要通过社会宏观体制的建立；最后是控制的目标，主要在于建构完善的传播网络，从而实现社会整合，构建和谐公平的媒介发展生态。传播控制的主要目的在于实现社会传播的公平和公正发展。

(二)对传播过程的控制

政治信息传播的过程实际上就是政治政策的传播过程，因此这个过程也就会受到政策制定主体的监督和控制。又因为大众传播媒介在政治信息传播中所起的重要作用和占有的关键地位，所以政治信息传播的控制主要还是对大众传播媒介的控制。

在一个国家内，政治决策的主体是一个国家的政党（主要是执政党）和整个国家机关体系，它和一般决策不同，决策主体是政治组织和掌握、行使国家权力的机构；政治决策的对象是关系国家发展的重大问题，涉及经济、政治、文化等各个领域；政治决策的内容主要是国家发展目标和实现目标的具体设想，体现政党和国家机关所确定的阶级意志和国家利益，是一种有组织的政治活动。在现代民主国家，政治决策越来越多地表现为制定公共政策，无论是政府还是参加竞选的党派，都必须提出自己的公共政策主张，以获取公众的支持，并实现政府部门提供公共服务、管理公共事务的职能。政府能力的提高主要体现为政府决策能力和政策执行能力的增强，保证国家可持续发展的重要条件是具有卓越的公共政策制定和执行能力的政府。

（三）对传播媒体的调控

在政治信息传播过程中，大众传播媒介的影响主要表现在设置议题，集合社会信息资源，关注政治行为和社会反映，可以唤起人们对某一社会问题的关注讨论，并推动决策层重视和采取有关措施、制定公共政策，同时，大众传播媒介通过在公众中形成较为一致的公共舆论，引导人们对公共政策产生一致的认同和意见，这对于推动社会环境的改善和人们公共生活质量的提高有极大作用。通过监测和反映社会现实环境、提供信息、发表观点和意见、塑造领导人媒介形象等途径，大众传播媒介既可能影响某项公共政策的内容及其出台，也可能影响这些方针能否顺利贯彻执行，并影响决策者（个人和组织）的公众形象和政治命运。作为政治信息传播过程中的一个主要工具和国家政治宣传的重要工具和阵地，大众传播媒介面向广大民众，具有传播信息、引导舆论、监视环境、协调社会行为、延续文化规范等作用，对于人们的思想和行为有着重要的影响。

正因为大众传播媒介能够影响受众的思想观念、价值取向和行为规范，所以如何掌控大众传播媒介使之最大限度地为国家利益服务就成为各国政治家案头亟待解决的问题。根据系统论的观点，大众传播媒介是处于社会这个大系统中的，它与社会是不可分割的相关体，它是社会中的一个子系统，那种认为媒介是独立的力量，能够随意影响和塑造社会的老看法，过于简单抽象，所有的制度都必然在某种程度上对媒介加以管制和控制，基本的原则是任何社会对它的传播机构的控制，都是从这个社会产生出来，并代表其主要信仰和价值观的。然而国家政治制度和体制不同，其表现形式，方式、手段和方法也不一定相同，对大众传播媒介的控制程度和力度也就不会一样。但根本点却是相似的，那就是一定组织团体，特别是政治权威当局把媒介控制、让传媒为我所用、于我有利作为政治传播调控的主要目标。

二、政治传播的主体调控

对于政治家来说，有一点是很明确的，那就是权力和影响力的大小，取决于对信息的掌握和有策略的运用。[①] 在政治信息传播的过程中，政治信息的调控是一个重要的影响因素。政治权威当局对政治信息流通的调控，可以分为消极性和积极性调控两种方式，所谓消极性调控为约束性限制，所谓积极性调控则为主动性的政治营销。从其手段和运作方式，对政治信息的调控可以分为硬调控和软调控，硬调控主要表现为用法律和行政手段，规范政治信息传播与信息传播的环境，包括政治信息流动，约束大众传播媒介政治信息的框架。软调控主要通过对信息源、信息传播渠道的渗透和影响，对信息流量和信息流向的调节，主要通过议程设置和政治营销的手段来展开。

(一)政治信息的软调控

(1)信息源头调控。政府控制着较大的公关网络，从而控制着公务信息。比如在美国，不论是联邦政府和州政府，都由庞大的官僚机构组成，它们均设有公共关系机构，每个部门都渴望为自己树立有利的形象。国务院、国防部新闻发布会、记者招待会，成为传播新闻信息的唯一来源，控制了新闻信息的源头，政府通过这一手段也就把大众传播媒介政治信息流动控制在自己手中，控制政治信息传播主动权的过程。

(2)信息传播手段调控。通过政治信息传播活动策划，政治公关等多种手段，如总统广播电视讲话，记者招待会，新闻发布会，单独会见记者，提供其发表独家新闻的机会。或自己通过社交媒体直接传播政治信息，与公众进行信息交流等手段，引导媒体不仅要告诉公众应该如何思考，还要告诉公众如果基于主流、符合政治家利益的观点去思考。[②] 在西方，有时政府也用笼络手段控制新闻界的头面人物，从而控制政治信息的发布的主导权。

(二)政治信息的硬调控

硬性调控主要是指依靠行政、法律手段实行强制性控制。主要手段有以下几种。

(1)法律手段。世界上大多数国家主要采取法律形式对媒介进行管理，即通过新闻传播法规对大众传播媒介进行调控。所谓新闻法规，就是调查媒介一切活动的法律、法令、条例、决定、规范等法律文件的总称。它体现国家意志，由国家制定或认可并由国家以强制力保证实施。宪法中关于公民言论、出版自由权利，制裁诽谤、诬陷的条款以及其他法律中有关新闻的适用条款，都属于新闻法规的范畴。但是，新闻法规最集中、最具体的表现，是有关新闻活动的专门立法，它是针对新闻活动这一特殊领域专门制定的法律。通过各种法规，强化对传媒自由的限制，严格新闻检查制度和保密制度。

(2)行政手段。这突出表现在战时新闻检查制度上。在战时，政府还设立专门机构对传媒实行严格监督、审查和管理，以便把整个政治信息传播都掌握在自己手中。例如，美国政府就设立无线电委员会统一管制电波的频率、频道等，对广播电视节目的内容和运作

① ［美］W. 兰斯·班尼特：《新闻：政治传播的幻象》(第五版)，当代中国出版社 2005 年版，第 7 页。

② ［美］W. 兰斯·班尼特：《新闻：政治传播的幻象》(第五版)，当代中国出版社 2005 年版，第 7 页。

进行严格控制。而在战时，对信息传播的控制更为明显。比如英国军方曾经规定：记者必须服从军队的命令。法国国防部专门规定：只允许军队记者到战区去。在科索沃战争、阿富汗战争以及伊拉克战争中，美国政府都曾规定，一切关于战争的报道必须与白宫、五角大楼的宣传口径保持一致，否则就要“给你颜色看”。加之当今世界，每天在全球传播流通的新闻信息有70%左右是由美国等西方媒介发布的。这种信息传播的严重不对称，使和平时期世界信息传播秩序已无平等可言，战时更成为少数国家控制世界舆论和当事国人民思维，进而影响其决策和行为价值取向的重要筹码。

(3)保密制度。在西方，政府首脑以行政命令规定某些材料为政府机密，不得公开。在美国，国会议员需要了解某些材料的话，可以有限制地使用。除了以国家安全为由外，总统还可根据行政特权等理由，拒绝向国会提供某些材料。1966年国会通过的信息自由法案以及1974年通过的补充法案对政府的保密制度和行政特权作了若干限制，但仍规定总统特别命令保密的国防或外交等机密不在限制之列。涉及保密制度的最大事件是1971年的“五角大楼文件案”。

三、政治传播调控的转型发展

(一)政治传播调控转型的背景

政治传播调控的转型与传媒发展转型过程相伴随，媒体的市场化和传播技术跃迁，是其中的主要影响因素。进入媒体技术迅猛变革的互联网时代，政治日益显示出不确定性，政治风险日益突出，而政治与媒体的互相依赖性越来越强，几乎成为一种共生或同一关系，这种关系带来政治传播系统的、持久的乃至于根本的变化①，而传媒的市场化、多元化程度越来越高，富媒体成为其主要特征，主要表现为受众对传媒从被动接受向主动抉择转化，这些因素促成了传播全面进入受众中心时代。在高度市场化的环境下，受众的媒体高选择性和新媒体技术的“媒体赋权”，是影响政治传播转型和发展的关键性因素。因此，以公众为中心，对政治传播的思维和战略转型已经成为突出的问题。受众身份、公众利益权利，信息的透明性则是政治传播转型的一把钥匙，立足受众的身份、思维结构变化，公众在政治沟通和政治参与中的主动性，考察受众在现实中的媒介使用权，是决定受众对信息掌控的根本要素。

(二)政治传播调控的发展趋向

政治传播控制的基础体现在制度层面，因此“市场化”和“国家主义”之间究竟如何选择，以建立适合当代国情的传播制度，是传播控制的具体内容。自由主义虽然强调个人表达的权利，但却往往容易忽视对社会责任的兼顾；国家主义强调公共服务，但却忽视对公众个性化需求的满足。因此，政治传播的转型发展，应立足于社会公众意见表达的基本权利，从政治信息和公共舆论两个维度来展开，传播媒介多样化、个人化和便利化，便于社会不同的政治行动者意见的表达，在这种情况下，精准有效的政治沟通则至关重要。实现

① 荆学民、段锐：《政治传播的基本形态和运行模式》，载《现代传播》2016年第11期。

政治系统输入和输出的有效性和协调性，政治传播调控的核心要求是以人民为中心。政治传播控制的制度建设，不应该是简单地管制或粗暴的控制，而是建构在协商和共识建构上的政治信息公开和政治信息顺畅流动，以此为基础的良好制度设计才是政治传播发展和公众权利实现的基本保障。

（三）政治传播调控转型发展要求

1. 以沟通协商的社会效益为旨归

无论在什么传播环境，政治传播的旨归是政治沟通和政治协调，即通过传播媒体让参与政治的个主体间（包括政府和社会、各类组织机构和个人）有效传递交流信息的过程。在互联网传播的新环境中，政治传播的协商沟通需求越来越强，也面临越来越严峻的挑战，但是，把握公共利益和社会效益是政治传播调控转型发展的前提和基础。

这里，不仅要强化政治传播调控的政治理性，以协商民主为枢纽引领政治传播调控的转型，也要警惕政治传播中所谓的"看不见的手"的偏见，把市场力量放大过分的陷阱，大众传播媒介具有社会公益性和趋利性的双重特征，盲目地依靠市场力量，显然不会得到有效的调节，要实现政治传播的社会效益和社会整合，良好的制度控制和政策干预十分必要。因此，在政治传播的转型发展中，相应的法规和制度机制要积极跟进，要从社会整体利益的要求出发，充分考虑到信任差距、公共舆论、公众意愿和诉求等现实问题，构建有效的这种传播制度文化，实现政治传播的良协调发展。

2. 以政治营销为政治传播调控的主线

在政治传播的软调控中，要进一步耦合政治宣传、政治沟通和政治营销，使政治传播过程更加客观化、科学化和扁平化。政治沟通是对政治生态中多元政治主体的连通和互动，但是沟通需要在协商中存在，比如存在政治劝服和政治协商规范。简单的政治传播调控，已经不能容纳当代媒体迅猛扩张中的传播能量，因此，需要以政治营销为基本手段。从传播角度看，政治营销的特质在于政治营销事先把受众的愿望和期许"价值化"，通过把受众的地位提高到与己相等的程度，大大强化了传播的效果，这种由"营销主体"所精心设计的种种政治信息便很容易被接纳和认同，在政治营销中，政治传播主体通过对"政治产品"的精心设计已经把主体的愿望和受众的需求融为一体。如果说，在政治沟通中，沟通主体对沟通对象愿望和需求还是模糊的，那么，在政治营销中，融合了主客体愿望和利益的"政治产品"则是清晰具体的。政治营销与政治沟通的关系，也不是一种前后替代的线性关系。因为现代政治中，沟通通过营销而沟通，营销通过沟通而营销，甚至或者说，沟通本身就是营销，营销本身就是沟通。比之于政治宣传，政治营销与政治沟通更多地在基于一定政治理想的行政过程中发挥着自己的作用。①

3. 强化防止传播失衡的制度建设

在政治传播中，传播失衡是一个突出的问题，尤其在危机性传播环境中，传播失衡意味着风险。针对传播分化和传播失衡的传播控制非常重要。为了实现政治传播的均衡发展和政治整合功能，良性的政治传播制度建设是非常重要的任务。

---

① 荆学民：《政治传播的基本形态及运行模式》，载《现代传播》2017年第5期。

从当代社会的政治传播发展的现实看，传播失衡在社会控制层面表现为市场力量和国家控制的矛盾，突出表现为民间舆论场和官方舆论场的过度分裂和背离，也表现为线下舆论与网上舆论的分裂和背离，媒体舆论和现实情境的高度割裂和背离。政治传播过程中，非制度化的传播和制度化传播之间的失衡是具有风险的，那么，问题的核心是，如何在两者之间找到一个平衡点，也就是如何定位传播的问题。政治传播控制的核心就是传播定位，从传播控制的基本要求出发，首先是信息的所有权问题。其次，传播控制的目的，要充分体现传播本质的问题，即政治传播作为社会公共传播，需要在寻找建构共识的过程中，做好公共意见平台的建设。最后，传播控制的现实要求是对政治传播产品性质的界定。就社会现代化的发展而言，传播控制的核心，不论是传播所有权，传播的目的，还是传播产品的性质，其实都关涉一个基本的社会发展的现实问题，就是传播对政治民主建设的现实意义。

综上所述，对于政治传播控制，既不能把传播仅仅抽象为“意见市场”，而借助“看不见的手”去实现传播控制，也不能仅仅作为一种工具性手段，而是要从现代治理体系和治理能力的要求出发，以协商民主和寻求共识为目标，坚持以人民为中心，抓住传播制度建设，这样才能有效开发利用政治传播资源和媒介资源，使政治传播健康发展。总之，在政治传播的生产过程中，政治传播控制不是简单意义上所谓的新闻管制和新闻检查，而是对社会传播的公共政治资源的科学运用，对公众需求、社会舆论、社会情绪的有效满足、引导、平衡和调节，其根本内涵在于促进政治民主化进程，促进政治文明的发展，在推进社会现代化的过程中发挥政治治理现代化的引领和推动作用。

【延伸阅读】

1. 沙莲香著:《传播学：以人为主体的图像世界之谜》，中国人民大学出版社 1990 年版。

2. 凯瑟琳·霍尔·贾米森著:《影响力的互动——新闻、广告、政治与大众媒介》，洪丽等译，北京广播学院出版社 2001 年版。

3. 程道才编著:《专业新闻写作概论》，中国广播电视出版社 2002 年版。

4. 宋余庆、罗永刚编著:《信息科学导论》，东南大学出版社 2001 年版。

5. 刘华蓉著:《大众传媒与政治》，北京大学出版社 2002 年版。

【思考题】

1. 怎样理解政治信息的一般传播过程？
2. 比较政治信息传播三种模式的异同？
3. 简述政治信息收集与综合的方法？
4. 政治信息的整合处理原则是什么？
5. 我国政治信息传播机构的特点。
6. 简述政治信息传播控制的基本方式。

第四章　政治传播者与受众

【本章重点】

在政治传播中，政治传播者与受众构成了政治传播的起点和终点，到底是谁在从事政治传播活动，受众在接收政治信息时，又会被哪些因素所影响，我们常说的"意见领袖"在政治传播中都起到了哪些作用，这些都是我们在政治传播中需要学习和考虑的问题。本章重点论述了政治传播者的类型和作用，并通过对政治传播过程中受众心理等因素的分析，探讨了意见领袖在民主政治中的作用，这对了解整个政治传播过程具有重要意义。

第一节　政治传播者的内涵及作用

大陆学者邵培仁在《政治传播学》中指出："政治传播是一个多层次、多侧面、全方位的系统结构，是个复杂的动态过程。政治传播者位于传播过程的起点，是政治信息的出发者，是政治传播得以存在的重要因素，没有政治传播者，便没有现实的政治传播活动，也没有现实的政治生活。"美国学者拉斯韦尔则把"传播者"列为传播五要素之一，其著名概念沿袭至今，规范的表述应该是"传播者，又称为传播人，是大众传播信息发送者，由大众传播组织及内部工作人员组成。大众传播组织包括报社、杂志社、电台、电视台、通讯社等，工作人员包括董事、发行人、主编、编辑记者等"。① 从这个定义，我们可以看到一般意义上传播者的概念，那政治传播作为一种特殊的传播类型，在学科特点上有自身的属性，"政治传播者"的含义又该怎么确定呢？

一、政治传播者的含义

从政治传播学的学科特点出发，对"政治传播者"的界定是政治学家、政治传播学家和社会学家，但是很多学者在界定政治传播者定义时往往从自己本身的研究领域和观点思考和总结，因此不仅在具体的表述上，在内容概括上同样存在极大的差别。综合现在学术界的观点，关于"政治传播者"基本形成三种意见，具体来讲包括奥斯汀·兰尼的"影响说"、我国台湾学者祝基滢的"信息说"和大陆学者邵培仁的"过程说"。

（一）影响说

奥斯汀·兰尼是一个政治学家，在他的《政治科学导论》一书中专门有一章讨论"政治

---

① 陶涵主编：《新闻学传播学新名词词典》，经济日报出版社 1997 年版，第 29 页。

传播”。兰尼作为政治学家，在谈到政治传播者时称：“采取行动去影响政府政策的任何个人或团体就是个政治传播者。在现代民主政治中这类主要的传播者(Communicator)有政党和压力团体……此外，在许多民主国家的政府机构也试着去影响政府正式编制外人们的意见。”①从这一定义中，我们可以发现，兰尼非常重视“采取行动去影响政府政策”或“试着去影响政府正式编制外人们的意见”。他是以“采取行动影响”政府决策或人们的意见为标准来确定“政治传播者”身份的。这种指称简单明了，但是在表述上使用政治术语“采取行动”，而没有采用政治传播学或传播学术用语，容易模糊传播者的行为特点。因为就政治传播而言，任何政治传播者都不可能脱离传播媒介而“采取行动”。

(二)信息说

我国台湾学者祝基滢是研究政治传播学的专家。他在《政治传播学》一书中，运用政治传播学的观点，通过比较政治传播中的“信源”与大众传播中的“信源”差别，以此作出“政治传播者”的概念解说。在大众传播中的信源一般是指信息的发出者，而就政治传播者而言，祝基滢认为，“政府发言人或政府机构的新闻发布人是代表政府机构政策官员(Policy officials)发言的职业政治传播者”。② 祝基滢的研究着眼点主要是在政治传播与传播媒介的关系上，他注意到了政治传播者必须要与媒介发生关系，弥补了“影响说”的不足，但是问题是，他只把“发言人”这一种类型的传播者列入“政治传播者”显得偏颇和狭隘。

(三)过程说

我国大陆学者邵培仁对传播学有深厚的研究，他从“政治传播活动”过程确定“政治传播者”的身份。他界定：“政治传播者”的基点是把人视为“政治传播的关键，把政治传播看成‘一个多层次、多侧面、全方位的系统结构’，一个‘复杂的动态过程’”。③ 然后再从这个“过程”考察“政治传播者”，以此架构他的“过程说”。邵培仁谈道：“政治传播者位于传播过程的起点，是政治信息的发出者，是政治传播过程得以存在的首要因素。”“所谓政治传播者，就是在政治传播活动中凭借一定的媒介，采取一定的方式直接或间接地向人们表现、传递知识、感情、意思等精神内容的个人或集团。”④邵培仁的界说优点是把“政治传播者”与政治传播过程放在一起进行考察，抓住了“政治传播者”的主要特征，但是不足之处是忽视了政治传播者的信息传播必须与政治相关，也就是说，如果政治传播者仅仅是凭借一定的媒介传播“表现、传递知识、感情、意思等精神内容”，那它们和其他的传播者就没有什么区别了。

综合以上的三种解说，我们在平衡了这三种学说的优势和不足，对“政治传播者”进行了重新概括和总结，我们认为“政治传播者”是在政治传播过程的起点，利用媒介发送

---

① 奥斯汀·兰尼：《政治学》，林剑秋译，台湾桂冠图书股份有限公司1990年版，第146页。

② 祝基滢：《政治传播学》，台湾三民书局1986年版，第66页。

③ 邵培仁：《传播学》，高等教育出版社2007年版，第150~151页。

④ 邵培仁：《传播学》，高等教育出版社2007年版，第150~151页。

政治信息的个人或组织。它不仅是政治传播得以形成的前提，也是政治传播得以存在的首要因素。

二、政治传播者的类型及作用

当政治与传播结合，政治传播者就会给受众留下一种整体印象和综合评价。政治传播者在政治传播活动中表现为政治主体，是指活跃在政治舞台上的政治组织或个人，总体说来可以包括政府、政党、政治人物等。

（一）政府传播者

"政府"一词在政治学中有广义和狭义之分。广义的政府是指各国家机关构成的整体，即人们通常所讲的国家政权，包括立法、行政、司法和军事机关等。狭义的政府是指国家行政机关，"国家行政机关是一个国家的统治阶级运用国家权力，组织和管理国家事务的机关，国家行政机关又称为国家管理机关，简称政府"。① 人们在日常生活中较为广泛地采用政府这一狭义用法。另外，在一些学者看来，政府还有更广泛的含义，"指一切依法由公民选举产生、拥有公共权力、承担社会公共职责，并有独立财政的公共机关"。② 也就是说，广义的政府就是国家，狭义的政府从属于国家，是国家的行政机关。在国际社会上，政府代表最多的就是国家。在当今媒体条件下，政府与新闻媒体的每一次互动、碰撞都会产生巨大的社会影响，随着以网络为代表的新媒体迅速发展，新闻媒体更广泛地渗透、影响着政府的社会公共管理。政府传播者传播的成功与否，关系到整个社会的和谐和稳定大局。

1. 政府与媒体的关系构建

传统媒体在宣传党的路线、方针、政策方面发挥着重要作用，是党的喉舌，但是，通常情况下公众通过传统媒体对外界情况的了解多属"被动接受"——媒体上怎么说，公众怎么信，因此记者也在一定程度上充当了政府发言人或"传声筒"的角色。当下媒体常面临"尴尬"境地，即对于一些监督性报道或者一些负面的新闻，通常情况下只能在有关部门的"授权"下才能进行报道。而在如今的互联网背景下，所有的信息都暴露于阳光下，暴露于公众的视线下，无论是对于政府形象的建构有利或者不利的信息，都可以在最短的时间内以最公开的形式发布出去。而另一方面，公众对各种信息尤其是来自政府信息的知情权要求也日益迫切，关心的范围也越来越广，大到政策的出台及其对公众的影响，小到领导官员的生活习惯，都在公众关心之列。在这种情况下，正确处理政府与媒体的关系不仅成为一些专家学者、媒体从业人员研究的重要课题，也越来越为政府官员所关注。③

建构一个什么样的政府形象，是政府传播者首先考虑的定位问题，也是政府形象建构的总体目标。正确认识和处理政府与媒体的关系，对于树立政府、媒体的良好形象，构建和谐社会都具有积极意义。政府与媒体间应构建一种合作关系，通过合作，媒体不仅可以

---

① 罗豪才：《行政法论》，光明日报出版社 1988 年版，第 44 页。

② 李文良：《中国政府职能转变问题报告》，中国发展出版社 2003 年版，第 52 页。

③ 冯华昕：《构建政府与媒体间的和谐关系》，载《青年记者》2009 年第 24 期。

按照自身规律对政府工作进行新闻报道和信息传播，使公众了解政府工作的内容和目的，从而极大地促进政府的应变效率和政策执行的准确性，同时还可以协助政府更全面、更快速地了解政情民意，出谋划策，推进和谐社会的建设。①

无论何种意识形态下的国家、何种党派执政的政府，都在力图构建廉洁、高效、负责、法治、公正、创新和诚信的政府形象。媒介与政府形象有着密切的关系。没有媒介，政府形象不可能得到扩散，政府形象的塑造与扩散，本身就是一个传播过程。深入认识传播的规律，将有助于政府形象的传播。在信息化时代，媒介尤其是大众传播媒介不断影响人们的思维和观念，对传统的政府管理思想构成了挑战，政府要掌握传播规律，为自身形象制定科学的方法和策略。在不同的场所，不同的环境，选择不同的传播方式，制定合适的形象传播战略，使之更好地帮助政府传播和塑造形象。

在政府形象传播过程中，传播媒介所扮演的角色，我们可以把它概括为“传播通道”或“传播途径”，是将传播内容送达给接受者的桥梁和工具。在现代社会中，媒介就是充当了这样一种平台，它将人们不可能面对面接收到的信息通过“拟态环境”传递给受众。政府在这个过程中如何利用媒介为自己建构有利的“拟态环境”就成为一门艺术。施拉姆认为“大众传播媒介对我们空间、时间的组织有重大影响，而且对我们所知、何时知道及指导那些细节有重大影响。在某种情况下媒介可能对社会行为具有直接影响，而在某种情况下他们可能有抑制社会改变的作用”。② 大众传播媒介的环境监视、告知消除不确定因素、引导、教化和娱乐等功能，大部分与政府形象传播的使用吻合，可见，政府形象要达到有效传播，借助大众传播媒介是不容置疑的。

2. 危机中的政府传播

在移动互联网技术快速发展，信息传播渠道急速拓展和延伸的时代背景下，大数据已逐渐渗透于当下社会生活。小到个人的行踪数据，大到政府机构的决策行为，都与大数据有着密不可分的联系，特别是近年来媒介化社会的变化，改变了公共舆论的产生与传播机制，社会利益多元背景下多发的公共危机事件考验着政府部门的责任担当。政府部门运用大数据、人工智能、云计算等数字技术，在疫情监测分析、防控救治、资源调配等方面发挥了很好的支撑作用。这种公共危机的发生对政府形象的塑造既是机遇也是挑战。公共危机的爆发既会对政府和公众的利益造成强大的冲击，从而容易使得政府和公众为了共同的利益而结成联盟，为化解公共危机而相互配合、协作。在这个过程中，政府如果处理得当就可以大大增强群众对政府的信任度和理解度。另一方面，公共危机发生时，政府能否在较短时间内化解危机，也是政府预见能力、紧急判断能力、收集信息能力、应急决策能力、综合协调能力、动员能力和处置能力的重要考验。而此时大数据的价值，不仅在于“大”更在于“全”，多角度、多层次的信息表现为相互交叉重复出现，以及人或社会有机体的活动相关联的信息持续呈现。政府掌握着有效的公共数据，其所占有的海量数据是社会表层乃至深层信息的集合体，为认识世界提供了新的方法，它将数据事无巨细地加以记录以便于使用在疫情事件中，可以综合考察与之相关人员的生活方式、出行轨迹及密切接

① 冯华昕：《构建政府与媒体间的和谐关系》，载《青年记者》2009 年第 24 期。

② 郭庆光：《传播学教程》，中国人民大学出版社 2011 年版，第 157 页。

触人群等关系数据，以此来追根溯源，明确公共危机事件发生的机制，促进危机事件迅速有效解决。如果政府处置不力或是隐瞒信息，公众就会因为利益继续受损而对政府管理能力提出质疑，对政府态度的失望，会使不满情绪迅速蔓延，从而威胁政府合法性。政府的合法性在公众心目中下降并形成共识后，政府社会整合能力就会受挫，从而使政府形象迅速垮塌。在2020年疫情中，中国政府不仅在最短的时间内对抗疫救灾策略和信息发布机制作出了最快速的反映，对外国记者和外国救援队也都采取了主动欢迎的态度，这赢得了国际舆论的广泛赞扬。在此次危机事件中，国家最高领导人在第一时间作出反应，塑造了亲民、博爱的形象，同时，全国各媒体也对疫情发展作了第一时间的报道。各新闻媒体迅速组织力量，赶赴重点灾区医院，使社会公众及时了解到疫情的真实情况和抗击疫情工作的最新进展，全国主流媒体都推出了全天24小时播出的抗击新冠疫情专题节目或有关疫情的专版、专刊，不间断地反映疫情发生以及全中国各行各业的全过程，这样不仅提高了新闻的时效性，动员全民抗击疫情，也使政府做到信息公开，塑造了一个透明、负责、以人为本的政府形象。

危机事件中政府对信息源的管理和控制的不同选择会导致不同的效果和影响。灾害发生后，政府对信息源的控制或管理大致有三种方式：完全封闭信息源、无控制开放信息源和有控制开放信息源。前两种做法都是不可取的。在2003年的“非典”期间，政府一开始将媒体管制起来，不允许媒体对疾病的流行和发展情况加以报道，结果导致非典大规模爆发后，人们丧失了对媒体和政府的信任，在社会上出现了集合行为，大量的谣言和小道消息满天飞，给人们的思想造成极大的混乱。人们对政府隐瞒疫情、控制传媒发布消息的行为产生了强烈的不满情绪。同样，无控制开放信息也不可取。2005年美国新奥尔良市的飓风，政府失声，媒体大量的报道了灾难恐怖镜头，死亡、痛苦充斥着人们的视线，导致社会公众对美国政府产生了失望情绪，也使国际舆论纷纷指责美国政府。

当今社会的信息传播渠道是多元化的，也是防不胜防的，没有任何组织和机构有能力封锁全部的信息源，甚至政府也没有办法做到完全封锁信息。危机事件发生后，任何组织要想结合新闻媒体掩盖事实真相，都是不可能的，所以在危机事件中，政府与新闻媒体的传播应该是公开的，相对独立的，同时又相互配合，这样才可能实现真正的和谐，并且最终为促进整个社会的和谐与稳定作出贡献。

3. 政府传播的作用

(1)扩大政府的影响力。在政治传播中，良性的传播可以提升和扩大政府的权威度、美誉度和诚信度。其中权威度是指政府在运行中拥有的法定权利能为公众所接受的程度，以及在社会公共行政管理中所具有的令行禁止的控制程度。① 美誉度是指政府的作为和活动得到公众的称颂、赞誉和表扬的程度，是衡量政府形象最重要的指标。诚信度是指政府的政策、决定得到公众的信赖、理解和支持的程度。这三个指标的提高可以帮助政府建立起良好的形象，也是政府的一种无形资源，能够促进政府的勤政建设，促进政府改进工作作风，提高政府造福于社会、为百姓谋福祉的能力，增强政府的影响力、凝聚力和号召力。随着互联网的发展，不断兴起的以短视频为代表的新的传播方式，得到了广大受众的

① 张晓峰、赵鸿燕：《政治传播研究》，中国传媒大学出版社2011年版，第241页。

一致认可，成为日常传播中最流行的传播方式，于政府传播而言，这种传播方式能够激发政府传播活力，激励政府寻找内容和资源，将数据和信息更多地向公众开放，将政府网站和官方微博中有价值有意思的信息被拍摄成短视频在抖音发布，很容易在短时间内引起广泛关注，这使得网站和微博中容易被掩埋的信息重获生机。同时，政府也可以把经济数据、人口数据、发展数据等做成短视频，或者尝试用短视频解读重要的公共政策及政府文件，既能准确、清晰地传递政府意志，又能以有趣、简单易懂的传播方式实现政务公开。

(2)提高政府的危机处理能力。我们现在的社会是一个危机频发的社会，要提高整个社会应对公共危机的能力，特别是政府处理公众危机的能力，政府与社会公众就必须密切配合，联合行动，综合治理。对于政府来讲，尤其需要在危机传播中树立自身的形象，如果处理得当，政府就可以制定出最佳的对应措施，有利于危机的解除。相反，如果传播失误，就会丧失公众的信任，造成公众向政府施压，不利于危机的解决。所以，建立良性的政府传播机制对于政府危机公关来讲势在必行。在应对危机方面，新兴媒介的传播方式发生了根本性的改变，危机的传播速度和影响程度都和以前大有不同，因此，政府作为危机应对的权威主体，其在危机传播过程中的相关应对行为一直是社会大众的关注焦点。以2020年全球面临的新冠肺炎疫情危机为例，中国政府的危机应对与传播能力在此次抗击疫情的过程中展现得淋漓尽致，政府政策的发布，有关疫情的第一咨询等都通过官方渠道进行宣发；疫情能够在短时间内迅速遏制在很大程度上离不开面对重大公共危机时政府传播所起的关键作用，中国政府全心全意为人民服务的形象建构再一次深入人心。

(3)提高社会道德水准。政府的主要职能之一是负责公共事业的管理，如果在传播过程中，政府能够建立起良好的形象，在社会传播中就能形成“蝴蝶效应”，有利于良好社会道德风尚。反之，如果政府的形象不佳，就会使整个社会道德滑坡，造成社会失序。所以，政府必须充分利用新闻媒体，树立自身的良好形象，推动整个社会道德水准提高。政府只有不断塑造和维持良好的形象，才能在整个社会中发挥表率作用。

(二)西方政党传播者的政治传播

在信息化的历史背景中，信息生产的总体模式发生变革，信息的集成手段、交流方式、使用方法不断创新与优化，民众在此一过程中的民主意识也在不断增强，知情权、话语权、监督权要求空前高涨，世界政党意识形态斗争此起彼伏，层出不穷，如何利用媒体，传递于己有利的信息，建立自己良好的形象，是政党传播首要考虑的问题。

由于中西政党的政党性质、取得政权的方式、执政方式和政党体制等方面不尽相同，因此与大众传播媒介的关系也有极大的差别。综观多数学者的观点，认为中国新闻事业的领导权在共产党手中，新闻事业以政党的纲领方针政策为舆论导向；西方新闻事业是独立于政党之外的，并不直接隶属于任何一个政党。

1. 政党与媒体的“相对”独立

西方的新闻媒体一直强调自己的“独立性”。正如美国声称其报刊、电台、电视是世界媒体中最自由、最独立的。日本媒体历来都标榜自己是独立于政府的“独行侠”，在西方媒体报纸、广播、电视的“自律”守则中，“不偏不倚”是其中非常重要的一条制度。

但是西方媒体的独立并不意味西方媒体不受政党的影响和作用。他们对政府和政党的批评和揭露报道，在很大程度上可以反映出来国内政党间的争斗。比如“水门”事件和克林顿的性丑闻都是党派斗争的结果。政党特别是执政党对媒体的影响巨大。美国前总统里根的第一任白宫联络主任戴维曾说过，对于总统领导的政府来说，“我们要尽我们的所能控制人们所看到的东西。我们要塑造它，而不是让电视塑造它。……你必须想办法把它控制在有利于你的方面”。① 在西方，执政党一般依靠自己掌握的权力通过隐瞒、掩盖消息来控制舆论。

在西方，新闻媒体同样具有“党派”性。在美国，由于政党和媒体都有左右两大派，所以民主、共和两个政党不管哪个上台执政，都会有一种和它的政治理念相对立的媒体，自然地成为与其对立的监督者和批评者。不仅在美国，在其他民主政治比较成熟的西方国家，例如英、法、德、意等国，也都是左右两种理念的政党轮流执政，这些国家的主要报纸，也是按照这两种理念分野的。但是西方国家的主流媒体在大方向上与政府保持一致，在对外政策上尤其如此，甚至都到了做假的地步，这就使得大众对媒体信任度的大幅下跌。1988 年美国学者就本国国民对美国媒体信任度进行的一项调查显示：被调查者中，45%的人认为大众传播媒介存在偏见，只有 36%的人相信传媒客观公正。②

2. 媒体对政党及政党政治的影响

媒体对政党以及政党政治具有不可忽视的影响，这种影响首先表现在党的纲领和政策的重要性下降。在媒体化时代，一些政党服从选举政治的需要，迎合媒体，往往党的候选人要根据媒体的需要来变更他的主张，以达到理想的选举竞争效果。“候选人和媒体对报道什么和如何报道有不同的需要的殷切期望。”政党及其候选人总是试图利用和控制媒体为其进行有利的宣传、澄清对方攻击的事实、使对手因为显得邪恶而尴尬、制造带有偏见的新闻等。在英国，“新闻媒体需要独立地对政党的活动提出疑问。工党的目标却明显不同，它要通过有力的宣传成功地‘推销’自己。……它的信息交流目标是减少新闻媒体在报道时的自主性，同时加强它突出自身受公众欢迎的特色的自主性。”“工党的基本目标是限制媒体的自主性并使它们的批判能力变得迟钝。”英国工党力图成为“媒体操纵者”③，在工党所有的公共信息交流方式中，工党一直将重点放在统一信息上，用全国性的、专业化的、集中的媒体运作代替了所有的地方运动。与以前政治信息交流战略受领导集团的影响相比，现在它实际上已完全由领导集团控制。政治信息交流现代形式的出现是与政党内部权力和权威的集中化相伴而进的。

3. 竞选中的“积极”传播

在西方政党的选举过程中，政党通常会充分利用传播媒体提高自己的声誉和在公众中的地位。因此，政党在日常生活中会产生激烈的竞争，在选举时这种竞争就更加白热化，他们希望通过媒体成功地在全体选民面前展现自己的形象，这是现在政治领域的一个重要

---

① 唐晓、王为、王春英：《当代西方国家政治制度》，世界知识出版社 1996 年版，第 284 页。

② Leon P. Buradat, Understanding American Democracy, Harper Collins Publisher Inc. 1992, p. 98.

③ [英]理查德·赫弗南：《媒体操纵：英国工党的政治信息交流策略》，载《当代世界与社会主义》2002 年第 2 期。

特征。“大众传播媒介正是政治宣传的御用工具。”①以美国为例，美国有影响的报纸、杂志、电台、电视台都是私营企业，利润最大化是他们经营的首要目标。在这种形势下，竞选候选人可以花巨资购买电视播出时间为其竞选服务。所以在美国，每当总统选举、国会选举和州长选举时，选民都可以在电视上看到大量的竞选政治广告。候选人不但利用政治广告为自己塑造正面形象，还利用广告使劲攻击对手。两大政党利用大众传播媒介在选举政治中筛选候选人、安排议题、评判候选人，大众传播媒介这时的作用就变成候选人的宣传工具。事实上，大众传播媒介在美国选举政治中扮演双重角色，既是监督者和批评者，又是服务者。

(三) 中国共产党的政治传播

中国共产党与媒体的关系首先体现在领导作用上。中国共产党作为执政党首先领导我国的新闻事业，掌握新闻事业的主导权。以马克思主义为指导的中国共产党，通过武装斗争夺取全国政权，成为领导人民掌握全国政权的执政党。因此，执政后的共产党总结成功经验必然要求领导社会主义事业，新闻媒体事业是社会主义事业的重要组成部分，是党和人民的“喉舌”。思想上要坚持马克思主义的指导地位，“严格按照一定的方针办报”；政治上必须坚持为社会主义服务、为人民服务的方向，始终同党中央保持一致；组织上必须确保新闻机构的领导权掌握在忠于马克思主义、党和人民的人手里，牢牢把握正确的舆论导向。

当前，中国共产党的政治传播面临着相当复杂的生态状况。从国际背景看，全球化、信息化使世界舆论争夺更趋激烈；从政治环境看，中国政治发展取得的成效为中共政治传播奠定了良好基础；从社会环境看，社会转型逐渐加快，社会结构也在不断地发生变化；从文化环境看，大众文化迅速发展，国民素质也在不断提高；从自身建设看，中国共产党建设的科学化水平得到提高，但其掌握的政治资源有所流失，提高政治认同的难度有所加大。基于以上背景，中国共产党的政治传播形成了立体化格局，马克思主义中国化时代化大众化取得显著成效，凝聚了现代化建设的强大力量，促进了社会主义和谐社会建设，改善了中国政府和中国共产党的国际形象。但是，也存在一些缺陷和不足，如政治信息渠道不畅、大众传播媒介异化、对互联网调控办法不多、价值观构建结构失衡、传播话语僵化、社会心理疏导不够、国际话语权不够等。

1. 中国共产党政党传播的内涵

政党政治传播是指政党通过自身组织体系或大众传播媒介，传播其政治主张及路线方针政策以形成政治舆论的过程，具有构建核心价值观、监测环境、政治动员、塑造政治形象、社会整合五大功能。中国共产党的一大优势就是政治传播，政治传播不仅是我党向广大人民群众传达方针政策的喉舌，它更是中国共产党的精神财富，是领导革命的工具和社会主义建设的号角，尤其是改革开放以来中国共产党的政治传播日趋完善且务实。优化中国共产党政治传播，需要树立真实真诚、公共传播、分层分众、受众本位、政治营销和法治化等传播理念；整合多种政治资源，充分发挥人文知识分子、非政府组织、艺术工作

① ［美］大卫·理斯曼等：《孤独的人群》，辽宁人民出版社 1989 年版，第 49、199 页。

者、意见领袖等在政治传播上的作用；从道路与方向、理论与旗帜、制度与政策、价值与文化、形象与资源等方面优化政治传播的内容；注重完善沟通机构、形成主导格局、建立干预机制；建构有效的政治符号，改善政治修辞方式，争夺国际话语权。①

中国共产党的政治传播需要建构积极的媒体形象。政党媒体形象尤其是执政党媒体形象，指的是政党的各级组织和成员在大众传播媒介中所展现出来的执政行为、组织特征、精神风貌等，以及在此过程中公众所感受到的党执政的整体素质、执政能力、执政理念与业绩等，是为社会和公众所留下的一种综合印象或评价看法。中国共产党的媒体形象建构体现了党对大众传播媒介的控制力，属于党的重要政治资源范畴。② 中国共产党通过大众传播媒介的信息发布、舆论引导和形象建设，与公众进行经常性的沟通、交流，在人民群众中取得理解、支持和拥护，塑造党在公众心中的良好形象。

在政党形象宣传方面，新媒体的崛起使得传统的宣传媒介受到强烈的冲击，也为新时代的政党形象宣传提供了更好的途径与平台，利用互联网的新媒体技术，可以把政党形象宣传工作推向一个新的战略高度，更好完成政党形象塑造，使之形成政治凝聚力的责任担当与历史使命。通过新媒体所进行的形象建构，中国共产党在全社会范围内向公众展示形象，这种形象建设更为全面，形象内容也趋于多样。从党的组织架构来看，党的媒体形象可以分为党的整体形象、中央领导集体形象、领导干部形象、基层党组织形象和普通党员形象。中央领导同志，作为党的领导核心，他们的形象甚至与国家形象高度关联，直接影响党在全社会公众心中的形象，"党的代表人物要从他们是否具有最大的媒体魅力的角度被评选出来，党的领导人清楚地知道，他们每天都必须以好的媒体形象出现"。③ 民众一般会通过领导人的气质和言行判断党组织形象高低。所以，党的媒体形象建构当中一个突出的重点就是完善党中央领导同志的形象。目前，党内各级领导干部的媒体形象都成为公众了解党的组织、认同党的执政行为的关键。如果领导干部的媒体形象弱化，对党的执政就会带来消极影响。

党组织媒体形象建设的基础是基层组织和普通党员的媒体形象，他们与公众接触最多，日常工作和生活就是与公众的不断交往，在和公众近距离的接触过程中，发挥共产党员的先锋示范作用。一段时间以来，无论是法西斯政府的宣传机器，还是西方"民主国家"的新闻机构，常常都把共产党人刻画成怪物。这就需要我们党利用媒体，刻画中国共产党人的人情味和人道精神，使国内外受众对中国共产党有全面认识了解，这样做不但能够使民众感受到基层党员的素质，还能感受到整个党的实力。

2. 中国共产党政党形象传播

在全世界 200 多个国家和地区中，除部分国家和地区无政党外，大部分国家都实行不同形式的政党制度。中国共产党作为一个有着十多亿人口的社会主义国家的执政党，随着

---

① 殷晓元：《中国共产党政治传播研究》，湖南人民出版社 2012 年版，第 43 页。

② 龙潭：《中国共产党"政党媒体形象"建构与改革分析》，载《中国浦东干部学院学报》2009 年第 1 期。

③ [德]托马斯·迈尔、郭业洲、陈林：《热话题与冷思考(十六)——关于媒体社会中政党政治的对话》，载《当代世界与社会主义》2000 年第 4 期。

改革开放以来的历史巨变，正在树立起一个具有时代精神的领导全国人民进行现代化建设的执政党形象，在此过程中也逐渐形成了自己的定位。当下，中国共产党因其悠久的发展历史、庞大的党员数量，在国际政党舞台中越来越发挥着举足轻重的作用，尤其是习近平新时代中国特色社会主义思想的诞生，立足全球视野，对中国特色政党理论凝练升华，对人类新的政治文明提出开创性见解，因此，新时代中国共产党的政党形象，既是中国经济社会持续健康发展的重要保证，也关乎国际社会众多以中国道路为发展蓝本的发展中国家的切身利益。

第一，勇于创新、开拓进取的形象。这是时代精神的集中体现，也是一个政党永葆生机的力量源泉。邓小平同志曾经指出："新的中央领导机构要使人民感到面貌一新，感到一个实行改革的有希望的领导班子。这是最重要的一条。"①因为只有这样，才能使人民对社会主义的事业充满欣喜。所以邓小平一再强调："无论如何要给国际上、给人民一个改革开放的形象，这十分重要。"②因此，为了国家和政党的发展，必须具备勇于创新，开拓进取的形象，在党际交往中弱化意识形态差别，求同存异，促进彼此的发展。

第二，团结一致，求同存异的形象。马克思主义哲学认为矛盾无处不在，无时不有，事物的矛盾运动才推动了事物的运动发展。因此任何一个政党内部都不可避免地存在矛盾，有意见和分歧。中国共产党是中国工人阶级的先锋队，同时是中国人民和中华民族的先锋队，是中国特色社会主义事业的领导核心。在共产党党内，也会存在矛盾，但是这种斗争是非对抗性的，可以从团结的愿望出发，经过批评，达到团结的目的。正如列宁所说：行动一致、讨论自由和批评自由。因为一个政党的稳定和团结，特别是执政党的稳定和团结，通常是一个国家稳定团结的前提和基础，更可以为国家的发展营造良好的环境。在20世纪八九十年代，苏联、东欧执政的共产党纷纷倒下时，中国共产党依旧稳如磐石，国家政局稳定，经济繁荣、人民安居乐业，靠的就是党的团结和稳定。

第三，严惩腐败、清正廉洁的形象。政党和公共权力密切联系，在政党的政治活动中很容易衍生腐败现象。中国共产党历来对腐败问题十分重视，"要把刹住'四风'作为巩固党心民心的重要途径"，"坚决惩治腐败，巩固发展压倒性胜利"，习近平总书记部署推进党风廉政建设和反腐败斗争，表明了正风肃纪不止步、反腐倡廉不松劲的坚定决心。坚决同消极腐败现象作斗争，确保党永葆清正廉洁的政治本色，这也是改革开放40年来从严管党治党的宝贵经验之一，也是我们党在新时代永葆生机活力的坚强保障。不断推进自我革命，勇于直面自身存在的问题，以刮骨疗毒的决心和意志消除一切损害党的先进性和纯洁性的因素，就能够形成党长期执政条件下实现自我净化、自我完善、自我革新、自我提高的有效途径。"锄一害而众苗成，刑一恶而万民悦。"党的十九大以来，全国共查处群众身边腐败和作风问题23.87万个，处理31.6万人。③ 从斩断伸向扶贫资金的黑手，到深

① 《邓小平文选》(第三卷)，人民出版社1993年版，第296页。

② 《邓小平文选》(第三卷)，人民出版社1993年版，第316页。

③ 《向群众身边不正之风和腐败问题亮剑——论学习贯彻习近平总书记十九届中央纪委三次全会重要讲话精神之三》，载中国共产党新闻网，http://fanfu.people.com.cn/nl2019/0115/c64371-30537990.html。

挖黑恶势力的“保护伞”，再到治理“蝇贪”“蚁腐”，实践告诉我们，向群众身边不正之风和腐败问题亮剑，是维护群众切身利益的有力举措。新时代新征程上，要做深做实做细市县巡察和纪委监委日常监督，在实践中拓展整治群众身边腐败和作风问题工作，从具体人、具体事着手，将问题一个一个解决，让正风肃纪给老百姓带来更多获得感，让清风正气为改革发展注入更多正能量。①

第四，一心为民、服务社会的形象。中国共产党一直以来树立的都是服务为民的形象，在执政的过程中坚持“立党为公、执政为民”是中国共产党一以贯之的价值追求。建党以来，我们党所进行的各种斗争、创立的各项事业、开展的全部工作，都是为了实现全心全意为人民服务的宗旨。以毛泽东同志为核心的党的第一代中央领导集体，把“群众路线”作为一条重要经验，强调要“全心全意为人民服务”，赢得了民心，建立了新中国。以邓小平同志为核心的党的第二代中央领导集体，强调把人民“拥护不拥护”“赞成不赞成”“高兴不高兴”“答应不答应”作为我们党全部工作的出发点和归宿，坚持改革开放，开辟了中国特色社会主义道路。以江泽民同志为核心的党的第三代中央领导集体强调“立党为公、执政为民”，提出了“三个代表”重要思想，确立了全面建设小康社会的奋斗目标和行动纲领。以胡锦涛同志为核心的第四代中央领导集体强调“权为民所用、情为民所系、利为民所谋”，提出了科学发展观等一系列重大战略思想。以习近平同志为总书记的新一代中央领导集体提出“人民对美好生活的向往就是我们的奋斗目标”，指出，我们党的责任“就是要团结带领全党全国各族人民，继续解放思想，坚持改革开放，不断解放和发展社会生产力，努力解决群众的生产生活困难，坚定不移走共同富裕的道路”。共产党在长期实践中树立起来的一心为民，服务社会的形象使之在人民群众中建立了极佳的口碑，也有利于执政党的建设，对于以无产阶级为基础的广大劳动人民的情感支持、利益维护已成为中国共产党政党形象的深深烙印，并在全世界范围内延展开来，这也是新时代马克思主义执政党形象国际传播的情感认同基础。

第五，持之以恒、深入学习的形象。中国共产党自创建以来就注重学习，因为马克思主义理论本身就是外来的，革命斗争、国家建设等也需要持续学习创新。在学习和创新的过程中，中国共产党的政策颁布始终与中国国情相结合，心系国家，情系人民。在我党不断成长的历程中，始终注重结合中国具体实际，不断推进马克思主义中国化，这是我党持之以恒、深入学习的具体体现。邓小平同志曾经指出，“我们现在所干的事业是一项新事业，马克思没有讲过，我们的前人没有做过”，“我们只能在干中学，在实践中摸索”。随着互联网的普及，地球村已经成为一个不争的事实，面对西方社会的意识形态入侵，着眼于党的长期执政能力建设，肩负实现中华民族伟大复兴的历史重任，学习型政党的建设不断加强，需要用政党建设理论、社会发展理论、科学文化理论等有力武装中国共产党，为国际社会话语权争夺奠定坚强的认识论支撑。随着以习近平同志为核心的中共中央政治局集体学习的深入和规模的壮大，新“中国现象”日益引人注目。②

---

① 参见习近平在十九届中央纪委三次全会上发表重要讲话。

② 刘翔宇：《新时代中国共产党政党形象的国际传播探析》，载《鄂州大学学报》2019 年。

3. 中国共产党政党传播的意义

第一，建设政党更为民主的形象。政治生态民主化是目前政党治理国家的基石，是世界政治的大气候，更是中国共产党的执政理念与先进表现。民主治国是我们党一贯的工作作风，从中华人民共和国成立之初到改革开放，国家一直在卓有成效地开展民主治国，并取得了举世瞩目的成绩，从根本上提高了人民群众的主人翁意识和地位。随着互联网时代的到来、新媒体技术的应用，对执政党的民主化工作进程提出了更新的要求。加强利用新媒体平台与公众进行平等交流、民主对话，才能获得民众的广泛支持，才能在民众心目中树立良好的形象，从而才能有利于建设民主执政的形象。

第二，建设政党的法治化形象。依法治国是现代化国家的治理原则，也是社会主义民主在国家治理方面的追求与理想。在很长一段历史时期内，实践证明，只有走依法治国的道路才能实现国家的长治久安，才能保证国家的繁荣昌盛，也才能保证人民的根本利益。现代政治的显著特征就是公众可以通过开放的新媒体，不仅关注政党在执政过程中所产生的成果，更注重这些成果的取得所采用途径的合法性。新媒体背景下的互联网平台，为公众监督执政党在执政过程中运行公共事务的公正公平、合规合法提供了可能和便利的条件，极大地调动了群众的政治参与热情，强化了公民的法制意识。

第三，建设政党公开透明的形象。政党公开是现代政治中的根本要求，是实现政党治国公平公正的最有效的保证。当前互联网的加入使党建宣传更为快捷更为广泛，也更为透明，对政党的执政理念的公开透明也提出了新的更严格的要求。①

三、政治人物传播

所谓政治人物是指以政治为业，通过组织或加入政党、参与选举，以争取在政府中担任职务，积极投入政治活动或公共事务的人，包括其他各种政体的政府首脑、政党或军事领袖，或其他政权中的要人。② 整个人类社会发展史，特别是近现代史可以发现从大众传播媒介诞生的那天开始就作为政治人物权力博弈的舞台和工具。在当今社会，传播媒体的迅猛发展，又大大增强了政治人物进行积极传播的可能和机会，因此，借助媒体塑造出自己，是世界各国政治人物都面临的共同问题。

(一)政治人物的形象传播

政治人物的形象指的是政治人物的言谈举止，包括思想品质、意识经验和个性风格等方面的行为规范，也是展现在社会公众面前生动、具体、鲜活的个人画像。政治人物形象是一个立体的概念，它包括三个基本内容，即视觉形象、才能形象和伦理形象。我们把视觉形象归为外在形象，才能形象和伦理形象归为内在形象③。

① 杨清波：《形象传播要充分发挥新媒体的作用》，载《佳木斯职业学院学报》2019 年第 6 期。

② 何彤宇、邱新有、李志国：《“超级战舰”：西方政治人物的媒介互动模式及策略》，载《新闻知识》2012 年第 9 期。

③ 张晓峰、赵鸿燕：《政治传播研究》，中国传媒大学出版社 2011 年版，第 253~254 页。

1. 外在形象

外在形象是指政治人物的静态和动态的外在仪表，及政治人物的容貌、着装、身材、服饰、发型组成静态形象。政治人物的言行、举止、风度等组成动态形象。这些静态和动态的形象能够给社会公众带来视觉上的冲击，形成政治人物的“第一印象”。其中体貌和着装容易给人以某种心理暗示，得体且适应场合的服饰可以修饰体貌并传递一种积极的文化符号，丰富的肢体语言有助于政治人物在媒体上有效传播自身形象。外在形象其实就是政治人物形象的外观，从视觉上体现出政治人物的风度和魅力。政治人物在面对公众时要特别注意外在形象。外在形象的可塑性非常强，结合优秀的形象顾问团队、现代的美容科技以及媒体的后期制作，在短期内打造一个外形优良的政治人物并非难事。

2. 内在形象

内在形象包括知识与文化素质、精神品质、心理素质、性格素质、思维方式、能力水平和道德品质等，是那些能够给人带来某些心理感受的东西。也就是说，一位优秀的政治人物不仅要“行为美”，还要“心灵美”。“心灵美”是政治人物形象的内在基础，它体现着政治人物的高尚而丰富的精神世界和深厚的文化修养。具体来说，包括才能形象和伦理形象。才能形象的构成内容包括科学决策能力，知人善任能力、组织协调能力、表达能力。伦理形象是指一个人的人品、道德这样一种内在品质呈现给外界的观念与印象。具体包括清正廉洁、诚信守约、正直坦诚、公道正派、谦虚宽容、忠于家庭等内容。良好的伦理形象，是政治人物道德的自我建设的指标。人民的好总理周恩来是举世公认的伟人，是中国乃至全世界少有的杰出人物。他超凡的气度、才华和人格魅力，融集了中华民族种种智慧美德与共产党人的气质品格于一身，他以超凡的人格魅力征服了他所在的那个时代。他不仅在治理国家上，他对待人生，包括他对待婚姻爱情的态度上都是值得我们尊敬的。他没有自己的子女，但他对待爱情忠贞不渝，与邓颖超白头偕老，成为世人学习的楷模。他平时工作很忙，有时为了工作仅休息三四个小时。但他自己逝世后的全部家产才 5100 块钱。一个十几亿人口大国的国家总理死后留下这么点遗产，简直叫人不敢相信，可这是千真万确的。

（二）政治人物魅力与大众传播媒介塑造

政治魅力是政治人物身上具有的超凡的或超自然的品质及由此产生的能够吸引社会大众的魔力。政治魅力是政治人物的魅力品质，而这种品质是由其内在条件、外在条件和政治行为组成的。① 政治魅力作为决定人们行为取向的重要因素，受到两大因素的制约。首先，政治魅力必须能够经受实际的考验，即社会生活能够证明政治人物确实拥有超自然的或者超人的力量或素质。其次，是人民对统治者政治魅力的承认。在当今社会，政治魅力能产生巨大的社会能量，其光环作用有助于政治家赢得公众的认同和支持。而魅力的形成、传播与大众传播媒介是分不开的。

1. 大众传播媒介能够使政治人物在短时间内被人们聚焦

电视是现代人日常生活中一个重要的组成部分，通过电视的传播可以使政治明星与观

① 张昆：《政治传播与历史思维》，华中科技大学出版社 2010 年版，第 123 页。

众的距离更近、更熟悉，诸多电视表现手段的运用，不但可以让人们了解到政治明星的私密生活，还能增强政治人物的亲近感。电视媒体拥有众多戏剧化表现手段，利用这些戏剧化手段可以增强政治人物的感染力。现在网络媒体的充分运用，更是拉近了政治人物与人们的心灵距离。不少政治家都是通过网络渠道，拉近与人民的距离，增进与人民的感情。

2. 张扬同时放大政治人物的魅力

大众传播媒介的功能之一就是进行放大和夸张，通过大众传播媒介特写等技法可以拉近政治家与人民的距离。根据受传者的心理调查，发掘政治人物自身的魅力，并且根据传播规律的要求放大、张扬政治人物的魅力素质，对大众传播媒介来说，不仅是可能的，而且是必要的。政治人物成为万众瞩目的人物，身上多少都会具备普通人所没有的魅力和素质。这些素质如果不经报道，就无法在全社会范围内拢聚人气。在民主社会，一个没有人气的政治人物，是很难得到人民充分信任和授权的。如果大众传播媒介能够抓住政治人物的魅力素质，通过各种报道，在民众面前放大这些素质就可以在民众中产生较大的震撼力。2020 年的新冠疫情暴发之际，习近平总书记第一时间奔赴一线问候医护人员，对医护人员的辛苦付出表示由衷的感谢，表现了总书记危难面前心系人民、亲切负责的领导形象。

3. 通过比较，彰显领袖的政治个性

传媒对政治魅力的塑造与张扬，可以利用多种手段，在西方国家竞选中一种常见的手法就是通过和普通百姓或是对立政治人物的比较，凸显目标对象的优点和魅力，这种方法在很多情况下是相当奏效的。比如 20 世纪 60 年代初，尼克松和肯尼迪作为候选人竞选美国总统，尼克松原本是当时的副总统，在竞选中占尽优势，但是在一场直播的电视辩论赛中尼克松因不适应摄像机前强烈的灯光照射，大汗淋漓，脸色苍白，而竞争年轻对手肯尼迪却充满朝气，显得自信，有活力，尼克松的被动使自己的优势没有表现出来，自然是先输了一筹。大众传播媒介对政治人物的比较性传播，一方面可以使自己属意的政治人物的固有优势得以提升，另一方面则会削弱对立性的政治人物的魅力素质。

4. 巧妙包装，掩饰政治人物弱点

政治人物和普通的老百姓一样，都会有自己的优点和缺点。政治人物的弱点往往会被公众放大。在这个时候如果媒体处理得当，就会使政治人物的形象损害大为减轻，强化其魅力素质，从而展现正面的政治形象。反之，处理不当就会被媒体放大甚至夸张，那政治人物苦心树立起来的优良形象也会被相应地虚化，魅力也会渐失。在 20 世纪，德国报刊成为纳粹党人展现魅力、蛊惑民众的舞台，结果却是制造出了媒介自身不愿意看到的政治怪物“希特勒”这种人类悲剧的出现，这说明大众传播媒介在与权力系统、与政治人物互动的过程中，不能沉湎于塑造政治魅力的成功，它既会带来好的可能，也会造成破坏性的后果。①

第二节　政治传播过程中的受众及受众心理

所谓受众(Audience)，按照《中国大百科全书·新闻出版》卷上的解释是指：接受信

---

① 张昆：《政治传播与历史思维》，华中科技大学出版社 2010 年版，第 131~132 页。

息传播的群众。原指演讲的听众，引入传播学后，泛指报刊、书籍的读者，广播的听众，电影电视的观众。受众指的是信息传播的接收者，包括报刊和书籍的读者、广播的听众、电影电视的观众、网民。

这样就是说，受众的定义发展经历了一个逐渐变化的过程，受众的层次从最初的演讲听众逐步过渡到戏剧、体育竞技的观众。后来由于大众传播的发展，特别是德国人古登堡在中国活字印刷和油墨技术的基础上创造了金属活字排版印刷，并把造酒用的压榨机改装成印刷机，使得文字信息的机械化生产和大量复制成为可能，信息被大量无限地复制，受众的数量和范围都实现了突破，所以受众也从"剧场式"发展为现在的读者、听众、观众以及网民。

有关受众的研究，一直以来都是传播学研究的重点。传播学四大奠基人之一 H. 拉斯韦尔提出的著名的 5W 模式当中(Who, Says what, In which channel, To whom, With what effect)就清晰地将受众作为传播过程中的一个重要环节列举出来，对受众的研究，后来逐渐地发展为一个独立领域，无论是传播学的批判学派还是经验学派，都将受众作为自己研究领域内的重要课题。受众研究的重要性在政治传播中一样明显，这也是我们要对他进行深入探讨的原因。

一、政治传播中的受众特征

与其他传播类型的受众相似，政治传播的接受者暴露在大众传播媒介前并独自接受信息作品时，它是消费者、译码者、参与者、反馈者的角色，具有受动性和能动性的本质特征。但是由于在具体的传播过程中，由无数个体汇集而成的受众，在接受政治这一特殊信息过程当中，又呈现出自己的特点。

(一)倾向性

受众在接受任何信息时一般都是持主动、积极和为我所用的态度去接受传播和信息。也就是说，受众一般会有选择地接触某种媒介，并且往往只倾向于选择那些符合自己观念、信念的信息，拒绝那些与自己固有观念相抵触的东西。尤其是在"信息爆炸"的当下社会，每天有大量信息扑面而来，受众几乎时刻在进行信息筛选，以便择取那些于己有利的或与已有观点立场一致的内容。政治信息的传播也是如此，受众选择自己感兴趣的政治信息，接受并且可能引发"二次传播"。但是政治传播与其他类型传播方式不同的是，政治传播一般都带有较为鲜明的倾向性。具体说来包括以下几种。

1. 地缘倾向

受众心理通常情况下会带有一定的地域性，也就是说通常对本国甚至是本地区的政治新闻感兴趣。比如在两会期间，虽然来自各方面的信息都会被关注，但是受众往往会着眼于本省本市代表的提案，因为这些信息往往是对自身有切实利害关系影响的。

2. 爱好倾向

受众的广泛性也使受众的成分十分复杂，不同的受众因不同的性别、年龄、经历、社会背景等因素的影响也就有着不同的个人爱好，这种个人爱好决定了受众在政治传播过程中产生倾向。在国际传播中，很多国家由于自身的历史文化发展，逐渐形成了自身国家的特色，比如中国的古典大气，意大利的艺术气质，英格兰的绅士风度，西班牙的华丽多姿，等等，这些国家的气质会引发不同受众对其的喜好，并逐渐影响到政治领域，在一些无关本国利害的政治问题中，受众对新闻的判断和影响都会受到这种“爱好倾向”的影响。

3. 心理机制

在政治传播中，尤其是涉及两国争端的政治新闻，在排除本国参与的前提下，受众可能既没有地缘因素的影响，也没有个人爱好的存在，但是心理机制使他们产生某种“倾向”性。比如，一般而言，当争端两国实力悬殊、强弱分明时，受众一般会受到同情心的影响，支持弱国。或是在某些问题上，会出于正义感而倾向于受到不公平对待的国家，这种因心理机制而产生的倾向性因与地缘或个人爱好产生的倾向性不同，具有不可预见性，也较容易受到波动。在政治传播的过程中还会受到受众的心理差异影响，指的是受众独立个体的个性与心理特征。人的心理差异也会影响到受众各自的能力，决定受众的信息的选择和处理，比如说对于自信心很强、比较固执或者循规蹈矩、思想守旧的人群来说，被说服的概率就不大，这类人群更不容易接受他人的意见和劝说，相对的自信心较弱、性格比较内向的人群，则比较轻易接受他人的意见。

（二）广泛性

政治涉及我们生活的方方面面，从理论上说世界上绝大多数的人都有可能成为政治传播中的受众。

首先从传播的历史来看，政治传播中的“受众”是最早出现的。中国古代的报纸主要是官报，现在我们统称为邸报。不同朝代邸报名称虽有所变化，但是性质和作用相差不大，基本内容都是皇帝谕旨、朝廷公文、皇室动态、臣僚奏状以及官吏的任免、奖惩等。① 就国外情况来看，公元前59年，古罗马执政官尤利乌斯·恺撒下令公布元老院及公民大会的议事记录，用尖笔书写在罗马议事厅外一块涂了石膏的特制木板上，后人称之为《每日纪闻》。之后这种形式几经转折，在公元前6年，由屋大维恢复，期间断断续续刊出直到公元330年停止，内容主要包括议事记录、帝国法令、战争消息、司法案件、官员任命、宗教活动以及贵族的结婚、生育、死亡等。② 可以发现，报刊从诞生之日起就和政治新闻有了密切的联系，虽然当时刊载政治新闻的原因很大程度上是由于专制制度的限制以及传媒科技的不发达，但是无可否认的是，政治传播从传播初具规模时就已经出现了，并且拥有自身一定的受众群体。这部分群体不断扩大，也影响到后来的传媒事业发展。

其次从人数上来看，政治传播拥有较为庞大的受众群。在大众传播媒介发达的今天，通过各种媒介获得政治信息的受众数量是惊人的。2020年全国两会，即中华人民共和国第十三届全国人民代表大会第三次会议和中国人民政治协商会议第十三届全国委员会第三次会议的召开吸引了无数世界媒体的关注，上百家境外媒体派出自己的报道团队，上千名记者纷纷来到北京。包括《华尔街日报》《华盛顿邮报》在内的西方主流媒体纷纷发出报道

① 丁淦林主编：《中国新闻事业史》，武汉大学出版社1990年版，第1页。
② 张允若、高宁远：《外国新闻事业史新编》，四川人民出版社1996年版，第5~6页。

并通过评论文章等方式向西方各国受众介绍中国在未来发展中的走向及存在问题。

再次从年龄上看，政治传播的受众可以涵盖16岁以上的所有成年人。政治信息的包含面极广，与我们的生活可以说是密切相关。以2020年“两会”为例，代表们的提案可以说涉及医疗卫生、教育教学等方方面面，涉及人群也很广泛，包括居民医保人均财政补助、医疗机构扶持、中小学教育教学和中高考工作、退休人员的基本养老金上调、退役军人优抚安置等。

（三）参与性

在当今的传媒环境中，受众并不是完全被动的存在，他们同大众传播者一样，有强烈的自主意识、创造意识、自尊心理和对信息作品进行选择、理解与判断的能力，并不轻易为传播者所任意左右或支配。他们不是强制的、被动的和消极的，而是自觉自愿的，积极主动的；不是盲从的而是自主的。这在政治传播过程中同样表现得比较突出。

在很长的一段时间，党报的“高高在上”一度使受众仅仅作为政治信息的接受者存在，而现在大众传播媒介的迅速发展，使受众在信息传播过程中逐渐地从“被动”走向“主动”，“可望而不可即”的政治领域同样如此。1998年，德拉吉博客网率先向全世界传播克林顿与莱温斯基的性丑闻内幕。2008年11月26日到29日，印度经济和金融中心城市孟买遭遇连环恐怖袭击，导致近200人死亡，数百人受伤，引发严重社会恐慌。在这次恐怖袭击事件中，博客、Twitter、Flickr等社会化网络平台被广泛应用，世界各地的人们尤其是孟买当地人，经由这些新数字技术条件下产生的“自媒体”，发布了大量来自现场的第一手文字、图片、视频信息，同时也发布了寻人启事，号召公众献血。2019年为庆祝中华人民共和国成立70周年而开展的国庆阅兵仪式，是中国特色社会主义进入新时代的首次国庆阅兵，彰显了中华民族从站起来、富起来迈向强起来的雄心壮志，此次阅兵仪式鼓舞振奋人心。在阅兵的闭幕式上，社会各行各业都加入表演，各个平台直播、转播阅兵实况，观众实时在线观看、交流，表达自己激动的心情。2020年“两会”期间，关于实况报道各个网络平台都有直播，大众可以随时随地打开移动设备观看，了解会议内容，并且实现线上实时交流、讨论。受众在政治传播中的积极参与，打破了媒体对信息的垄断，鼓励公民以积极的民主参与意识投入政治传播实践中，有利于提高公民的政治意识，也有利于改善我国的政治环境。

二、受众社会属性对政治传播的影响

“受众”作为大众传播信息接收者的同时，首先是作为社会成员存在于社会系统中。在社会与人的相互关系中，马克思从整体视野出发，认为社会是人们交互作用的产物。古希腊哲学家亚里士多德在他的名著《政治学》一书中，从个体的视角指出“人在本质上是社会的动物，不能过社会生活的个体，或者自以为不需要因而不参与社会生活的个体，不是兽类就是上帝”。达尔文从生物学视角强调“谁都会承认人是一个社会性的生物。”①所以社会与人的关系就像鱼儿和水的关系，或许人类意识不到自己处于社会之中，但是如果人

① 戚攻：《从社会学理论域考察网络社会群体》，载《探索》2001年第2期。

类脱离社会，就像鱼儿脱离了水，是得不到生存的。社会对人的影响是方方面面的，处于大众传播中的受众分属于不同的社会集团或群体，有不同的社会背景。受众在大众传播媒介中的活动虽然是个人行动，但这种活动会受到群体归属关系、群体利益以及群体规范的影响和制约。也就是说受众的社会属性、他们所处的时代、文化背景等要素对受众的信息接受程度和态度都存在着巨大的影响，这种影响当然在政治传播领域也会存在。

传播学研究表明，受众的群体背景或社会背景是决定他们对事物的态度和行动的重要因素，这种影响有时甚至超过大众传播的影响。早在20世纪40年代，拉扎斯菲尔德等人对此就进行过系列的相关研究，其中最具有代表性的就是其在1940年进行的伊里调查。伊里调查是在美国大选年，拉扎斯菲尔德等人为了考察大众传播中竞选宣传对选举结果的影响，考察社会属性与选民投票之间的关系，受众所属的社会群体和社会背景在人们进行选举或其他政治问题作出决定的作用而进行的调查。

（一）政治既有倾向假说

1940年5月到11月，拉扎斯菲尔德等研究者一直驻留在俄亥俄州的伊里县，为的是观察总统选举在社区的进展以及对社区的影响。他们做了大量访问，研究集中于600名受访者的固定样本组，这些受访者在7个月每月都要接受访问。

固定样本组的受访者被分成两组，一组是研究期间一直没有改变政治观点的人，不管因为什么方式改变观点的是另外一组。在这些选民中，有的改变了对政党的拥护，有的一直到竞选结束也没有作出选择，还有一些人虽然信誓旦旦地声明自己有明确的投票意图，但却连投票选举活动也没参加。① 在调查研究时，拉扎斯菲德等研究者利用受访者的社会—经济地位分级，即通常所说的SES等级。比如将那些拥有豪宅、衣着华丽的有钱人被划分阶层A，完全相反的一类人被划分为D。证据表明，SES等级和受访者的物质财产高度相关，等级越高，收入程度越高，拥有的家庭设施的价格就越昂贵等。SES等级还和访问对象的受教育程度紧密相关。商业和专业人士的等级较高，而工人和手工劳动者的等级较低。那么SES等级能在多大程度上区分党派的投票呢？各等级阶层的人们在多大程度上支持共和党或者民主党人？答案是，在A等级上的共和党人是在D等级上的共和党人的两倍。随着SES等级的降低，支持共和党人的比例减少，而支持民主党人的比例相应增多。② 在伊里调查中，研究者发现另外一个同SES等级一样重要的要素就是宗教关联。天主教徒和新教徒在投票选举过程中产生了较大的差异，最后研究者总结认为影响选民投票的两大因素为SES等级和宗教关联，而年龄对投票选举同样存在着影响。同时研究者还发现在选共和党的选民中，居住在乡下的要比居住在城镇的高出14%。这三个因素SES等级、宗教关联和居住地成为影响选民投票的关键因素。75%的富有农民新教徒选

---

① ［美］保罗·F. 拉扎斯菲尔德、伯纳德·贝雷尔森、黑兹尔·高德特：《人民的选择》，中国人民大学出版社2012年版，第23页。

② ［美］保罗·F. 拉扎斯菲尔德、伯纳德·贝雷尔森、黑兹尔·高德特：《人民的选择》，中国人民大学出版社2012年版，第16~17页。

了共和党，而90%的居住在桑达斯基的天主教徒工人选了民主党。①

研究者最后进行了IPP指数分析，即“政治既有倾向指数”，这是一个从社会经济地位、居住区域和宗教信仰三个方面显示受众在接触宣传前已有的政治立场和态度的综合指数。IPP指数分析的结果表明，选民的投票立场与他们既有政治倾向有密切的关系。也就是说，那些原本具有支持共和党倾向的人主要投了共和党候选人的票；而那些原本具有支持民主党倾向的人主要投了民主党候选人票。根据这一结果，拉扎斯菲尔德提出了著名的“政治既有倾向假说”：在人们就选举或其他政治问题作出决定之际，这种决定并不取决于一时的政治宣传和大众传播，而是基本取决于他们迄今所持的政治倾向，所谓政治既有倾向。以Facebook数据泄露事件为例，之前不少微信文章称Facebook数据泄露和操控美国大选有关。希拉里和普京进行总统竞选时，很多州的选民根据之前了解的关于两位总统候选人的信息，他们早就有自己内定的选择了，并不会受一时的宣传而影响当初的决定，所以希拉里和川普宣传的重点都放在了一些摇摆不定的州，并利用Facebook上的用户数据，给这些州的选民有选择性地推送信息，从而影响选民的决定。这里其实就是反用了政治既有倾向假说。后来的研究进一步证明，先有倾向的作用不仅仅止于政治问题领域，在时尚，生活方式以及娱乐等领域，人们对大众传播信息的态度都受到既有的关心、兴趣、信念、价值等先有倾向的制约。这种先有倾向作用的发现，对大众传播万能论是一种否定。②

(二)选择性接触假说

在一个典型的美国总统选战中，民主党和共和党在宣传材料上总是不均等的。人们通过媒介了解双方信息的渠道也不尽相同。媒体给予两个政党的时间不对等，内容也会出现各式各样的差别，在这个过程中，选民会根据自己的爱好和想法选择政治材料，甚至那些尚未作出决定的选民也会去接触那些符合自己还未意识到的政治既有倾向的宣传。

在伊里调查当中，拉扎斯菲尔德等人将8月份还没有明确投票意图的人(美国大选为11月份)根据其政治既有倾向分成了两组：倾向于民主党人的一组和倾向共和党人的一组。然后研究者观察他们接触政治性传播信息的情况，主要观察他们接触带有哪一种政治色彩的宣传材料。研究者把人们阅听到的所有演说、杂志文章和报纸报道根据其政治内容分类，发现在那些尚未作出决定的人之中，如果他们的经济地位、宗教信仰和居住地都具有共和党人特征，他们通常会设法阅听共和党方面的宣传，而在经济状况、宗教信仰和居住地三方面倾向于民主党的人中，接触民主党方面的宣传是接触共和党人宣传的三倍。③

拉扎斯菲尔德进而谈到，造成这种区别因素至少有两种，其一是选民本身接触的外部因素。如果选民居住在乡下，接触的是农业杂志，他们就更倾向于共和党；如果他们居住

① [美]保罗·F. 拉扎斯菲尔德、伯纳德·贝雷尔森、黑兹尔·高德特：《人民的选择》，中国人民大学出版社2012年版，第21~23页。

② 郭庆光：《传播学教程》，中国人民大学出版社2011年版，第156~157页。

③ [美]保罗·F. 拉扎斯菲尔德、伯纳德·贝雷尔森、黑兹尔·高德特著：《人民的选择》，中国人民大学出版社2012年版，第69页。

在城市，听的是那些造成劳方、赞成民主党工友们的谈话，倾向性则相反。环境决定了受众的阅听内容。另一因素是选民本身尚未意识到的心理既有倾向影响。一个人与其所在的经济、宗教和社区群体中的其他人共同拥有诸多经历，他们只乐于注意其中的一些事情。受众设法选择那些短暂的、刺激的信息流，通过这些信息，他们更易于被劝服。①

根据这个结果，拉扎斯菲尔德等人认为，受众在接触大众传播的信息时并不是不加选择的，而是更愿意选择接触那些与自己的既有立场和态度一致或接近的内容，而与此对立或冲突的内容有一种回避的倾向。这个结论被称为"选择性接触假说"。② 大部分研究表明，"选择性接触"不仅仅存在于政治信息领域，在文化、消费和娱乐信息领域，这种机制也是普遍存在的。作为选择所依据的，除了兴趣或爱好等个人因素以外，他们的群体价值和群体规范也起着重要的作用，这种机制的存在说明，受众在大众传播媒介面前并不完全被动，反之，具有某种能动性，大众传播媒介并没有随心所欲地支配和左右受众的力量。

三、政治传播中的受众心理

受众是信息传播的"终端"，是信息传播链条的一个重要环节，是职业传播者是否够格的评判者。在传播学研究中，"受众"和"受众心理"一直都是传播学者研究的范畴。综合传播学对受众的研究发现从"子弹论"将受众比作消极被动的"靶子"，到认为媒介控制一切，到把受众看作能决定媒介命运的"上帝"，支配着信息产品的创造。关于受众和受众心理的理论观点总是在不断地转变和发展，但是从整体上，我们发现受众在接受大众传播媒介信息时心理方面存在很多共性，具体到政治传播中，这种研究便被具体化了。

（一）政治传播中的选择机制

伊里调查及长时间中国传播学者调查发现，"政治既有倾向假说"和"选择性接触假说"无论是在美国还是中国，无论是过去还是现在都普遍存在于受众对信息接受及反馈过程中。而从"选择性接触假说"入手，我们可以深入分析受众的选择性机制在传播过程中的作用。

受众的心理现象既包括接受需要、动机和心理效应、心理倾向，还包括受众信息接受的内在操作机制，其中最引人瞩目的是内在选择机制或选择性心理，包括选择性注意、选择性理解和选择性记忆。

1. 选择性注意

注意是"心理活动对一定对象的指向和集中。指向是指每一瞬间，心理活动有选择地朝向一定事物，而离开其余事物。集中是指心理活动反映事物达到一定清晰和完善程度"。因而选择性注意是受众对媒介所传递的信息进行筛选和过滤的过程，它将受众自身

---

① ［美］保罗·F. 拉扎斯菲尔德、伯纳德·贝雷尔森、黑兹尔·高德特著：《人民的选择》，中国人民大学出版社 2012 年版，第 70 页。

② 郭庆光：《传播学教程》，中国人民大学出版社 2011 年版，第 157 页。

感兴趣或与他们相关的信息保留下来，而过滤舍弃掉其他的信息。① 可以从四个层面理解。

第一，“接受定向”即预先就有的趣味方向或预存立场。这种趣味方向和预存立场在整个信息接受过程中，直接影响到受众注意什么和怎样注意，一切与其接受定向相矛盾或相背离的信息，往往不是遭到抵制或回避，就是受到歪曲和攻击；第二，“接受期待”即人们预先使自己处于对某种输入类型准备接受的状态之中，也就是说当信息接收者意识到了他能注意的是什么后，随之便会用这种意识去指导或期待他在下面的注意。第三，“接受需要”即面对同一接收对象，由于各人的需要不同，反应的结果亦不相同，不同的接受需要，往往操纵和控制着接受者的接收方向和重视程度；第四，“接受个性”是指不同的个性心理决定着接收者对接受客体的注意与否和重视程度。②

在政治传播中，受众的选择性注意会非常明显地影响到他们对传播信息的接收效果。“政治既有倾向”假说已经证实了受众会因为其社会经济地位、居住区域和宗教信仰等方面影响其政治倾向，这种倾向的影响有时是针对某一政党，有时会针对某一个人。有人曾对英国读者看报的情形作过如下描述：治理这个国家的人阅读《泰晤士报》；自以为自己正在治理这个国家的人阅读《镜报》；认为这个国家应该由别的国家来治理的人阅读《晨星报》；治理这个国家的那些人的夫人阅读《每日邮报》；拥有这个国家的人阅读《金融时报》；认为这个国家应该和从前一样治理的人阅读《每日快报》；认为这个国家应维持现状的人阅读《每日电讯报》；在国家有困难时谁来治理国家都不关心的人阅读《太阳报》。这正是受众选择性注意的一个典范，人们总是根据自己的喜好、认知、习惯等方式来选择信息。③

2. 选择性理解。

选择性理解是指由于受众的预存立场不同，会导致他们对同样接收的信息有不同的理解。在 20 世纪 30 年代，社会心理学的许多研究中已经发现人们惯于按照习惯、意愿或者对心理、生理报酬的预期来理解事物。在信息传播过程中，由于受众常常根据自己固有的文化背景、动机、情绪和态度等，对受传信息作出自己的理解，因此经常出现传播者无法把自己原来想要表达的意义原原本本地传给受众的现象。④

选择性注意是信息接收通道上的第一关，选择性理解就是这一通道上的第二关。这种心理机制类似于一种过滤器。指不同的人对同一信息或作品可以作出不同的解释和结论。选择性理解首先包括了创造性理解。这是一种正面的理解方式，也是所有的传播者都希望得到受传者的理解方式。这种理解是接受者循着传播者的思考方向、编码轨迹、传情线索和逻辑途径创造性进行的，是受传者带着被媒介信息所唤起的某些预存立场、接受定向和接受需要等“添加剂”，以积极的注意和理解态势主动地发现和理解一些东西。⑤ 可以说歪

① 王秀波：《选择性心理价值的传播哲学思考》，江西师范大学 2010 年硕士学位论文。
② 邵培仁：《传播学》，高等教育出版社 2007 年版，第 300 页。
③ 王秀波：《选择性心理价值的传播哲学思考》，江西师范大学 2010 年硕士学位论文。
④ 王秀波：《选择性心理价值的传播哲学思考》，江西师范大学 2010 年硕士学位论文。
⑤ 邵培仁：《传播学》，高等教育出版社 2007 年版，第 300 页。

曲性理解是受众对自己的思维惯性和某种情绪不予合理控制，而听任其发展到无视信息作品的客观规律性和“回旋余地”等不适当的程度，发展到与传播者的既存立场和传播意向相背离的地步，那么就会导致对信息本义的胡乱引申和肆意歪曲，影响信息的正常传播和准确理解。① 清代“清风不识字，何必乱翻书”的“文字狱”就使歪曲性理解达到了登峰造极的程度。在国外，库珀和雅霍达曾做过一个研究，研究者在漫画上以极度夸张的手法塑造出一个种族偏见极强的人物——比戈特先生。漫画上的比戈特躺在医院的病床上，已经奄奄一息了，但他还断断续续地对医生说：“如果我需要输血的话，医生，您必须保证给我输美国第六代人的蓝血!”漫画家的本意是想讽刺这种种族偏见，让受众感觉到种族偏见的可笑，进而放弃已有的偏见。但是研究却表明，大约有2/3的非犹太人和非黑人看了之后歪曲或误解了漫画家的本义。这些有较深种族偏见的白人，不仅没有看出漫画的讽刺意味，相反，还从比戈特先生的临终嘱咐中受到鼓舞和激励，进一步坚定了其预存立场和原先偏见。

总体来说，受众对信息的选择性理解有以下三种状态：一是受众根据自身的实际情况，按照传者的编排方式与思维路线等方面对传播信息进行创造性的理解，并积极主动地去发掘和理解信息以外的意义；二是受众依据自己的思维和认知方式，对接收到的信息进行不符合常规的歪曲理解；三是受众因受情感刺激，或因自身认知结构等问题，将媒介信息所表达的符号世界与他所处的现实世界混淆，而作出的反应和理解。②

(二)政治传播中的“逆反”心理

“传播”的同义词是“宣传”。“宣传”是以传播某种主义、主张、思想、观点以改变特定对象的思想态度和行为的活动。提起政治宣传，马上引起的联想就是把会议、文件、政策一股脑儿地照搬上媒介告知观众，这时的宣传实质上是“硬性说服”。其实“硬性说服”和“宣传”是不一样的，政治传播中，如果“硬性说服”痕迹过于明显，就容易引起传播过程中的“逆反心理”。

政治传播中的逆反心理的形成有内外两个原因。从内在机制上讲是在于受众接受政治信息时的“态度”。美国社会心理学家克特·W. 巴克在所著的《社会心理学》一书中认为：态度是“对人、思想或物体的心理倾向，它包括认知、情感和行为的成分在内”。一般认为，认知成分由人们对态度对象的信念或知识组成；情感成分指人对于对象的情绪反应；行为成分包括人对物或人的外显行为③。态度一旦形成，就会给人们的活动带来一定的规定性。在人们的活动按一定的态度多次实现时，这种态度就会在人的身上固定下来，并决定今后行为的趋向。政治传播信息接受的“态度”，除了我们之前已经讨论过的“既有政治倾向”和“选择性倾向之外”，还包括“对比性定律”：持各种不同立场的人对于同样一条信息会给予各种不同的评价。人们会把和自己相距较远的立场评为相距更远的立场。例如，对A政党持极端肯定态度的人甲和另一个对A政党持轻微肯定态度的乙，对于同一条反

---

① 邵培仁：《传播学》，高等教育出版社2007年版，第310页。

② 王秀波：《选择性心理价值的传播哲学思考》，江西师范大学2010年硕士学位论文。

③ 张昆：《政治传播与历史思维》，华中科技大学出版社2010年版，第5页。

对 A 政党的宣传信息，其感受肯定是不一样的。持肯定态度的甲可能会感到反对 A 政党宣传信息的立场离自己的距离比实际的距离更加遥远，更加对立，更加不能接受；而持轻微肯定态度的 B 也许会感到自己离宣传信息的距离更近些。这种情况表明，持不同立场的人在评价同这些立场相联系的宣传信息时是不客观的。这实际上是接受信息时的一种错觉性印象。对比性评比定律一旦发生作用，那么所宣传的观点就处在跟宣传对象十分对立的地位，而这种对立显然远甚于他们之间实际对立的情况。①

从外部环境上看，政治宣传的内容和形式如果处理不当也会引起受众的逆反心理。具体来看包括的第一点是宣传片面，不真实。有调查显示，在调查对象中，因报纸宣传片面而抵制宣传的受众占读者总数的 53. 1%。比如在“文革”时期，报纸上片面地宣传资本主义是多么的黑暗，多么的腐败，整个社会充斥着贫困、失业、罢工、犯罪。但现在，有些报纸也是片面地宣传资本主义进步的一面，科学技术的发展，优良的环境等。这种片面的宣传自然会引起受众的反感乃至抵制。第二，信息超载，内容虚假。长篇累牍的政治信息，通常会受到受众的抵制。错误、虚假的政治传播最容易引起接受者的反感。在对 20 世纪八九十年代大学生读者的调查中，发现他们对报纸的逆反心理基本都来自“文革”时期报纸的宣传失真。第三，基调不稳，常变化。报纸的宣传调子经常变，受众就会认为传播者并不权威，宣传内容靠不住。

基于上述分析，不难看出逆反心理是在政治传播中一种常见的心理现象，从具体的实践中来看，逆反心理的具体效应有四种。

1. 漠视与自己既有观点不一致的政治信息

这跟选择性心理机制是基本相同的。对某些政治信息不予理睬，是逆反心理接受者对自身保护的第一关。利用这一点可以将大量的“敌对”信息阻止在接受者接受体系之外。逆反心理还表现在接受者与外来信息博弈的过程中，这就像身体对病毒的抵御，不仅表现在对外部威胁的抵御，还从内部对这些外来敌对的信息予以斗争。

2. 反驳对立的政治观点

面对已经进入视线的敌对外来信息，接受者显然不能再以回避的方式对待了。在国外心理学的一些实验中，当被试受到外部对立观点的威胁时，他们会极力寻找一些论点和论据用来驳倒外来信息，并坚持自己的观点。在很多场合下，这还有可能演变为一种思想论争。有关调查显示，有近 40%的人曾经试图驳斥报纸上宣传的某些政治观点。

3. 有意的歪曲或误解外来政治信息的内容

这是人们常有的一种抵制方式。它主要通过两种途径来进行。其一，对宣传的政治内容完全错误的理解，将对方的观点无限夸大，使之变得荒唐可笑，从而减轻对立观点给自己带来的压力。例如，1949 年前大地主大资产阶级为了抵制共产主义的宣传和革命运动的发展，歪曲共产主义概念，污蔑共产党共产共妻，以这种荒唐的说法支持自己的理念思想。第二，断章取义，按照自己的主观臆想重建已有观点，或者是把自己的观点牵强附会到敌对观点上，使得这些观点与自己已有的态度、观点并存。这种歪曲、误解大多是无意识地进行的，当然也有可能是有意歪曲。在政治宣传中经常可以看到这种情景。

① 张昆：《政治传播与历史思维》，华中科技大学出版社 2010 年版，第 7 页。

4. 贬低政治信源，降低信息可信度

信源是信息发出的源头，信源的可信度低会直接导致信息本身的低可信度，受众一般会通过这种情况类推外来政治宣传信息的无价值。这样，接受者本身就可以无视这些外来敌对信息了。苏联心理学家解释这种情形时说："毫无威信的卑鄙无耻的敌人所表现出来的敌意，并不能引起人们非常难受的不和谐之感。在这种情况下，人们的基本的否定反应集中到信息的来源、宣传的主体，他们对宣传员的定式完全向着否定的方面改变。这样往往也就不会对那种不能接受的立场表现出多余的神经过敏了。"[①]现实生活中的逆反心理读者，有一部分是以这种途径来保护自己的。

(三)互联网背景下的"受众心理"

互联网的出现使得我们的媒体环境发生了天翻地覆的变化。互联网以其交互性等特点迅速地改变了人们对信息的接受和处理。在互联网背景下，传统的传播模式悄然改变。这种改变无论从传播者还是受众都是一种全新的模式尝试。

政治学界多年的研究发现：选民的政治意愿在很大程度上会受到他们每天接触到的媒介信息的影响，信息控制是选举筛除机制中最重要的内容。媒体通过各种方式全方位地塑造着当代政治，一方面作为传播平台，让候选人兜售自己的政治意见，向选民贩卖利己排他的政治广告，影响非理性选民的政治态度，以获得最大限度的支持；同时还作为一种互动工具，为选民搭建平台与候选人实现沟通，同时为平民提供表达意见的渠道，让民主成为可能。从媒介形式上看，从印刷媒介到电子媒介再到数字媒介，传播技术的发展让政治参与形态和政治竞选传播模式也不断发生转变。无论是作为竞选信息的发布平台、政治互动的渠道，还是推动投票的工具，互联网都促使政治体系出现了全面更新，从而增强选民对政府的信任度和对政治活动的参与度，也使得受众心理逐渐发生了新的变化。

1. "追星"心理

在互联网时代，政治家们越来越多、越来越深入地利用网络来进行政治宣传。成为一个政治明星需要的是包括政治素养、政治魄力等方面的因素，但是宣传的作用也是不可小觑的。以 2008 年美国大选为例，奥巴马大选得胜就是来自他对新媒体的运用和支持者狂热的热情。奥巴马竞选之始，就积极利用他的官方博客为竞选工作添砖加瓦，有意识培养和巩固自己的"粉丝"。再如，2020 年 9 月 16 日，在湖南农业大学新生开学典礼上，袁隆平院士受到数千学子的热烈追捧，一位年轻记者刚见到他就秒变"粉丝"。开学典礼上，当袁隆平院士从东田径场主席台进场的时候，几千名大学生拿出手机，只为记录下这令人心潮澎湃的时刻，场面极其壮观，像极了"追星"现场。

2. "政治狂欢"心理

当下的政治传播者，通常都懂得利用网络媒体这个自我推销的新手段，把自己的政治宣传遍布在网络媒体和现实世界。在美国大选期间，奥巴马的正面形象、政治主张的推广议程不再以生硬的头条或头版形式出现，而是在众多生活氛围很强的博文、微博、视频节

① 张昆：《政治传播与历史思维》，华中科技大学出版社 2010 年版，第 4 页。

目中，这些议题看上去生动而活泼，加上追随者的活跃互动，政治议程设置的主观色彩看上去少之又少，意识形态的宣传色彩上也淡了很多，这种隐蔽巧妙的“议程设置”有效地影响和鼓舞了新时代的网络选民。而广大的选民也根据这一平台，尽情地发挥自身的参与性，以更积极的参与心态和更丰富的参与渠道进行互动。但是，经过研究却发现很多网民投身政治竞选活动，其驱使动力主要是对总统候选人追星式的崇拜和热爱，而非处于秉持的理性的政治见解。网络的及时互动性，政治团队的暗中操纵、鼓励，使得这样的狂热回帖表达冲劲儿十足——个体的言论在被不断跟帖和肯定的过程中变得更加正确，也更有号召力。一旦高潮结束，狂欢暂息，就会出现支持率显著下降的态势。

第三节　受众意见领袖与政治民主

在传统媒体的环境下，受众本身的教育程度，对信息的解读力，以及信息来源获取的有限性都制约了信息作为一种资源在全社会分配中的公平性，客观上造成信息拥有的不平衡。由于信息获取的非民主特点，对多数受众而言，信息的获取往往并非直接发端于承载此信息的媒体，而是首先掌握了此信息的人。在政治传播过程中，有些人会通过自己已有的知识储备、社会经验、人际交往等因素对已有的政治信息作“二次解读”，这些人就是我们通常所说的“意见领袖”。

一、意见领袖的概念及基本特征

意见领袖(Opinion Leaders，又译为舆论领袖)，是指在信息传递和人际互动过程中少数具有某种影响力的中介角色者。这些人是大众传播中的评介员、转达者，是组织传播中的闸门、滤网，是人际沟通中的“小广播”和“大喇叭”。他们扮演者“向导”与“桥梁”的角色，负责将上一级传播内容中的“现实”“翻译”成当地群体的经验。①

“意见领袖”作为一个具体的概念，出现于美国传播学者拉扎斯菲尔德的研究当中，在伊里调查中，拉氏等人发现政治选举中的不投票者表现出了对政治的低参与度，而在总统选战中的那些最活跃的人——“意见领袖”则表现除了高的参与度。通过拉氏等人的一般观察和许多社区研究，在每个领域和每个公共问题上，都会有某些人最关心这些问题并且对此谈论得最多，他们就是“意见领袖”。② 而在人际关系网中，“意见领袖”扮演者特殊的角色。他们要比其他选民更多地参与政治讨论，但是他们却认为正式媒介是比人际关系更有效的影响来源。这就意味着信息是从广播和印刷媒介流向意见领袖，再从意见领袖传递给那些不太活跃的人群的。这个就是“两级传播”。③

意见领袖虽然始于政治传播领域，但其实存在于我们生活的方方面面。虽然在具体的

① 邵培仁：《传播学》，高等教育出版社2007年版，第310页。

② [美]保罗·F. 拉扎斯菲尔德、伯纳德·贝雷尔森、黑兹尔·高德特：《人民的选择》，中国人民大学出版社2012年版，第43页。

③ [美]保罗·F. 拉扎斯菲尔德、伯纳德·贝雷尔森、黑兹尔·高德特：《人民的选择》，中国人民大学出版社2012年版，第128页。

状态上会有差异，但他们都作为意见方面的领袖式人物存在。在具体的信息传播活动中，信息的流量和流向并不是均等的，更不是统一的传递给每一个受传者，在诸多的信息中通常会先传达给某些人，而后再由这些部分人把讯息传递给他们周围的一般受众。尤其在互联网时代，据 CNNIC 第 46 次《中国互联网发展状况统计报告》显示，截至 2020 年 6 月我国网民规模为 9.40 亿，10~39 岁的网民群体占比 55%，初中、高中、技校、中专、大学专科学历的网民群体整体占比 72%，在网民职业构成中，学生、个体户、自由职业者、农林牧渔劳动人员分别占比 23.7%、17.4%和 15.3%，这表明意见领袖互联网上信息传播的受者多为中低学历、时间较为充裕的未成年人和中青年群体。

意见领袖作为媒介信息和影响的中继和过滤环节，对大众传播效果产生着重要影响。根据卡兹和拉扎斯菲尔德在《个人影响》、罗杰斯在《创新与普及》和王丹晨在《新媒体时代意见领袖的作用》中的论述，意见领袖具有以下几点基本特征。

(1)与受众具有平等关系。他们与被影响者一般处于平等关系而非是上下级关系，他们是我们身边熟悉的人，正是他们的这种非“压迫性”或是“亲民性”使得他们的意见更为可信。在新媒体时代，意见领袖知名度、亲和力与说服性等特色的凸显使其达成了偶像化身份的获得，网络意见领袖的社会资本和象征资本得到了增进，获得了领袖般的支配性力量。

(2)获取信息渠道多，知识面广。通常来讲，意见领袖拥有较多的信息渠道，对大众传播媒介的接触频道高、接触量大。获得信息的来源广，获取信息也更早，更多。他们不仅要信源广阔，还要有较强的读码、释码能力，在某些专门的问题上要有较多的研究和较广阔的知识。

(3)圈层分散性强。他们并不集中于特定的群体或阶层，而是均匀地分布于社会上任何群体和阶层中。每一个群体都有自己的意见领袖。

(4)较高社会地位。这里的社会地位一是指意见领袖在其活动的那个群体中所处的社会地位，二是指在群体之外可以获取各种所需信息的社会关系，而这两点又往往与其经济地位相关。只要一个人不只在群体内、在群体外也有较高社会地位，那他的意见就很容易被追随。

(5)人际交往频度高，有责任感。意见领袖通常有较强的人际交往和社会活动能力以及关系协调能力。他们在与人相处的过程中，一般讲义气，敢于打抱不平，富有同情心和责任感，容易获得集团内或小群体内成员的好感与信赖。

(6)形式多样。在现代都市社会中，意见领袖以“单一型”为主，即一个人只要在某个特定领域很精通或在周围人中享有一定声望，他们在这个领域便可扮演意见领袖角色，而在其他不熟悉的领域，他们则可能是一般的被影响着。在传统社会或农村当中，意见领袖一般以“综合型”为主，如有名望的家族对当地社会往往有普遍的影响。

(7)话语权优势。意见领袖利用其话语权优势，实现了舆论引导与对现实的干预。意见领袖进行信息分发与再分发时，往往将个人或其代表机构的观点蕴含其中。在意见领袖与受众建立的稳定传受关系链中，受众不仅接受信息，也接受了观点对其认知结构与价值观的“涵化”。如中国共青团、《人民日报》等国家官方意见领袖所发布的信息，对国民产生了强大的思想教育作用。①

(8)打造结构洞。意见领袖作为信源和公众之间的次级关系人，以自身打造结构洞，过滤、整合低价值密度信息，再分发给受众。公众得以从信息过载中脱身，节省注意力，并向意见领袖提供反馈。在这个过程中，意见领袖参与了新媒体环境下的议程设置，受众通过接受信息，丰富了自己的认知结构，实现了与环境交互模式的动态调节。②

二、意见领袖的形成因素

意见领袖是一种普遍的社会现象，那是什么原因使“意见领袖”愿意成为“意见领袖”，导致他们成为意见领袖的心理因素有哪些？通过“使用与满足”研究，我们不难发现，在对自身信息需求的满足、在小群体内进行交流、服务于自身的利益、通过交流获得自身权威感等方面给出了一定的答案，但是如果再进行深入的分析和探索，我们还会发现有关“意见领袖”形成的更为深厚的原因。

(一)“意见领袖”形成的内在原因

1. 信息“接受者”与信息“发出者”双重身份带来的心理快感

在大众传播中，“意见领袖”首先是作为“接受者”存在的，他们获得信息的渠道更多，占有的信息较之普通受众也要多，于是，拥有别人没有的东西，在相对优势中产生快感成为“意见领袖”的直接心理动因。肯尼迪总统遇刺身亡，约50%的人是通过他人传告得知的，而非从大众传播媒介获知。这虽然是特例，但这种比较极端的例子，更能说明人们在获知重要信息，或者对群体普遍感兴趣的话题时，就会通过各种方式和途径表现自己有用信息的全面和限制，从而为自己赢得快感。从另一个方面，“意见领袖”从事信息再生产时，便作为信息“发出者”或“传播者”角色存在。在众多的信息当中，他们主动或被动地获取信息，进行加工改造，按照自己的理解和意图，用自己既有的经验加工信息，甚至重新建构信息全新的意义，然后向周围的人进行阐释性的传播，他们主导了小群体内的舆论氛围。如果是社会性软信息，他们会根据自己的理解对信息进行重新结构加工，肆意增减，即便是类似于政治传播的硬信息，他们也会附带评论，加上自己的见解和主张。约翰·菲克斯曾经这样谈到他对大众文化理论的理解，“大众文化迷”具有“生产力”的行为特性，“他们的着迷行为激励他们去生产自己的文本。”这里的“大众文化迷”，在一定程度上就可以看作意见领袖，他们“把原初的当作一种文本资源，从中创造出无数的新文本”，“在这样的生产过程中，快感的来源是多方面的”。③

2. “尊重心理”带来的成就感

美国著名心理学家马斯洛的需求层次理论认为，人们具有五个需求层次，依次为生理、安全、归属与爱的、被尊重和自我实现的需求。人们都有获得尊重的欲望，尊重包括

---

① 王丹晨：《新媒体时代意见领袖的作用》，载《今传媒》2020年第11期。

② 王丹晨：《新媒体时代意见领袖的作用》，载《今传媒》2020年第11期。

③ [美]约翰·菲斯克：《理解大众文化》，中央编译出版社2001年版，第190、174、175、177页。

他人的敬重和自尊。同他人交流的一个主要功能就是消除人类潜意识当中的“孤独感”。在意见的给予过程中，意见领袖一方面通过发表见解来实现自我表达，实现“自我尊重”的过程，另一方面，他们通过与人交流，获得他人的肯定信息，来赢得他人对自己的尊重、赞同、鼓励等回报，并通过这些来评估自我价值。G. H. 米德在研究时发现作为个人的“自我”可以分解成相互联系、相互作用的两个方面：一方是作为意愿和行为主体的“主我”(I)，它通过个人围绕对象事物从事的行为和反应具体体现出来；另一方是作为他人的社会评价和社会期待之代表的“客我”(me)，它是自我意识的社会关系性的体现。换句话说，人的自我是在“主我”和“客我”的互动中形成的，又是这种互动关系的体现。① 意见领袖的这两种心理正好对应了米德的这种说法，因此，我们可以说，赢得自尊和他人尊重成为意见领袖形成的内在动因。

(二)“意见领袖”形成的外在原因

1. 技术层面原因

在传统媒体时代，意见领袖已经普遍存在于社会各阶层中，但是由于媒介条件的有限性，使得受众不可能对大众传播进行积极的反馈，没有机会和能力表达自己的意见和心声。在传统的大众传播中，单向性比较强，反馈的环节比较弱，在这个过程中，意见领袖能够在积极接受媒体的信息的同时，结合自己的生活经验和现实情况，给广大受众意见，指导受众的媒体实践。在互联网时代，意见领袖的范围和数量都大大增加了。在 Web2.0 技术出现之前，互联网信息的传播模式是“网络对个人”的单向传输模式，这样即便意见领袖想要发挥作用，技术平台也缺乏相应的解决措施。在 Web2.0 技术出现之后，这种模式得到了改变，普通网络用户通过技术支撑参与到信息的生产和传播过程中，变被动为主动。将网络信息的传播模式变成了“人人对话”模式，实现了点对点的直接沟通。这就促成了网络传播的人际传播化，从大众传播到人际传播的传播模式变化使得意见领袖有了产生和发展的土壤。

2. 社会原因

经济的快速发展引起了社会结构转型的加剧。人们的生活环境因此而发生急剧变化导致了信息等各种社会资源分配的不均，也增加了人们对环境认识的不确定性。在这个时候一部分人因为拥有更广泛的信息渠道和更广阔的社会交往享有比一般人多的话语权，他们通过为大众提供比大众传播媒介更贴近更全面的信息成为了意见领袖。从普通人角度来说，一般受众急切希望通过获取更多信息来减少对生活或其他方面的不确定性，从而也刺激了受众对有效信息的需求。我们的社会每天发生数以亿计的事件，面对纷繁复杂的社会没有信息特权的普通受众期待权威的声音来为他们提供指导。他们希望意见领袖能够针对实际问题作出判断、解释和预测，从而为自己的抉择提供参考。而从媒体角度来看，媒体的信息发布虽然从表面上看实现了话语平等，但由于个体在接收信息时表现出来的差异，在实际情况中很难实现真正的话语权平等。这是因为媒体信息没有也不可能完全自由地流通，它会受到来自各方面的监控和审查，这就限制了一部分人的话语权，也会催生出那些

① 郭庆光：《传播学教程》，中国人民大学出版社 2011 年版，第 65 页。

因为拥有多渠道媒体信息进而享受话语权的意见领袖。此外，责任感以及价值因素也是意见领袖形成的重要原因。意见领袖常常是利益集团的代言人或小群体中的头头，他们讲义气，富有同情心和责任感，能带头为群体和成员个人利益讲话，因而容易获得集团内或小群体内成员的好感与信赖。意见领袖常常是追随者心目中价值的化身。换句话说，这个有影响力的人是他的追随者所愿意追随和模仿的，他的一言一行、所作所为受到追随者们的格外重视，并希望自己也能像他那样生活和工作。

三、意见领袖在政治传播中的角色

意见领袖是政治传播中的重要行为主体，在许多案例中，正是意见领袖的政治信息传播，才引发了群众的政治动员，正是意见领袖对政治信息的跟进，才激发了政治动员的切实执行。

（一）意见领袖是政治传播初始阶段的积极宣传者

1. 权威意见领袖可以抢发先声，引导舆论

“意见领袖”在受众群体中的地位和威信是凭借他们对于事件能够作出准确的判断，在一个稳定的群体中，意见领袖往往具有影响众人的价值判断和行动倾向的能力。2020年5月20日，全国政协十三届三次会议举行新闻发布会，由大会发言人郭卫民介绍会议情况并回答记者提问，其就充当了“意见领袖”角色。

2. 民间意见领袖可以吸引注意，扩大“聚焦”

意见领袖通常会解释某一政治事件，将受众的感情拢聚到一起，在某一个政治事件中汇集受众的注意力，引导受众认知，加深受众了解，在很多情况下还会及时提醒受众加以行动。在互联网运用极高的美国，“新媒体”总统奥巴马就是广泛利用意见领袖的作用，表达自己的政治见解。例如，随着世界的不断融合，美国群体移民的比例也日渐升高，以往华裔的美国人很少能够在主流媒体上发出自己的声音，但是由于意见领袖的出现和引导，华裔美国人开始大声疾呼，为自己争得很多权利。在此过程中，意见领袖起到了一个推动器的作用。

（二）意见领袖是政治传播的积极推动者

1. 意见领袖是政治传播信息的发布者

尽管大众传播媒体是政治信息的首先发布者，但是意见领袖会使这种信息迅速在受众中产生影响，有时一些传播的行为具有政治目的性的意见领袖还会主动去传递政治性信息，从而形成行为结果，影响社会和政治系统的运行。意见领袖具有“偶像”“榜样”的意义，通常是某一群体心中价值判断的代表。意见领袖的言行和作为将成为追随者们的一个价值判断标准，也就成为了该群体的利益表率，而意见领袖本身具有责任感、使命感，敢于表达，所以能够代表群体和个人利益讲话，致使追随者对其产生好感，直至达到信任。在2008年，网络和现实中的意见领袖联手制造出轰动全国的抵制家乐福事件。在2008年4月10日上午10点45分，在著名的公众论坛网站“猫扑网”上，“水婴”发出了一封“抵制法国货，从家乐福开始”的帖子。后经查实，是一名ID名为“水婴”的网络人在和朋友聊

天的过程中，因为对中国奥运圣火在海外传递遭遇干扰的事件不满，有感而发随即编写了“抵制家乐福”的帖子。帖子刚开始并没有得到社会公众的足够重视，但是在一段时间后，网民不断回帖，而且不同网民也提出了很多更为详细的口号，抵制法国货的舆论导向便在社会中逐步形成。

2. 扩大政治事件效果 诱发受众集体情感

渲染政治事件，激发受众认同意见后共同采取相应的行动是意见领袖影响力的一个重要表现。夸张，煽情，用一些艺术化手段来增强政治事件的感染力，是意见领袖号召受众行动，诱发受众情感的一个常见手段。正如在“抵制家乐福”事件中，首先网络人“水婴”是一个资深网民，他在论坛中发帖，起到了网络中“意见领袖”的带头作用。现实生活中的“茉馨”是一个热爱公益的人，也是一个公益组织的负责人，她在现实生活与虚拟世界中的交往圈子十分广泛，她现在网上发出领取爱国T恤的号召，为推动实际开展“抵制家乐福”活动提供了激励性的物资支援。2008年4月13日，一名未知姓名的女孩在北京某家乐福门口高举附有奥运火炬在海外被抵制的图片，这张图片在网络上引发了巨大的号召力，在某种程度上，她和茉馨可以称为现实中的“意见领袖”。随后，不少地区确实发生了当地民众围堵家乐福卖场的事件，而且引起了法国政府的关注。在“抵制家乐福”实践中，我们发现，那些互不相识的人们在对同一个话题进行表达的时候，都是以自己感兴趣或力所能及的方式来推动事件的发展，正是在对信息的寻找、质疑过程中逼近事实真相，最终形成不同的意见领袖和舆论。在事件的传播过程中，意见领袖的推动作用非常重要。

（三）意见领袖是政治传播中的组织者或参与者

在现实生活中的意见领袖，通常会利用网络媒体，在政治传播中担当重要角色。正如在家乐福事件中的“茉馨”，在现实生活中就是一个民间公益组织的负责人，平时除了组织网友去社会福利院，也会一起爬山等，发放爱国T恤活动的信息就是茉馨从这些网友处得知，并帮助其宣传。茉馨在网络上的朋友圈很广泛，每个朋友也都有自己交往的圈子，她很显然成为群体中的意见领袖，而领取爱国T恤的行为，也正是由于其号召力很快在社会中引起反响。①

尽管并不是所有的意见领袖都是政治信息传播和行动的组织者，他们也会以不同的形式参与现实世界的政治活动。这些意见领袖作为参与者同一般意义上的政治参与者不同，他们在积极性、掌握信息资源程度、承担责任等方面都有自己独特的个性。

四、意见领袖在民主政治中的作用

（一）意见领袖在民主政治中的积极作用

1. 意见领袖可以推进民主政治的发展

习近平同志在庆祝改革开放40周年大会上的讲话指出，40年来，我们始终坚持中国

---

① 《抵制家乐福中的新意见领袖传播路线》，载乌有之乡网，http://www.wyzxwk.com/Article/shidai/2009/09/32981.html，访问时间：2021年10月15日。

特色社会主义政治发展道路，不断深化政治体制改革，发展社会主义民主政治，人的制度保障和法治保障更加有力，人权事业全面发展，爱国统一战线更加巩固，人民依法享有和行使民主权利的内容更加丰富、渠道更加便捷、形式更加多样，掌握民当家作主着自己命运的中国人民焕发出前所未有的积极性、主动性、创造性，在改革开放和社会主义现代化建设中展现出气吞山河的强大力量。① 意见领袖作为社会成员的代表积极地参与政治传播，通过互联网等媒体参政议政，与政府官员互动，这种方式改变了政治生态环境，为民主政治的发展提供了新的方式和渠道。

民主政治集中的表现形式之一就是要让每个独立的个人都有自己的言论权利，在保护多数人的利益的同时不能侵犯少数人的合法权益。民主政治要保证公民以合法的形式表达自己的政治思想。公民可以在法律允许的范围内自由地支配自己的精神和行为，自由地决定政治参与的方式。意见领袖提供了这样一个平台，让公民发表自身言论的平台，这样在公民参与民主政治的行为受到一定限制的情况下，当现实社会不能表达时，公民可以选择意见领袖为其代言人，阐发自己的主张，这一定程度上促进了政治民主的发展。意见领袖在和普通受众不断交流的过程中，逐渐形成了舆论和民意，他们代表了群体的声音，代替群众说话，以其整体观点意见的直率、全面，日益成为影响社会发展进步的重要力量。

2. 意见领袖可以扩大公民有序政治参与

近年来，随着利益主体的多元化，越来越多的公民表现出极大的政治参与热情。但从阶层分布来看，占有绝对比重的基层党员群众，政治参与的热情、方式和有效性，与所占人口比例严重不对称，尤其是对与自身利益没有直接关系的政治生活的参与热情更是不高，被动参与和消极参与比重很大。群众意见领袖作为沟通政府与公民的一座重要桥梁，一方面可以及时把民众对政治改革的要求、愿望、建议、批评集中起来，转达给政府；另一方面又把政府的政策意图和对相关问题的处理意见转达给民众。在这一利益表达和协调过程中，不仅保障了公民的表达权利，也加强了对党员群众有序政治参与的引导。同时，还能最大限度地调动人民群众的创造精神，增强社会自治功能，逐渐生成健全的公民社会。②

3. 意见领袖可以推动和谐社会的构建

民意是“立国、治国之本，成为推动社会前进的根本性力量。它的基本原理揭示，民意是历史发展的主导意识，体现人民改变现状、维护自己利益的历史要求”。③ 表达多元化的声音，才能代表着不同的民意，有效地维护各阶层的利益。民主社会提倡的和谐，就是要求各个利益阶层都有机会发出自己的声音，来自代表不同的人群聚集在一个公共话语平台下发表着不同的声音，而他们代表着来自各个阶层的切身利益。这个时候，意见领袖可以发挥他们的作用，将自己所代表的利益阶层话语权伸张，有利于和谐社会的构建。

意见领袖的言论本身就是一种社会矛盾协调机制，他们会在释放之后降低对现实政治体统的负面冲击。另外，意见领袖的言论本身在一定程度上会反映民意的基本状况，通过

① 参见习近平在庆祝改革开放 40 周年大会上的讲话。
② 王丹晨：《新媒体时代意见领袖的作用》，载《今传媒》2020 年第 11 期。
③ 刘建明著：《舆论传播》，清华大学出版社 2001 年版，第 92 页。

调节和引导，会维护国家稳定和社会和谐。特别是在现在的互联网空间里，公众参政议政的机会都大大提升，公众的政治视野和政治思路都在不断地发展。从高层到基层越来越多的政府官员都开始利用网络听取民意，了解民情，采纳以意见领袖为代表的公众合理的意见和建议，这些都起到了推动社会，构建良好民主生态和氛围的作用。

4. 意见领袖可以扩大政策传播力度，维护公民权益

随着经济的发展，大众传播媒介的传播范围和拥有率都大幅度提高，但是不能忽视的是，在中国占据大面积的农村，大众传播的利用率还是有限的，特别是在大众传播中，以农村受众为定位的节目更少，农村节目也非常有限。在这种情况下，人际传播仍然是农村政治传播的主要途径。意见领袖在这个过程中，通过两级或多级传播，扩散到农村的各个角落，农民会根据意见领袖的观点来认识政治信息。在这个过程中，当人际传播和其他途径信息有不同时，大多数受众选择相信身边的意见领袖。在这个时候，如果意见领袖能够积极宣传，对农村政治传播将是一个巨大的推动。

意见领袖是每个阶层中杰出代表者，他们的“声音”将公众想要表达的声音充分展示出来，这也是一种公民权益的维护。2009 年“洛阳市网络发展促进会”发出了征集网友参加“网友人大代表、政协委员征询建议或提案议题座谈会”，经过网民投票选举，资深网民“老牛”当选为洛阳市人大代表，在洛阳信息港论坛和大河论坛洛阳版块，“老牛”几乎尽人皆知。有着 5 年以上网龄的“老牛”，逐渐成长为论坛里的意见领袖。他代表洛阳市民向政府反映民情，维护公民合法权益，这也是民主政治进步的体现。随着当下互联网的普及，公众能更好地行使自己的话语权。2020 年“两会”召开时，微博上开通了问答环节，网民能够第一时间了解大会召开的内容以及对其进行实时评论，针对大会内容发表自己的意见。

(二)意见领袖在民主政治中的消极作用

1. 意见领袖的消极传播误导受众认知政治信息

意见领袖作为人际传播把关人，具有较高的感召力。但是意见领袖也有可能会错误地解读信息，这在政治传播中是尤其可怕的。错误的解读政策信息，或是在一些问题上走入偏激，盲目地反对或赞成政府都会给社会带来意想不到的危害。意见领袖如果与政府缺少沟通能力和对话，沟通渠道不畅，沟通机制不完善，他们对政府的种种误读就会影响到公众。勒庞认为，不管群体领袖“坚持的观念或追求的目标多么荒诞，他们的信念是如此坚定，这使得任何理性思维对他们都不起作用”。“芸芸众生总是愿意听从意志坚强的人，而他也知道如何迫使他们接受自己的看法。聚集成群的人会完全丧失自己的意志，本能地转向一个具备他们所没有的品质的人。”社会矛盾在意见领袖的误导下极容易被激化。

2. 意见领袖的片面判断可能强化群体极端心理的躁动

意见领袖单方的片面判断可能延伸为整个群体的非理性。情绪与观点在不同圈层中回荡、加强，并向极端化方向发展，形成意见的“同温层”，这样不同群体囿于既有立场，彼此间对话难度激增，网络环境戾气激增，可能引起群体极端心理的躁动，进而产生不理

性言论与行为。[1]

3. 意见领袖煽动言论容易引发“集合行为”

意见领袖的意见尤其涉及政治、公共卫生、公共安全等敏感事件时，如若这些言论具有煽动性，就很容易误导受众认知，从而引发公众的不良行为，极有可能演化为“集合行为”。社会舆论一旦被激化，便有可能产生暴力性的集合行为，给社会带来极大的危害。集合行为指的是在某种刺激条件下发生的非常态社会聚集现象，它多以群集、恐慌、骚动的形态出现，往往会造成对正常社会秩序的干扰和破坏。[2] 政治传播中的群体极化极易诱发极端化的社会行为，具体表现在：一方面，政治传播中集合行为下，受众本身已经处于极度的恐慌状态，集合行为中的群集根据暂时的利益或者情感等因素形成一个“特定群体”，这样就很容易在其所关注的问题上形成很强的内聚力。这时如果外界对其施加强大的压力，内聚力便会迅速转化为群体聚合的动力，再加上意见领袖的影响就有可能会造成聚众闹事等暴力事件的发生。另一方面，群集中不断累积的负面情绪是“集合行为”产生的重要心理动因。如果意见领袖在此时散播谣言，会使得群体的行为突然爆发，导致极端化暴力行为的出现。

五、政治民主领域中的意见领袖导引

意见领袖在我们的政治生活中如果可以正确引导就会发挥积极作用，起到推动政治民主的作用，而若不正确的导引，就会在政治生活中起到消极作用，不但不利于政治社会的构建，也会给整个国家带来安全隐患，于是如何更好地引导意见领袖，发挥其积极作用就变得尤为重要。

（一）顺应舆论规律，增加有效沟通

非功利色彩、开放、自由是以意见领袖为核心聚合的群体的特点，在这种氛围中，舆论的传播方式结合人际传播和群体传播各自的优势，传播的速度和效果都是极佳的。在小群体范围内，很多情况下组织性的话语并不比人际交往中的个人话语更有影响力。因此，作为政治传播者应当顺应舆论的规律进行正确引导，改变传统舆论中硬性打压或封堵的方式，而以开放和疏导为主的软性协调方式为主。倘若在传播中采用生拉硬拽的方式只会使公众去采纳意见领袖的意见，这也证明了传统的舆论引导方式难以继续运行。特别是现在的互联网时代，对信息的任何隐瞒已经变成不可能，如若在危机事件中被意见领袖占领舆论先机，就可能将政府置于被动境地。因为意见领袖中的一些人并不真正了解中国社会政治，在一些问题上容易走入偏激，盲目地赞成或反对。如果意见领袖与主流话语间缺乏交流、对话，主流话语缺乏对他们经常性、正面性的讯息传递，就会导致双方沟通不畅，互相理解不足。

在通常情况下，少数意见领袖拥有了很大程度上的社会舆论影响能力，在那些关乎国家兴衰、国民幸福和社会制度完善的问题面前，正确引导，利用他们的积极作用就可以使

① 丹晨：《新媒体时代意见领袖的作用》，载《今传媒》2020 年第 11 期。
② 郭庆光著：《传播学教程》，中国人民大学出版社 2011 年版，第 84 页。

他们发挥自己的影响力，维护人民群众的利益。如果处理不当，就会适得其反，意见领袖的影响力就会发生偏向。互联网的开放性能够推动更多代表不同群体的意见领袖出现，他们独树一帜，立言一方，他们有自己独特的个性，既不背离主流价值，又不屈从强势舆论，互联网开放的舆论环境鼓励了“小众”意见领袖的出现，对强势舆论形成一种牵制作用。因而，政治传播当中，建设更加开放的舆论环境，给意见领袖创造更自由、更广阔的生存空间，将是利用意见领袖引导舆论的最根本途径。

(二)发现和培养符合主流价值的意见领袖

意见领袖通常是小群体舆论中的灵魂人物，他们是在社会生活中自然而然树立起自己权威的，所以他们的意见更多地代表了民意。但是从意见领袖的形成过程来看，他们也具有某种被动性，也就是说，能否为他人所追随、认同，是意见领袖本身所无法左右的。意见领袖的影响力是在人们长时间的交往中自主形成的，这不同于现实群体中权威人士的压倒性气势所造成的无意识盲从。另一方面，互联网的迅速发展也大大加强了“草根”意见领袖的动员能力，如何能在互联网上形成主流价值观，考验着意见领袖的自身素质，也考验着政府的管理与引导能力。作为政治传播的主流传播者，对意见领袖要了解重视他们的思想动态，不要视他们为洪水猛兽，要以社会主义核心价值观消化、容纳和整合这种多元化思想，让他们在正确的道路上引导受众。

意见领袖往往是独立和自主的，他们有自己的思想和主见，不容易被其他人左右，勇敢地表达自己的想法，所以才会受到公众的普遍欢迎。政治传播者如果能引导和培养认同国家主流意识形态的人成为意见领袖，那么传播的效果将会事半功倍。对在社会上形成的意见领袖，应当鼓励他们积极建言，利用自身的影响力传播主流价值观。如果发现他们出现偏激的言论，一方面要用宽容的态度对待他们，另一方面应该建立起一种有效的监督机制，以免造成负面和误导性信息。此外对待意见领袖应该建立长期的沟通和融合措施，积极培养符合主流价值观的人成为意见领袖，利用他们的素养为公众解决实际问题，发挥专业特点进行权威发言，继而承担起舆论引导的责任，强化主流言论，建设一个和谐、稳定、健康的舆论环境。

【延伸阅读】

1. [美]保罗·F. 拉扎斯菲尔德、伯纳德·贝雷尔森、黑兹尔·高德特著：《人民的选择》，中国人民大学出版社 2012 年版。

2. [英]丹尼斯·麦奎尔著：《受众分析》，刘燕南等译，中国人民大学出版社 2006 年版。

3. [美]戴蒙德、冈瑟著，《政党与民主》，徐琳译，上海人民出版社 2012 年版。

4. 赵莉著：《中国网络社群政治参与：政治传播学的视角》，中国广播电视出版社 2011 年版。

5. [英]布赖恩·麦克奈尔著：《政治传播学引论》，殷祺译，新华出版社 2005 年版。

6. 南都周刊编：《观点：你也是意见领袖——〈南都周刊〉精品文丛系列》，中国法制出版社 2011 年版。

7. 李智著:《国际政治传播：控制与效果》，北京大学出版社 2007 年版。
8. 史卫民等著:《中国公民的政策参与》，中国社会科学出版社 2012 年版。
9. CNNIC 第 46 次《中国互联网发展状况统计报告》。

【思考题】

1. 政治传播者的定义是什么？
2. 危机事件中，政府正确的传播方式是什么？
3. 如何理解西方政党媒体传播的“独立”？
4. 中国共产党的媒体形象是什么？
5. 政治人物如何塑造自身的魅力？
6. 受众的选择性心理对政治传播的影响是什么？
7. 如何正确引导意见领袖发挥积极作用？

第五章 政治传播的效果

【本章重点】

本章主要介绍政治领域的传播效果研究，包括对政治传播效果的概念的界定，以及测量方法的举例说明。将政治传播的效果寓于传播学的效果研究中，对传播效果的发展阶段和主要理论进行梳理，并分类详述政治传播在各层面的效果，对制约传播效果的因素进行分析，然后结合当代政治传播的实际，阐述政治媒介、传媒政治，以及政治商业化等现实概念的具体含义。

第一节 政治传播的效果认知

一、传播效果的含义

媒体效果研究历来是传播学研究的重点，早在传播学研究领域形成之前就已经出现，其紧密结合传播实践，既是传播研究的起点和主线。从历史上看，对政治传播的研究一直是媒体效果研究的重点，并且大多数有关传播效果的早期研究都集中于政治活动现象的调查与分析。

传播效果通常被理解为受传者在接收到信息后感情，思想，态度和行为的变化。但是，随着传播研究的推进，传播效果的定义已大大扩展，包含信息共享，兴趣形成，知识传承，情感反应，审美愉悦，认同一致，态度改变和行为改变等效应。一些学者对传播效果的概念作了双重定义：首先，传播效果是指在接受者的说服动机下，交流行为引起的心理，态度和行为的变化。其次，它是指大众传播媒介活动(如报纸，广播，电视等)对接收者和社会的所有影响和后果的总和，无论这些影响是有意的，无意的，间接还是直接，显在或潜在地。大多数学者对传播效果的含义的表达大致相同。都意味着接收者在受到信息刺激后的态度和行为已经发生了一定程度的变化。但是，在对效果内涵的具体理解中，随着人们对传播效果的研究不断深入，对其内涵的理解也在不断深化。

总体上看，传播效果可以分为三个层面：认知层面、情感层面和行为层面。

认知层面的效果是指外部信息对人们的知觉和记忆系统的影响，导致人们知识量的增加和知识结构的变化。大众传播媒介每天都在向受众提供新信息，这些信息使受众能够不断补充，调整和覆盖现有的知识和经验。我们对周围世界的感知和印象在很大程度上取决于大众传播媒介。任何人都不可能离开大众传播媒介，否则将与世隔绝。这也是大众传播媒介的环境认识效果，它制约着观众的认知体系。

情感层面的效果是指信息作用于人们的观念或价值体系而引起的情感变化或情感变化，即大众传播的社会效果中的价值形成及维持效果中。信息时代的大众传播媒介已成为促进个人社会化和社会文化融合的主要工具。主流价值常常通过大众传播媒介灌输给受众，引导了社会主流的共识方向，形成受众判断是非的标准。情感层面的影响通过媒体的舆论导向功能来体现，它可以通过舆论引导形成新的规范和价值，也可以通过舆论监督来维持现有的规范和价值。

行为层面上的效果通过人们的言行来体现。大众传播媒介通过改变认知，影响情感来引导受众的行为，是传播效果最直接的体现。大众传播媒介通过以特定的行为规范或行为模式来提示社会，从而直接或间接地影响人们的行为。如果一种行为被媒体广泛报道和传播，它通常将成为一般人学习或模仿的对象。

从研究历史来看，早期传播学者所强调的“效果”集中在个体，直接、具体和可见的方面。例如，在政治选举过程中候选人的演讲完之后，听众对候选人有多少了解，好感度有无提升，是否最终投票赞成等，这些都是“效果”强弱的体现。他们将传播的效果界定为对个人态度和行为的即时变化的影响。正如丹尼斯·麦奎尔(Dennis McGuire)总结的那样：“这种影响主要是发送人预期的影响；它们是短期的；它们必须与个体态度，信息或行为的变化有关；它们是相对非间接的。”与较早的效果观相对应，其对效果的理解不仅限于受众与媒介接触后的直接、具体和可见的反应，而且强调了媒介对受众思想，态度和行为模式的长期的、潜在的作用。着重于媒介对受众的思维方式和生活方式以及其他更广泛的行为领域的影响，强调媒体对受众潜移默化的影响，并强调媒体的社会效果。

丹尼斯·麦奎尔(Dennis McGuire)的“外在形态”理论是对传播效果的早期探索。他认为效果的外在形态具有三个层次：一是媒体的“效果”，是指大众传播的直接结果，无论它是否满足传播者的期望。二是媒体的“效能”，它是指大众传播媒介相对于预期目标的效能；三是媒介的“效力”，是指媒介在给定条件下可能产生或发挥的潜在影响。

罗杰斯的“社会影响说”认为，传播的效果是多种多样的。从媒介对社会的影响的角度来看，它可以概括为三种类型：(1)欲得效果和非欲得效果。前者是指新事物对个人或社会系统的积极功能作用，可以帮助个人或社会系统更有效地发挥作用。后者是指新事物对个人或社会系统的反功能作用。(2)直接效果和间接效果。前者是指个人或社会系统立即对创新传播作出响应并产生相应变化。后者反映前者的变化引起的再次变化，即由直接效果产生的下一个效果。(3)预期效果和意外效果。前者是指社会变化是传播者预先预期的，后者是指活动产生的社会变化与传播者的意图不符。

1976年，美国学者德弗勒和鲍尔-基洛奇提出的“心理—行为”理论将传播效果分为三种类型：第一，认知的影响。即受传者对讯息的表层反应，体现为对信息的接受与分享。第二，感情的效果。即受传者对讯息的深层反应，是对讯息内容进行具有感情色彩的分析，判断和选择。第三，行为的效果。即受传者接受讯息后发生的行为转变。他们认为，传播存在微观和宏观的影响，例如个人的，人际的，组织的，系统的和社会的效果。

还有英国学者P. 戈尔丁的“时间—意图”理论，它结合了时间和意图两个要素，并将大众传播的效果分为四种类型：一种是短期预期效果。包括“个人反应”和“对媒体集中宣传和报道活动的反应”。第二个是短期的非预期效果。包括“个人自发反应”和“集体自发反应”，一个是个体，另一个是群体。第三是长期预期效果。某个主题或单项事业的长期信息传播所产生的积极影响与传播者的意图是一致的。第四是长期的非预期效果。指整个传播事业的日常、持久的活动所产生的综合效果或客观结果

中国学者董天策对传播的效果进行了详细的分类。

第一，显性效应和隐性效应。根据实现传播者意图的程度将其分类。显性效果具有直接性、可感知性及联动性等特征。它是一种直接效果，是传播活动直接追求的特定目标。通过不断的积累，思考，深化和发展，这种隐性作用逐渐显现出来，具有间接性，隐性和递增性的特征。这通常不是传播者直接追求的具体目标。尽管这种效果缓慢且不明显，但对受众却有潜移默化的影响。这是一种不可忽视的传播效果。

第二，暂时性效果和持久性效果。根据传播效果存在的时间长短进行分类。暂时性效果是，受众在接受传播者的传播后的短时间内便顺应传播者的意图。在传播过程终止后或终止后不久，这种情绪、态度和行为很容易改变。暂时性效果具有很强的实用性和功能性，并且易于形成和消失。持久性效果是在受众对传播信息的深刻理解和知识的基础上形成的稳定且难以改变的效果。

第三，即时效应和延迟效应。根据效果产生的时间进行分类。从时间的角度来看，受众在收到传播者发送的信息后的很短时间内做出响应。这种效果是立竿见影的效果。受众收到信息后，经过一段时间的思考，选择和判断，对沟通者的意图做出了反应。此效果是延迟的效果。

第四，正面效果和负面效果。根据效果的性质将其分类。正面效果是，在受众接受了传播者的信息之后，他们的态度和行为的变化符合了传播者的意图。此效果是传播机制正常运行的体现。负面影响是，在接收到传播者发送的信息后，听众的态度和行为违反了传播者的意图。这是阻碍社会发展和进步的一种效果，也是传播者试图尽力避免的传播效果。

不同立场和范式的学者对传播的影响有不同的认识。在经验主义中，传播效果首先是由许多可以观察和验证的变量来呈现的。这些变量通常是总体样本。对于总体的估计通常来自对这些分散数据的综合分析。但是，批判学派认为，基于样本定量分析的经验效果研究仅关注孤立个体的有限变量，即人为地细分受众，放弃受众的人性特质，将受众与其社会文化隔离开来。当然，经验学派在传播效果的研究上经历了长期的积累，其成果是丰富的。尽管暂时的观点不可避免地会产生偏见，但这也反映了这样一个事实，即学者们在逐步了解客观事物方面正在前进。

二、政治传播的宏观与微观效果

20 世纪 70 年代以后，大量的政治传播学文献围绕“效果”一词展开，或直接研究“效果”，或以“效果”为研究的前提与目的。效果研究恰恰是政治传播乃至整个传播学研究中最复杂，最难以量化和定性分析的领域之一。总体上看，过去有关西方政治传播影响的研究大致可以分为两类：一类是微观的，着眼于传播对个体的政治影响。另一类是在宏观层面，重点是媒介和其他社会构成的权力关系及其民主对政治发展的影响。按时间段划分，从 20 世纪初到 30 年代末的“媒介万能论”时期以及 40 年代到 60 年代的“有限效果论”时

期属于微观效果层面的研究。从70年代初期至今，“适度效果论”过渡到“强大效果论”，属于宏观效果层面的研究。

（一）微观效果

微观效果基于心理动力学模型，侧重于个体效果，主要是信息传播者预期的效果，通常是短期和直接的，并与个人态度和行为的变化有关。从这个角度出发，对政治传播效果的研究主要集中在传播活动对个体，尤其是大众传播活动的政治影响上。这里对个体的政治影响通常集中在两个方面。一是对政客的影响，例如对政治修辞学的研究，对政客在大众传播媒介舞台上的“戏剧性”表演的研究等。二是对选民影响的研究，例如政治广告对选民态度的影响以及新闻报道与选民投票行为之间的关系。可以说，在第二次世界大战结束后的几十年中，对政治传播的研究基本上仅限于在相对稳定的政治体制下研究媒体内容与个体选民行为之间的关系。① 早期传播研究中的“魔弹论”，“传播流”研究，“有限效果论”和霍夫兰的“说服性传播”效果研究都是微观效果研究的重要成果。20世纪70年代，这种专注于微观水平效果研究的状况发生了巨大变化。70年代之后，关于媒体在民主政治体系中的宏观角色的研究逐渐占据上风。关于媒介个体效果的研究已得到广泛扩展。

1. 媒介万能论

早期的“魔弹论”（也称为“皮下注射理论”）是“媒体万能论”时期的典型代表，也是这一时期效果研究的主流理论。这个阶段的核心观点认为媒介具有不可抗拒的力量，它们传递的信息就像子弹击中了受传者的身体，药物被注入皮肤，可以引起直接而迅速的反应，可以影响个体的态度和观点，甚至直接决定了他们的行动。②

该理论是建立在大众社会理论的基础上的，因为从社会大众的角度看，大众就像散落的沙子。数量的增加和内部差异为大众传播提供了有效的传播目标。美国学者德弗勒和鲍尔·洛基奇认为，传播效果概念的解释逻辑还包括本能心理学，这种理论认为一个人的遗传和生理机制才能决定一个人的“反应”，从而导致受众的“反应”大致相同，③ 以及弗洛伊德关于人的自我，内在和超我的学说，其中强调了人的非理性因素。④ 这些理论和观点为“魔弹论”提供了理论基础，并认为传播效果的威力是巨大的。首先，存在“传播”概念的预设——传播是想法或思想从一个大脑到另一个大脑的“传输”的过程。自20世纪初以来，大众传播确实在人们的日常生活中发挥了重要作用。现实情况是，大众传播媒介的迅猛发展所产生的社会影响是巨大的。同时，无论是国家，政党，团体，社会活动家，企业广告人员，对媒介的利用都达到空前的水平，个体总是处于各种形式的宣传或说服活动的包围中，人们也感到“传播的力量”。从当时的媒体和社会状况来看，人们持有如此强大

---

① Mcleod, J. M., Kosicki, G. M. & Mcleod, D. M., “The Expanding Boundaries of Political Communications Ef-fects”, in Bryant, J. & Zillman, D. (eds.). *Media Effects: Advances in Theory and Research*, London, Routledge, 1994, pp. 123-162.

② 郭庆光著:《传播学教程》，中国人民大学出版社1999年版，第193页。

③ [美]德弗勒，鲍尔洛基奇著:《大众传播学诸论》，新华出版社1990年版，第201页。

④ [美]斯坦利J. 巴兰，戴维斯著:《大众传播理论》，清华大学出版社2004年版，第154页。

的效果观就不足为奇了。

两次世界大战充分展示了媒介的力量。所有交战国都使用大众传播媒介进行战争和军事宣传。特别是，纳粹德国采用了垄断媒体的方法来为纳粹宣传服务。为了使敌人瓦解，几乎使用了所有可用的宣传方法，包括新闻报道，图片，书籍，电影，唱片，海报，标语，传单和联合讲话。大众传播媒介在战争中的巨大作用使人们不再怀疑它的力量。此外，广播在20世纪的影响力也非同寻常。1938年，哥伦比亚广播公司在万圣节那天播出了由著名演员奥森·威尔斯(Orson Wells)制作的广播剧《火星人入侵地球》。由于威尔斯的出色表演和人们对广播技术的不熟悉，成千上万的听众认为这是真的，并引起了巨大的社会恐慌。在这种情况下，"魔弹论"应运而生。

尽管"魔弹论"是传播效果研究的经典成果，但其片面性是不言而喻的，并很快被新理论所淘汰。首先，这是一种主观主义的观点，过度夸大了大众传播媒介的力量和影响，忽略了影响传播效果的各种客观社会因素，并否定了观众积极选择和使用大众传播媒介的能力。其次，它过于简单地描述沟通过程，只强调了全能媒介和分散大众的两个因素，而没有其他环节。"魔弹论"缺乏系统的理论形态，随着研究的深入，其极端主义将不可避免地被人们所抛弃。

2. 有限效果论

20世纪40年代，社会学将实验方法引入传播学研究中，"魔弹论"逐渐被否定。学者们开始对传播效果的过程和机理进行实证研究。这一时期的研究领域主要包括"传播流"研究，说服性传播效果研究和"使用与满足"研究。

(1)"传播流"与"有限效果论"。"传播流"研究的重要发展是有限效果论诞生的前提，其中"两级传播"和"意见领袖"作为有限效果论的重要证据存在。20世纪40年代，对传播效果的研究始于功利主义，并围绕总统竞选的政治行为展开。拉扎斯菲尔德和他的同事们以政治民主化为前提，并在1940年至1944年在俄亥俄州北部的伊利县进行了比较。调查并研究两次美国总统选举。通过调查，他们发现大多数人已经在选举前很久就作出了投票决定，只有8%的人改变了立场。他们改变立场的原因不是大众传播媒介的宣传，而是他们之间人际说服力的影响。

这项研究提出了一系列理论假说。主要是"两级传播"和意见领袖。"概念经常从广播和报纸流向意见领袖，然后从这些人流向活跃性较低的人群。"①换句话说，政治信息的传输是按照"媒体—意见领袖—受众"的两级传播模型进行的。他们认为，这种方法通常比直接性的大众传播更具说服力。在意见领袖进行再加工之后，信息的目标性更强，更容易被受众接受和信服。意见领袖的角色是群体规范，支持或抵制外部的说服。二是传播网络，在传播意义上也可以称为传输功能，在信息解释中也可以称为增强功能。他们还发现，大众传播只会显著增强受众的原始立场，在改变受众态度方面的影响力远不如人际传播。

在众多学者看来，"两级传播"并不完美。他们认为这种理论过于简单，将人们分为两类：意见领袖和被动个人。实际上，意见领袖与个人之间的界限并不明显，并且影响力

① [美]施拉姆，威廉·波特著：《传播学概论》，陈亮等译，新华出版社1984年版，第130页。

的传播也可能有不止两个阶段。因此，多级传播理论诞生了。1971 年，罗杰斯(Rogers)等人将“两级传播”发展为“N 级传播”。可以认为，在向受众传播媒体信息的过程中，存在多种方式和多种传播渠道，信息传输链可以由多个中间环节组成。不可否认的是，“两级传播”理论对传播效果的研究具有更大的启迪作用，它强烈批评媒介万能论，不仅指出大众传播媒介需要意见领袖对受众产生影响，而且强调传播对受众态度的改变远不如人际交流。同时，“自从这一理论出现以来，交流的目标不再被视为没有个性的大众，也不能将他们视为彼此无关但仅与传播渠道联系在一起的个人。人们逐渐发现这些人是相互联系的。他们不仅不是无个性或被动的，相反，他们非常主动，群体内有较多讨论，说服和消息传递活动”。① 该理论揭示了人际交往在大众传播中的重要作用，是人们理解传播过程，探索传播规律的重要进步。

在此基础上，1960 年，拉扎斯菲尔德的学生约瑟夫·克拉伯(Joseph Kraber)在他的《大众传播的效果》一书中对有限效果论进行了完整的总结，并提出了传播学界高度重视的五个原则：

①大众传播通常不是产生这种效果的必要和充分原因。它只是许多中介因素之一，它只能在各种中间环节的连锁关系中并通过这种关系起作用。

②大众传播最明显的作用不是引起受众态度的改变，而是加强他们既有的态度。即使在这种加强过程中，大众传播也不是唯一的因素。

③大众传播需要两个条件来影响人们的态度变化：一个是其他中介因素不再起作用，另一个是其他中介因素本身也在促进人们态度的变化。

④传播效果受到某些心理和生理因素的限制。

⑤传播的效果还受到诸如媒体本身的状况(来源的性质，内容的组织)和舆论环境等因素的影响。②

由此可见，克拉帕的观点强调大众传播不是万能的，它的作用是有限的，因此被称为“有限效果论”。

(2)“说服性传播”效果研究。作为微观效果研究，“说服性传播”的效果研究相对成熟。它指的是受传者的态度沿着传播者的说服意图的方向的变化。从这个意义上讲，这是纯粹的效果。这项研究是在第二次世界大战期间进行的，当时耶鲁大学心理学教授霍夫兰(Hofland)接受美国陆军部的委托在军队中进行了一系列心理实验，并开启了对“说服性传播”的效果研究。

第二次世界大战开始后，美军大量使用电影来教育士兵和鼓舞士气，并为此制作了六集系列纪录片《为什么我们要战斗》。为了评估影片的宣传和教育效果，霍夫兰以士兵为对象选取 4 集进行了心理实验。实验结果表明，这些电影在传达一般事实方面具有显著作用，某些更直观的见解和解释也具有一定的影响。在影片的说服作用下，士兵的某些观点可以固定为相对稳定的观点，但其固有的态度和观点是无法改变的。说服性大众传播的实

---

① [美]施拉姆，威廉·波特著：《传播学概论》，陈亮等译，新华出版社 1984 年版，第 130 页。

② 参见 Klapper，Joseph T.，*The Effects of Mass Communication*，The Free Press，Glencoe，Illinois，1960，p. 8.

现是有条件的，有限的并且不能为所欲为，而这种传播的效果与受众的个体差异有很大的关系。

①信源的可信性效果。传播者决定信息的内容，但是从宣传或说服的角度来看，即使是相同的信息内容，如果来自不同的传播者，人们对信息的接受度也不同。因为人们必须首先根据传播者的可信度来判断信息的真实性和价值。可信度包括两个要素，一个是传播者的信誉，另一个是专业权威性。

1951年，霍夫兰(Hofland)对信源的可信度与说服效果之间的关系进行了实证研究。他和韦斯设计了一个实验，将相同的信息提供给两组随机组合的对象。一组被告知该信息来自高可信度来源，另一组被告知该信息来自低可信度来源。实验结果表明，高可信度来源的说服效果远好于低可信度来源的说服效果。1953年，霍夫兰(Hofland)和凯尔曼(Kelman)对“如何对待失足少年”进行了另一项实验。实验结果进一步证明了信息来源的可信度与说服效果之间的密切关系。基于这些实验结果，霍夫兰德和其他人提出了“可信度效果”的概念。可信度越低，说服力越小。①

②休眠效果。在信息源的可信性实验的基础上，霍夫兰等又提出了“休眠效应”的概念。可信度带来的说服力不是一成不变的。随着时间的流逝，高可信度来源的说服力将减弱，而低可信度来源的说服力将增加。一个更强有力的解释是，人脑的记忆遗忘机制正在发挥作用。随着时间的流逝，人脑的记忆量逐渐减少，而遗忘从信息的次要属性开始。换句话说，由于人们对信息来源的信任，高可靠性来源发送的信息的说服力最初可能大于内容本身的说服力，而低可靠性来源发送的信息的说服力则是由于人们对信息来源的不信任。作为信息源，其说服力最初可能小于内容本身的说服力。随着时间的流逝，人们对信源与内容之间的联系的记忆逐渐淡忘，信源占主导地位的可信度效果趋于减弱或消失，内容本身的说服力得以充分发挥。

休眠效果意味着时间间隔使人们很容易忘记信源，而只保留内容的模糊记忆。在态度心理学中，可以理解，说话者因声望因素而产生的影响会随着时间的流逝而产生相反的影响。霍夫兰等人在解释休眠效应的原因时增加了两点。首先，忘记别人比忘记事情要快。人们忘记信息的来源比忘记信息的内容要快。从记忆心理学的角度来看，一个人的名字是一个抽象的概念，缺乏逻辑，很难记住，而且事物总是更加具体和生动。人们很容易记住和回忆这些特定的事情。第二，受众“意义障碍”中止的结果。在接收信息的过程中，受众将会产生意义障碍。意义障碍是由于某些心理原因导致的接收信息的心理障碍。主要有两类：信息认知障碍和情感障碍。受众在意义上的心理障碍将阻止他接收，理解和批准所传播的信息，他会扭曲所传播的信息，或者即使他理解所接收的信息，也不一定会认可它。这种意义障碍主要是由受众与信源之间的情感冲突引起的。因此，当受众第一次接触到信源时，这种意义障碍最为突出。随着时间的流逝，意义障碍将消失，并且将产生休眠效果。

尽管“休眠效果”有待进一步研究和确认，但它说明了一个重要的事实，即信息源的可信度对信息的短期效应具有极其重要的影响，但需从长期来看其效果，最终效果是它是

① 郭庆光著：《传播学教程》，中国人民大学出版社1999年版，第202页。

内容本身的说服力。

(3)“一面提示”和“两面提示”。霍夫兰在传播技巧和效果研究中提出了“一面提示”和“两面提示”的概念。人们对世界上许多事物的看法分为积极方面和消极方面。从传播者的角度来看，在说服或宣传某些带有对立因素的问题时，通常有两种方法。一种是简单地对被劝说的对象展示对自己一方有利的观点，这成为“一面提示”；另一种是提示己方的观点或有利的材料，同时以某种方式提示不利于己方的观点或材料成为“两面提示”。

第二次世界大战后，霍夫兰(Hofland)等人进行了一项实验，以“美国对日战争将持续多长时间?”这一话题为研究对象，将这两种方法的效果进行比较。实验的背景是第二次世界大战即将结束，德国投降了，“速胜”的心态在美国士兵中普遍存在。为了教育和说服这种心态，霍夫兰德将接受测试的士兵分为三组，每个组被告知的信息都是不同的。第一组是“一面提示”组，即广播稿仅提醒人们对日作战的困难，例如强调日军规模和顽强的战斗力，日军的凝聚力，等等；第二组是“两面提示”组，在提示不利条件的同时，也提示了有利条件，例如德国投降后的日本孤立等，但结论是要彻底击败日本还需要“持续作战”；第三组是对照组，什么提示也不给，目的是观察他们在自然条件下的态度变化，并与前两组进行比较。实验结果表明，无论是一面提示还是两面提示，在传播信息时都取得了良好的效果。就效果而言，两者之间没有明显差异。但是，经过进一步的数据分析和研究，霍夫兰德得出了三个结论：

①如果受众开始对信息持否定态度，那么提供两面信息将获得更好的传播效果。

②如果受众开始对信息持肯定态度，那么只提供一面信息比提供两面信息可获得更好的结果。

③从受众分析的角度出发，应向文化程度较高的受众提供两面提示，因为他们的理解和辨别能力较强。对于文化程度较低的受众，提供单方面的信息可以获得更好的传播效果，因为他们的理解和辨别能力相对较差，过多的信息会使他们感到困惑，从而限制了传播效果。

拉姆斯丁和贾尼斯也比较了“一面提示”和“两面提示”的说服力。1953 年，他们的实验方法类似于霍夫兰的，但不同之处在于他们的实验添加了“反宣传”测试，目的是比较两种提示方法的说服效果的持久性和稳定性。根据实验结果，拉姆斯丁等人认为，“两面提示”包含相反观点的“解释”。这种“解释”就像预先接种了牛痘疫苗一样，可以使人们在将来遇到反对意见的宣传时有很强的抵抗力。“两面提示”的这种效果称为“免疫效果”。

此外，说服性效果研究还包括以人们的心理和精神因素为出发点的“诉诸理性”，“诉诸情感”和“诉诸恐惧”。通过实验，学者们在这些方面尚未达成共识，因此这些领域尚待开发和探索。

(4)使用和满足。“使用与满足”研究起源于 40 年代。美国家庭收音机的普及率已达到 80%以上。许多人认为，广播媒体为许多不识字者提供了学习知识和接受教育的手段。它的普及将极大地提高整个社会的文化和教育水平。但是事实并非如此。大多数人关注较为低俗的娱乐游戏节目，这使得一些学者对受众媒介接触行为及其背后的心理动机具有浓厚的研究兴趣。

使用与满足理论是以受众为中心的理论，它基于鲍尔(Bauer)的“固执的受众”说

(1964)。后来在卡兹(Katz)，麦奎尔(McGuire)和罗森格伦(Rosengren)的倡导下，20世纪70年代逐渐定型。60年代之前，大众传播媒介的效果研究主要是从传播者和媒介的角度出发，研究大众传播媒介如何利用信息来影响受众，而忽略了受众需要大众传播媒介做什么，将受众视为为完全被动地接受信息。自20世纪60年代以来，新的受众理论一直将受众视为传播的积极主体，受众不再被动地“接收”信息，而是主动、积极地“寻求”信息。使用与满足理论与先前的传播效果理论之间的显著区别在于，它研究了受众如何对待和使用媒介及其所传播的信息，以受众接触媒介信息的动机和目的的满足程度，来确定传播效果的有无与大小。

该理论认为，受众对各种传播媒介及其传播的信息具有不同的需求动机，符合他们需求动机的传播形式或内容就易于被接受。在传播过程中，受众对媒介信息的满意度越高，传播效果越好。换言之，传播效果的衡量和确立应以受众为中心。

布鲁姆勒和麦奎尔在1964年英国大选期间对观看政治节目的电视观众进行的调查和采访得出结论：媒体内容必须满足受众的需求。他们在探讨“人们为什么观看政治节目”和“观众需要什么政治节目”的基础上研究了传播的效果。1969年，他们出版了《电视与政治及其作用和影响》一书，其中强调：大众传播的效果取决于传受关系以及受众的需求和动机。受众始终积极并有选择地使用大众传播媒介来满足个人需求；受众的动机和需求是多种多样的，即使满足了某些需求，其他需求仍然会驱使其观看政治节目；只要大众传播媒介能够满足受众的需求，他们就能获得良好的效果。进而阐明，传播效果的大小取决于受众对媒介的满意度。1974年，卡茨、罗森格伦以受众的需求为出发点，分别提出了“使用和满足”模型，从而使这一理论得以充分体现。他们主张传播者应将注意力转移到信息接收者身上，观察并了解受众如何根据自己的需求选择信息。只有这样，才能有效传播，达到良好的传播效果。

“使用和满足”的研究在大众传播效果研究的历史上有着重要的影响。如麦奎尔等指出，不是研究媒介对人们的所作所为，而是研究人们通过媒介作出的行为。因此，这项研究开创了从受众的角度考察大众传播过程的先例。首先，它认为受众的媒介接触是根据他们自己的需求选择媒介内容的活动。这种选择具有一定的“能动性”，有助于纠正大众社会理论中的“受众绝对被动”观点。其次，它揭示了受众媒介使用方式的多样性，强调了受众需求对传播效果的限制作用，并且在否认早期“魔弹论”或“皮下注射”理论的效果观中起着重要作用。最后，“使用和满足”研究指出，大众传播对受众具有一定的基本效果，并驳斥了媒介万能论，因此被称作“有限效果论”。

(二)宏观效果

宏观效果建立在社会和文化的基础之上，强调长期、计划外的、间接的以及集体产生而不是个体的效应，着眼于社会化效果。进入20世纪70年代后，越来越多的研究人员开始从宏观的角度研究传播的长期和潜在影响，形成了一个丰富的理论群体，主要包括“议程设置”理论和“沉默的螺旋”理论。这些理论或假设的主题和内容不同，但是它们具有几个共同的特征：首先，他们的研究主要集中在探索全面，长期和宏观的大众传播效果。其次，它们都在不同程度上强调了媒介的影响力。最后，它们与社会信息化的现实紧密结合。

1. 沉默的螺旋

在政治传播领域，“沉默的螺旋”是政治与传播跨学科结合的理论，也是第一个阐明媒介强大效应理论的理论。它是由德国社会学家伊丽莎白·克诺尔·诺伊曼(Elisabeth Knoll Neumann)于1973年提出的。

“沉默的螺旋”理论是基于对人的社会从众心理和趋同行为的分析。该理论认为，在一定时期内，大众传播媒介提倡的某些观点在社会中占主导地位，会对受众产生一种压力。当人们认为自己的观点属于“多数”或“优势”时，他们会积极大胆地表达自己的观点。当他们发现自己的意见属于“少数”或“劣势”时，他们就会放弃原有的思想和态度，同时保持“沉默”，以避免孤立。结果，占主导地位的意见将变得更强大，在大众传播的压力下，持有少数相反观点和态度的人将越来越少，形成螺旋效应。

诺伊曼认为，大众传播的三个特征是积累性，普遍性和协调性。这三个特征结合后对公众舆论产生巨大影响。积累性是指特定主题或消息随时间的累积，当积累达到一定水平时，就产生了价值并享有回报。普遍性是指大众传播的广泛存在，普遍性是大多数人对事物或概念的普遍认知和感觉。协调性是指事件或问题的一致反映，可以形成一致性，不同报纸，杂志，电视和其他媒体的报道在生产过程的各个阶段和各个环节保持联系，共享这种一致性。

“沉默的螺旋”理论有其独特的舆论观。传统政治强调民意是民主政治的产物，是公众通过理性讨论形成的“普遍意志”。但是诺伊曼从社会心理学的角度揭示了舆论的非理性特征。她认为，舆论包括社会惯例，风俗和规范，并代表着一种社会力量。它需要同意，或者至少是被迫保持沉默或放弃反对。根据诺伊曼的理论，舆论是在无声螺旋的作用下形成的。在一个有争议的问题上，通过大众传播媒介对该事件的报道，代表观点的各种词汇和观点相继出现。传播以形成印象。他们尝试判断哪种意见是主流意见，以及他们的意见是否属于多数意见，然后判断公众意见是否会朝着同意他们的意见的方向改变。如果他们发现自己的意见属于少数群体，他们将在此问题上保持沉默，如果公众意见偏离他们的意见，则他们将继续保持沉默。这样，本来强势的观点变得更强，而本来弱势的观点变得更弱。在这个周期中，形成了压倒性多数意见——公共舆论。

沉默的螺旋强调了舆论的社会控制功能。人们是否愿意就问题发表意见，取决于人们对观点氛围的判断和理解。如果个人观点与意见气氛背道而驰，人们将保持沉默，而驱使人们保持沉默的动力是害怕被孤立。在诺伊曼看来，舆论是双重意义上的“我们的社会皮肤”：个人是感知社会“意见气候”变化并调整自己的环境适应行为的“皮肤”。不仅如此，它还保持社会融合发挥着重要作用，就像皮肤作为“容器”一样，可以防止由于过多的意见分歧而导致的社会解体。① 受众始终处于类似于媒介创造的舆论氛围的“意见气氛”中。这些“意见气候”形成了微妙的积累和渗透，与受众的羊群心理和适宜的传播环境相互作用，形成了强大的“公共效果”，这种公共效果最终可以实现对整个社会的有效控制。

① Elisabeth Noelle-Neumann, *The Spiral of Silence: Public Opinion and Our Sucial Skin*, American Journal of Sociology, 1986, pp. 61-62.

尽管沉默的螺旋在理论和实证研究上仍存在一些不足，但它有其自身的科学和理论意义。它从现象学的描述向社会心理分析领域介绍了对舆论形成过程的调查，并强调了社会心理机制在这一过程中的作用。它强调了大众传播对公众舆论的强大影响，并正确指出了这种影响是由于大众传播具有创造“意见环境”的巨大能力，对重新评估政治传播的影响和效果具有重要的启迪意义。

2.“议程设置”理论

大众传播媒介影响舆论的主要方式之一是“议程设置”。“议程设置功能”是在李普曼的“拟态环境”和拉斯韦尔的大众传播“环境监控功能”概念的基础上，通过实证研究提出的理论假设。其是在美国传播学者麦库姆斯和肖撰写的《大众传播的议程设置功能》一文中首次发布的，是他们对 1968 年美国总统大选期间媒体选举报告对选民的影响进行的调查和研究的总结。通过研究发现，大众传播具有为公众设定议程的功能。媒体的新闻报道和信息传播活动赋予了各种“问题”以不同程度的显著性，这影响了人们对周围世界的“重大事件”及其重要性的感知。

提出该假说后，它在传播领域引起了广泛的关注，许多学者对此进行了探索和验证。更系统的研究包括美国学者 D. H. 韦伯于 1976 年进行的调查，以及日本学者竹下俊郎在 1982 年和 1986 年进行的调查等。

首先，倾向于明确“议程设置功能”的机制。学者主要从三个角度研究大众传播“议程设置功能”的机制。第一个视角称为“认知模式”，第二个视角称为“显著性模式”，第三个视角称为“优先顺序模式”。一般认为，大众传播主要使用这三种机制来确定议程。从一系列问题的重要性出发，从“感知”到“关注”再到“优先”，这是一个累积影响和效果的过程。效果越晚，效果越大，效果越深远(揭示了长期效果)。

其次，对不同类型的“议题”进行深入研究。例如，根据 1976 年的调查结果，美国学者韦伯指出，公共“议题”实质上受媒体“议题”的影响，但公共“议题”也可以分为不同的类型，例如“个人议题”“谈话议题”“公共议题”可能在传播过程中合并。

最后，分析不同媒体“议程设置”的不同特征。在 1968 年和 1972 年的两次调查中，麦库姆斯和肖从整体上考察了报纸，杂志和电视。随后的许多研究区分了不同的媒体并区分比较了它们的不同功能。

此外，一些研究将“议程设置功能”与受众的不同属性结合起来进行研究，并得出了一些初步结论。

“议程设置”理论指出媒介是从事“环境重组”的组织。媒体关于外界的报道不是“镜子”式的反映，而是有目的地选择活动。后来的学者对该理论进行了广泛的研究，证明了媒介议程的设置取决于媒体的形式、报道方法、个人兴趣和需求以及人际交往的效果。媒体组织内部和外部各种政治、经济、文化和把关人的存在影响着媒体的新闻选择，突出和解释以及表达方式。简而言之，媒体对舆论的影响机制不是主要通过影响人们的思想，而是通过影响人们的关注产生。即使大众传播媒介无法确定人们的想法，它也至少可以决定人们在想什么。这是媒介议程设置的结果。

大众传播媒介通常无法确定人们对某个事件或观点的特定观点，但是它可以通过提供信息和安排相关问题来有效地影响人们对某些事实和观点以及讨论顺序的关注。新闻媒介向公众提供了他们的议程安排。大众传播媒介对事物和观点的重视程度与受众的注意程度成正比。该理论强调，受众将因媒体提供的议题而改变对事物重要性的理解，并首先对媒体认为重要的事件采取行动。媒介议程和公众议程对这一问题的重要性的理解并不是简单的吻合。这与媒介联系的数量有关，经常与大众传播媒介接触的人们的个人议程与大众传播媒介的议程更加一致。该理论不仅关注媒体强调哪些问题，还关注这些问题如何表达。除了媒体强调的问题外，对受众的影响因素还包括其他因素。这些影响包括态度和行为。

"议程设置"理论具有很强的现实意义，其根本价值在于突出大众传播媒介的重要作用：它可以有效地转移公众关注的焦点。施拉姆认为：首先，议程设置理论基于两种观点：各种媒体是世界新闻报道必不可少的把关人；其次，人们经常感到需要在复杂的政治世界中为他们指出方向。意味着把关人可以帮助他们决定哪些事件和议题值得关注和关注。它的媒介效果观相对准确和适度，① 不如"魔弹论"强，也不像"有限效果论"那样弱。当然，"议程设置"理论也有其不足之处。它仅强调媒体"设置"或形成社会问题的一面，不涉及反映民意的一面。此外，"议程设置"的重点是从完全意义上说，是效果形成过程的初始阶段，也就是说，其对认知水平的影响以及情感和行为水平的涉及较少。

3."知沟"和"培养"理论

政治传播研究的核心问题是公众如何获得知情权。公众的知识储备会影响其认知和思考能力。关于大众传播所提供的信息和知识的最著名的研究是"知沟"理论。1970 年，美国传播学者蒂奇诺等人基于一系列实证研究提出了理论假设："由于社会经济地位高的人通常比社会经济地位低的人能更快地获取信息，因此，传递的信息更多。通过大众传播媒介，两者之间的差距将越来越大。"②

"知沟"，也称为知识格差，是关于大众传播活动引起的社会分化后果的理论假设。换句话说，贫富分化的现有经济结构决定了信息社会中必须有两种人：一种是信息丰富的阶级；另一种是信息贫乏的阶级。由于经济贫困者在现有知识的存储和获取最新传播技术方面处于严重不利地位，随着时间的流逝，他们与富人之间的信息鸿沟将不可避免地越来越大，而信息鸿沟将不可避免地扩大。知识差距最初表现为学前教育水平的差异；其次表现为学习成绩和高等教育入学率的差异；最终表现为职业，收入和社会地位的差异。知沟理论认为，现代资本主义社会大众传播的内容和形式更有利于经济上富裕的阶层而不是穷人。因此，大众传播越流行，传递的信息越多，两者之间在信息、知识和社会地位方面的差距就越大，而不是缩小这些差距。

关于"知沟"的原因，蒂奇诺等提出了五个原因：一是传播技巧的差异，即获取有关公共事务和科学的知识需要一定程度的阅读和理解能力；二是知识储备存在差异，知识存储的越多，对新事物和新知识的理解和掌握就越快；三是社交范围的差异，社交范围越广，人际交往越活跃，知识获取过程就越快；四是信息的选择性接触、理解和记忆机制，

① ［美］施拉姆，威廉·波特著：《传播学概论》，陈亮等译，新华出版社 1984 年版，第 276~278 页。

② Tichenor, P. J., "Mass Communication and Differential Growth in Knowledge", *Public Opinion Quarterly*, 1970, pp. 158-170.

生活水平和生活水平与媒体内容越接近，媒体的接触程度和使用程度就越高；五是大众传播媒介的传播性质，具有一定的深度。公共事务和科学知识的主要内容是印刷媒体，其受众主要集中在受过良好教育的阶层。① 知沟理论认为，当上述五个因素中的一个或多个发挥作用时，具有较高社会经济地位的阶级处于有利地位。这是“知沟”不断扩大的根本原因。因此，当大众传播媒介流量持续增加时，沟通技巧、知识储备、社会沟通和态度选择都在一定程度上发挥作用，“知沟”也随之加深。

为了缩小“知沟”和“信息沟”，许多学者提出了两种对策。首先，在硬件方面，必须针对欠发达地区或低收入群体制定特殊的教育支持政策，例如对家庭或收入低于一定水平的地区提供价格优惠，以促进硬件在整个社会中的普及。其次，就“软件”而言，有必要增强社会成员充分发挥其主观能动性，激发他们对知识的强烈渴望，并培养他们的勤奋和毅力。如果他们对知识的渴望不强，没有勤奋和毅力的意志和素质，那么他们就需要充分利用现有的教育条件。

“知沟”理论提出了一个与普遍观点不同的主张：信息的无限增长并不能带来享受社会信息的权利的平衡，其结果仅仅是那些拥有信息特权的人所获得的信息比没有信息特权的人获得的更多，两者之间的差距越来越大。这就像在社会经济资源分配中常说的“马太效应”，即“富人变得更富裕，而穷人变得更穷”。“知沟”假设对于我们了解社会中知识的流动和分布非常重要。研究表明，人们对政治事务的了解越多，他们对时事和新闻的关注就越多。因此，那些最了解时事和最多使用媒介的人就拥有最多的信息储备，他们的舆论立场非常坚定，对反面观点免疫力强。

与“知沟”理论相对应的“培养分析”理论强调了电视长期而微妙的影响。它源于李普曼的《舆论学》，作者在其中首次提出了媒介在意义和现实建构中的作用。20 世纪 60 年代后期，以美国学者 G. 格伯纳为代表的实证研究开启了对“培养”理论的研究。格伯纳(Gerberner)等人在 1967 年获得美国“暴力起因与预防委员会”的资助，开始了一系列有关电视暴力内容的研究。这是有史以来时间最长、规模最大的电视效果研究。经过研究，格伯纳认为电视已经成为美国社会的核心文化支柱，并且电视已经成为家庭的重要成员，是大多数时候“说话”的人。他认为电视除了具有其他媒介的共性之外，还具有自己的独特优势：电视拥有最大的受众群体，每天的接触时间最长；不需要接触印刷媒介所需的读写能力；电视将视听手段结合在一起，具有很强的视觉、临场感和冲击力；现代人从小就生活在电视中，很难将电视中的世界与现实世界区分开。电视已广泛渗透到社会的各个角落。② 换句话说，电视内容可以培养观众的世界观。长时间看电视的人对社会现实的看法与电视所呈现的场景更为相似，而不是真实情况。例如，电视上大量的暴力报道和描述可能使观众认为世界是危险的。

“培养”理论的基本要点是，要使社会作为一个统一的整体存在和发展，社会成员就需要对社会有一个“共识”，即对客观上的看法应具有普遍的一致或接近的认识。因此，

---

① McQuail, D. and Windahl, S., *Communication Models for the Study of Mass Communication*, Longman, 1991, p. 73.

② 郭庆光：《传播学教程》，中国人民大学出版社 2006 年版，第 227 页。

该理论认为，媒介的主要作用不是改变受众，而是维持一定的社会结构，以使受众对世界的感知符合现有的价值规范和政治经济秩序。它不在于改变受众，而在于保持受众相对稳定。

纵观历史和当下，由于经济利益之类的原因，许多新闻媒体在对客观世界的反应中表现出一定程度的偏见。例如，在美国揭露丑运动的过程中，媒体以揭露丑陋的面貌大量报道公众人物，给受众留下了世界就像乌鸦一样漆黑的印象。这种现象在我国目前的新闻界中也大量存在。例如，媒体在一段时间内专注于报道农民工的犯罪和心理问题，从而使受众对农民工持消极的刻板印象，从而对这个社会群体产生消极的看法。这种偏见阻碍了其他社会群体的沟通和理解，使其无法融入主流社会，并且不断被边缘化。托马斯公理认为，如果人们将某种情况作为现实来把握，那么这种情况将最终成为现实，因此反过来又可能引发更多的犯罪行为和心理问题，给社会带来不稳定。因此，我们应该合理地接受这种培养理论的观点，并重视新闻媒体在构建人们的世界观、价值观和具体见解中的作用和任务。首先，我们必须把新闻的真实性放在首位，不仅新闻本身的事实是真实的，而且一系列新闻事实整体的真相和细节事实也是如此。其次，我们必须注意均衡的报告，并始终坚持积极的报告。那就是在宏观背景下考虑新闻的真实性，以便受众可以对客观世界有一个积极而正确的理解。

三、影响政治传播效果的因素

政治传播效果受到何种因素的制约，有社会环境因素，也有内部的传播者素质因素，以及受众因素等，此外传播渠道、媒介性能等也是影响政治传播效果的重要因素。因此，必须全面把握影响因素，才能获得良好的政治传播效果。

（一）传播主体因素

传播的主体是人的因素。人是传播的主体和接受者，传播是人类的精神特权。人的因素对传播效果的影响至关重要。在传播渠道的关口分布着四种类型的人：传播者、把关人、中介者和受传者。各司其职，影响着传播效果的发挥。

第一，在相同的社会形态下，政治传播者的政治形象和公众的声望在传播效果的影响中起着决定性的作用。霍夫兰认为："改变传播效果的最可能方法之一就是改变目标对象对传播者的印象。"①换句话说，如果政治传播者及其所代表的政治团体正在为公众谋福利，并确保政治启蒙运动在受众心目中具有良好的政治形象和崇高声望，那么他所传播的政治观点和主张将具有一定的意义，提升并树立受众的态度，从而大大提高其传播效果。否则，政治传播者只能代表该集团的利益，腐败和落后会失去人民的信任，受众会很难顺从他们的政治传播。

第二，政治传播者与政治受传者之间的利益关系直接影响和制约着政治传播的效果，它影响了受众与传播者之间的心理距离和情感倾向。当政治传播者和受传者的基本利益相同时，传播者与受传者之间的心理距离将大大缩短，并且可以避免受众对传播者提供的信

① ［美］施拉姆、威廉·波特：《传播学概论》，陈亮等译，新华出版社1984年版，第226页。

息产生怀疑甚至反对。邵培仁认为："传播者及其传播的政治思想，观点等总体上可以代表和体现受传者的利益、愿望和要求。因此，受传者经常对传播者的政治作出回应。并履行相应的政治行为。"①如果传播者和受传者的根本利益彼此对立，则政治受传者通常无法遵守传播者的意愿，从而影响传播的有效性。

第三，受传者的个性是影响传播效果的重要主观因素。每个人都有不同的性格，有些固执，有些容易受到影响。对人际关系和社交状况有强烈焦虑感的人，为避免与他人的冲突而竭尽所能的人，以及情绪基调主要为悲伤和沮丧的人，通常表现出很高的可说服性。相反，那些自信的人通常没有那么容易被说服。根据此结果，贾尼斯认为，自信的强度与说服性的水平之间存在密切的关系，即，自信越强，可说服性越低；自信越弱，可说服性就越高。该结论称为"自信心假说"。

政治受传者是政治传播的终点，是政治传播效果的直接体现者。政治传播的得失成败要依赖其对受传者所产生的影响以及受传者的态度及行为对传播者的顺应程度来判断，而受传者本身也是影响政治传播效果至关重要的因素。鲍尔在《顽固的受众》中写道：在可以获得的大量(传播)内容中，受传者的每个成员特别在意选择那些同他的兴趣有关、同他的立场一致、同他的信仰吻合并支持他的价值观念的信息。作为政治受传者个体由于其政治立场、政治信仰、政治观点、政治态度、政治参与程度不同，对政治传播者的宣传劝服的顺应程度也是不同的，政治受传者与政治传播者的政治立场、政治利益相同，受传者则较容易接受传播者的宣传，作为与政治传播者立场、观点对立的受传者，则难以顺应传播者的宣传。

此外，由于受传者个人文化素养、智力水平、生理条件、所处社会环境各不相同，受众对政治传播的内容所作出的反应就各有差异，对信息的不同接受和理解进而影响到受众形成不同的政治态度和行为。

(二)传播环境因素

环境因素包括外部影响和媒体自身的因素。不论是国家稳定、民族团结、政治融合和人民的社会环境，还是地理位置、新鲜空气、布局整齐的自然环境；不论是美丽舒适的自然环境，还是愉悦和谐的心理环境，它们都是传播活动存在的情况和条件，都将对传播效果的形成产生一定的制约和影响。媒介的不同特征及其组织方式对传播效果也有一定的影响。纸质媒介具有相对较强的知识传播效果，而电子媒介具有相对较强的艺术形象传播效果。在组织传播中，公告和通知、演讲和谈话、公文和通函产生不同的传播效果，因为它们在媒体变量方面具有微妙的关系。

首先，存在两个基本的视角来研究传播环境对个体行为的影响。一是社会网络的群体视角。在这种群体中，不仅存在意见领袖的个人影响力，而且成员的多数意见所产生的群体压力也对个人的言行产生重要的限制作用。二是作为戈恩行为的精神支撑点的群体，即过去和实际群体隶属关系所产生的概念，价值和行为规范的内在化，统称为"群体规范"。在现实生活中，许多似乎完全由个体决定的行为实际上在很大程度上受到内部化的"群

① 邵培仁：《政治传播学》，江苏人民出版社 1991 年版，第 229 页。

体”(即群体规范)的影响。同样，团体隶属关系和团体规范对传播也有重要的限制作用。它不仅影响受众与媒体和内容的“选择性接触”，而且还影响受众对观点的接受。

拉扎斯菲尔德和卡茨等人认为：“非正式的社会关系确实是一个重要的中介因素，会影响人们对媒介内容及其采取的行动的选择和解释。”①作为个人，受众生活在不同的群体中，例如家庭、学校、社区、机构、企业等。无论受众属于哪个群体，他们在接收信息时都会受到群体的影响和限制，并且媒介通常很难改变人们固有的态度和信念。由于这些群体在不同程度上满足其成员的生理、安全、社会、自尊等需求，因此其成员具有认同感和归属感。这种认同感和归属感无形中给团体成员施加了遵守团体规范的压力。在接受政治信息时，这种压力会对受众的态度和行为产生重大影响。施拉姆认为，如果要改变一个人的价值观和行为方向，则必须从改变他所珍视的群体的态度开始。每个小组的成员都愿意接受与该小组的意愿相符的信息，并解释和修改与该小组的意愿不同的政治传播者所散布的观点，以削弱或改变其传播效果，并维护他们的意愿及团体的利益。当传播的信息攻击小组的观点、主张和信念时，其成员将排斥媒介并强化其固有思想。

其次，政治传播的有效性取决于传播秩序是否有序，传播组织结构是否合理。科学传播的秩序应当建立稳定，多样的信息传播和反馈机制。传播媒体应通过受众调查，民意调查等方式了解受众的信息需求，使传播者与受众能够在平等的基础上进行交流，增进相互理解与交流，使受众产生“认同感”“信任感”，以便获得更好的传播效果。另外，媒介组织的建立是否合理也是制约传播效果的关键因素。如果媒介组织太大而内部层次太多，那么一条信息就必须从高层组织传播到底层组织，并且中间需要复杂的传输，这不仅容易导致失真信息，也浪费时间，影响传输效果。

(三)传播技巧因素

在政治传播中，技术因素是影响效果的关键。它主要包括政治传播的公开性和隐蔽性，信息发布的合理性和情感诉求。

首先，公开传播的态度很明确，很容易引起受众的注意，也容易引起受众的心理防御机制。另一方面，政治传播通常包含控制受传者的态度和行为的意图。而受众特别是文化水平较高的听众，需要自尊和追求自由，而传播者的任何可察觉的控制意图都会引起警惕，甚至产生抵抗。因此，传播者应该采取受众愿意接受的方法和手段，尽量掩饰政治宣传的控制意图，利用客观事实说服受众，使受众能够愉快地接受传播者的宣传。

其次，发布的信息量必须合理。媒介在一定时期内发送的信息量不能过多，也不能不足，为保证良好的传播效果，必须保证适度的信息流。发送的信息过多有两种含义：一种是指在一定时间段内某种媒介发送的相同内容的过多信息。这不仅不能产生良好的传播效果，而且会引发受众的反抗心理，并对报告和媒体的内容产生不满。同时，由于某些信息的过度传递，必然导致其他信息的传递不足，使受众的信息需求得不到满足，使他们失去了对这种传播媒介的信任和依赖，因此转向其他媒介寻求信息。过多信息的另一含义是指介质在单位时间内发送的过多信息，这会导致信息过载。信息量远远超出受众可以承受或

① [美]德弗勒、鲍尔洛基奇：《大众传播学诸论》，杜力平译，新华出版社1990年版，第215页。

需要的范围，并且大量无用的冗余信息严重干扰了受众的准确区分和对有用信息的正确选择。一些学者研究并证明，过多的信息会影响传播效果。就广播而言，如果信息流限于接收器通道的最大容量，则可以以最小的噪声传递大量信息，但是如果媒体尝试传输超出实际容量的信息信道的噪声和误码率将迅速增加。

最后，一些心理学家认为，对人类影响最大的是情感而不是理性。传播者掌握政治交流中的情感交流技巧，是获得较好传播效果的有效途径。在政治传播中，如果要鼓励接受者立即采取某种政治行动，或者是出现暂时效果，通常应基于情感。如果是为了使接受者了解某种政治主张，掌握政治理论或获得持久的影响，则通常应该诉诸理性。因此，结合理性与情感，选择不同的方式吸引不同的听众，从而获得相应的传播效果。

第二节 政治效果的测量及方法

一、效果的评估

在传播政治信息的过程中，传播效果非常重要，因为它可以很直观地反映出政治信息传播后公众的态度。对政治传播效果的评估是指分析和衡量接收者在暴露于政治信息之前和之后，其注意力、情感和行为沿着信息方向变化的程度。但是，不同时期的传播学者评价侧重点存在区别。

早期传播学者对传播效果的评估集中于调查受众态度的变化。他们使用“事前/事后”实验观察某种媒介或宣传是否会改变人们的态度。霍夫兰使用实验方法研究态度与说服力之间的关系。他们坚信“有说服力的信息的传播可以改变态度”①。态度和行为密切相关，态度会影响行为，而受众态度的变化将不可避免地导致行为发生变化。因此，他们将受众态度变化的评估作为衡量传播效果大小的指标。但是，态度的改变不一定会导致行为的改变，并且行为的改变并不能完全表明态度的改变。在心理实验方法受到影响后，约翰·沃森提出了“行为理论”。该理论的核心是将人类行为的唯一法律解释归因于对个体公共行为的直接观察。他还认为，直接观察个体行为和实验研究方法是评估传播效果的最合理方法。

早期的传播学者只关注传播效果的短期效应，而没有关注媒介的长期效果和间接效果；只关注媒介对受众的个人影响，却忽略了媒介的社会影响；只关注媒介对受众的影响，忽略受众对媒介的影响。

（一）如何评估

效果评估需要一个明确的切入点，即如何评估。中国学者邵培仁在总结以往研究成果的基础上，提出了两种新的传播效果评价观点，并对效果评价的切入进行了较为完整的讨论。

---

① 转引自梅尔文·德弗勒、桑德拉·鲍尔-洛基奇：《大众传播学诸论》，杜力平等译，新华出版社 1990 年版，第 199 页。

1. 受众接触媒体和媒介影响受众

大众传播媒介的社会效果主要表现在两个方面：一是传播对象与媒体接触后的效果；另一个是媒体影响传播对象的效果。

评估受众接触媒介的效果，主要是看受众在媒介以及特定专栏、节目和信息中的关注度、兴趣、理解、记忆和其他心理因素。对于特定媒体，例如报纸，期刊，广播和电视，就是看受众的数量，以及受众对媒介的关注度和信任度。受众在这些方面产生的变量对于传播者和媒介评估效果非常重要。我们不仅可以从这些变化中看到哪些媒体、哪些专栏或者哪些信息是公众所喜欢和关注的，或者哪些媒体需要修改或调整，而且我们还可以从这些变化中看到正确的方法和实现条件，进一步扩大传播效果。

媒介对受众的影响主要是基于广义上媒介对受众文化和生活的影响，包括对受众世界观、生活观、价值观和行为动机的影响。这些变化表明，由于大众传播的影响，观众的意识和行为出现了一些新事物。这种“新事物”不仅是对已经完成的事情的修改、补充和发展，而且还是对无用之物的抛弃、反对和重新评价。① 这种效果不仅受到传播者和媒介的关注，而且也受到政治人物、研究人员、商人和公众的关注。

2. 目标评估和需求评估

该切入点是对传播过程驱动力的考查。传播者与受传者之间的信息交互需要原始的驱动力。这种驱动力体现在目标的实现和需求的满足中。

传播目标是传播者希望通过在传播活动中传播信息来达到的预期目的，以及该目的是否满足预期的要求，也可以说这是传播者在某个方面和某个范围内试图实现的特定功能，或影响受传者意识和行为方向的特定标准。受众在收到媒介信息后所形成的意识和行为与以前的状态相去甚远。如果该距离越接近传播者的预期目标，则传播效果越好；反之则传播效果越差。可以看出，对传播的社会效果的评价主要取决于接收到媒体信息后，观众的意识和行为中出现了多少新的有意义的事物，和淘汰了多少无用之物，或者结果与目标的接近程度。

受众需求是传播者制定传播目标的客观基础。满足需求是人类活动的原动力。对于企业来说，“客户就是上帝”。马克思指出：“任何人如果不为自己的需要和同时为需要的器官做事，就什么也做不了。”②需求表现人们对物质、社会和精神方面的真正追求。在传播活动中，受众的需求基本上是信息需求，作为精神需求的信息需求的产生与物质社会需求密切相关，即信息需求确保对物质和社会需求的理解得到满足，并体现为人类精神发展的需要。因此，有效的大众传播的出发点是确定并满足受众对信息的迫切需求。

信息需求可以描述为受众意识与当前自我意识状态之间的差异以及应该呈现的状态。如果结果的值大于或接近要求的值，则传播效果会好；否则效果会很差。因此，为了获得最佳的传播效果，有必要很好地理解和满足受众的信息需求。但是受众的需求是非理性的，有合理和不合理的。而且，由于“任何需求都会给系统带来额外负担，因此只能在一定限制内满足系统需求。因此，应该满足需求，或者应该压缩需求，或者应该对需求进行

---

① 邵培仁：《传播学导论》，浙江大学出版社 1997 年版，第 389 页。

② 《马克思恩格斯全集》（第三卷），人民出版社 1972 年版，第 286 页。

补偿，或者使其适应最终结果”①。在大众传播的过程中，一方面应激发、表达、适应和满足受众的合法需求；另一方面应承担控制、压缩和引导受众的责任。这是大众传播媒介和传播者获得良好传播效果的基本准则。

（二）评估原则

（1）目的性原则。任何政治传播活动都有一定的目的。就传播者而言，传播目的是让受众了解、领会并认同自己的主张和观点，根据自己的传播意图采取行动；就受众而言，这是受众收到信息后的思想、态度和行为发生一定程度的变化，并且此变化与传播目的之间的一致性较高，表明传播效果更好。因此，评估的重点应该是改变公众的观念、态度和行为。评估的目的应服从传播的目的，必须明确并且必须有针对性。

（2）科学原则。传播效果评估的标准、内容和方法是否科学，对效果评估有很大影响。科学原则要求对传播效果的评估能够准确客观地反映传播活动的实际情况，评估的内容必须有清晰科学的定义，评估方法必须结合定性分析和定量分析，评价的目标是全面、具体和有代表性的。简而言之，传播效果的评估应通过再验证。在相同条件下，多次评估的结果是相同的，则该结果的可靠性基本上符合客观现实。

（3）方向性原则。坚持正确的思想路线和政治方向是评价政治传播效果的重要规则。我们不应该仅仅关注诸如专业技术、经济指标和收益之类的因素。要坚持党和政府的政策、服务社会、正确的媒体管理方向。媒体服务于特定的社会制度和国家机制，因此，只有与统治阶级的意识形态保持一致，才能确保传播效果的正常实现。

（4）针对性原则。实际上，针对性要求评估过程要从现实出发，分析具体问题，根据不同地区、不同媒介和不同受众的特征进行区别对待，灵活运用各种评估方法，广泛收集意见，进行多方面检查，并且不要坚持使用单一模型。只有这样，评估结果才能客观、公正、有效和可靠。

（5）可测试性原则。信息传播的过程很复杂，主体和客体因素以及环境因素增加了这种复杂性。在综合评估中，有必要考虑影响效果形成的各种因素。无论这些因素是否可衡量，都必须注意选择那些具有很强可衡量性的因素来进行评估，这一点非常重要。但这并不是说定性分析的因素是不可靠的。无论如何，评估效果时设定的因素项目必须是可测量且可行的。

（6）指导原则。效果评估的目的是响应媒体行业和传播者坚持正确的政治方向并优化传播手段。简单的效果评估并不是传播活动的最终目标。有效性评估是看不见的指挥棒，它不会强迫媒体或传播者作出决定，但是会巧妙地指导传播者或媒体如何做决定。换句话说，传播效果的评估过程实质上是指导传播活动的过程。

二、测量的方法

政治信息传播的目的性需要通过某些方法来衡量，这在传播过程中涉及一个非常重要的概念：传播效果的度量。这种衡量可以是实用的，例如由政治媒体进行的旨在提高效果

① ［法］莫里斯·迪韦尔热：《政治社会学》，华夏出版社1988年版，第190页。

和提高收视率的研究；也可以是基础研究，例如针对受众关系、民意的影响和现实建构的调查和研究。如何测量这种影响非常重要，即选择一个合理的测量标准。

过去，对传播效果的描述是对其表象的直观总结、概括和抽象，而不是对传播对人的生理和心理机制的调查，无法很好地体现传播效果。这里所说的传播效果是指传播信息作用于受众的特定效果。另外，在传播效果评估的实践中也有媒体效应一词。所谓某种媒体的效果，实际上是该媒体在一定时间内对受众传递的所有信息所产生的综合效果。由于传播的作用是受众的心理系统，因此对心理系统的影响是不同的。政治信息传播中也存在这种现象。因此，衡量政治信息传播效果的标尺和指标显示出层级，具言之，如果传播效果仅作用于公众知觉和知觉的浅层传播效果，那么衡量它的指标就是公众对政治信息的“了解”。该“意识”指标系列包括“发行量”“阅读率”“观看率”“收听率”“阅读时间”等。例如，政府发布了一项新政策，而新政策只要求人们知道它。在这种情况下，只要公众已经收听或阅读，简而言之，只需要他们感知新闻，不要求其主动思考。

政治信息传播效果不仅影响公众的感知，而且进一步影响其思想和情感在中层次政治新闻传播中的作用。仅凭“知晓度”来衡量它已不再足够，还应加上“理解度”和“赞同度”，并根据具体内容设计相应的指标。为了衡量读者的理解和认可程度，有必要根据政治信息的内容确定衡量指标系列，并进行问卷设计和调查统计。也就是说，调查政治信息对人的正面和负面影响或媒介议程设置研究的最合适方法是民意调查。

民意调查是指基于数学统计技术、社会调查技术和心理测量技术而具有一定政治目的的过程。通过对舆论信息的调查分析，预先进行描述、分析和预测舆论发展和趋势的过程。① 意见调查起源于美国，以模拟投票的形式出现，用以检查选民对总统候选人的评价和投票意图。1824 年，美国“宾夕法尼亚州哈里斯堡”派记者调查了当年选民对四位总统候选人的态度，并于 7 月 24 日宣布了调查结果。这是民意调查的最早记录。

民意调查的特征：首先，科学抽样被用来作出可靠的推论。民意的主体很分散，全面系统地了解舆论的整体状况并进行社会成员的普查在现实中很难实施。民意调查是一种非综合性的调查，但其调查结果可以准确、可靠地推论出民意的概况。从早期的便利抽样到盖洛普(Gallup)在 20 世纪 30 年代建立的配额抽样，民意调查的抽样方法经历了三次演变，直到 40 年代末广泛使用的更科学的抽样方法——随机抽样极大地提高了民意调查的准确性。在民意调查的抽样调查中，与调查测试的主题相关的所有社会成员都称为“总体”，而实际选择和接受调查的代表部分被称为“样本”。随机抽样的特征是按照随机性原则抽取样本。总体中的每个成员都有相同的被选概率，从而完全排除了调查员在选择样本时因主观愿望、印象、好恶所产生的影响。

其次，程序客观上是统一的，对民意原貌状态的反映是真实的。今天的民意调查已经形成了一套从样品提取，问卷设计，调查实施到数据处理的标准化原则和程序。大多数民意测验样本是通过配额抽样获得的。使用这种采样方法，有必要准确地理解组成样本的分子与所研究的物质或行为之间的关系。如果要对总统选举进行预测，则需要知道选民态度与哪些变量有关，然后使用普查数据找出这些变量的分布，例如政党归属、年龄、受教育

① 张雷：《政治学原理》，东北大学出版社 2007 年版，第 289 页。

程度、经济状况等。选择样本时，根据这些变量的分布，确定样本中的配额并进行调查。这整套程序从头到尾贯穿整个主线，确保并保持客观性，以最大程度地减少民意调查结果的扭曲。意见调查通常使用问卷作为收集舆论信息的工具。它们是独立和匿名进行的。这些可以在很大程度上消除受访者的担忧，使他们能够真正表达自己的实际情况和想法。

最后，是运用长期定量分析准确、细致地把握民意。民意调查方法可以运用数理统计原理对舆论现象进行定性分析，其优于定量调查，可以使描述更加准确，使人们能够准确把握民意的各种特征。在民意调查出现之前，人们只能对民意的总体概况感到满意，而且大多数人将民意描述为“所有人都认为”。民意调查的出现改变了这种不确定性。由于经济地位、社会经验、文化水平和政治信仰的差异，人们自然会对某些社会问题表现出不一致的看法。在掌握所有受访者对某一问题的看法强度的基础上，具体衡量不同受访者的不同意见的强度将有助于加深对公众民意结构的理解。

民意调查是民意最权威、最普遍的整体反映，通常用来衡量公众对某项政策或某位官员的评价。调查结果不仅反映了公众对国家领导人个人才能和形象的看法，而且直接或间接地反映了公众对国家事件和重要决策的态度，从而成为这些国家领导人调整政策和方式与处理政府事务的重要参考。其次，民意调查可以协助政府作出符合民意的政治决策。再次，民意调查可以引导公众注意政治议程。民意调查的结果一旦发布，就常常成为公众关心、讨论和思考的问题，并对其思考和理解产生一定的影响。这是民意的指导。有选择地进行民意调查本身就是民意的指导活动。它在协调社会成员之间的思想，缩小人们在某些社会问题上的思想距离方面起着作用。它既微妙又不可察觉。最后，民意调查可以及时监测公共政策的社会影响。在社会监控中，人们通常可以获得许多有关社会发展的指标和数据。与其他形式的调查相比，民意调查的范围更广，方法更专业、更规范，结果更准确、更全面。舆论调查提供的主观社会指标有助于及时监测公共政策影响的综合价值。

简而言之，民意调查是一种本身中立的方法，可以服务于任何社会制度。它只有被特定的团体在特定的意识形态指导下采用以达到特定的目的时，才显示其社会本质。

在新媒体时代，微博、微信等新媒体需要新的可量化的效果评估方式。研究机构对微博的传播效果量化评估通常聚焦于微博的活跃度和传播度。活跃度可以用推文数、原创微博数量衡量，传播力以转发数、评论数、原创微博转发数、原创微博评论数和点赞数的数值进行统计分析。对于微信公众账号的传播效果评估也可以借助诸如发文数、阅读数、点赞数等量化数值进行表现。

一般来说，粉丝数量能够衡量传播者的覆盖度，内容生产的数量和更新频率呈现是传播者的活跃度，但这些量化的指标一般针对的是传播者方面的传播效果。对网络受众而言，传播效果更多体现在受众的参与程度，即转评、阅读、点赞、回复等具体的行为。此外，还需要考虑受众的心理因素相关情感效果，可以通过抽样调查方式获取。

总之，社会化媒体的开放性和互动性特点使得人们对它的效果测量更加复杂、更具争议，也使传统媒体的效果测量指标很难被直接套用到社会化媒体上。越来越多的中国新闻传播研究学者开始使用大数据方法展开研究，将计算机科学、信息科学领域的方法成功应用于传播效果研究，从传播要素视角（用户、平台、内容、互动）、社会网络视角（规模、联结、分布、区隔）、网站分析视角（流量指标、网站链接指标）对传播效果进行了评估。

王秀丽等学者系统性梳理了国内外社会化媒体传播效果研究，总结了一套涵盖认知、态度、行为等因素的效果测量的指标体系(见表 5-1)。①

表 5.1　　　　　　**社会化媒体效果测量体系**

社会化媒体传播效果	认知	阅读/方向		访问量/阅读次数/曝光盘 重复阅读/访问的人数/次数
		搜索		被搜索数
	态度	态度/情感倾向		情感评价值 支持/反对/中立
	行为	线上	针对内容本身的互动	点赞人数/次数 收藏人数/次数 点击/阅读量 转发人数/次数 评论人数/次数 提及人数/次数 引用人数/次数 私信人数/次数 投票人数/次数 推荐人数/次数 上传/下载数量 邀请他人参与活动的人数/次数 投诉/举报的人数/次数 新增粉丝数量 衍生新话题/激发新活动数量 其他媒体报道数量 话题总量/话题总量行业占比 传播速度(单位时间内转、评、发布的博文数量的增长) 传播层级数/路径分支数 话题持续时间(出现在公众讨论中)
			线上目标行为转化	线上参与活动的人数/次数 用户注册转化率
		线下		销售量 使用/试用量 捐款量 线下参与活动的人数/次数 线下目标行为改变人数/次数

① 王秀丽、赵雯雯、袁天添：《社会化媒体效果测量与评估指标研究综述》，载《国际新闻界》2017 年第 39 期第 4 卷，第 6~24 页。

第三节 政治商业化与政治媒体

一、政治传播商业化

商业化是指以生产某种产品为手段，以盈利为主要目的的行为。媒介不仅是信息、思想和政治产品，还包含经济范畴。从事传媒业的人也是经济活动的参与者，传媒是经济利益的集散地。媒体创造了百万富翁和亿万富翁，创造了中产阶级，创造了广大自媒体的从业群体，还创造了自己的消费群体。这是一个高速发展的行业。

新媒体成为一个新兴产业，通常会给所有原始产业带来新的形式和运作机制。媒体行业是其他行业发展的助推器。世界是人的世界，是产品的仓库。产品世界的顺序由媒体根据品牌进行编码和排列，形成一个“物的体系”，从而将人类世界塑造为一个多样有序的“消费社会”。

在宏观层面，媒体不再只是某个实体传播政治信息的媒介，而是在舞台上享受和行使权力的主体。在干预政治的过程中，媒体与政府、商业巨头和其他势力进行互动。媒体与政府之间的权力关系已成为政治传播研究者的重要兴趣。在这个过程中，所谓的传播政治经济学研究也得到了加强。其中，赫尔曼（Herman）和乔姆斯基（Chomsky）在1988年提出了“宣传模型”理论。他们认为，在一个阶级利益冲突和财富集中的社会中。在媒体制作过程中，始终要进行“系统的宣传”。大众传播媒介是阶级统治的工具。金钱和权力经过一系列“过滤器”，因此大众传播媒介仅向公众传播有益于他们的信息。①

在正常情况下，媒体的政治传播力和影响力与媒体拥有的经济能力成正比，也就是说，拥有的经济能力越强，政治传播力和影响力就越大；相反，较弱的经济实力和政治传播的力量所产生的影响是微弱的。任何创始人都希望自己媒体进行的报道和宣传能被更多的人接受。信息与受众之间存在交换关系，受众必须付出一定的代价才能获得信息，这使得传播媒体具有商品属性。今天，这种理论观点已经扎根。传播学术界几乎所有的传播学者都承认，传播媒体已经大举进入商品市场。媒体内部单位不会回避谈论“管理”“创收”和“财富”，希望在市场竞争中抢占市场，获得良好的经济利益，以增强自身的经济实力。

商业化的核心在于诸如成本投入、运营周期和利润率等指标，尤其是对利润最大化的追求。媒体的商业运作不可避免地导致大众传播媒介的商业倾向与其社会责任之间的冲突。清华大学国际传播中心主任李希光教授曾指出：“许多媒体现在正在做的不是寻求新闻正义和社会正义，而是使用名人的名字来减少采访和制作的成本。并且它们的发行量猛增，以获取更多信息。更多的广告可以带来更多的利润。”结果是，尽管媒体的经济效率有所提高，但媒体应履行的社会责任却被削弱了。具体表现为：不良人物和不良事物暴露不足，舆论反映不足，沟通质量和作风不足。

人类新闻业的历史告诉我们，在媒体商业化的过程中，其价值标准已逐渐从公共利益

---

① Herman, E. S. & Chomsky, N., *Manufacturing Consent: ThePolitical Economy of the Mass Media*, Vintage, 1988.

转向商业利益，中国也不例外。从20世纪80年代开始的中国社会转型和媒体生态变化也为媒体商业化提供了新的机会。改革开放以来，随着市场经济的飞速发展，中国的媒体开始实行工业化的做法，这种做法在20世纪50年代就中断了。媒体已成为业务部门。媒体的衡量标准不是单一的政治标准，而是包括经济学。经过二十多年的发展，中国已经形成了一个日益庞大的媒体产业。同时，尽管党报理论支持媒体文化和政治属性的体现，但它远没有革命时期和改革前期强大。它的生存空间也受到空前的撞击和挤压。一方面，在媒体商业化的过程中，由于政府"断奶"，它们不得不积极地向市场靠近，广告收入已成为其最重要的收入来源，其发行收入和其他直接商业收入也因此而增加，投资收入仅占次要状态。这样，为了赢得商业广告，大众传播媒介更加关注受众的经济能力，而不是其他因素，这种理想的广告目标始终是受众中的少数。如果这样下去，媒体就会逐渐成为只关注少数人的精英媒体，新闻报道显示出倒金字塔的趋势。另一方面，从商业利益的角度来看，媒体对受众兴趣的关注要大于对公共利益的关注，导致娱乐新闻、低级庸俗报道和节目的泛滥，这在自媒体领域表现得更为严重

我们正面临传统媒体功能性意义的丧失。大众传播媒介的功能包括：获取信息、适应环境变化；协调社会、沟通和协调社会关系；文化遗产以及某些娱乐和经济功能。然而，今天，在许多受众的心中，诸如政治信息之类的媒体信息已经成为一种娱乐形式。与大众传播媒介接触，阅读新闻和观看节目的人们已经更多地基于愉悦感。在媒体的商业化过程中，媒体的娱乐功能得到了扩大，而其他相应的功能逐渐丧失。在商业化时代，为了追求商业利益，媒体信息的商业价值正在逐渐取代传统信息价值，它已成为编辑和电影策划者选择主题时的价值标准；与商业利益密切相关的主题，例如股票市场、金融和经济学，正日益成为新闻工作者的首选；记者成了公司赚钱鸟笼中的鸟，他们的作品更多的不是基于"铁腕和道德"的专业标准，而是更多地受到市场研究公司的控制和受众调查的结果。这反映了媒体双重属性相互作用中不协调、不平衡的发展。如果情况继续发展下去，它将不可避免地触及媒体生存的基础。

二、政治传播媒介

政治传播的媒介有许多，宏观层面可以分为人际传播媒介、组织传播媒介和大众传播媒介。① 人际传播媒介是指通过个人，特别是意见领袖，通过组织或大众传播媒介，或偶尔寻求直接途径在公众与政治系统之间传播信息的中介。意见领袖也被称为"舆论领袖"，他们指的是"更多地参与大众传播，并将从他们那里获得的信息传递给社会的其他成员，从而影响其的思想和态度的中间人"②。意见领袖在政治传播过程中具有较大的影响力。美国社会学家拉扎斯菲尔德(Lazarsfield)及其同事通过20世纪60年代的实证研究证明了这一点。组织传播媒体是指团体、组织或政党通过组织或大众传播媒介，或偶尔寻求直接手段，在公众和政治系统之间传播信息的中介。政治传播中的组织传播媒体反映了更为普遍的政治需求，人们表达的政治需求可以通过组织的收集或丰富而传递给大众传播媒介或

① 周鸿铎：《政治传播学概论》，中国纺织出版社2005年版，第88页。

② 《中国大百科全书》(政治学卷)，中国大百科全书出版社1992年版，第458页。

政治体系。人际传播媒介和组织传播媒介体现了传播学中“两级传播模式”或“多级传播模式”的相关研究成果。

大众传播媒介是指用于向各种各样的接收者传达各种信息的技术手段，是最重要、最有影响力的政治媒体，互联网和移动互联网成为政治传播越来越重要的媒介。对于政治体制而言，政治信息可以通过大众传播给无限数量的政治传播受众，这可以在更大范围内影响公众舆论。对于公众而言，公众可以通过大众传播媒介扩大需求的影响力，表达舆论并提出公共问题。同时，大众传播媒介能够使信息突破时空限制，扩大公共信息选择领域，影响公众对政治信息的接受和理解，也是不容忽视的。这对政治体制控制下的政治传播提出了新的挑战。

政治媒体属于大众传播媒介的范畴，顾名思义，其是政治与大众传播媒介的结合。它指的是在政治领域发挥重要作用的各种大众传播媒介。由于不同的传播特征，他们在政治交流活动中扮演着不同的角色。其媒介包括报纸、书籍、广播、电影、电视、互联网和移动互联网，具有物质和精神的特征。物质形式是外壳，精神形式是核心，物质形式和精神形式是相辅相成、缺一不可的。媒体的不同形式将媒体分为印刷媒体和电子媒体，不同的媒体精神或内容将媒体分为政治媒体、经济媒体、娱乐媒体和综合媒体等。政治传播媒介是政治系统的控制功能，用于控制政治传播，传播政治信息的媒体或公众与政治系统之间的信息交换渠道。

报纸是历史上存在最长的大众传播媒介，自诞生之日起，它们就一直与社会和政治生活息息相关。较早的报纸属于政府报纸或党派报纸的性质，其主要目的是传播特定的观点和言论。报纸发展历史的每个阶段都以参与政治和社会服务为主题。特别是报纸具有深度报道和多角度评论的特点，其读者稳定、质量高。到目前为止，报纸一直是政治传播的重要载体。广播具有相对较快的传输速度和广泛的传输范围。它对听众的教育水平和经济水平没有很高的要求。它的口头交流方法也非常适合于公众评论和政治问题的交流。电视的传播特性在于其强烈的存在感。这种给人真实而直接的感受使其在政治交流中非常重要。同时，电视的普及范围是世界上最好的，并且对受众的教育水平的限制也相对较小。因此，它是当前用于政治传播的最流行和最有效的媒介之一。在线媒体凭借其独特的技术优势，已迅速成为政治传播的主流媒体之一，其信息量、传播速度和范围是传统媒体无法比拟的。在线媒体提供了一个免费平台，并且没有高度的信息控制权。普通人也可以成为信息发布者，从而促进人们参与政治讨论。移动互联网技术使得社交媒体成为越来越重要的传播媒介，政治家们纷纷在互联网上开通账号，直接与民众和粉丝互动，通过新型社交新媒体塑造自己亲民、个性的形象，用新媒体自营销的方式代替传统营销，在政民沟通、竞选活动中起到了重要的作用。

无论哪种传播媒介，它们在政治媒体中的作用通常是一致的，主要集中在以下三个方面。

首先，政治媒体促进了特定政治文化的形成。在任何时代，在任何具有社会制度的国家中，媒体政治传播的明显作用都是形成与该国政治生活相对应的政治文化。政治文化是社会公民拥有的政治认知、政治信仰、政治感受、政治态度、政治价值观等。由于公民无法直接接触实际的政治领域，因此他们的认知结果和价值观通常来自大众传播媒介从政治新闻报道和政治评论获得并形成的信息。政治组织试图通过政治传播实现的目标是通过媒体报道中潜在的政治倾向和评论角度来影响公众的政治理性、对政治参与的热情以及对政治权威的态度。在这一过程中，大众传播媒介的作用非常重要。

第二，政治媒体促进了政治民主化。政治民主以自由和公民权利平等为核心原则，体现在公民政治生活中机会和资格的平等，同时，也把多数决定作为基本规则，把立法作为实施的条件和保证。在信息社会中，信息特别是政治信息的充分流通是政治民主化的前提，即通过大众传播媒介确保公民对政治事务的理解并实现政治进程规则和结果的透明性。政治信息的开放不仅可以增加公民参与政治的兴趣，而且可以有效地监督政治领域的各种行为，以防止权力滥用。政治决策的科学性质还必须通过信息公开和决策过程的开放性来实现。大众传播媒介的深入报道、监督批评无疑可以实现这一目标。

第三，政治媒体促进了政治社会化。政治社会化是一个形成公民政治态度、政治价值观和政治认知模式的过程。政治社会化与沟通行为密不可分。社会成员需要通过特定的政治符号和信息来理解国家符号的含义。他们需要通过大众传播媒介上的政治新闻报道来了解政治趋势。政治组织需要媒体报道来传播更多内容，以协调组织成员与一般受众之间的关系。政治社会化的过程是一个持久的过程，需要坚持不懈。在代与代之间，只有传媒可以传递信息。

三、传媒与政治的互动

（一）传媒政治

马尔库塞指出：“人们真的能将作为信息和娱乐工具的大众媒介同作为操纵和灌输力量的大众媒介区别开来吗？”①大众传播媒介对政治舞台的影响是不言而喻的。随着技术的发展，现在可以日复一日地通过大众传播媒介简单地呈现相对于普通百姓而言遥不可及的政治世界，而电子媒介也可以通过图片来展示政治世界的真实性。大众传播媒介对政治行为的表现更容易被公众认可和理解，也更容易获得人们态度和行为的认可。这是传媒政治的特征。所谓传媒政治是指大众传播媒介作为政治手段、方法或工具，通过其独特的传播效应来控制和管理社会，并通过媒体报道和评论影响公众的思想观念和政治价值。控制和传播信息以促进实现政治目标的行为。② 它是从传媒角度对政治的研究，也是从政治角度对传媒的研究。它是指媒介与政治及其一般规律之间的关系，是政治的一种手段和形式，涉及媒介的权力构成和权利分配。

传媒政治的形成是一个漫长的过程，这与大众传播媒介的发展以及政治领域对政治传播活动的更高要求有关。从 17 世纪末到 18 世纪中叶，报纸媒体在美国和其他国家迅速发展。此时，报纸媒体基本上是党的报纸和代理报纸。报纸后面有政党，而且报纸的政治倾向也很明显。可以说，此阶段的大众传播媒介实际上是政治斗争的工具。自 18 世纪末以来，在美国出现了商业化的大众报纸以牟利。这些报纸价格低廉，价值很高，在鄙视政治

① 马尔库塞：《单向度的人》，重庆出版社 1993 年版，第 9 页。

② 肖滨：《政治学导论》，中山大学出版社 2009 年版，第 277 页。

言论的同时吸引了市场和人们的注意力。在19世纪30年代，广播电台的出现使人们能够更快、更直接地接收各种信息。当时的这种新媒体立即引起了美国政界的注意，并成为一种直接面向公众进行政治解释和动员的传播方式。自20世纪50年代以来，电视媒体开始在美国传播。由于其独特的视频传输方法，当时的这种新媒体使政治沟通更加具体和形象化。一种“形象政治”开始出现在电视媒体上。电视媒体上出现了越来越多的政治节目；报纸媒体的深入政治报道不仅影响公众的政治观点，而且影响政府政策的决策和实施；广播媒体可以提高政客与公众之间的沟通效率；电视媒体可以通过图像将社会的政治生活形象化，公开展示。

新媒体可以增强政府与公众之间的即时沟通和互动，有助于形成当代媒体的全方位政治时代。新媒体的出现对基于信息不对称的代议制政治产生了重大影响。在传统政治中，公众、精英和专家已经形成了委托与被委托的平衡。专家凭借信息和技能的优势在公众政治领域起着决定性的作用。新媒体提升了普通公众的信息优势和组织能力，使得传统政治参与边缘化的民众获得组织的力量。社交媒体的出现使社会公众找到了相互交流和动员的空间，是一种对传统政治的反抗。每一个智能终端，每一个新媒体用户都可以随时进行政治新闻发布。

传媒政治时代不仅是大众传播媒介在政治生活中发挥重要作用的时代，而且还是大多数情况下大众传播媒介构建公众政治生活的整体图景的时代。由于政治组织和政治人物对大众传播媒介的积极使用以及媒介组织在政治生活中的积极参与，现代社会中的传媒政治具有四个主要特征。

第一，政治传播形式的多样化。新媒体技术的发展已将在线视频、微博客、短视频等引入了政治传播领域。政治候选人不仅必须在电视节目上解释他们的观点和主张，而且还必须使用新媒体与选民进行交流，而这种利用率与其受欢迎程度成正比。

第二，公众对政治生活的解释越来越依赖于媒体的印象。为了获得政治传播的效果，必须通过大众传播媒介进行宣传和政治动员。政治领域的各种活动越来越依赖大众传播媒介的传播来获得公众的认可。政治人物还需要利用大众传播媒介让公众理解他们的观点。政治行为几乎已经成为媒体的“政治形象”。

第三，政治决策越来越开放。决策过程中的透明度是政治民主的体现。这种情况还带来了另一个结果，那就是政治进程中多元化博弈的状态。社会组织可以为自己的目标和利益通过各种努力或各种渠道来影响政治进程，因此政治决策过程中充满多种力量之间的博弈和竞争。

第四，政府组织与媒体之间的关系越来越复杂。由于大众传播媒介在政治传播中的地位和作用，政府组织与传播媒介之间的关系不能仅仅通过简单的宣传和传播来解释，也不仅仅是信息来源与传播渠道之间的关系。发生重大政治事件时，两者将有各种矛盾，必须在控制特定信息的传播方面进行协调。

（二）传媒对政治的控制

媒体对政治的影响是通过媒体传播行为所产生的社会影响而间接获得的，它也源于政治组织和政治人物对社会责任的感知和承担。一般而言，大众传播媒介通过五种方式影响政治。

第一，大众传播媒介可以构建或摧毁特定的政治价值观。在社会的政治生活中，大众传播媒介通过广泛而持续的交流活动在社会成员的心中构建了特定的政治价值体系。如爱国主义、对民族团结的渴望、政治制度稳定的重要性，以及法律制度、自由、民主、人权、公平等概念，对公民的政治教育、形成具体的政治态度和健全的政治人格，以及维护和平、维护政治体系的运作具有积极的促进作用。相反，大众传播媒介也可以通过报道不同的政治思想和政治现状来暴露当前政治体系的阴暗面，从而破坏原始的政治价值体系。

第二，大众传播媒介可以形成或改变特定的政治态度。在政治生活中，大众政治态度的形成或改变直接受到大众传播媒介的影响。公众必须通过媒体了解政治世界的具体情况。媒体编辑和处理的信息通常被公众直接用作构建其自身政治的现实景观，也就是说，公众对国家、政府、政党等形象的感知基本上来自媒体所给予的印象。

第三，大众传播媒介可以塑造或破坏政治人格。大众传播媒介是舆论的收集和传播中心，是舆论形成的重要平台。公众认可是政治传播的重要目标。政治行为和政治人物的声誉取决于公众的认可。因此，大众传播媒介的政治报道在一定时期内可以为政治组织或人物站台，也可以导致政治组织或人物的垮台。

第四，大众传播媒介可以维持或改革政治体制。在思想启蒙运动的历史上，大众传播媒介被用作载体。在重大政治变革时期，媒体的信息传播活动为政治体制的创新和变革提供了意识形态的传播和指导。“阿拉伯之春”“华尔街运动”之所以能够发展壮大，社交媒体在其中起到了不容忽视的作用。同时，大众传播媒介对当前政治制度的维护更加明显，普遍表现为社会主流政治价值观的传播，其新闻报道遵循一定的党性原则。

第五，大众传播媒介是引发或应对政治危机的有力工具。政治危机往往是在大量媒体报道之后形成的，当公众了解真相时，就会形成巨大的舆论压力。只有政治组织和政治人物才能意识到危机的严重性。因此，在大多数情况下，政治危机可以说是媒体报道的危机。

(三)政治传媒化

所谓政治大众传播媒介化，是对当前媒介社会中政治与大众传播媒介接近关系的一种客观描述，指的是促进大众传播媒介的进一步发展以及大众传播媒介对政治发展影响的进一步加深。政治生活的各个方面，从政治的产生与发展，到政治的运行与进化，无一不渗透着大众传播媒介的影子，无一不受着大众传播媒介的干涉和牵制。当今的政治已不是传统意义上的政治，政治与传媒都是上层建筑，都是由经济基础来决定的。政治对传媒起着决定性的干预作用，特定的政治制度决定了传播媒介的政治属性和政治取向。但是传媒对政治的能动作用也是不可小觑的，传媒担负着反应公众意见、愿望和要求的职责，其公众立场和相对于政治的独立性使得传媒不可能完全受政治的控制和摆布。两者的关系在不同的历史条件下表现出不同特点，这是一个动态的发展过程，当前信息化时代的政治与传媒就显示出与以往不同的关系，传媒的技术发展对政治的传统生存方式和行为逻辑造成了极大的挑战，传统政治为了适应这一变化不得不进行自身的调整和转变。

政治传媒化代表了这样一种现实：大众传播媒介对政治生活干预程度的加深和政治活

动的加强。① 就政治和传媒的关系而言，政治对传媒起着决定性的作用，大量的政治活动为传媒提供了丰富的信息内容，特定的政治制度决定了传媒的政治属性和政治取向，政治权力通过法律、行政等手段促进或限制传媒的发展。而传媒对政治有能动作用，传媒政治媒体化是政治与传媒之间关系发展变化过程中的一个阶段，反映了在信息时代，媒介社会政治与媒体之间的关系。

媒体设定政治议程。根据大众传播媒介的“议程设置”理论，媒体总是按照自身的运行逻辑和标准来确定所报道的事件的重要性和报道方式，大量实证研究表明，那些被媒体反复报道、不断强调的政治话题很容易引起受众的广泛关注，而那些不被媒体重视的话题，通常被排除在受众的视线之外，不被受众了解和知晓。“大众传播工具最明显和最重要的影响之一，就是使得政治事件引人注目。”②这一特性指政府必须把媒体着重报道的政治事件和社会问题纳入政治议题之中，政治议事日程在很大程度上被媒体议题设置所左右。新媒体更是赋予了媒体设置政治议题的作用，例如美国媒体时常对特朗普或其代理人的一些有争议的言论进行报道，随后，特朗普在推特上对这些报道进行回应，发表与之完全不同的信息，社交媒体也随之对这前后的不同开展讨论。新闻媒体也开始对这种讨论进行报道，最初话题的讨论也逐渐淹没，淡出人们的视线。传媒干预政治决策，政治决策的正确性直接关系到社会的稳定和国家的发展。在政治决策的形成和实施中，大众传播媒介发挥着越来越重要的作用。例如，大众传播媒介的舆论整合为政治决策提供了舆论基础。通过广泛的决策宣传，大众传播媒介为实施政治决策创造了良好的舆论氛围。此外，大众传播媒介的监督和信息反馈在决策方面也取得了不错的成绩。在西方政治运动中，新媒体对国家政治决策的影响力更大。学者研究了新媒体与英国脱欧政治动员的关系：“英国脱欧阵营将其胜利归功于社交媒体和大数据，该组织使用新媒体来更准确、更有效地针对Facebook 上的目标人群，寻找潜在支持者并向他们发送消息。在新媒体时代，成功的政治运动领导人可以在最好的数据专家的帮助下，找到合适的目标群体并发送合适的信息。”新媒体和大数据显示了强大的政治操纵能力，借助社交平台“我们的系统可以找到并瞄准从未进行拉票活动的目标和从未投票的目标”，定向政治广告的投放已经突破了传统的媒体动员能力。③

媒体介入政治选举。在现代政治生活中最常见、最重要的政治选举活动中，大众传播媒介特别活跃，已成为选举活动中不可或缺的重要力量之一。从候选人的宣传和演讲到投票过程和公民的认可，他们都在媒体平台上得到了充分展示。在大众传播媒介的积极干预下，政治选举中最明显的变化是，政治候选人利用媒体创造的图像来吸引民众投票。因此，政治选举候选人必须首先获得媒体的支持和认可。为了迎合媒体和取悦选民，政治选举越来越像“选美大赛”。奥巴马竞选活动的成功证明了社交媒体的强大作用，其团队充分利用博客、电子邮件、短信、视频和社交媒体进行政治宣传，积极利用在线平台，与选

---

① 李宏、李民：《传媒政治》，中国传媒大学出版社 2006 年版，第 289 页。

② 阿尔蒙德等：《比较政治学：体系、过程和政策》，上海译文出版社 1987 年版，第 112 页。

③ 左灿：《新媒介，新政治？——英国脱欧背后的技术风险与资本博弈》，载《文化纵横》2019 年第 3 期。

民互动，回答选民的问题，了解选民的思想和要求，吸引了大多数选民。特朗普凭借在推特上一系列有争议的推文引导了美国国内政治讨论的大方向，屡次获得话语权。社交媒体是特朗普的主战场。他凭借真人秀经验、嬉笑怒骂的风格和平实接地气的语言，加之社交媒体高频率直播，在美国民众心中塑造了一个有辨识度的个人形象。政治传媒化是政治与媒体之间关系的一种体现，我们必须中立地看待它。一方面，媒体对政治的影响是多种多样的，这种影响既不是幻想，也不是单面的和极端的。媒体的活动始终局限于政治所设定的范围，而完全意义上的独立和自由是不存在的。另一方面，媒体对传统政治的影响也是显而易见的。民主开放是信息时代最重要的特征。不可否认，媒体技术的发展促进了政治的民主化和转型。因此，政治媒体的发展趋势不会单方面潮起潮落，反而会在下降、磨合和相互适应的过程中达到新的平衡并保持和谐的关系。

【延伸阅读】

1. 陈崇山等：《媒介、人、现代化》，中国社会科学出版社 1997 年版。
2. [美]尼尔·波兹曼：《娱乐至死》，章艳等译，广西师范大学出版社 2009 年版。
3. [美]麦库姆斯：《议程设置——大众媒介与舆论》，郭镇之等译，北京大学出版社 2008 年版。
4. [英]詹姆斯·卡伦：《媒体与权力》，史安斌等译，清华大学出版社 2006 年版。
5. [美]沃纳·赛佛林、小詹姆斯·坦卡德：《传播理论：起源、方法与应用》，郭镇之等译，华夏出版社 2000 年版。
6. [日]竹内郁郎：《大众传播社会学》，张国良译，复旦大学出版社 1989 年版。
7. [美]罗伯特·麦克切斯特：《富媒体　穷民主——不确定时代的传播政治》，谢岳译，新华出版社 2004 年版。

【思考题】

1. 什么是政治传播效果？具体内涵是什么？
2. 如何评估政治传播的效果？
3. 试从宏观层面论述政治传播的效果。
4. 影响政治传播效果的因素有哪些？
5. 简述“政治商业化”的含义。
6. 举例说明“政治传媒化”的内涵。
7. 新媒体给政治传播带来了哪些变化？

第六章　政党与政治传播

【本章重点】

本章主要是介绍政党是如何利用各种形式的政治传播来为自己服务的，让读者能够通过本章的学习，了解各种形式的政治传播的概念、特点及在历史上所起到作用，同时理解各种形式的政治传播的功能，从而客观地认识各种形式的政治传播的优劣势，了解在新媒体环境下各种形式的政治传播的发展趋势。

第一节　政治广告与政治辩论

一、政治广告概况

(一)政治广告的发展及概念

夏商周时代，中国的广告史进入了以政治广告为主的时期，举世闻名的殷墟司母戊大方鼎就可以说是中国早期政治广告的代表。在公元前79年，被维苏威火山灰吞噬的古罗马庞贝遗址发掘现场，人们发现街道的墙上与建筑的柱子上，有1600余处的招牌、图画与文字广告。在一些官方划定的广告栏里，就有“呼吁参政者要公正”的告示和“选举官员的政治广告”，例如“投马斯洛斯一票，他是人民的朋友”这样的标语——这是西方发现的最早的古代政治广告。

现代政治广告以竞选型广告为主要形式，被大量而广泛地应用于资本主义社会的政治活动中。目前，以美国式的竞选广告和英国式的政党广告最具代表性。真正意义上的现代政治广告诞生于资本主义民主政治制度确立之后，是在1796年美国总统大选中出现的。政治广告在现在社会有了越来越重要的作用，已经成为西方发达资本主义国家的政客们用来宣传自己、打击竞争者的重要手段之一。2020年11月9日，美国大选结果出炉，民主党人拜登成功当选总统，这次美国大选总开支逼近140亿美元，成为美国历史上最昂贵的竞选，其中用于帮助拜登竞选的电视广告费用超过5.82亿美元。① 政治广告不同于普通的商业广告，而是以推销政治观念、主张为目的，主要借助的传播平台不仅有传统媒体，如报纸、杂志、广告牌、广播及电视，还有新型媒体，如手机、互联网等。

---

① 《花费超百亿，美国总统选举刷新“烧钱”记录》，载张萍解读，https://baijiahao.baidu.com/s?id=1681967554934185763&wfr=spider&for=Pc.

对于政治广告的研究，可以分为两大主要的流派，分别是：政治广告内容分析流派和政治广告效果分析流派。政治广告内容分析流派的代表人物如理查德·乔石林等学者，他们分别利用历史批判法和文化研究法对政治广告进行分析，目的在于找出政治广告传达内容的特殊政治意义。政治广告的内容分析主要包括三个方面：政治主张、候选人形象塑造和广告诉求技巧。对政治广告内容研究的主要目的是发现哪些政治信息能够很好地促进政治广告这种政治传播形式的进一步发展。政治广告效果分析流派则把政治传播所产生的效果作为主要的研究对象。代表人物如理查德·普鲁夫等学者。由于受到“有限效果理论”的影响，他们认为表意清楚的政治广告会使选民对候选人的政治印象以及对政治事件的理解产生一定程度和范围的影响。政治广告效果分析流派主要围绕着三个方面进行研究：选民的认知水平、选民的态度和选民的投票行为。此外，在广告效果研究中，负面政治广告一直备受关注，其在竞选时的广泛应用会影响到广告效果的好坏乃至整个竞选的成败。如今，伴随着互联网的兴起与普及，网络上的政治广告研究也成为一个新的研究领域，但不管是内容分析还是效果分析的政治广告研究都致力于促进西方民主选举制度走向一个更加完善的方向。①

20 世纪五六十年代开始兴起的政治传播学研究，两种关于政治广告的定义开始流行起来。

(1)政治广告理论的诞生要晚于政治广告本身近一个世纪——1981 年，美国学者丹·尼谋(Dan Nimo)和凯恩·桑德斯(Kaine Sanders)在《政治传播手册》一书中，首次将政治广告定义为“作为政治信源的控制者，政党或政治候选人通过购买大众传播媒介使用权，向受众传达政治信息，以改变他们的政治信仰、政治态度及政治行为的传播过程”；政治广告是“付费的政治传播”，这一观点的提出者是美国学者凯·琳达(Lynda Lee Kaid)，具体而言，政治广告是由政党、候选人、政府及各种政治团体通过大众传播媒介，付费购买时间、空间和机会，直接向受众传输符合传播者意愿的政治信息，以影响其政治态度、信念或行为的传播过程。这个定义的关键点在于“传播的被购买或是付费的性质”。当然，现在很多西方资本主义国家存在一些免费的政治广告，媒体会给他们的政府提供一些免费的时间、空间，让各个竞选者都有在电视上宣传自己的机会。但这种免费的政治广告与那些付费的政治广告相比起来，影响力还是很小的，但至少证明，政治广告是可以摆脱“付费”的标签的。②

(2)政治广告是“传播政治内容的广告”。这一观点是根据广告学来定义的，英国学者 Nucan Watts 是这个观点的主要代表人物。他指出政治广告也是广告，具有一般广告的一些特性，同样需要“认知”—“了解”—“说服”—“行为”这样一个传播过程，但是其特殊性在于虽然采取了广告的外在表现形式，实质上却传播一种意识形态理念。1999 年，凯·琳达也补充了自己的定义，强调现代政治广告的特点是“使用大众传播渠道散布讯息”与“讯息操纵”。比如为了赢得 2008 年的美国大选，希拉里所在的民主党刊登了这样一则广告：1929 年美国股市崩盘，日本人偷袭珍珠港，柏林墙倒塌，卡特丽那飓风袭击美国以

① 张晓峰、赵鸿燕：《政治传播研究》，中国传媒大学出版社 2011 年版，第 172 页。

② 周荣方：《浅论政治性广告传播》，载《东南传播》2008 年第 9 期。

及拉登逃之夭夭。播音员对观众说:“竞选是为了世界上最重要的工作,你们需要一个随时能胜任总统职务的候选人,特别是现在。”“为什么是现在呢?”播音员继续说道,“我们经历了两次世界大战,油价在飙升,经济处在危机之中。”广告的潜台词不言而喻,奥巴马没有经过严峻的考验,不适合在多事之秋的美国担任总统。这时,希拉里出现在了电视广告的画面上。希拉里团队为了这条政治广告可谓是用心良苦,精心的编排目的就是传递其党派的政治理念。同时,李远书等中国学者也对政治广告做了较为贴切的定义,即“政治主体借助传播媒介与广告技术进行的广告化政治传播活动”①。

(二)政治广告的特征

政治广告发展到今天,已完全脱离了商业广告的雏形与范畴,日新月异的新媒体导致政治广告的改头换面。同时,政治广告也有与整合营销共谋的大趋势。美国学者丹登伍渥(Denton & Woodward)总结政治广告有七大功能:(1)建立名字的认识;(2)使选民对候选人产生兴趣;(3)认别主要政见并建构公众辩论的问题;(4)展现候选人的才华;(5)提供支持候选人的动力;(6)刺激民众参与;(7)提供娱乐。据此认为,现代政治广告包含竞选活动中一切以媒体为中介的政治传播形式,从某种意义上来说,它们都从属于政治推销术。因此,政治广告含有若干隐性特征,比如:具有明确的政治性广告主、内容包含明显的政治信息、广告传播渠道要以付费方式取得等。除此之外,还展现出以下显性特征。

1. 公共性与直接性

政治广告所面对的对象是广大的选民,属于公共传播的领域,它的公共性是通过利用媒体的传播来实现的,同时政治主体利用政治广告来进行传播活动,目的十分明确,不像政治新闻那样讲究的是间接和潜移默化地影响选民,政治广告更加快捷和直截了当。

2. 购买性和目的性

凯·琳达认为政治广告同样需要候选人付费购买才能控制传播媒介,从而控制政治传播的形式和内容。这一特征将政治广告同政治新闻等直接由记者和编辑控制的间接政治传播区别开来。同时,政治广告是为政治传播服务的,当然要尽全力去满足广告主题的目的与意识。

3. 重复性与艺术性

政治广告深受商业广告的影响,为了能够吸引广大民众的注意力,就需要在一段时间内大量重复播放,给受众一种强烈的视觉冲击感,同时,为了能够吸引眼球,避免说教而引起受众的反感,需要将政治广告设计得新颖、有创意,即富有艺术性。广告形式的宣传比起那些长篇性的演讲和鼓动更加能够深入人心。

(三)政治广告的传播媒介

加拿大著名传播学者麦克卢汉曾说:“媒介即讯息”,每一次政治广告的发展都与人类科技的进步息息相关。19 世纪 20 年代之前的美国竞选广告基本上可以概括为“党报+树

① 李元书:《政治体系中的信息沟通——政治传播学的分析视角》,河南人民出版社 2005 年版,第 224 页。

桩演讲”模式。林肯乘坐火车，每到一站，就在车站宣传自己的竞选主张；19世纪中后期，美国总统候选人已经开始普遍利用报纸和杂志来宣传自己和攻击对手了；20世纪，美国出现了一种新颖的大众传播媒介形式——无线电广播。胡佛经常使用办公室的电台，他和柯立芝一起被称为“电台总统”，之后有了罗斯福著名的“炉边夜话”，电台成为了罗斯福和全国听众交流的有效工具；20世纪50年代，艾森豪威尔首次在大选中使用电视短片；进入20世纪60年代，出现了“电视辩论”这种独特的媒介传播形式，肯尼迪用富有情感的演说充分展现了自己的独特魅力，战胜了虽然政治经验丰富却略显苍老的对手尼克松；2008年，奥巴马利用个人网站、个人博客和社交网络，将互联网在竞选中的作用发挥得淋漓尽致；2016年，特朗普团队运用推特、Facebook以及大数据定向广告等技术手段击败了在电视、纸媒占据优势的希拉里而赢得大选。

1. 报纸、杂志广告

历年来的政治候选人都有重视报纸和杂志广告的传统，期望能够用强烈的感官效果来加深选民对于候选人的印象，政治广告常常登在报纸杂志的头版头条或其他版面的全版上。1884年，一篇名为《可怕的故事》的报道，首先披露了民主党人克利夫兰曾有一个私生子；报业巨头普利策(Joseph Pulitzer)收购《世界报》后，全力支持格克利夫兰参加总统竞选，并对其政治竞争对手的丑闻进行曝光。受此影响，发行量很大的《晚邮报》《纽约时报》《斯普林菲尔德共和党人报》以及《哈泼斯》和《民族》杂志等知名媒体，纷纷揭露其对手布莱恩接受铁路公司贿赂的丑闻，这成为了克利夫兰成功当选的重要筹码。

2. 广播广告

虽然广播广告不能向选民提供任何的视觉效果，也看不到候选人的形象，但是在这类广告宣传中，语言比图像更重要。在听觉上可以让受众在短时间内获得最多的信息，并且它们无处不在，能够延伸到各个角落。有时精心修饰过的语言更有说服力之外的想象空间。例如，在台湾地区政治活动中，绿营掌控的“地下电台”曾是不容小视的媒介力量，他们不仅攻击国民党、为民进党候选人鼓噪，还通过电波联络政治团体集会和造势，为2004年陈水扁翻盘胜选起到了推波助澜的作用。

3. 电视广告

电视广告一直被候选人视为最为重要的竞选媒介，也是各个党派用来争取选民的主要战场。因为，电视可以图文并茂地把政治信息传播到受众眼中和耳中。电视广告不但可以向选民传播自己的信息，还可以用来抹黑竞选对手。最有名的例子是在2003年的美国总统大选时期，一个自称是“说出真相的快艇老兵”组织，他们宣称当年同克里共同战斗过，并在短片中谴责克里当年是一个懦夫，好出风头，在越战期间未发一枪，是一个逃兵。过后，哥伦比亚广播公司发表了一项民意调查表，表中显示克里的支持率从46%迅速下降到了37%，并且成为其竞选失败的原因之一。

4. 网络广告

网络政治广告，有着无可比拟的优势。它既可以传播图像和声音，同时又无处不在，它极大地方便了竞选人和选民之间的互动，而且获得反馈便捷，因而许多候选人都利用网络广告来增加自己在选民中的影响力。1996年，美国共和党候选人帕特里克·布坎南(Patrick Buchanan)第一次利用个人网站参与竞选，当时就有媒体评论道：“决定总统大选结果的关键因素不再是谁更懂政治，而是谁更懂网络。”1998 年的美国大选时，有 2/3 的候选人拥有自己独立的网页，小布什甚至连自己小时候的照片及家中宠物的照片都一一发到了网上，以此将自己树立成一位亲民的政客。2008 年，奥巴马的官方竞选网站(barachobama. com)首次改变了单一的宣传功能，以支持者互动、聚会，甚至能够筹款而堪称经典。

5. 社交媒体

社交媒体是近年来在西方大选活动中“屡创佳绩”的新兴媒体，它以民主性、渗透性以及精准性，成为最能直接影响选民的政治传播工具。2016 年 11 月 9 日，共和党候选人特朗普以反转优势，击败对手民主党候选人希拉里当选美国第 45 任总统。其间推特、Facebook、YouTube 等新媒体起到了推波助澜的作用，选民们第一次看到网络社交媒体战胜垄断美国政治传播领域长达一个世纪的报纸、电视等传统强势媒体。

6. 其他媒介

灯箱广告、车体广告、楼体广告、人体广告、赠品广告、POP 广告等。这些方式的政治广告，可以很好地配合传统媒介和新兴媒介来进行宣传，弥补前几种媒介的不足之处，可以让选民们时时刻刻都在接受政治信息的影响和说服，从而攻占选民受众的精神与思想领域，改善竞选者的形象，左右民心相背，扭转选情态势。①

(四)政治广告的效果

大众传播对社会的影响观点是由美国传播学先驱沃尔特·李普曼(Walter Lippmann)首先提出的。在《公众舆论》一书中，他率先分析了报纸和广播在政治宣传方面的影响力；“使用与满足”理论认为，政治广告的效果在很大程度上取决于受众现有的政治态度，而广告对选民的态度变化影响不大；而与此相对应的是广告大师凯·琳达在她的理论中提出的政治广告“效果三部曲”——即对人们情感、认知、行为的影响。凯·琳达分别对这三种效果作了总结。

1. 认知效果

凯·琳达认为，在“有限的效果论”占据统治地位的情况下，“直接效果论”并非无用武之地。政治广告在增强选民的政治知识，增强选民对政治问题的知情度方面有直接的效果。一项美国的研究证明，政治广告使得选民们获得了大量的政治信息。

2. 情感效果

西方学者关于政治广告情感效果的研究表明，政治广告的情感效果不如认知效果明显。虽然有研究发现选民在看电视广告后对候选人的正面评价增加了，但同时也有研究表明，选民看完电视政治广告后并没有增加对候选人的好感。

3. 行为效果

政治广告对行为的影响表现在多个方面，如选民看完政治广告之后是否会与他人讨论、是否会去寻找关于候选人的更多资料、是否会去进行投票等。西方的学者对政治广告的行为效果研究主要集中在政治广告对公民作出投票决定的影响和对投票率的影响两个方

---

① 徐键：《现代政治广告研究》，载《新闻知识》2006 年第 10 期。

面上。

(五)政治广告在中国

在中国，单纯以竞选为目的的狭义的政治广告几乎很少存在，但是广义的政治广告，即以广告的形式传播政治形象在中国却有着十分好的发展前景。一方面，政治宣传对于中国共产党来说是十分重要的，并且有着悠久的历史，早在革命年代，政治宣传就成为了我党用来团结民众、鼓舞斗志和打击敌人的强有力的手段。如今政治广告更是成为宣传改革开放成就、凝聚民心和让世界了解中国的重要手段。另一个方面，改革开放使得中国的经济有了快速的发展，电视、手机、电脑等媒体在老百姓中已经得到了很好的普及，同时，普通民众公民意识的觉醒，参政议政的要求更加强烈，这些变化都为政治宣传和广告的结合提供了现实基础和技术保障。

实践经验已经证明，政治广告一方面能以其富有感染力的表现形式宣传党和国家的路线、方针、政策，沟通党和政府与人民群众的感情；另一方面还可以宣传社会公德，为社会主义精神文明建设作出贡献。这一方面，近几年兴起的电视公益广告就深受老百姓的欢迎。最近，一则关于“家”的公益广告一经播出便在社会上得到了很多的赞誉。广告中，策划人将表示“家”的英文单词“FAMILY”的每一个字母都拆开来，并且赋予了每个字母一个特殊的含义，讲述了一个非常感人的关于孩子在家庭中成长的故事。故事中F(爸爸)和M(妈妈)在I(孩子)小的时候细心呵护，随着孩子长大，孩子有了自己的主见，不断与爸妈发生冲突，后来孩子长大了，逐渐理解到了父母养育的艰辛，而父母这时候已经老了，于是孩子承担起了照顾爸妈的责任。广告最后把“Father And Mother I Love You”翻译成“爸爸妈妈我爱你们”。这则广告虽然不长，内涵却很深厚，深深打动了每一个看过这则广告的人。除此之外，在社会治安、交通秩序、文化教育等方面，政府都可以通过广告的形式进行宣传。随着社会经济的发展和广告业的不断繁荣，政治广告在我国必将发挥更为重要的作用。

二、政治辩论的基本内容

“夫辩者，并以明是非之分，审纪乱之治，明同异之外，察名实之理，处利害，决嫌疑。”——墨子

“争论的功能是使选民确认他们已经基本意识到的想要采取的思想和行动。”——拉扎斯菲尔德《人民的选择》

“我们最珍视的自由之一——言论自由，只有通过创造和辩论的永恒才能保持下来，在缺乏真正辩论时，言论自由就不能充分发挥其作用。”——李普曼

(一)政治辩论的含义

关于政治辩论的含义，一般有以下几种看法。

1. 以政治为主要内容的辩论

在古代，政治辩论和辩论的含义相同，柏拉图对政治辩论的理解为：辩论是用论据来赢得人心的一种艺术，政治是其中最主要的内容。邵培仁在其所著的《政治传播学》中把

政治辩论定义为："针对有关政治理论与实际问题持不同意见、观点、看法的双方或者多方为了维护己见，说服、争取击败对方，或为了达成某种共识，达到共同目的等进行的语言、文字交锋。"①从古今两种对政治辩论的定义我们可以得出政治辩论最为基本的含义，即"以政治为内容的一种语言辩论艺术"。这个定义只是从内容上对于政治辩论和别的形式的辩论作了区别，但是究竟政治辩论在性质和功能上和其他辩论相比有何独特之处，这里并没有详细说明。②

2. 政治辩论为一个传播过程，功能是塑造态度与判断力

现代著名传播学者丹·尼谋继承并且总结了从古希腊以来对政治辩论的定义，从传播的角度对政治辩论下了一个新的界定，即"政治辩论是在任何情况下都可以视为是政治的艺术，但政治辩论绝非仅仅是辩论艺术在政治领域的扩展和应用，它更是一个传播的过程，在这一过程中政治主体的动机、原则、细想、争论与感情通过辩论得以传播给受众，从而塑造人们对公共事务的态度及判断力。"③

3. 政治辩论是进行政治说服的过程

现代民主社会，政治传播把政治说服作为其最主要的特征和目的，而不再是政治控制，无论是政治观念的传播还是政治运行的整个过程，都可以认为是说服的过程，即通过说服来管理民众。美国政治传播学者丹·尼谋把说服分为三个特点：其一，说服是有目的性的；其二，说服是辩证的、双向的；其三，说服是一个相互影响的过程。尼谋认为政治辩论更符合说服的三个特点：第一，政治辩论同样以说服为目的，其最终目的是为了说服对手和受众。其次，政治辩论同样是一个双向的说服、传播过程，这不同于政治宣传和政治广告。尼谋认为，政治宣传和政治广告都是说服主体有企图地通过不同的说服方法来修正受众的观点，而受众并不反过来修正说服主体的讯息。最后，选民通过说服者之间的政治辩论来获知自己有用的信息，最终进行投票，而说服者通过选民的反馈来改变自己的辩论策略。

由此，尼谋从说服的角度对政治辩论下了如下的定义："经由辩论，说服者与被说服者全力塑造信念、价值和期望的说服过程。"尼谋认为政治辩论和政治说服在本质和目的上是一致的。

4. 政治辩论即为妥协和协商的过程

著名的辩论理论家培瑞曼和伯克对政治辩论的理解为："政治辩论是在政治领域采用符号的、语言的或其他认同的策略以试图促进合作，即通过辩论达成政治共识。"政治辩论虽然是一种辩论，但是辩论的目的却是要在对抗中找到共识，找到合作的方法。尼谋认为政治辩论不但是说服的过程，还是一个妥协和协商的过程，这种妥协和协商对一个多元社会和国家是十分必要的。

由此我们可以得出这样的结论，政治辩论是通过辩论那些有争议的政治内容，以达到

① 邵培仁：《政治传播学》，江苏人民出版社 1991 年版，第 97 页。

② 李元书：《政治体系中的信息沟通——政治传播学的分析视角》，河南人民出版社 2005 年版，第 246 页。

③ 彭芸：《政治传播：理论与实务》，台湾巨流图书公司 1986 年版，第 182~183 页。

政治说服的目的，最终使政治共识得以实现的一项政治传播活动。①

（二）政治辩论的特点②

（1）鲜明的政治性。政治辩论的内容自然与政治有关，如法规、政策和政治事件等，这也是政治辩论和其他类型的辩论相比最大的区别。

（2）对抗性。讨论和辩论有所不同，讨论是合作性质的，而辩论则是竞争性质的。既然是竞争，则辩论的双方自然就会有激烈的对抗。

（3）妥协性。虽然政治辩论中充满了对抗，但是政治辩论的目的有时候是为了双方的相互妥协，以达到共同的利益目标。很多情况下，政治辩论的双方会求同存异，为的是达成共识，这在外交辩论和议会辩论中十分常见。

（4）说服性。如果从目的上来看，政治辩论和其他辩论是相同的，即要达到辩倒、说服对方的目的，让自己的政治主张和观点可以得到对方的认可。但通常情况下，鉴于政治辩论的双方背后都是各自不同的政治利益集团，都持有不同的政治信仰和政治立场，很少有一方能够说服另一方，进而改变立场的情况出现。因而在政治辩论中，有时说服的目标并不是竞争对手，而是要争取到听众的支持，这一点在选举辩论中显得更为重要。

（5）技巧性。技巧对于辩论是否能够达到自己预期的效果来说十分重要，这需要辩手在辩论的过程中熟练掌握语言逻辑和树立形象等技巧。政治辩论同其他辩论相比，有时更需要高水平的辩论技巧，如外交辩论和选举辩论中技巧有时会成为取得成功的关键性因素。

（6）开放性。大多数政治辩论都是公开进行的，除了辩论双方，还有大量的听众。政治辩论的这一特点相对于其他类型的政治辩论能够更加吸引受众。

（7）广泛性和深远性。政治辩论同其他类型的辩论相比，产生的效果持久、传播范围广、社会效益大。一个国家的前途和命运往往会受到议会辩论和选举辩论的影响。

（三）政治辩论类型和形式

政治辩论在政治生活中应用的具体领域不同，通常情况下，把政治辩论分为四种：议会辩论、竞选辩论、外交辩论和非正式政治辩论。

（1）议会辩论。议会辩论是在合乎议会程序规则的指导下进行的政治辩论，其目的在于通过某项法律和政策。从性质上来说，议会辩论是一种典型决策辩论，依据理性思考来确定国家政策，并按照大多数人的利益作出国家决策的行为。当前，不管是世界上的大部分国家，还是联合国大会，都把辩论作为进行决策的基本程序和最佳方法，这已经成为了一种世界潮流。议会辩论通常会展现出激烈的对抗性。在英国，在电视直播时，下院的议会辩论对抗程度比平时更高。然而，这种对抗时常也只是流于形式，议员们不从法案本身

① 李元书：《政治体系中的信息沟通——政治传播学的分析视角》，河南人民出版社 2005 年版，第 248 页。

② 李元书：《政治体系中的信息沟通——政治传播学的分析视角》，河南人民出版社 2005 年版，第 249 页。

进行理性思考来制定国家的法律和政策，而是把议会辩论看成是了党派与各种利益集团之间争权夺势的手段。

(2)竞选辩论。竞选辩论是在选举中，候选人之间为了击败对手、赢得选民，进而获得政治权利而进行的辩论。此种辩论具有很强的政党性，候选人要想赢得选民的支持，就必须迎合选民的心理。[①] 在奥巴马与罗姆尼的总统竞选中，奥巴马和罗姆尼在争取男性选民上打成了平手，而在女性选民间的得票率上，两者却有巨大的差距：罗姆尼拿到了43%女性选民的投票，而奥巴马却得到了56%女性选民的投票，原因就在于奥巴马的竞选更迎合女性选民的心理，比如在竞选中考虑到了例如堕胎、避孕、单亲妈妈福利的问题，而且如今女性选民也更加关注丈夫的工作，奥巴马就此不断批评罗姆尼创造就业的方案不切合实际。因而，奥巴马能够赢得最后的竞选胜利，和奥巴马的竞选团能够很好地了解选民的心理有很大关系。选举辩论现在已经成为美国和西方绝大多数国家政治结构的一个组成部分。它虽然称不上是一种完美的手段，但起码给普通选民提供了一个感性地了解候选人的机会，从而可以让他们自己来决定对某位候选人到底有多大的信任和信心。

(3)外交辩论。外交辩论指的是各国领导人、外交代表就双边或者多边关系中的政治问题或者共同关心的问题所进行的政治辩论。在涉及双边或者多边关系的政治性外交辩论中参与辩论的各方基本出发点是为了维护本国的主权和尊严，维护本国政府的立场、观点、信守的原则，使自己赢得政治上的主动等。在关于国际问题的外交辩论中，参与各方的基本出发点是维护自己国家政府信守的处理国际关系问题的准则或原则，阐明自己国家对国际政治问题及其解决方案的立场、看法，驳斥对手的立场、原则，争取别的国家对自己所持立场、原则的支持，促成国际政治问题按自己的立场、原则来解决。[②] 外交辩论已经越来越成为各国之间进行交流沟通的手段，可以解决战争解决不了的问题或者能够避免战争的爆发。

(4)非正式的政治辩论。前文所提到的三种类型的政治辩论都是在政治生活中某一个专门的领域或是正式的场合所进行的。而非正式的政治辩论却恰恰相反，它发生的场合往往是非正式的，所涉及的问题广、随机性强、参加的人和人数也是不固定的，比如家庭成员之间、同学之间对于所关心的政治问题所进行的辩论、报纸电视台上关于国家相关政策的辩论都可以归到非正式政治辩论的范畴。非正式辩论的活跃程度往往和一个国家的政治环境、公民参与政治生活的热情息息相关。

三、西方政治辩论研究

(一)政治辩论在政治传播中的功能

(1)吸引大量公众的注意力。每一次的政治选举中，政治辩论无疑是最吸引选民注意力的竞选活动。据统计，1960 年肯尼迪与尼克松的电视辩论吸引的观众数量达到了 7000 万，到了 2004 年的美国首场竞选电视辩论，这一数据达到了 8000 万以上，全世界的观众

① 邵培仁：《政治传播学》，江苏人民出版社 1991 年版，第 100 页。

② 邵培仁：《政治传播学》，江苏人民出版社 1991 年版，第 100 页。

更是达到了 2 亿人之多。美国大选往往要持续一年之久，期间会有多种形式的政治宣传活动，但是政治辩论更为直接、对抗性更强而常常在竞选的关键时刻采用，用来对选民做最后的动员。

(2)确定选民的态度。拉扎斯菲尔德曾指出辩论更像是一种指示器，而非是影响，就像沿街的布告牌，向人们指出了该怎样转弯才能达到已确立的目的地。因而，辩论并不是去劝说选民采取行动，而是选民为自己提供动力，辩论往往在告诉那些政党的支持者们他们的选择是正确的、是符合逻辑的、是关系到自身利益的，从而确定了选民的态度，为他们真正的投票做了准备。

(3)候选人可以利用政治辩论展现自我、塑造政治形象、拉近候选人和选民之间的距离。电视媒体向来是一个重外在形象而轻内涵的媒体。正如波兹曼在《娱乐至死》一书中所言："在电视上，语言是通过视觉形象进行的，也就是说，电视上会话的表现形式是形象而不是语言。"电视媒体往往热衷于那些冲突性、戏剧性、人情味的讯息。而电视辩论恰恰能够最大程度地放大电视媒体的特性。在电视辩论上，谁能深得形象政治之道，谁就占便宜，赢得观众的好感。在 2012 年总统大选中，首场辩论伊始，奥巴马大打温情牌，说这一天是他和妻子米歇尔的结婚纪念日，他要感谢妻子多年的支持和陪伴。这时罗姆尼不失幽默地说他非常荣幸能在这里与他一同度过。可见两位候选人在如何在电视上塑造自己的形象方面下足了工夫。另外一个例子更能说明政治形象在电视辩论中的重要性。1960 年，电视辩论第一次走上历史舞台，之前尼克松在广播辩论中一直以微弱的优势领先于肯尼迪，但是在电视辩论中，肯尼迪年轻英俊，而尼克松却显得脸色苍白、面容疲倦，少了点总统相。最终，尼克松惜败于在辩论中和镜头前都表现良好的肯尼迪。

(4)选民可以对候选人和辩题充分了解。根据选择性接触假说，选民一般只接触与自己立场相一致的信息，而对与自己立场相反的信息则采取一种回避的态度。而政治辩论时，正反两方都参与其中，这样可以使公众对于反方的候选人有一个新的了解和评价的机会。除此以外，辩论中大部分辩题都涉及国内外的政策，选民通过辩论很大程度上增加了这些方面的知识。

(5)议程设置的功能。在辩论开始之前，媒体一般都会对辩论中可能涉及的问题进行预测，辩论后媒体又会对辩论的结果进行大肆报道，这些都将成为收看辩论的选民优先考虑的问题，并且希望媒体对辩论中所涉及的问题进行深入报道。媒体则通过民意调查和舆论调查，了解观众对于辩论的评价和对候选人的看法，同时发现辩论中涉及的哪些问题能够引起大众的兴趣，就可以在接下来的节目制作中下足功夫。

(6)使公民积极参加选举。罗宾逊在对 1976 年的总统辩论的研究中发现，选民收看政治辩论的兴趣随着辩论的持续进行而降低，但对选举的兴趣则会随着辩论的进行而持续增加。罗宾逊由此得出结论，收看政治辩论不会增加对辩论的兴趣，却可能会增加选民对选举活动的兴趣，这种兴趣可能会克服"选择性接触"和由于对政治冷漠而引起的参与障碍。① 辩论的主体向选民提供政治信息，选民通过辩论获得于已有关信息，然后加以分析

① Dan Nimmo and K. R. Sander, *The Handbook of Political Communication*, Sage Publications, Inc, 1981, p. 284.

选择，最后作出决定，每个选民都是平等地接触和利用信息，因而公民能够有效地参与选举活动。

(二)政治辩论存在的问题

(1)电视辩论逐渐成为候选人之间在形象风度上的较量，而真正关于治国方略上的辩论退居其次。电视既然是形象的艺术，选民会不可避免地从形象上来判断谁赢谁输，而双方辩论的内容已经不再重要。选民对于候选人的了解绝大多数来自表面上的东西，因为不论是候选人的衣着打扮还是举手投足都是经过竞选策划团队精心打造的。美国时装大师 Tommy Hilfiger 就曾经建议过奥巴马应该随时西装笔挺，保持坚强有力的总统形象，而出身富豪家庭的罗姆尼应该多多尝试敞开衣领、卷起衬衫袖，这样看起来会更加亲和与平民化。以形象为中心的辩论与其说是促进，还不是说是妨碍了选民对于复杂政策问题的关注。

(2)电视辩论并没有真正促进公民参与政治。电视辩论真的如我们所愿那样促成了选民与候选人之间的真正交流吗？答案是否定的。首先，辩论的议题是由媒体设定的，事先并没有征求选民的意见，这样辩论中并不一定涉及选民真正关心和需要解答的问题，很多涉及民生的问题也是老调重弹。因而，虽然选民通过收看辩论对辩论中的议题有了了解，但是他们却往往不能了解那些与自身有关的问题。

(3)辩论的形式上存在缺陷。以美国的电视辩论为例，候选人要在 90 分钟内辩论多个辩题，这样候选人对每一个问题都不能作充分地阐述。如，1960 年的辩论中，双方候选人谈论了个人经验、品格、家庭价值观、医疗保险、国防外交等 9 个互不相干的问题，平均每 8 分钟就要更换一个辩论问题。2004 年的竞选更是事先规定每位候选人的发言时间不能超过两分钟，在如此短的时间内，候选人不可能把每个问题都阐述得非常清楚，同时选民和媒体还抱怨候选人对于一些问题故意避而不谈。其次，辩论中取消了候选人之间的直接对抗形式，而采用的是主持人提问的间接对抗形式，辩论双方中的一方是不能直接质问另一方的，必须经过主持人的同意才能继续反击，候选人之间没有了直接的对抗不免使辩论形式化，表演的成分增加，影响了选民对真实选举信息的获得。①

(三)政治辩论的发展趋势

虽然电视辩论有着以上所述的缺点，但是不可否认的是它对民主政治的积极意义和在选举中的功能，并且它还将存在很长一段时间。

(1)改革现有选举制度。美国现在的选举已经逐渐沦为金钱选举，民主制度要想长久地存在下去，就必须对现有的选举制度进行改革。由于电视在如今的政治竞选中所起到的作用巨大，要想成为总统就必须在电视上大作宣传，电视宣传需要的宣传费用也是巨大的。单以 2004 年的美国大选为例，小布什在选举前某一周内的电视广告宣传费用达到了 1500 万美元；克里阵营也丝毫不甘落于下风，两周投入了 1000 多万美元，两大阵营平均

---

① 李元书：《政治体系中的信息沟通——政治传播学的分析视角》，河南人民出版社 2005 年版，第 269 页。

每天投入的广告费用高达900万美元。① 电视上的宣传费用巨大也是美国竞选费用居高不下的重要原因，然而电视辩论有90分钟，候选人可以畅所欲言又不用担心花销，因此其对电视辩论这种免费的政治宣传愈加青睐。政治辩论将成为候选人利用电视进行竞选的新趋势，也为克服选举制度的缺陷找到一个好的解决办法。

(2)辩论制度化。Krans 提议把辩论作为选举的一个程序，并且以法律的形式确定下来，同时建立一个辩论委员会；Germond 和 Witcoveer 也认为应该给予辩论以法律地位。但也有反对者从20世纪60年代的实证研究结果出发，认为政治辩论在改变多数人的观点和态度上作用并不大，因而对于选举来说可有可无。但是绝大多数的学者还是认为电视辩论可以使每一个选民根据自己的立场和观点来进行客观地投票，辩论为社会的更加民主提供了一种方法和途径。②

第二节　政治公关与政治选举

一、政治公关

现代社会政治公关越来越多样化，政治行为越来越多地通过大众传播媒介以声音、文字、视频等传播方式表现出来。政治公关主要包括政府的公众/媒体关系、政策传播、国家形象塑造、竞选宣传等多个层面，各层面的基本诉求是一致的，都是公众的认知、态度和行为上达成政治活动的动员和协调。③

政府是现代社会中最为重要的一类社会组织，维系着社会整体的协调稳定，它的一言一行对社会的各个方面都会产生巨大的影响，所以需要引入公共关系管理的概念、思路和方法来服务于广大的公众。政府的主要职能一般被分为制定各种政策、协调各类社会团体不同利益、保证社会公平与效率的统一、维系社会的稳定和发展等。这都需要政府采取公共关系工作中的组织与协调功能，理顺各种社会关系，在求同存异的原则下，找到社会的共同利益点。④

(一)政府型组织公关活动的特点

1. 非营利性

不同于其他商业性的社会组织，政府的特点就是不以赢利为目的。尤其在我国的各级政府，首先应该做到的是把为人民服务放在首位，因而政府型社会组织所展开的社会活动追求的是社会效益而不是商业效益。这一特点表现在公关的具体操作上，就是政府要时刻注意自己的服务形象和非营利“超脱”形象，以保证政府在民众中的公平性印象。

---

① 《环球时报》，2000年3月18日第2版。

② 李元书：《政治体系中的信息沟通——政治传播学的分析视角》，河南人民出版社2005年版，第271页。

③ 张宁：《Web 2.0时代的政治公关》，载《国际公关》2009年第3期，第82页。

④ 李磊：《公共关系实务》，中国广播电视出版社2004年版，第294页。

2. 公正与权威性

政府作为不同类型的社会所有(或绝大多数)公众群体共同利益的代表者，也是这些具有不同利益追求的社会团体、公众的协调人，因此它必须超然于各类社会公众和团体组织之上，维护和保持自已公正的形象。在具体的公关操作上，就是努力建立一个公正廉洁的社会仲裁形象和“正义的化身”形象，以便于维护其权威性，服务于社会大众。同时政府的各项活动要想能够有序开展，就必须保持很高的权威性，只有这样，人民群众的根本利益才能得到维护，社会才能稳定发展。

3. 公开性

公开性主要指的是政府的信息公开，在经济全球化和信息化的时代，政府的信息占据了全社会信息的 80%，政府信息是公众了解政府行为的直接途径，也是公众监督政府行为的重要依据。广义上的政府信息公开包括两方面的内容：一是政务的公开；二是信息的公开。狭义上的公开指政务公开。①

4. 互动性

由于政府型社会组织所从事的社会管理工作是非常艰巨且复杂的，这就要求其同各类社会公众团体和广大民众保持密切畅通的信息双向交流渠道与交流过程。政府的政策和法规只有在不断与人民群众良性互动的反馈机制中才能最终趋向完善，为绝大多数的人民群众所拥护。②

(二)政府公关的主要类型

1. 信息发布型

信息发布型，即定期性的新闻发布制度和紧急情况下的信息解密公开体制，通过与大众传播媒介的互动，向公众发布各类信息。各地政府的新闻办公室，政府新闻发言人是有关信息发布的主体渠道，而新闻发布会、记者招待会、政府官员的专访报道是新闻发布的主要形式。

2. 协商对话型

协商对话型，即政府与不同阶层的社会公众建立畅通无阻的双向协商对话制度，这样政府可以及时了解来自社会不同阶层的意见与呼声，并且将相关信息政策及时地反馈传递回去。通过这种协商对话和双向沟通，政府能够倾听民众的呼声、试探公众舆论、咨询公共政策、实施民主决策活动，从而更好地服务民众。

3. 树立形象型

传播学上政府的形象分为有形形象和无形形象，以公众的感官直接感受到的政府形象称为有形形象；通过公众大脑的记忆、思维等心理活动，在思想上所形成的政府活动称为无形形象。政府形象传播的目的主要在于获得最广大公众的理解、好感和支持，并将这种影响最大限度地扩张出去。公众的广泛认同是政府权威性和公信力的基础。

---

① 引自百度百科，http：//baike. baidu. com/view/1569246. htm.

② 李磊：《公共关系实务》，中国广播电视出版社 2004 年版，第 300~302 页。

4. 监督反馈型

政府通过行业性的垂直或横向的领导，在其内部下属和被管理者之间建立一种畅通无阻的督导与反馈机制，目的就是在加强政府政策与法规的执行力的同时，及时从内外部公众的各种反馈的信息中发现并纠正错误，及时改进自己的工作，凝聚组织的战斗力。我国政府向来十分重视互联网的监督作用。早在2010年我国新闻办公室就发布了《中国互联网状况》白皮书，明确表示我国政府积极创造条件让人民监督政府，非常重视互联网的监督作用，对群众通过互联网反映的问题，要求各级政府及时调查解决，并向公众反馈处理结果。

5. 危机反应型

在社会公共生活中，一直都存在着各类危机事件突然爆发的可能性，存在着自然灾害、恐怖活动、人为事故、重大社会危机等各类危险事件，在这危急的时刻，政府所采用的一系列公关反应，都应该归纳到这类公关工作中去。

危机反应型的公关活动要保证政府有持续、及时的信息发布与解释的功能，需要保证做到各类信息互动渠道的畅通无阻、需要保证政府对于危机事件反馈与互动的速度和意志。政府要对各类危机事件事先制定对应的应急方案，并且通过预警演习熟悉危机处理的全部过程和各个关键环节。①

国外政府在处理危机公关时，虽然也存在各种各样的问题，但是也有很多地方是值得我国政府来学习的。首先必须满足公众的知情权。危机管理专家奥古斯丁将危机处理的基本经验概括为了六个字，即“说真话，立刻说”。其次是新闻发布会制度经常化。面对突如其来的重大灾难性事件，媒体成为了政府与公众之间的纽带，信息发布必须及时、迅速、准确，这样才能够以最快的速度缓解民众的不安感。同时媒体要做到维护自己的立场和原则，充分利用资源和优势，建立起舆情搜集和信息共享的机制，向有关部门应对危机提供智力援助。媒体还要时刻把握公众的情感状况，选择合适的文风笔法，有理有据，让政府危机公关中的传媒角色能够朝着一个健康和理性的方向发展。

(三)新闻发言人

根据学者们的研究，政府新闻发言人就是政府与新闻媒体之间矛盾斗争妥协的产物。一般认为政府新闻发言人对于媒体控制有两种手法：一是“控制”，二是“塑造”。

“控制”就是政府新闻发言人控制政治消息源，这也是政府新闻发言人对付新闻媒体的惯用手法，其表现为不发布或者是少发布政府的活动信息。如里根在任期内只举行了26次记者招待会，还不到卡特的一半(58次)。② 政府新闻发言人(或新闻发布会)控制消息源的另一种方法是限制参加记者的人数。更多的新闻发言人则会在新闻发布会前对各种媒体的立场进行仔细分析，在发布会上采取有选择性的发言，以此来左右媒体。自2001年发生的“9·11”事件后，各个美国媒体都竭尽所能地报道相关新闻。美国白宫、国务院、五角大楼等部门的新闻发言人就多次举行新闻发布会，其目的就在于引导媒体按政府

① 李磊：《公共关系实务》，中国广播电视出版社2004年版，第300~302页。
② 唐晓、王为、王春英：《当代西方国家政治制度》，世界知识出版社1996年版，第287页。

的口径报道，使美国各地的新闻舆论出现了历史上很少有的一致。①

“塑造”政治消息，既有制造、引导舆论之意，更是指按照政治的需要“剪裁”、改造消息的做法。这不仅是美国入侵格林纳达、马尔维纳斯群岛之战中，两国政府新闻发言人常用的手法，在科索沃战争中也经常使用。有证据表明，北约的政府发言人在新闻发布会上与记者们“合作”，使用了“加工”过的消息，“排除了真正调查后再进行报道的做法”。②为此舆论指责北约发言人杰米·谢伊及其同事在记者招待会上，“故意误导西方舆论”③。政府新闻发言人“塑造”消息的另一种做法是，根据参加新闻发布会的主要媒体的特点(倾向等)，设想它们可能会提出怎样的问题，然后做好各种书面材料的准备，以便记者索取，变被动答记者问为主动“诱导”记者入套。因此，美国学者唐·米莫曾经很形象地指出：“记者招待会与其说是一个自由的集会，不如说是一场排练好的、制造新闻的演出。”④显而易见，这一切都是政府新闻发言人在“塑造”消息的结果。

(四)Web2.0时代的政治公关⑤

政治公关现如今必须注重网络整合传播，这是由政治公关的特点所决定的。不同于其他类别的商业公关，政治公关更加强调公众的自主和自愿。政治公关会更高程度地通过政治家个人的“公共形象”来形成自己的态度，因此就需要重视政治公关中的“形象传播”和“个人说服”要素。“形象传播”需要通过多种形式的个人形象传播如博客、视频、演讲来打动公众；“个人说服”表现在针对网络分众各自的需求特点，迎合他们的习惯和兴趣，让任何人可以在任何时间和地点通过自己喜欢的方式获取信息。

与此同时，网络的使用者中，中青年人占据了很大的比重，这些人也是政治公关最期望争取的力量。对于这些人来说，网络已经深深融入他们的生活，而其政治倾向、兴趣、价值观和网络媒体使用习惯又是各种各样的。因此，通过整合网络媒体的多种传播方式来全面赢得他们的关注，是政治公关的第一步。建立个人网站，写博客、拍摄视频、利用社交网站和视频分享类网站，甚至是在网络媒体投放巨额广告，这些传播方式在汇聚人气、网罗人心、积聚竞选经费、持续保持领先优势等方面都现出了明显的政治传播的效果。在政治公关中，这些传播方式针对不同的人群，促进人们对待特定政治人物的认知和态度的形成，把分散的网络小众“整合”成网络社会的大众。美国前总统奥巴马就正是利用网络整合传播的形式，赢得了美国公众对自己的认知、态度形成和投票行为上的胜利。

我国是一个不断走向民主和开放的政治大国，对于政府组织和政党来说，政治公关的建设也是一个非常重要的课题。同奥巴马的案例比起来，我国还没有形成相应的传播环

---

① 《环球时报》驻美特派记者王如君：《频频举行新闻发布会，限制发出不同的声音》，载环球时报，2001年10月2日。

② 爱德华·赛义德：《盲人引路》，载英国《新政治家》周刊，1995年5月17日，中译文引自《参考消息》，1995年5月18日。

③ 亨利·波特：《科索沃战争已结束，但媒体战仍在继续》，载美国《观察家报》，1999年7月4日，中译文引自《参考消息》，1999年7月13日。

④ 杨柏华、明轩：《资本主义国家政治制度》，世界知识出版社1984年版，第394页。

⑤ 张宁：《Web2.0时代的政治公关》，载《国际公关》2009年第3期，第82页。

境。比如说，网络媒体的使用者虽然不断增加，但是普及程度上和政治素质还有待提高；网络民众对于政治传播的兴趣和关注程度也还比不上一些社会性或娱乐性的事件。与此同时，受到我国政治大环境的影响，我国也缺少在政治公关领域里具有较高创新能力和传播策划能力的专业公关团队。

可是这并不是说网络上的政治公关对我国毫无意义。近年来我国最高政治领导人增加了与网民沟通的机会，表明他们对于网络公众发挥的各种作用的支持和肯定。在各种重要政治会议召开时，传统大众传播媒介也都增加了对网民反映的相关报道。这些都说明网络公众逐渐成为我国政治建设的重要力量。政治组织和政党需要重视这支力量。需要在了解我国网络公众特点的基础上有针对性、有策划性地开展政治传播。同时，在开展政治公关的过程中，也需要越来越多的专业公关团队发挥作用。

二、政治选举的含义及演变

美国创新之父约瑟夫·熊彼特(Joseph Schumpeter)曾经说过："民主是达成一种政治决策的制度设计，政治人物得以参加公开的选举竞争，以获得选民的支持，取得决策权力。"①公民参与政治的方式有很多种，全民公决需要耗费大量的资源而且很难应对众多问题；利益集团之间的间接参与方式局限于很小的群体，也不具有普遍性；政治选举却可以让全体公民定期平等地参与到政治活动中来。正如马克思所说："选举是市民社会对政治国家的直接的、不是单纯想象的而是实际存在的关系。""选举构成了真正市民社会的最重要的政治利益。"政治选举是政治传播的一个分支和重要内容，可以说政治传播学即开始于对政治传播的研究。早期的政治传播研究理论框架的基础就是选举中的传播。著名的政治传播学者丹·尼谋将这种研究的范式称作为"选民说服范式"②。政治传播研究中的核心内容和最主要的研究方法都是从这一范式中发展出来的，后来这一范式成为了政治传播学中的主流理论。它认为政治传播是一种政治竞选过程中影响社会公众政治事务的活动。③鉴于美国总统选举问题一直是政治选举研究的主要阵地，很多的成果和文献都集中于此。因此，我们将以美国政治选举为例来研究政治选举的概念。

政治学者 Austin Ranney 认为，"没有自由的选举，就没有民主的政治。以自由的、公平的和竞争性的选举为根本特征的选举是民主政治的基础性工程"④。关于政治选举的含义就有多种看法，但是大体上可以概况为两大类。一类是狭义上单一的"公职说"。选民只是选择人员，而不是政策的选择，原因是政策观点并没有在各个党派的竞选中提出。这一观点可以在马克思对选举的认识中看出，马克思认为选举只不过是被压迫者几年一度选

---

① [美]约瑟夫·熊彼特:《经济发展理论——创新之父熊彼得》百年经典重译版，商周文化事业股份有限公司 2015 年版，第 88 页。

② David L. Swanson & Dan Nimmo, *New Directions in Political Communication*, Sage Publications Inc., 1990, p. 8, p. 10.

③ David L. Swanson & Dan Nimmo, *New Directions in Political Communication*, Sage Publications Inc., 1990, p. 8, p. 10.

④ Austin Ranney, Willmoore Kendall, Earl Latham, *Democracy and the American party system*, Greenwood Press, 1974, p. 113.

举新压迫者的工具，即容许被压迫者每隔几年决定一次究竟由压迫阶级中的哪些代表在议会里代表和镇压他们。马克思很尖锐地指出了资本主义民主选举的本质。第二类是广义上双重的“公职政策说”。与第一类狭义的概念相比，它认为选举不仅能够决定公职人员的产生，还能够影响政策。这点可以从托马斯·戴伊等人的概括中看出，他们认为，“美国政府中传统的多元理论告诉我们选举是民众采取的旨在使当权者能对其决策负责的一个手段。这种传统的说法认为选举能使民众影响未来的公共政策。因为在选举日民众能任意选举候选人”①。

以上两个关于政治选举含义的概括都承认选举是对公职人员的选择，分歧主要集中在选举到底能否影响公共政策。这里还要辩证地看待。首先，选举都是在既定的政治框架内进行的，代表的是统治阶级的根本利益，因而，选举不可能从根本上去影响或是改变政策方针。同时，如果不同的竞选人上台后对于前任的某些做法予以改变，关于国家民生的政策有些调整，那么就必须承认选举对于公共政策是有所影响的。当然，候选人在选举时对广大选民所作的许诺在其上台后也必须考虑到，特别是那些关乎资产阶级根本利益的承诺。

从 1787 年开始，美国宪法确立了选举人团制度。到 1856 年，基本上确立了民主、共和两党政治选举格局。历经 200 多年的演进与完善后，美国形成了相对成熟的资本主义选举制度。资本主义国家的政治选举在本质上并没有多大的改变，但在形式、方法和机制上随着现代科学以及经济的发展，已经有了很大的变化。一个最明显的例子就是选举由之前政党为中心的政治选举转变为以大众传播媒介为中心的政治选举，帕特森称之为“大众传媒的选举”。1952 年艾森豪威尔在总统选举中第一次用到了电视广告；1960 年肯尼迪在总统选举中第一次用到了民意调查专家；1980 年卡特用电话与选民进行了对话；1984 年里根通过卫星传送为资助人鼓气；奥巴马团队为奥巴马打造了一个注册成员超过百万的在线社区“我的奥巴马”(MYBO)。由此可见，大众传播媒介在竞选中已经起到了越来越重要的作用。② 诚如丹·尼谋(Nimmo D.)等学者的论断：“很少人是从亲身经验认识政治的。对大多数人来说，他们的政治现实是经过大众传播媒介及群体传播的中介而出现。这个中介过程产生、输送及采纳了不同的政治幻想，并确定了什么是真正的现实。”③

三、大众传播媒介与政治选举

(一)大众传播媒介对政治选举的影响

从传播学的视角来看，能够影响选举政治的技术就是媒体技术，政治学家皮帕·诺里

① [美]詹姆斯·M. 伯恩斯等：《民治政府》，陆震纶等译，中国社会科学出版社 1996 年版，第 212~213 页。

② 李元书：《政治体系中的信息沟通——政治传播学的分析视角》，河南人民出版社 2005 年版，第 295~296 页。

③ Nimmo D., Combs J. E., *The Political Persuaders: The Techniques of Modern Election Campaigns*, Transaction Publishers, 2001, p. 26.

斯(Pippa Norris)曾将美国的竞选活动划分为三个时期：前现代竞选期(1820—1950年)、现代竞选期(1950—1980年末)、后现代竞选期(1990年至今)。研究发现，每个阶段的起始都是一次媒体技术的革新，而每次革新必然改变竞选政治广告的形式与内涵。① 大众传播媒介影响政治选举的实质："显像管民主"的特殊要求即为形象至上。不管是研究政治选举还是政治传播的学者都对这一观点持认同的态度。政治选举必须遵循大众传播媒介构建政治世界的两套规律，即筛选规律和展示规律的要求。② 法国学者克雷特就曾经指出：大众传播媒介的出现使得电视竞选成为选举的重要手段。在立法选举和总统选举之时，人们看到的是全国性的竞选运动，竞选就是报道各党的具体政策，其目的是为了获得大多数人的赞同，也就是说，最终在投票那天得到尽可能多的选票。各党的纲领不能带有繁琐的理论体系色彩。电视播送的是图像，而不是思想，必须简洁明了，因为"电视选民"的政治水平不高，而且电视又不适宜播放复杂的报告，而竞选的失败与成功恰恰取决于"电视选民"。③

正如前文所说波兹曼在《娱乐至死》一书中所言："在电视上，语言是通过视觉形象进行的，也就是说，电视上会话的表现形式是形象而不是语言。"候选人的阅历、能力、政见等都已经变得不那么重要，取而代之的是候选人的形象和口才，有时候一个候选人会像一只宠物一样让选民来挑选，只有那只人见人爱的"宠物"最终才能够脱颖而出，让大家为之投票，媒体就是将这一只"宠物"展现给大家，同时媒体也对"宠物"们进行品头论足，表现出明显的好恶倾向。一个典型的例子就是里根在好莱坞只能算是二三线演员，但是多年的表演经验让他深知如何在电视屏幕上讨好观众，在1980年的总统辩论中，他以绝对的优势战胜了竞争者卡特成为当年的美国总统。

美国学者史密斯认为：从最浅薄的意义上看，现代竞选无非是大型商品售卖活动，它给那些能使人产生丰富联想的口号、给那些口齿伶俐的对答以及有象征意义的布景以高额的奖赏。电视是它的传播工具。候选人必须会欺骗。"令人厌烦"是命中注定的标记。那些不能融入一个口号或30分钟讲演的纲领和思想，大都不能为选民听到和记住。随着选举日的临近，超凡的魅力和表演的筹划比财产和资历更重要。④

必须指出的是，在信息社会化的今天，互联网在总统大选中所起的作用已经越来越大。一项来自2008年艾瑞咨询公司根据美国eMarketer公布的调查报告显示有64%的美国网民认为，互联网在总统选举中的作用将越来越重要。与此同时艾瑞认为随着美国大选渐入高潮，互联网对最终结果的影响也将越来越大，特别是年轻的自由派选民，他们获取时事新闻的途径大多通过互联网。过去一些并不是竞选主要阵地的传播渠道如博客、

---

① Pippa Norris, *A Virtuous Circle: Political Communications in Postindustrial Societies*, Cambridge University Press, 2011.

② 《筛选规律和展示规律及其与政治运作规律的矛盾》，详见[德]托马斯·迈尔：《媒体社会与社会民主党的选举战略》，载《当代世界与社会主义》1992年第2期。

③ [法]让-马里·科特雷、克洛德·埃梅里：《选举制度》，张新木译，商务印书馆1996年版，第128~129页。

④ [美]赫德里克·史密斯：《权利游戏——华盛顿是如何工作的》(下册)，肖峰等译，中国人民大学出版社1991年版，第452~453页。

MySpace 社区、Youtube 上的视频，现在纷纷显示了巨大的威力，以至于让传统的电视辩论都备感压力。

Youtube 是美国的一个互联网网站，它可以为网民提供上传和分享视频短片的平台，如今 Youtube 已经成为选民和候选人互动的不可或缺的政治平台。在 2008 年美国总统大选时，“我爱上了奥巴马”是 Youtube 上的一段视频，访问量很快就超过了 250 万人次，每个选民都感觉总统就像自己身边的朋友一样，并不是高高在上。另一段妇女们对奥巴马和共和党候选人鲁道夫·朱利安尼进行的辩论战视频，4 天时间浏览量就超过 50 万人次。一家政治运动网站 Politics Online 的创始人菲利普·诺布尔就此说道：“过去候选人在选战运动中对于创新技术的运用非常有限，而此次选举中却发生了巨大变化，科技已经成为造势宣传最基本的平台，几乎每一次运动从头到尾都有 Youtube 网站的参与。”①

美国政治营销的 Web 2.0 化，让竞选者们获得了新的力量，也给他们带来了新的挑战。不论是 Youtube 还是 MySpace，都可以让竞选者越过所有的中间环节，直接、完整、清晰地表达他们的观点。同时，可以迅速获得选民的反馈，这是传统媒体无法做到的事情。在传统媒体中，竞选者不得不回答记者提出的各种各样的让人难堪的问题，不得不接受媒体按照已经定格的印象来诠释自己。而在网络视频或者网络社区中，这些烦恼都可以不予考虑了。比如说，希拉里可以在视频中宣称她想要让美国以合适的方式离开伊拉克，这个时候，不会再有烦人的记者来刨根问底。竞选者必须认识到，能够利用 Web 2.0 这一革命性新媒介力量的，不仅仅是竞选者自己，还有选民。在 2006 年美国中期选举中，有 6000 万美国人通过互联网搜集信息并以此决定是否改变自己的观点。②

2016 年大选，希拉里组建了一支由来自硅谷公司的 50 人程序员和开发者构成的专业助选团队，并通过电商与手机应用软件，成功募捐到了 2.4 亿美元，希拉里因此被称作“史上第一位整体规划科技发展战略的总统候选人”；与此同时，特朗普的数字团队通过 Facebook 等社交媒体的后台交易，大规模收集选民数据，并向选民发布定向政治广告。特朗普还利用推特等社交平台，创造性使用一种新竞选模式——用挑衅性语言制造新闻，吸引海量的“激情粉丝”支持，产生“病毒式”营销传播，最终战胜了受大部分传统媒体支持的希拉里。社交媒体在今天对大选有着其他媒体无可比拟的强大优势。

(二)大众传播媒介影响政治选举的方式

(1)互相揭丑。互相揭丑是美国选举中各个候选人用来打击对手的常用手段之一，各个候选人都希望用此手段来一招制敌。选举中，共和党和民主党相互做揭丑广告来攻击对方，美国大大小小的报纸、电视、网站也常常爆出猛料，为两党的“揭丑战”添油加醋。最有名的事件当属尼克松的“水门事件”，尼克松因此而引咎辞职。发生在最近的广为人知的揭丑事件是 2004 年大选中的“兵役门”，当时布什被指控年轻的时候曾经逃过兵役，而那时美国正处于越战之中，还好最后这个指控并没有危及布什的政治生命。曾经的国会共和党全国委员会的发言人福蒂说道：“为什么选举中会出现这么多的负面攻击的广告?

① 参看 http://news.sohu.com/20070724/n251220943_2.shtml.

② 参看 http://business，sohu，com/20070720/n251161724.shtml.

因为它有效。"选民不一定相信负面攻击的内容，但多半会留下深刻的印象，而这些印象可能会改变选民对于候选人的看法。

(2)举办面对面的电视辩论。这是西方国家特别是美国在当代政治中的一个特点。研究发现，电视辩论的收视率非常高，对选民的吸引力很强。科特雷说过："大众传播手段的发展使全国性政治辩论成为可能，使如今的选举扩大到国家的范围。不能排除这种可能，即有朝一日，参加立法选举的候选人也可以通过一个全国性的候选人名单在全国范围内进行竞选。"①特伦特认为，电视政治辩论可以有不同的效果，包括增加阅听的人数、改变少数选民，帮助设定选民对政见的认识，修饰候选人形象，以及建立对民主的信息等。②

(3)进行民意测验。弗雷德里克·J. 弗莱克研究"民意测验与政治传播"后指出：民意测验应该作为大众传播的一种形式被考察，它被用作控制公众态度的基础或政治观点和候选人的市场销售情况的基础，明显有助于增强政府、政党和筹集足够经费的利益群体影响公众看法的能力。政治民意测验在竞选运动期间具有最大的可见的影响包括：各政党能够把他们的竞选战略建立在每天翻新的民意测验和民意测验目标指向于特定地区、选民和人口群体的变化上；民意测验被继续不断地公布，已迫使政治家们迅速调整他们的选战风格。他们使用自己对民意测验的跟踪来迅速应对那些威胁他们在公众民意测验排名的新问题；媒介民意测验的迅速增长对于选举活动的电视报道具有重要的影响，即民意测验报道被给予极大的显著性后会带有许多分析和评论色彩，这种强调可以很好地挤占版面(时间)，使具有重要性的其他报道无法进入公众视线。③

(4)媒体充当竞选后台老板。在西方选举中，大众传播媒介充当竞选后台老板的问题已经是一个众所周知的事实。政治学家派伊曾经做过一个经典的评论：铺天盖地的新闻媒体造就候选人。媒体保障了"知名度"，这是候选人获得成功的首要条件。事实上，大量媒体注意力能够使原来名不见经传的人"骤然间"变成显赫的候选人；候选人不再为了有朝一日能竞选国会议员或州长而花费漫长的岁月在微不足道的职位上当政治学徒。媒体也可以使踌躇满志的候选人无人过问或使之一败涂地。办法再简单不过，就是对他或是他的竞选活动不予以报道。竞选运动开始时，新闻界人士挑选"严肃"的候选人作为报道的对象。在预选中，媒体甚至会挑选"实际赢家"：如果传播媒体推崇的人未能赢得预期的优势，传播媒体即使在第二名(不论男女)的总得票数还少于原推崇者得票数的情况下，也会宣称第二名是"实际赢家"。凡不能在摄像机前表演自如的人已不再是重要公职的可行候选人。④ 针对媒体充当幕后老板的问题，一些批评家指出，即使传播媒体试图保持中

---

① [法]让-马里·科雷特、克洛德·埃梅里，《选举制度》，张新木译，商务印书馆 1996 年版，第 26 页。

② Judith S. Trent & Robert V., *Friendenburg*, *Political Campaign Communication*, *Principles and Practices* (*Third Edition*), Prager Publishers, 1995, pp. 263-272.

③ David L. Paletz & N. J. Cressskill eds., *Political Communication in Action*: *States*, *Institution*, *Movement*, *Audiences*, Hampton Press, 1996, Chapter 14.

④ [美]托马斯·派伊、哈蒙·齐格勒：《民主与嘲讽》，孙占平等译，世界知识出版社 1991 年版，第 204~205 页。

立，他们也会影响选举的最后结果。其方式是：将公众的注意力引向某些候选人或某些争论，而无视其他候选人或争论；极力渲染某些问题而忽视或贬低另一些问题；公开发表有关候选人和竞选问题的评论；等等。①

(5)利用时差。美国地理面积广，全国也被分为了好几个时区，利用不同地区的时差提前公布部分地区的投票结果，从而影响投票尚未结束地区选民的投票。伯恩斯等人曾经就明确指出过该问题：电视对美国总统选举更为主动的影响是有关选举的晚间新闻报道。全国所有的新闻来源都依赖于东部，因为那里的时差比西海岸要早3个小时。在过去的选举中，那些大的新闻广播公司总是早早地赶在西部各州选民投票结束前将总统选举的获胜者公布出来。由于新闻媒体已经告诉西部选民谁将是最后的胜利者，致使他们参与投票的兴趣大为降低。结果，在国会和地方选举中，在那些当地竞选结果尚未揭晓而又必须通过统计每一张选票才能决定胜负的地区，选民中实际参与投票的人数已颇受影响。②

(三)媒介在政治选举中存在的问题

1. 媒体维护既得利益，保全现状

许多文献都确认媒体在报道的内容方面肯定、支持现任者，对于一些新人并不特别报道。当然，在位者也容易利用各种机会赢得媒体支持，强化人们对其政见、形象的良好印象。③ 一个很有趣的数据或许能够从一方面印证这一情况的存在，在奥巴马之前，美国历史上的42位总统中有31位谋求连任，其中18位最终获得了成功，成功概率达到58.1%。

2. 媒体在意识形态方面存在偏差

伯恩斯总结道：对于某些观察家来说，令其同样感到困惑的是传播媒介带有政治倾向，不论是自由主义还是保守主义倾向。对新闻媒体的偏向的另一方面批评来自极左翼人士。他们认为新闻媒体从主流上看纯粹是统治阶级用以宣传的工具。这种宣传为可以接受的思想划出了界限，左翼观点被摒弃于外。他们认为，传播媒介与资本主义大企业一样，绝不会宣扬反资本主义的情感。在他们看来，传播媒介不仅是资产阶级的工具，同样也是政府进行歪曲事实宣传的工具。④

3. 媒体过分关注形象而忽视问题

电视为了追求收视率而往往以产生情感共鸣为目的来选择新闻，包含着暴力、色情的能够引起公众恐慌的节目与情节往往能够被采纳。而当电视面对一些像通货膨胀、政府赤字等复杂问题时，往往采取的是使之简化、引人注目，或是把这些问题全部忽视、略去。⑤ 因为媒体逻辑不同于政党逻辑，媒体逻辑术语主要是指竞选公职的竞争者采纳政治

---

① [美]詹姆斯·M. 伯恩斯等：《民治政府》，陆震纶等译，中国社会科学出版社1996年版，第475页。

② [美]詹姆斯·M. 伯恩斯等：《民治政府》，陆震纶等译，中国社会科学出版社1996年版，第477页。

③ 彭云：《新闻媒介与政治》，台湾黎明文化事业股份有限公司1993年版，第113页。

④ [美]詹姆斯·M. 伯恩斯等，《民治政府》，陆震纶等译，中国社会科学出版社1996年版，第484~486页。

⑤ [美]戴伊等著：《民主的嘲讽》，孙占平等译，世界知识出版社1991年版，第165页。

行动战略，而这种战略采纳受到欲获致令人喜欢的媒体效果的考虑所影响，特别是在新闻或其他“外在化”计划节目中。更确切地说，它指的是极其注意外在形象而非实质，注意展示和包装而非问题和政策。“媒体逻辑”被政客或媒体本身所热衷，其对电视新闻报道的选择明显倾向于注意个性和令人感兴趣的特征，如报道选举的“赛马式”场面，而非民主选择。①

4. 媒体不一定促进民主，甚至有一种反民主的力量

英国学者约翰·基恩就在《民主与媒介：缺乏根据》一文中指出，在论证现存公共服务媒体是民主自由和平等的堡垒时会遇到许多困难，它低估了技术变化如有线电视、人造卫星、电视、社区无线电台的出现已经慢慢地、稳步地推翻了传统观点(即认为可用频率资源的稀缺赋予公共广播在特定的单一民族国家内享有“自然垄断”的地位)。现存公共服务媒体的保卫者们也没有充分说明现存公共服务媒体所谓的“平衡”“平均”标准和普遍性原则通常被某些受众看作是“没有代表性的”的情况，现存公共服务媒体播放的所有节目不可能展示穷尽不断变化的、复杂(如果不是完全的多元主义)的社会中的大量观点。公共服务媒体宣称的代表性是对它真正代表的虚构整体的一种辩护，是借助节目播放来冒充它所服务的某些人的真实意见和爱好。②

第三节 利益集团与政治宣传

一、利益集团的含义与功能

学术界有一种理论认为，不论我们承认与否，在任何国家都存在着各种利益集团。但不同的国家有不同的政治制度，利益集团的表现形态和所起的作用有很大差别。美国政治学者大卫·杜鲁门认为，利益集团是指一种在其成员所持的共同态度的基础上，对社会上其他集团提出某种要求的集团。罗伯特·达尔认为，从最广泛的含义上说，任何一群为了争取或维护某种共同利益或目标而一起行动的人，都是一个利益集团。根据不同学者所作的类似解释，利益集团，简而言之，就是一个有共同利益或要求并为之而奋斗的社会集团，一般有某种组织形式。集团的利益或要求是多种多样的，既可以是经济、政治、社会、文化或信仰等某一方面的，或者是集中于这些方面的某一问题的，也可以是综合性的。集团的成员也是多种多样的，既可以是属于同一阶级、阶层、民族、职业或信仰的，也可以是混合的。因此，利益集团包括的范围甚广，具体种类甚多，但常见的基本类型有三种：(1)各种大小企、事业单位如公司、银行、学校、医院等；(2)各种有共同利益或要求的集团联合组织如同业公会、工会联合会等；(3)因某种利益、要求或主张而建立的独立社团如环保组织、消费者联合会、赞成或反对堕胎的团体等。

① Mary Hawkesworth & Maurice Kogan eds., *Encyclopedia of Government and Politics* (*Volume I*), Routledge, 1992, p. 477.

② [英]奥利弗·博伊德-巴雷特、克里斯·纽博尔德：《媒介研究的进路：经典文献读本》，汪凯、刘晓红译，新华出版社2004年版，第323页。

利益集团不同于政党。简要地说，政党的目标是通过提出公职候选人、赢得选举、上台执政。利益集团不能提出自己的公职候选人参加竞选，它的目标不是上台执政，而是要设法影响政府的政策，以维护自己的利益和主张。然而，利益集团和政党往往有密切的关系，政党内部存在不同集团的势力，同时，在一些国家，有的利益集团从属于某一政党。

利益集团也不同于阶级。虽然绝大多数集团可以划归不同的社会阶级，但是，即使在同一个阶级中，属于不同阶层、行业、专业、民族或地区的人，尽管其基本价值观可以是相同的，但仍会有不同的经济、政治或文化要求，在这个或那个问题上发生矛盾，从而形成不同的利益集团。同阶级相比，集团所关心的利益和提出的主张比较具体，涉及的面比较窄。利益集团的内涵小于阶级，而其外延大于阶级。

发达国家的许多学者不用阶级而用集团的概念分析社会和政治，被称为"集团理论"。之所以这样，其中一个原因是，按照他们的看法，粗线条的阶级划分不足以说明和解决在一个社会中存在的错综复杂的多元利益问题。集团理论认为，社会由集团组成，公民个人通常是一个或几个集团的成员；各种政府机构也应把它们看作集团，政府是互相联系、互相影响的集团的综合体；政府的政策是政府内外的不同利益集团相互作用的结果。

二、政治宣传的概念和特性

政治宣传主要是指通过大众传播媒介进行的政治传播中的政治宣传，它既包含在一般宣传之中，又同一般的宣传有所区别。

1927年，拉斯韦尔的经典著作《世界大战中的宣传技巧》第一次给宣传下定义：它仅指以重要的符号，或者，更具体一点但欠准确地说，就是以消息、谣言、报道、图片和其他种种社会传播方式来控制意见的做法。他在1937年又提出了一个稍有不同的定义："就广义而言，宣传是通过操纵表述以期影响人类行为的技巧。这些表述可以采用语言、文字、图画或音乐的形式进行。"拉斯韦尔的两个定义都包括了广告的内容，还包括了常常被称为说服的全部内容。对这个定义的评价还可以作些补充：如果从政治方面加以限制，也可以把这个定义看作是对政治宣传的定义，因为战争是政治的继续，战争的宣传是政治宣传的一部分。拉斯韦尔的定义对西方人关于宣传的看法产生了很大的影响。

还有一种阐明理论主张、影响和改变思想行为说。中国学者王科、帅胤认为："所谓政治宣传，就是专指一定的阶级、政党、国家和社会集团为达到其特定的政治目的，有意识地传播和阐明自己的理论、观念和主张，以对人们的社会政治观和一般或特定思想行为施加影响，使之朝着自己期望的方向而发展的一种社会活动。"杨勇民、殷炳明认为："所谓思想政治宣传活动从某种意义上说就是指一定社会或一定阶级通过各种传媒方式对信息进行制作、加工传播等，把特定阶段代表统治阶级利益的主张、观点传播于众，有目的、有计划地影响、改变受动者的思想行为的社会活动。"由于政治立场、意识形态和研究方法的不同，对政治宣传的定义也有很大区别。同时，我们还应该看到，无论是西方学者还是东方学者的政治宣传定义，虽然有很大的差别，但其中也包含着共同的认识，有的东西方学者对政治宣传的定义甚至非常接近——通过传播某种东西，来影响受众的思想和行为。需要指出的是，在上述定义中，有些是对宣传下定义，有些是对政治宣传下定义，但这两个概念的定义是很接近的，对宣传的定义包含了对政治宣传的定义，有些关于宣传的定义，实际上可以看作是对政治宣传的定义。

政治宣传的特性表现在以下两个方面。

(1)阶级性。根据美国学者沃纳·赛佛林等人写的《传播理论：起源、方法与应用》一书的介绍，拉斯韦尔认为，一个统治阶级对其他阶级特别警惕，并依靠传播作为维护权力的手段。两位著名的传播学者和社会学家保罗·拉扎斯菲尔德和罗伯特·默顿也谈到，他们最担心的就是有权势的利益集团利用大众传播媒介进行社会控制。他们指出，在主要的权力集团中，有组织的企业占据了大部分显要的位置，已经替代了控制松散公众的较为直接的手段，他们利用的是被称为公共关系的新的宣传手段。王科、帅胤指出："资产阶级政治宣传理论认为：政治宣传首先是操纵人们的观点，进而操纵舆论，再进而操纵群众的行为，同时又使每个人觉得他的行为是由自己支配的，是在按自己的意志行事。无产阶级政治宣传理论则认为：政治宣传首先是阶级统治对各个社会集团有目的施加有政治理论依据的有说服力的影响。借助于这种影响，应当把统治阶级所需要的社会政治思想、观点和理念灌输到每一个社会成员的意识中去，以便影响每个人的行为使之向着所希望的方向发展。无产阶级政治宣传的根本使命是帮助无产阶级实现并巩固其对社会思想、政治和文化的政治统治。"部分西方学者与中国学者关于政治宣传的特性的看法比较接近，有些西方学者贬低宣传和政治宣传，但无论是在资本主义国家的大众传播媒介中，还是在社会主义国家的大众传播媒介中，或者是在其他类型的国家的大众传播媒介中，政治宣传都是普遍存在的。各种政治宣传，其特性都是服务于一定的社会阶级、阶层或者社会利益集团，服务于代表某一或者某些阶级、阶层或者社会利益集团的政党、政府或者其他社会组织。政治宣传中的上述倾向性，不是有没有的问题，而是直接表现或者间接表现的问题，是公开承认或者遮遮掩掩的问题，是直截了当或者隐含其中的问题。有的学者还认为，马克思主义的政治宣传除了具有阶级性以外，还具有科学性和一定的社会公共性。

(2)意识形态性、价值与层次性。王文禄认为：政治宣传的意识形态性是明显的，"在当今这样一个信息化和开放的时代，意识形态领域的矛盾和斗争也必然具有长期性、复杂性和尖锐性。由于社会主义初级阶段生产力发展水平还比较低，并且发展又很不平衡，这种经济基础必然多层次、多角度地影响着人们的理想信念和人生观、价值观；随着社会主义市场经济的深入发展，人们的思想观念、价值取向也都有了新的变化；由于历史的原因，中国的封建主义影响依然存在，一些封建主义的东西仍不时会沉渣泛起，时至今日，专制主义、官本位、等级制等封建陈规陋习仍随处可见；伴随着经济全球化的浪潮，一些外来的文化糟粕也夹杂其间，对一些人毒害很深。这不能不使得意识形态领域的问题更加趋于复杂化。社会思想意识的多样化是不可避免的，但社会主义意识决不能搞多元化，必须始终坚持以马克思主义为指导。如何在多种思想并存和相互激荡的形势下，巩固和发展马克思主义的指导地位，强化社会主义的思想观念，排除各种不良的和错误有害的思想文化的干扰，是意识形态领域面临的严峻挑战"。

王文禄在《着眼意识形态领域面临的挑战　提高做好宣传思想工作的能力》中说："经济和社会生活多样化带来的挑战。随着改革开放和社会主义市场经济的发展，特别是加入WTO以后，我国的政治、经济、文化和人们的思维方式、生活方式、行为方式都发生了深刻的变化。随着产业结构的调整、国有企业改革的深入和非公有制经济的发展，产生了许多新的利益主体和群体之间的差别，宣传思想工作的对象越来越呈现出多层次性和差异性。随着经济利益、经济成分、社会生活方式和社会组织形式、就业岗位以及就业的多样化，不同利益群体之间的物质精神需求，他们所认同的价值趋向，所关心的问题也存在一些差异甚至冲突，在急剧的社会变革过程中，社会意识形态不可避免地会受到强烈的震荡和冲击，一些人的世界观、人生观、价值观扭曲，导致道德失范、诚信缺失，一些非马克思主义的东西有所滋长。如何在经济和社会生活多样化的形势下，教育和引导全体公民，形成有利于社会主义改革开放和现代化建设的共同理想、价值观念和道德规范，有效防止拜金主义、享乐主义、极端个人主义，是意识形态领域面临的一个重要课题。"

(一)政治宣传的主要内容

从政治宣传的历史和现实的分析中，从各种关于政治宣传内容的理论论述中，可以看到不同的国家、阶级和利益集团，特别是那些相互敌对的国家、相互对立的阶级和利益集团，以及那些有着利益差别、利益矛盾的阶层的政治宣传内容都是不同的，甚至是相互矛盾和相互敌对的。但是，如果不是特别具体地研究政治宣传的内容，而是比较抽象地从其类别划分上研究政治宣传的内容，那么，各种不同的政治宣传的内容，大致上可以划分和概括为以下几个方面。

(1)宣传政治制度和政治价值观。资产阶级革命时期的政治宣传，除了对封建政治制度的批判和否定以外，最主要的就是宣传他们理想中的资本主义的政治制度。韩承文、徐云霞主编的《世界近代政治思想史》指出，荷兰的资产阶级政治思想家斯宾诺莎 1670 年匿名出版的《神学政治论》，一方面批判《圣经》的捏造、错误，否认《圣经》的法律效力，从而摧毁了教会统治的基础；另一方面，又阐明了自己崇尚共和自由的思想。他为民主政体唱赞歌，实际上是赞美资产阶级共和国——荷兰。而英国的洛克的《政府论》也同样是一方面批判封建主义的"君权神授""王位世袭"，另一方面又阐明了他的自然法理论、分权理论等资产阶级的政治理论和政治理想。可以说，资产阶级革命时期的政治论著，没有不对资产阶级的政治制度、政治理想进行宣传的。资产阶级取得统治地位以后，为了巩固自己的统治，反对本国或别国的无产阶级革命，反对别国的无产阶级的政府，也要进行政治宣传。前面提到的《传播理论：起源、方法与应用》一书，在有关宣传策略效果的"子弹论"论述中，法国哲学家雅克·艾鲁尔(Jacques Ellul)认为：宣传在美国人的生活中无孔不入，以致大多数人并没有意识到它的存在，虽然它左右着人们的价值观，而这个价值观的中心是"美国生活方式"。美国生活方式的核心是政治和社会制度。对美国生活方式的宣传，实质上是对美国政治和社会制度的宣传。第二次世界大战以后，美国对社会主义国家的广播，就大量地宣传了资本主义的政治制度和政治理想，甚至宣传了颠覆社会主义国家的政治目标。无产阶级政治宣传的主要内容之一，也是宣传体现无产阶级利益要求的社会主义政治制度、政治理论、政治理想和政治目标。如马克思和恩格斯的论著中，关于无产阶级必须打碎旧的国家机器并建立自己的国家的理论宣传，在总结巴黎公社的经验基础上提出的关于无产阶级国家的设想、列宁的《国家与革命》等、毛泽东的关于人民民主专政的理论论述，都属于这方面的宣传。20 世纪 80 年代以来，我国的大众传播媒介广泛进行的关于社会主义制度的优越性的宣传、关于四项基本原则的宣传，也都属于这方面的宣传。徐光春于2000年5月23日发表在《光明日报》的有关文章指出：新闻媒体是宣传马克思列宁主义、毛泽东思想、邓小平理论的主阵地，是宣传共产主义、社会主义理想信念的主阵地。在这里，实际上是从另一个角度讲了政治宣传的上述内容。李清华认为，政治宣传“要始终坚持马列主义、毛泽东思想特别是邓小平理论在我国意识形态领域的指导地位”，要根据“变化的新情况，有的放矢地对干部群众进行道德理想、信念、价值观的教育，提高分辨力，自觉抵制各种腐朽落后思想文化的影响”。

(2)宣传政策、政治主张、法律知识和治国方略。这方面的宣传与宣传者的利益密切相关，是宣传者影响受众的思想和行为的重要方面。中国共产党第八次全国代表大会通过的《中国共产党章程》规定：“各级党组织的报纸，必须宣传中央组织、上级组织和本级组织的决议和政策。”中共十二大通过的《中国共产党章程》又重申和补充了这方面的规定，要求“党的各级组织的报刊和其他宣传工具，必须宣传党的路线、方针、政策和决议”。罗斯福总统在白宫里设立记者接待室，有时还召集记者到办公室来记录重要的声明，每次召集的人数多达50人。肯尼迪总统发表独家谈话的次数，多到无法统计，他把国务院的大礼堂作为记者招待会的地点，里面可以容纳500名记者，电视台派人摄影转播，全国人民都能看到他跟记者问答的情形。在此种情况下，美国总统直接利用媒体宣传其政治立场和政策主张，传播机构不可避免地成为政治宣传的工具。有关外刊评论曾指出：连续收听几次广播新闻以后，会得出一个清楚的印象，新闻节目中反映的观点恰恰是政府外交政策的方针。中国共产党的领袖毛泽东非常重视政治宣传中的政策宣传，在他看来，政策和策略是党的生命，因此，无产阶级政党的大众传播媒介，必须无条件地宣传党的各项政策。1941年，毛泽东在《关于出版〈解放日报〉和改进新华社工作的通知》中指出：一切党的政策，将经过《解放日报》与新华社向全国宣达。1948年，他又在“对晋绥日报编辑人员的谈话中”指出：“我们的政策，不光要使领导者知道，干部知道，还要使广大群众知道；有关政策问题，一般地都应当在党的报纸上或者刊物上进行宣传；我们正在进行土地制度的改革，有关土地改革的各项政策，都应当在报上发表，在电台广播，使广大群众都能知道；报纸的作用和力量，就在于他们使党的纲领路线方针政策、工作任务和工作方法，最迅速最广泛地同群众见面。”他还指出：“在报上正确地宣传党的方针政策，通过报纸加强党和群众的联系，这是党报工作中的一项不可小看的、有重大原则意义的问题。”就此，李清华认为，当代的政治宣传还应该包括以下两个方面：一是宣传法律知识，推进依法治国，为建立一个良好的社会秩序服务；二是强化道德的教化功能，努力实现以德治国。

(3)宣传政治形象和政治成就。这两方面宣传有着密切的关系：政治形象的宣传中包含了政治成就的宣传，政治成就的宣传是为了树立政治形象。一般来说，两者的区别主要在于，政治形象的范围要广一些。另外，在西方政治宣传的实践和理论中，宣传政治形象的提法多一些，而在社会主义国家政治宣传的实践和理论中，宣传政治成就的提法多一些。需要注意的是，社会主义国家对政治成就的宣传有时也包括对政治形象的宣传，既包括对在任或不在任的政治领导人的政治形象宣传，也包括对政党、政府、国家的政治形象宣传。

金初高所著的《当代世界传播研究》在述评西方的宣传心理学研究时指出：从20世纪50年代末开始在竞选活动等政治宣传中公开使用形象的语言。如果说，过去所推销的是商品形象，那么现在则是向美国人民推销政治活动家的形象了。广告公司由商品的推销者变成了政治生活中非常重要的直接参加者，一些著名的电影导演开始教未来的州长、议员和总统按照社会学家、心理学家、政治学家及其他专家为他们所塑造的那些形象来扮演好各自的角色。共和党主席 L. 霍尔早在 1956 年就说过："你们要像商人推销他们的商品那样，推销你们的候选人和你们的纲领。"曾经担任过法国凡尔赛大学副教授、阿尔及利亚继续教育大学校长的洛特非·马赫兹在《世界传播概览——媒体与新技术的挑战》一书中指出政治活动对电视和政治推销的滥用。许多观察家认为，选举获胜不再限于政治讲坛上体现某一党派活动分子的要求和期望，因为参选人聘请了政治顾问和公共关系专家，政治辩论依靠的是宣传经费和候选人在公众面前的形象。1959 年，民主党人约翰·肯尼迪在大选中击败共和党人理查德·尼克松，大获全胜，改变了电视与竞选的关系。美国学者杜恩·布勒德莱(Duane Bradley)在《你的报纸》中论述总统与新闻界的关系时，谈到 1962 年 4 月 2 日《美国新闻与世界报道》杂志发表的一篇长文，该文详细叙述了肯尼迪"偶像"是怎样打造而成的——凡是得到总统喜欢的记者都由总统个人接见，发行人时常被邀进入白宫午餐，这种午餐会是用来款待全国新闻界代表的。各州州长的新闻秘书都奉召前往华盛顿出席私人谈话会，以便明了总统的目标和作风，记者、专栏作家和评论家在白宫的请客名单上均被列为上宾。在总统所设的午宴或晚宴中，每五名来宾里面，平均有一名是作家或记者。1962 年的导弹危机过去以后，美国各种报纸几乎一致赞扬肯尼迪总统应付得法。可是不久后，报界指责政府在危机发生的时候封锁新闻，后来，国防部助理部长对此解释说："在当今的世界，由政府用行动来制造新闻，已成为紧急时期的一种武器，我们只求结果，手段是无可非议的。"从前后联系来看，这实际上包含了发布虚假新闻来树立和宣传总统政治形象的成分，当今的政治家做派也很相似，在电视中露面时非常重视自己的外表形象、声音、身体语言等。

在《当代世界传播研究》中，金初高还谈到另一本书，即 1969 年出版的 J. 马克金尼斯的《推销 1968 届总统》，书中详细描述了 1968 年如何塑造和推销尼克松总统形象的全部"工艺过程"："一个新的引人注意的现象——政治候选人如同消费品一样正在被市场营销化。"一个最亲近尼克松的助手在谈到如何操纵美国选民的态度时说："我们应当十分明确的一点是，选民所要作出反应的是对形象而不是对人……有意义的不是存在着的东西，而是被反映的东西。甚至也不是被反映的东西，而是选民所要感知的东西。我们所要改变的不是这个人，而是从这个人身上让选民感知的印象。"美国的这种政治形象的宣传意味着，政治活动家真实的个人品质是没有意义的，根据有关理论的说法，选民投票赞成的似乎是形象，而不是真实的人。美国学者沃纳·赛弗林(WemerJ. Sevefin)等人在《传播理论：起源、方法与应用》一书中指出，有一种宣传手法叫作"平民百姓法"，是指某讲话者企图让受众相信他们的想法是好的，因为这些想法是"人民的"想法，是"普通老百姓"的想法，这种方法较多地用于政治宣传。1992 年 4 月末，帮助比尔·克林顿竞选总统的政治专家发现，40%以上的选民不喜欢这位候选人。人们认为克林顿浅薄，虽是快言快语的职业政治家，却不坦诚。希拉里·克林顿因为热衷于自身进取、追逐权力并有表演欲，甚至更被人们看不起。克林顿的民意问题专家、主要的策划人和媒介顾问一致认为，必须为克林顿夫妇量身打造新的形象：一位诚实的平民理想主义者和他的热情、富有爱心的妻子。在

1992年7月间的巡回竞选上，照片显示克林顿夫妇、戈尔夫妇穿着便装，坐在干草捆上，同俄亥俄州尤蒂卡附近的农民聊家常，背景是一片玉米地、一间农机棚和一些穿套装的助手，《纽约时报》刊登的一幅大照片配以标题“只是普通人”。后来有一天，一篇关于克林顿夫妇财政情况的文章指出：当选总统之前，他们的家庭净收入属于美国收入最高家庭的前3%。由此可见，前面谈到的关于克林顿的宣传，完全是一种人为设计的关于政治形象的宣传。这种政治形象的宣传，也包括对政党和国家政治形象的宣传以及对政党政治成就的宣传，有时甚至包含了对政党的政治形象的宣传。对国家形象的宣传也有类似的情况，金初高在谈到“当代国际卫星电视的发展和前景”时指出，冷战后，对于西方大国的政府来说，办国际卫星电视已成为强国的标志，是他们争夺世界或者地区霸权的工具，他们办国际卫星电视的主要目的就是为了更有效地进行对外政治宣传，推销本国形象，开展所谓“电视外交”。

国家政治形象的宣传，既有对本国政治形象的肯定性甚至是夸大和夸张以至极力吹嘘性的宣传，也有对被歧视、被敌视或者被认为不友好的国家进行贬低性、歪曲性、丑化性的宣传。李希光指出，几年前，在美国传媒上，中国大体是这样一个形象：中国人脱掉毛制服，换上西装，披萨店、麦当劳在北京开张……即使在今天，美国政界的著名右翼人士私下里也承认，现时的中国远不像美国传媒描绘的那样恐怖，中国现在比25年前明显更自由了，邓小平开创的时代拥有大量可以引以为荣的东西。但是，如今翻开美国报纸、打开美国电视，对中国的报道却充斥着“斯大林式的共产党人”、贩毒者、屠杀婴儿、滥用罪犯的器官移植、军火商、盗版者、好斗的民主主义者、寻求霸权的将军、渗透到美国社会的中国间谍、迫害基督教徒的恶棍和其他美国公众所厌恶的坏蛋形象。特别是1997年开春以来，美国媒体“妖魔化中国”的情绪明显上升，除了《纽约时报》和《华盛顿邮报》在妖魔化中国的行为中继续唱主角外，代表美国国内舆论和意识形态最强音的《新共和》《旗帜》《民族》《美国观察者》等杂志的封面文章全部都是指向中国的。西方传媒敌视和妖魔化中国的首要因素，在于中国是一个共产党执政的社会主义国家，他们视共产主义为洪水猛兽。

与上述情况相应的是，在“冷战”时期社会主义国家的大众传播媒介，也有对以美国为首的帝国主义国家的政治形象进行否定性、批判性宣传。在有关帝国主义国家批判性的政治形象宣传中，既有科学的、符合实际的方面(这是主要的方面)，也不可避免地会有某些夸张的情况。

三、政治宣传的谋略、形式、方法与技巧

关于一般宣传的谋略、方法与技巧，东西方学者都做了许多研究，但是，专门研究政治宣传的谋略、方法与技巧的论著并不多见。由于研究立场、价值观念、分析框架、传播技术和社会条件的区别，特别是对政治宣传性质的看法不同，使得这方面的理论也有很大的差别，甚至存在着对立、相反的认识。

(一)西方的宣传方法与技巧理论

美国学者沃纳·赛弗林(WernerJ. Sevefin)等人在《传播理论：起源、方法与应用》第六

章“战时宣传”中指出：揭露宣传的本来面目是在第一次世界大战宣传中最行之有效的技巧，特别是用拉斯韦尔所说的“激起对敌人的仇恨”的技巧，便是描述敌军的暴行，这类报道在两军阵营广为传播。这些暴行故事大多是编造的，但他们的确使“一战”的宣传十分行之有效，因为人们相信确有其事。战争中的宣传，属于特殊情况下、针对特定对象的、在特定范围内进行的政治宣传，因此，有关战争宣传的技巧理论，也属于政治宣传范畴。该书第十六章在对“使媒介有效的条件”的论述中，谈到了拉扎斯菲尔德等人提出的一种对“面对面的接触的补充”的宣传方法，例如库格林神父将宣传性的广播演说与组织地方群众结合起来，广播讲话与散发报纸和宣传小册子互相结合，再对这种按地方组织的讨论加以协调，所有这些环节都在相互强化，结果证明特别成功。这本书也在其他很多方面详细叙述了政治宣传的方法与技巧。

波兰心理学家列斯拉夫·沃伊塔西克在《政治宣传心理学》第二章中介绍，美国的宣传手法有：醒目的概括、贴标签、变换强调重点、引证权威性讲话、使用资料时要手段等。他还介绍了西方学者关于宣传的心理学理论、方法与技术方面的观点，比如以行为主义为基础的心理机械论(刺激—反映)；宣传的首要对象是人的各种情感体验，而不是人的理智，因而从情感上加强对人的个性影响最有效，在任何情况下宣传都要直接着眼于情感体验；在宣传中要利用心理压力不间断地进行；要借助于特别刺激去影响潜意识；用不同的象征(符号)进行适当的操纵，以便激发起所需要的情绪状态等。

据金初高介绍，第二次世界大战以后，华盛顿有关当局曾经炮制过一本秘密手册——《怎样组织广播宣传节目》，其中第51条要求：“任何时候均不可为新闻而新闻，你们不必关心听众是否消息灵通，而要关心群众是否都知道了你们想让他们知道的那些新闻。”第48条说：“要广泛传播流言蜚语，但绝不能称之为流言蜚语。”第47条说：“要谴责、谴责、再谴责，这种战略手法是一种最有效的宣传。”第26条说：“要始终努力给人们造成一种印象，你们消息最灵通，所讲事件均是在现场亲自耳闻目睹的，你们有办法搞到各种秘密情报。”这完全是一种不顾事实、不讲道理、不讲道德的敌对性的政治宣传方法和技巧，与第二次世界大战中纳粹德国的宣传方法和技巧没有什么两样。金初高在《论当代国际广播发展趋势和我们的对策》等文章中指出，冷战以后，为了适应国际形势变化，为了吸引当代广大听众，西方各大国的国际电台的宣传战略进入了西方对社会主义国家全面强化和平演变战略的轨道，所运用的手法有了很大改变，一个是应用所谓“讲真话”的战略，也就是播出貌似真实的消息，使听众信以为真，这是一种获取信任的方法。另一个是“三阶段”战略，这是纳粹德国提出和使用过的宣传战略：第一个阶段是为未来的活动创造前提条件——在听众中建立对这座广播电台的信任，巩固它的威信，提高它的声誉；完成这一任务后转入第二个阶段——采用歪曲报道、编造消息、散布流言蜚语的办法，一方面破坏听众对本国大众传播媒介的信任，诋毁国家机关和人民团体的威望，诽谤政府所作出的各项有关决定，改变听众的价值取向等，另一方面竭力培植和支持形形色色的机会主义集团，为他们摇旗呐喊，扩大他们的影响等；到第三个阶段，就要直接干预、指挥危机局势了，播发指示，发布口号，提出所谓新政权人选和应加惩处人员的名单之类。应该指出的是，上述政治宣传的策略和方法、技巧是用在对敌对国家的政治宣传上。

(二)社会主义国家的政治宣传的形式、方法与技巧理论

在马克思和恩格斯关于政治宣传的论述中，已涉及了一些政治宣传的策略与方法问题。根据张昆在《传播观念的历史考察》中的概括，列宁在这方面的论述就更多了。比如，列宁关于政治宣传要综合运用新闻手段与非新闻手段、要发挥典型的示范作用、要把表扬和批评结合起来、要把事实与言论分开、要公平立论、要坚持公开性、要降低宣传的知识水平等，都是关于政治宣传的策略和方法问题。毛泽东关于政治宣传的谋略(策略)和艺术的思想也很丰富，张昆把毛泽东的宣传策略归纳为十大方面，即了解群众情绪，实现心理共鸣；机动灵活，以对象、时间、地点为转移；由近及远，结合群众的生活实际；杜绝假话，忠实地报道事实；虚实结合，坚定方向；软硬兼顾，选材精当；典型宣传，带动一般；增强群众的免疫力；全党办报，全民办报；掌握分寸，下毛毛雨，增强渗透力。同时把毛泽东的宣传艺术概括为四个方面：即宏观与微观结合运用的艺术、灵活运用时空差的艺术、正面宣传与反面宣传辩证运用的艺术，以及积累效应与引导效应双重结合运用的艺术。

除了无产阶级领袖以外，无产阶级和社会主义国家的有关理论研究人员也对政治宣传的方法与技巧问题进行了大量研究。苏联和东欧社会主义国家发表和出版的有关宣传尤其是政治宣传方面的论著，就包括了许多有关宣传和政治宣传的方法与技巧的理论：比如，在世界上影响比较大的波兰心理学家列斯拉夫·沃伊塔西克的《政治宣传心理学》，多方面地、科学地论述了宣传和政治宣传的心理学方法问题。除了具体地论述了一些宣传和政治宣传的心理学方法以外，还把说服原则、迅速原则、利用现实事件的原则、对事实进行适当解释的原则、满足人们信息需要的原则、个性化的原则作为宣传活动的心理学原则，这些原则实际上就是宣传和政治宣传的基本方法。中国学者对利用大众传播媒介进行政治宣传的方法与技巧也进行了探讨和总结，王科和帅胤从以下几方面进行了概括：(1)“坚持、重视和加强发挥党报党刊的主渠道、主阵地作用”。(2)运用“方兴未艾的互联网。随着信息高速公路的不断延伸和个人电脑的广泛普及，互联网在思想文化宣传乃至整个精神文明建设中的作用已经越来越强”。(3)通过大众传播媒介，用各类文学艺术形式来为政治宣传服务，如小说、杂文、电影、歌曲、诗歌、戏剧、话剧、电视剧、相声、小品等，这些文学艺术形式最容易被人民群众所接受，也最容易在潜移默化中教育人民，在“润物细无声”中向群众宣传党的政治思想，因为，这些文学艺术形式和作品都具有一个共同点——娱乐性、通俗性和精神消费性。通过这些文艺形式，我们的政治宣传最容易走向平民化，实现平民化。(4)尊重受众(被宣传者或受传者)的多样化和层次性。

综合以上论述，我们认为基于不同政治立场、意识形态的政治宣传，在宣传策略、形式、方法与技巧方面的确有着重大的区别，但这种区别不是绝对的，他们在这方面也有共同点。有些政治宣传的方法和技巧，是不同的政治宣传主体在实际的政治宣传中都采用过的，在政治宣传的方法和技巧的理论中都加以肯定的。根据张昆在《传播观念的历史考察》中对梁启超有关思想的介绍，梁启超的一些政治宣传的策略思想，也可以为无产阶级和社会主义国家的政治宣传所借鉴，如激发读者兴趣，切忌注射式宣传；以自身的情感刺激读者的感情；要通俗，不能脱离读者的实际太远；要抓主要矛盾，先主后从，纲举目

张；要和风细雨，步步浸润；虚实结合，主观见之于客观；分阶段、由近及远、细察读者心理等宣传策略，都可以用到或者是借鉴到无产阶级和社会主义的政治宣传中来。还有，用消息等新闻写作的方法与技巧进行政治宣传，不但在中国有这方面的实践和理论，在美国也有同样的或者是类似的情况。美国学者沃纳·赛弗林(Werner J. Sevefin)等人在《传播理论：起源、方法与应用》第十八章中谈到"消息"时指出，消息常常包含宣传研究确认的那些技巧。宣传研究为态度改变研究和一般大众传播效果研究提供了基础领域。了解这些设计传播消息的技巧，对消息的传播者和接受者来说，都具有相当大的价值。另外，西方学者关于宣传心理学的研究，依据宣传对象的心理规律提出来的宣传和政治宣传的方法，有其科学的成分和合理的方面，不能一概否定。

【延伸阅读】

1. [美]杰里弗·M. 贝瑞、克莱斯·威尔科克斯：《利益集团社会》(第五版)，王明进译，中国人民大学出版社2012年版。

2. [美]迈克尔·赫克特：《遏制民族主义》，韩召颖等译，中国人民大学出版社2012年版。

3. 朱春奎等：《政策网络与政策工具：理论基础与中国实践》，复旦大学出版社2011年版。

4. [美]哈维·C. 曼斯菲尔德：《新的方式与制度》，贺志刚译，华夏出版社2009年版。

5. [美]罗纳德·德沃金：《民主是可能的吗？——新型政治辩论的诸原则》，鲁楠、王淇译，北京大学出版社2012年版。

【思考题】

1. 列举几种政治广告传播媒介，并说明它们的优劣势。
2. 简述西方政治辩论存在的问题是什么。
3. 简述政府型组织公关活动的特点。
4. 简述Web 2.0时代对于政治公关的影响。
5. 简述互联网对于政治选举的影响。
6. 试述我国特殊的国情下的政治宣传的特点。

第七章　政治社会化

【本章重点】

通过本章的学习，了解并掌握政治社会化理论的兴起、政治社会化的基本含义及特征、政治社会化的类型及其基本功能、政治社会化的要素，以及政治社会化的主要途径。本章主要包括：政治社会化的基本含义及特征；政治社会化的基本功能；政治社会化过程；政治社会化的主要途径。

第一节　政治社会化理论

一、政治社会化研究的发展及含义

（一）政治社会化研究的发展

在关于长期的社会政治实践和对政治化的研究过程中，人们逐渐发现政治心理、政治意识、政治态度等一系列因素极大程度上影响了社会成员的政治行为，进而又对整个社会政治生活的方方面面产生了巨大影响。无论是社会个体还是社会群体，他们的政治心理不是与生俱来的，而是在长期的社会政治实践活动中经过自身学习和环境影响最终形成的。由此，以这种社会个体自我学习和社会教化形成政治意识为研究对象的政治社会化理论开始兴起。

和政治文化的研究一样，关于政治社会化的研究也有着悠久的历史渊源。柏拉图、孔子、亚里士多德、卢梭等中西方思想家都程度不同地涉及这一问题。政治社会化概念的正式提出是在 20 世纪 50 年代的美国，在社会化基础上发展而来。此后，一些西方政治学者开始对政治社会化进行了系统研究，陆续出版了一些专著，逐渐使这一概念成为当代政治学的一个重要概念，并在一些国家进入了领导者政治决策的视野。一般认为，政治社会化与政治文化、政治心理的传习有关，它对维持或变革政治体系有重要影响。政治社会化这一概念源于社会学中人的社会化理论，认为在从自然人到社会人的转变过程中，从自然人到政治人的转变也成为社会化的一部分，政治社会化的研究应运而生，从 20 世纪 50 年代以来，国内外学者对政治社会化的研究很多。1958 年，美国著名政治学家戴维·伊斯顿首次发表了有关政治社会化研究的论文《政治社会化研究中的若干问题》。1959 年，赫伯特·海曼出版了《政治社会化：政治行为之心理的研究》一书，首次系统论述了政治社会化理论。到了 20 世纪 60 年代中期，政治社会化已经发展成为现代政治学研究的重要领域。1967年，罗伯特·D. 赫斯发表了《儿童政治发展的态度》，弗雷德·I. 格林斯坦和戴维·伊斯顿各自发表了他们关于学龄儿童政治发展的研究报告，理查德·E. 道森和肯尼思·普鲁伊特出版了《政治社会化》，戴维·伊斯顿和杰克·丹尼斯出版了《政治系统中的儿童》等。到20世纪七八十年代，政治社会化研究逐渐成熟。

国内较早涉及政治社会化研究的是台湾学者彭芸，其在《政治传播：理论与实务》中系统地介绍了西方学者的研究成果①；大陆较早出版的政治社会化著作是邵培仁的《政治传播学》，从不同的角度论述了政治社会化。国内外政治学者对政治社会化理论的研究，归纳起来，具代表性的理论有四种：

(1)政治社会化是社会塑造其成员的政治心理和政治意识的过程。这种理论从社会教化的角度阐释政治社会化，认为社会教习形成个人政治心理和政治意识的观点是对社会化的社会学观点的直接继承，在政治社会化研究的早期有很大影响。持这种观点的人将政治社会化视为社会组织、群体对其社会成员进行政治教育和灌输的过程。他们认为，最重要的政治社会化是通过间接的学习过程产生的，对后来的政治行为产生重要影响的社会化经历在很早的时候就产生了。研究者们强调早期的家庭经历对于形成一般人格特征的重要性，并认为政治倾向和政治意识以及其他具体的社会见解和价值观念正是这种人格特征的反映和扩展，强调童年早期的学习以及最初形成的一般人格及社会评价标准共同影响着政治倾向，并指出政治社会化是社会组织、群体对该社会的个体成员进行政治教育和灌输的过程。赫斯和托尼指出，政治社会化是社会团体或机构教导幼年成员或新成员学习、掌握有关的价值、态度和行为的过程。兰顿也说，政治社会化是社会把政治文化代代相传的过程，这种观点的贡献在于明确提出了政治社会化是一个动态连续的过程，并强调社会组织和群体在这一过程中的主体地位和主导作用。

(2)政治社会化是社会成员学习政治知识和技能的过程。有关社会教化形成政治心理和政治意识的理论面对的一个难以回答的问题是在政治社会化的过程中作为社会个体是否具有自主能动性。戴维·伊斯顿和杰克·邓尼斯指出，政治社会化是人们习得其政治取向和行为模式的发展过程；罗伯特·E. 道斯等人也认为，人们关于政治传统或政治角色以及与之相关的行为的知识不是与生俱来的，是在政治社会化过程中得到的，进而强调个体在政治社会化过程中的能动作用，充分认识到个体的重要性。

(3)政治社会化是政治文化传承和延续的过程。持这种观点的人强调政治文化是政治社会化的核心内容，政治文化的传承是政治社会化的目标之一。研究者们指出政治社会化是公民对政治世界形成一定认识的过程，是将其政治意识代代传递的方式，认为儿童和青少年经过间接的政治社会化，获得了一些非政治的气质，将来会特定地指向一些形成政治定向的政治对象。间接政治社会化的另一种直接结果是某些技能、价值的获得，道森等人将其称为"学徒"训练。这种"学徒"训练发生于非政治的环境条件下，提供给孩童以某种技术或价值观，对他们日后从事社会政治活动产生深远影响。他们还认为许多非政治的生活经验使儿童学会了一些基本态度、价值和技能，当他们长大后进入政治生活时，他们已经从不同的非政治经验中获得了使自己在政治世界中立足和发展的技巧和洞察力。

① 彭芸：《政治传播：理论与实务》，巨流图书公司1986年版。

(4)政治社会化是社会的政治、经济、文化和历史传统等因素共同作用的结果。随着系统论被作为一种科学的方法论引进到社会科学研究中来，一种可以称之为政治社会化的"社会环境论"观点崭露头角。研究者们认为，政治社会化是社会的政治、经济、文化和历史传统等因素共同作用的结果，这种理论为我们分析政治社会化的功能及其在社会政治体系中的地位提供了重要线索。

(二)政治社会化的含义

自阶级社会和国家出现以来，每一个社会个体都不可避免地置身于社会和国家之中。作为社会的个体，人不仅具有社会属性，还具有政治属性，而这种认识政治生活、学习政治思想文化、形成必要的政治知识、政治态度和政治技能以适应和参与政治生活的过程，就是我们所说的政治社会化。事实上，政治社会化过程是在一定的阶级目的和政治目标的指导下进行的，其目的是为了维护统治阶级的统治。获得统治地位的阶级为了维护统治秩序，通常会以各种方式来使自己的统治理念获得认同和拥护，在社会意识形态领域赋予自身思想的普遍性和合法化。

关于政治社会化的含义，不同学者从不同角度给出了诸多定义。综观中西方学者的研究，我们可以把政治社会化表述为：政治社会化是社会个体在社会政治关系中，接受社会政治文化教化，学习政治知识和技能，形成和改变自己的政治心理和政治意识的能动过程，也是政治文化维持和变迁的发展过程。这一过程包含了两个相互关联的方面：从微观层面看，政治社会化的承担者是个人，即个体的政治社会化；从宏观上看，政治社会化的施行者是包含家庭、学校、团体、媒体等在内的政治共同体，即整体的政治社会化。首先，政治社会化是社会与个体互动的政治化过程。社会个体是政治社会化过程的客体，但社会个体在这一过程中又发挥着积极的能动作用，通过政治文化的内化，个体形成政治人格特征和政治自我特质，而政治人格和政治自我作为政治社会化的促进力量，又反过来推动个体的政治社会化。在这一过程中，社会个体通过能动的学习不断丰富自己的政治知识，形成政治态度，提高政治素质。从社会个体角度对社会政治化进行阐释，可以更好地理解个体政治社会化在微观层面的发生、发展过程；另一方面，从个体角度对政治社会化的阐释，强调了个体政治社会化的差异性。由于每一个社会个体在成长过程中所处的社会政治环境是有差异的，同时，个体人格具有独特性，每一个社会个体都是社会、文化、历史的产物，在心理上、生理上都是不同的复合体。这样一来，不同的环境因素和独特的人格力量共同作用，导致了社会个体的政治社会化过程千差万别。政治社会化是一个连续不断的动态的过程，政治信息传播与个体的政治学习和内化，只能在社会政治互动中才能完成，个体的学习和内化以社会组织和群体提供的政治信息为基础，社会教育通过个人的学习和内化得以实现，并在个体政治态度和政治行为中体现出来。社会教化和个人内化是政治社会化过程中不可分割的两个方面，它们相互影响、相互作用，共同构成政治社会化的完整统一过程。由于社会与个人的政治互动是连续不断的，它贯穿于整个社会的政治发展历史，也伴随个体的一生，进而政治社会化也是一种连续的过程。其次，政治社会化是社会对其成员的政治文化教化。社会组织和群体是政治社会化的实施主体，在政治社会化过程中属于支配地位，起着主导作用，社会组织和群体把现存政治体系认可的政治思想、政治观念、政治价值规范和政治行为准则灌输、传授给社会个体，把社会人培养为政治人，以便传承政治文化、维系政治社会的运行和延续。从社会层面看，政治社会化是一个政治的教育训练过程，是把本政治系统内所认同的政治取向模式和行为规范传授给所有社会成员的过程，这一过程对维护政治秩序、巩固政治体系起到了重要作用。从政治文化层面看，政治社会化是政治取向和行为规范代际相传的过程，即政治文化本身的传承更迭过程。

(三)政治社会化的特征

通过对政治社会化含义的分析，不难发现其具有丰富的内涵。政治社会化不仅反映了社会成员与政治体系之间的相互联系、相互影响，也是对社会意识继承与创新的统一，这也决定了其具有许多有别于其他社会政治现象的重要特征，也决定了其每一特征具有两重性。

(1)政治社会化是主观能动与客观被动的统一。人是社会化的动物，社会个体只有在社会中才能生存和发展，任何个体在社会中生活都必须首先适应其所处的社会环境。社会个体为了让自己被社会所接纳，必须接受社会组织和群体的政治教化，以便适应社会环境。因此，个体在政治社会化的过程里具有客观的受动性。然而，人类在社会历史的发展中也有着特有的主观能动性，在政治社会化过程中，社会个体可以根据自我的价值取向、性格特质和主观目标需要，主动选择政治教化的内容和方式，实现自己社会化的目的。同时，作为社会中的个体又以自己实际的政治行为，去影响现实政治过程。另一方面，个体又是以实际的政治作为去影响现实的政治过程，通过参与政治活动，社会个体充分展示其在政治社会中的主动性和创造性，影响其他社会个体的政治社会化和再政治社会化。政治社会化是主动性与受动性的统一，主动性表示个体的本质其实是主动进取的，受动性表明个体不能选择自己生活于其中的社会历史条件。主动性则使社会进步和政治发展有了动力和源泉；受动性使社会对个体的塑造得以实现，社会因此稳定和安宁。

(2)政治社会化是普遍化与特殊性的统一。在政治社会化的过程中，每个社会个体在生理和心理上存在着个体化差异，导致每一个体在进行社会政治文化的内化过程中具有社会的普遍性，同时又具有个体的差异性和特殊性。社会化和个体化的统一，是政治社会化过程的两个方面，社会环境和群体组织要求生活在其中的社会个体接受和遵循社会共有的政治文化价值观念，而个体政治文化的内化把这种共同的政治文化价值观念转化为个体存在的价值目标和行为准则，其中自然包含着普遍性和个体化的统一。作为政治社会化主体的个人，由于个体在自我意识发展所处的阶段、成熟程度、完善程度各不相同，又使个体在接受和吸收社会政治文化的影响时千差万别，因而显示出不同的个性特征，具有一定的特殊性。

(3)政治社会化是稳定性与反复性的统一。在社会政治文化的变迁中，同一政治文化体系会出现兴衰进退，新旧政治文化之间也有可能反复斗争，这就要求政治共同体在政治文化的变迁中要不断充实发展自身的政治文化体系，并采用各种形式把自身的政治价值观灌输给社会成员，以此来维护政治体系的稳定和正常运转。与此同时，社会成员也要不断学习政治文化，不断提高自身的政治意识和政治观念，把社会政治文化内化为自身的政治文化价值观。就个体而言，由于实践地位、社会处境、社会角色的不断变化，政治社会化必然呈现一种长期持续的过程，在此过程中，即使个体的政治人格已经初步形成，也不可避免地会出现一些曲折和反复。因此，政治社会化进程中各种要素的复杂组合发展，使得社会和个体的互动过程既呈现稳定性，又呈现出过程中的反复性，是稳定性与反复性的统一。

二、政治社会化的类型

政治社会化是一个涉及面广泛、内容复杂多样的现实政治过程，关于其分类研究是随着有关政治社会化研究不断深入而逐渐显露出来的。国内外学者们从不同角度和取向对政治社会化类型作了一般概括，这为多角度、系统地研究政治社会化提供了可能。

(一)按照不同的社会政治形态来划分

按照迄今为止人类经历过的社会政治形态，可以把政治社会化划分为原始社会、奴隶社会、封建社会、资本主义社会及社会主义社会五种形态。

原始社会后期产生了原始政治，人们获得政治心理和政治观念的过程也得以开展。不过原始社会的政治社会化是十分简单的，它的作用是维持血亲基础上氏族、部落等群体的共同生活，其媒介主要是家庭和氏族、部落组织，其途径是与全部成员一起直接参加社会政治生活，其方式主要是模仿和学习他人的行为方式和行为规范。

奴隶社会既是人类历史阶级社会的第一阶梯，又是人类文明社会的开始，因此，奴隶社会的政治社会化具有不同于原始社会的特点：第一，政治社会化是在阶级性政治基础上进行的，因此它带有明确的奴隶主阶级统治性质和内容；第二，政治社会化是统治阶级第一次有意识、有目的地进行的，它旨在培养奴隶主阶级的社会统治基础，塑造维护奴隶主统治的政治人才；第三，奴隶主阶级视奴隶为劳动工具，因此，他们只对奴隶主阶级成员和自由民施行政治训练，而奴隶阶级对于社会政治的认识主要是在与奴隶主阶级公开的、直接的斗争和对抗中获得的；第四，奴隶社会政治社会化开始带有神学色彩，统治阶级通过宗教说教和活动贯彻自己的政治价值和规范；第五，专门的政治社会化媒介——如西方亚里士多德的学校，中国孔子的学堂也已产生并发挥作用。

封建社会的政治社会化是封建地主阶级进行政治和思想统治的主要手段，它以封建专制统治的合法性为主要内容和价值取向，以塑造适合封建等级制的奴才政治人格为目的，以对全体社会成员的政治教化为主要形式，以封建宗法关系为自己的主要血缘媒介，以神权统治作为自己的基本哲学依据，以封建政治伦理和道德为主要内容。

资本主义社会的政治社会化是把全体公民纳入资本主义政治秩序轨道的过程，比起以往的政治社会化过程，资本主义社会时期具有自己的特点：第一，它以多种政治价值掩盖资产阶级政治统治这一最根本的政治价值。表面上，资本主义社会允许多种政治价值存在，可是这些价值都被限制在资本主义统治这个最大政治价值限度内，超出这个范围，任何价值都不被允许成为政治社会化的内容。第二，它以表面上自由的政治社会化掩盖着资本集团的垄断统治。表面上看，资本主义政治社会化允许人们自由选择不同政治社会化的社会媒介，可是实际上社会媒介大都由垄断资本控制。第三，它具有复杂多样的政治社会化方式和途径。第四，它具有发达和先进的政治社会化的技术手段。

社会主义社会政治社会化的目的在于使全体公民形成自觉的政治意识，提高其政治能力，从而真正实现其当家作主的政治地位和权利，并培养社会主义政治人才，以无产阶级和广大劳动人民的利益和权利地位为最大政治价值取向和基本内容，以全体人民的政治实践作为其主要途径，并且强调政治实践和认识的一致性，同时还为全体公民进行政治学习提供切实可靠的政治场所、机会和物质、法律保障。

(二)按政治社会化的年龄阶段来划分

对于个人来说，政治社会化是其学习政治知识和技能、认识政治现象并形成政治价值和态度的过程，也是其政治心理和思想发生、发展和成熟的过程。这个过程贯穿个人各个年龄段，由于人在不同年龄阶段认识能力和知识积累程度不一样，因此呈现出不同的特征。按照这些特征，可以把政治社会化划分为儿童时期的政治社会化、青年时期的政治社会化和成年时期的政治社会化。

(1)儿童时期的政治社会化。儿童时期，是指个人在取得公民资格之前的经历。儿童所处的环境主要是家庭，因而其政治社会化主要是从父母或其他接触亲密的成年人那里接受一些零星的、不系统的政治教化以及肤浅的、不稳定的政治观念和情感。但儿童的政治社会化不能因此被忽视，社会因素潜伏在儿童的心理深层而有意无意支配和影响将来的政治行为。儿童时期的政治社会化具有如下特点：其一，儿童政治学习大多属于政治心理层次，在这其中，又以政治认同、政治归附、政治忠诚、政治服从等带有情感色彩的政治心理为主要内容。因此，儿童对于政治的认识大多是感性的。第二，儿童的政治社会化大多以直观的、形象的政治事件和政治行为作为学习对象，以服从和直接模仿为学习方式。不过，研究表明，当人们进入少年时期时，对于某些抽象的政治符号也会具有一定的理解能力。第三，儿童政治社会化主要是以家庭和学校为媒介进行的，因此，家庭成员和教师往往是个人政治社会化的首批老师。第四，儿童政治社会化过程中形成的政治心理会对后来的社会化阶段政治心理和价值选择产生重要影响。

(2)青年时期的政治社会化。青年时期是人们取得公民资格到成年阶段的经历。青年时期人的生理和心理趋于成熟，是进行政治社会化、培养合格政治角色的关键时期，是人一生中政治观和政治人格形成的关键阶段。总体来看，其特点主要有：第一，青年时期的政治学习过程以政治思想、理念和行为规范为主要内容，因此，政治社会化过程集中于个人政治思想的形成。第二，青年时期的政治学习过程强度和速度大大提高。青年对于政治生活的兴趣及其接受政治知识的能力都为青年时期政治社会化过程发展提供了良好条件。第三，青年时期政治社会化过程主要是由学校和社会来进行的，这其中系统的政治教育和社会政治事件起着重要的作用。由于青年时期人们更多地参与了社会生活，所以参与社会政治时间也成为政治知识和经验的重要途径。第四，青年时期形成的政治心理和思想带有很大的理想色彩，其中政治价值取向的成分明显大于其他成分。第五，青年具有强烈的参政和个性表达欲望，因而青年时期的政治社会化是一个主动性非常强的过程。

(3)成年时期的政治社会化。成年时期政治社会化既是前两个政治社会化阶段的继续，又是它们的完成与完善。一般来说，成年时期政治社会化的特点主要有：第一，政治社会化过程与人们的利益联系在一起，这就是说，人们主要从自身利益的角度而不是从政治情感或政治概念来认识政治现象、接受或拒斥政治价值、政治信念和行为模式。第二，政治社会化主要通过社会政治现象、大众传播媒介、社会政治过程和人们的政治实践来实现，对于个人来讲，政治实践和环境是其进一步认识政治的主要途径。第三，政治社会化的主要内容是为个人进一步提供政治知识和技能，完善其政治人格。人们进入成年时期时已经形成了独立、确定的政治人格，了解和掌握了社会政治生活的基本规则、规范和必要技能，成年时期的政治社会化只是其政治知识、技能和政治人格的进一步完善、提高和发展。第四，成年时期的个人在政治社会化过程中起着重要作用。在成年时期，个人已形成独立的政治心理和思想，因此，他并不是单纯消极被动的社会化对象，而是以其自身的政治心理、思想和行为模式等影响他人和社会政治。

需要说明的是，在实际的政治社会化过程中，不同年龄阶段的特点之间具有交叉性。同时，由于社会成员之间的经历不同及人们的心理年龄和实际年龄之间的差距，对于不同个人来说，其社会化年龄阶段及其特点也会有所不同。

(三)按照政治社会化的方式划分

按照政治社会化的进行方式，可以把政治社会化分为直接的政治社会化和间接的政治社会化。直接的政治社会化是指人们通过直接、公开和明确的方式接受政治知识和训练，形成政治人格。它的主要形式有：

1. 政治模仿

政治模仿是指社会成员接受他人的政治价值、政治信念，模仿他人的政治行为方式和政治态度。政治模仿大量见之于儿童与成人、学生与教师之间，不过，在社会生活中也常发生于群众与领导(尤其是政治领袖)、非专业政治人员与专业政治人员、资浅政治人员与资深政治人员、受过初级教育者和受过高等教育者之间。

2. 政治教育

政治教育是人们直接获得政治知识和技能的重要方式，它具有广泛的作用范围，大多数社会成员的基本政治知识和价值规范一般都是通过政治教育获得的，它可以通过反复作用而有效地灌输特定政治价值和信念。此外，它具有可控制性，政治体系可以根据自己的利益要求通过它来调整政治社会化的内容和方向。

3. 政治专业训练

人们为了承担有特殊政治要求的政治职位或任务，必须掌握该职位所要求的价值标准规范、规则和技能，为此，人们必须经过特定的政治专业训练，也就是一种专门化、系统化和深入化的政治教育，其目标在于塑造特殊政治人格，中心任务是培养特定的政治素质和能力，作用范围是政治性专业人员。

4. 政治实践

人们直接参加政治生活、从事政治实践，是直接政治社会化的最有效方式，不仅可以通过这种方式直接获得政治知识和技能，而且可以在实践中反复检验自己的认识和技能的掌握程度，从而深化自己的认识。

间接的政治社会化是指人们通过非政治性的经历和学习，并把获得的特定社会心理、思想和行为方式移用于政治生活的过程。间接政治社会化的形式主要有：

1. 人际转移

人际转移是指人们将社会生活中形成的对某些人的看法、情感、态度转移到政治人物身上，比如儿童会把其对于父母及其权威的态度转移到政治人物身上，从而影响到其政治人格的形成和发展。人际转移尤其在人们政治心理的形成和发展中起重要作用，同时，人际转移式的政治社会化不仅使个人形成对政治人物的看法，而且也会促使其形成与政治人物相联系的政治制度、政治信念和政策等的看法。

2. 价值转移

价值转移是人们将社会生活中学习的社会价值、期望等转用于政治生活的过程。在社会生活中，任何人都是特定社会价值的物质承担者，在进入政治生活时，人们会自觉不自觉地把社会价值带入政治领域，使之转变为政治价值，比如，人们的社会道德价值就会深刻地影响他们的政治道德。因此价值转移成为政治社会化的重要方式之一。

3. 规则转移

人们将社会生活中获得的经验、教训、规则、规范、技能等移用于政治生活，就形成了间接政治社会化过程中的规则转移。一般情况下，人们在经济生活中的规则往往对政治生活规则产生极其重要而深刻的影响，它也是人们实现规则转移的最为重要的基础和来源。

目前，国内学者关于政治社会化的类型划分莫衷一是，可以预见，政治社会化的类型会随着时代的进步而发展，在一些方面将形成新的研究热点，如网络虚拟政治社会化与现实政治社会化、不完全政治社会化、政治再社会化等。

三、政治社会化的功能

政治社会化是政治生活的重要环节，它对于政治系统的正常运作具有独特的功能和作用。政治社会化通过社会政治权威机构、社会组织和群体与社会成员之间进行多方式、多渠道、多手段的政治互动，在政治社会化组织、群体与社会个体之间传播政治文化信息、延传政治文化、完善社会成员的政治人格，进而维护政治统治，推动政治发展。政治社会化的功能和作用是多方面的，具体来说，主要有以下几个方面的功能。

（一）传播和传递政治文化

美国政治学家、结构-功能主义的创立者阿尔蒙德说：“政治文化是一个民族在特定时期流行的一套政治态度、信仰和感情。这种政治文化是在该民族的历史和现实社会经济、政治活动中形成的。人们在过去的经历中所形成的态度类型对未来的政治行为有着重要的制约作用，政治文化影响各个担任政治角色者的行为、他们的政治要求内容和对法律的反应。”政治文化对社会政治系统和政治生活有十分重要的作用，它赋予政治制度以规则，给予个人行为以社会意义，维护和保证政治体系的运转。政治文化属于观念形态的上层建筑，它对政治体系的维持、变革和指导作用只有通过政治社会化这一功能机制才能得到实现。社会内部的政治取向和社会模式的学习、融合和代际传播的过程，也是一个政治共同体传播政治文化的过程，只有通过政治社会化，政治文化才能得以维持、传播、继承、发展和改造。

政治社会化具有传播政治文化的完整结构形态，是政治文化的存在形式，政治文化是政治社会化的传播内容。现代社会中，大众传播的进步极大改变了人们的生活方式，社会个体从生到死、无时不在受到来自各方面的信息刺激，并在信息传播过程中不断接受政治信息的刺激和影响。从广义上讲，人类的所有行为都包含着信息交流，政治社会化的过程也是政治信息的传播过程。通过这种政治信息的运动，政治社会化的主客体之间，即政治传播的传者和受众，结合成一个完整的互动体系，先是政治信息由社会政治权威机构、社会组织和群体传播给社会个体，然后在社会个体中进行广泛传播形成影响，并经过社会个体的吸收、加工整理，借由社会个体的具体政治行为对社会政治生活产生影响，反作用于政治信息的传播者，进而对政治文化产生影响。政治社会化包含政治传播的全部过程，政治社会化与政治传播具有结构形态和运行过程的同一性。

政治社会化通过政治文化在水平方向上的扩散，改变政治文化的共时结构，使政治文化得以维持，并实现其功能。政治社会化还通过政治文化在垂直方向的传承，实现政治文化历时结构的改变，导致政治文化的历史积淀，即上一代人通过特定的政治社会化途径和媒介，把既有政治文化传递给下一代，在长期的历史过程中使得这种既有政治文化成为特定的文化传统而持久地作用于社会成员。在某些情况下，同代人之间的人际传递也是维持既有政治文化的方式，这种人际传递往往是通过政治家或政治学家的作用来实现的。

另外，随着社会进步和科技发展，政治社会化的传播媒介和形式愈加丰富多样，便利性和效率也愈加增强，比如网络发展提高了政府与民众沟通的效率，为更广泛的政治参与提供了条件，极大地延展了公共空间，提高了公共政策的质量和效率，是一种十分有效的监督手段。随着这些新技术手段的应用，政治社会化和政治文化本身正在同步发展。

(二)改变和重构政治文化

政治社会化过程中能产生新的政治文化观念，这些新观念又会通过政治社会化为社会所接受，从而达到变革政治文化的目的，在政治社会化外化过程中影响政治体系的结构和过程，从而推动政治发展。

社会个体在接受政治文化的过程中，因为个人经历、价值观念、思维方式的不同，会加入自己的理解和分析，从而形成新的政治观念。在当今信息化高速发展的社会环境下，一些先进的国外文化观念和其他政治文化观念会被吸收和引进，从而作用于现有政治文化，如 21 世纪初的科学、民主精神和马克思主义在我国的传播，对建立以马克思主义为指导的社会主义民主政治有着十分重要的意义。另一方面，政治社会化的过程中，社会个体通过政治活动所表达出的政治心理、需求和呼声，也会反作用于政治文化自身，从而对政治文化产生影响和改变。政治文化新观念的产生和发展正是在这样的政治社会化过程中完成的，也只有通过政治社会化才能被人们学习、掌握和理解，并转化为指导其政治行为的政治态度，外化为现实的政治行为作用于政治世界才能影响现实的政治过程，并引起相应的变化。如此一来，原来作为主观性的东西，通过具体的政治行为，成为现实的政治力量，实现其对客观政治世界的改造，从而导致政治发展。政治社会化的变革功能，也因此充分地体现出来。

当政治社会化过程中所产生的已变革的政治文化为大多数群体所接受，外化为政治活动并引起剧烈的社会政治变革并造成政治体系发生某种重大变动时，政治体系的主导者为维护其主导地位、保持政治体系的稳定，会通过政治社会化来重构与新的政治体系相适应的政治文化。占主导地位的利益关系群体会赋予社会政治文化以新的内涵，并通过各种机制灌输给社会成员，以此来改变社会成员的政治取向，形成与政治体系的发展相适应的个人及社会的政治文化。只有当这种政治文化被广为接受和认可时，新的政治体系才能够正常运转和稳定发展。例如，中国社会由计划经济转变为社会主义市场经济，就要求建立与之相适应的社会主义民主政治，于是提出了要加强公民思想教育，在全社会树立社会主义民主法治、自由平等、公平正义的理念，这与过去计划经济体制下的意识和取向就有明显差异，不再单纯依靠强有力的政治社会化手段向各社会群体教育和灌输。进入新时代以来，以习近平同志为核心的党中央就对党内政治文化提出了要求，明确指出党内政治生活、政治生态、政治文化是相辅相成的，政治文化是政治生活的灵魂，对政治生活具有潜移默化的影响。党的十八大提出了社会主义核心价值观，对国家、社会以及个人都提出了明确的价值准则。当然，通过政治社会化来重构政治文化并不是一件简单的事情，因为政治文化偏重于心理性、精神性和情感性，是长期积累的产物，其基本成分不易改变。在这个意义上，中国社会主义民主政治文化的形成，也将是长期和艰巨的任务。

(三)培养合格的政治角色

政治社会化是政治体系的重要机制，它通过培养社会成员成为政治人来帮助政治体系实现其功能。就现代民主国家而言，任何政权的巩固与政治系统的运行，都必须要有符合统治阶级或执政当局要求的合格政治人，否则，政治统治者就成了“孤家寡人”，也就失去了统治的基础。因此，政治社会化的功能之一，就是要塑造出符合现行政治系统要求的合格政治人。

美国当代著名的政治学家达尔在《比较政治分析》一书中指出：“处于一个政治体系之内的个人，对政治生活的关心并不完全相等。有些人漠不关心；其他人则深深地卷入了政治。甚至在那些深深卷入政治的人中，只有一些人积极地谋求权力，在谋求权力的人中，有的人比别人得到了更多的权力。”也就是说，政治人不是天生的，并不是所有人都能成为政治人，合格的政治人需要有与政治体系相符的政治观念、知识与技能，同时还要有丰富的政治经验。能否培养出合格的政治角色，关系到社会政治生活能否正常运行，因此，政治社会化是社会对公民的政治影响和公民在社会中进行政治学习的辩证统一过程，它的本质要求就是塑造与一定政治制度相适应的政治人。当今中国正经历前所未有的剧烈社会变革，文化、经济、政治、交往、传媒等社会结构正发生巨大变化，不可避免地导致人们价值观的震荡以及传承政治文化的艰难，这也深刻地影响着中国人政治社会化的运行。在这样一个变动的时代，人们的思维方式、价值观念、政治取向和行为方式深受影响，其世界观、人生观、政治观面临很大的冲击和挑战。在思想观念和价值取向上出现多元化趋势的同时，部分人的公民责任意识、社会荣誉感和伦理道德有所弱化，出现了政治兴趣不高、政治参与盲目、政治理想动摇、政治信仰缺失、功利色彩较浓等消极现象，加之大众传播媒介的开放性，尤其是网络的不可控制性，使得其传递的政治信息内容良莠不齐，易对人们的政治社会化造成影响。矛盾的角色期待、相对封闭的群体性不良感染、社会参照认知失衡造成的认同危机，阻碍了人们顺利实现从“自然人”到“政治人”的转变，从而出现政治行为无序化。当下，中国社会主义根本制度与现代化建设的实践及时代特点对政治社会化提出了严肃而又迫切的任务，“政治社会化给每个人灌输政治系统流行的价值，它把个人与系统连接起来——个人期望从政府那里得到既定的东西，也知道什么是可以期望的”，是人们成为在政治上合格的社会公民之所需，除具备牢固的政治认同和火热的政治热情外，还必须掌握丰富的政治科学知识和高超的政治技能，这样才能保证在成为合格的政治人道路上有正确的方向和动力。

当前思想政治工作需要树立政治社会化思维，以更好适应社会个体成长需求。互联网时代，随着信息的开放性、多元化，平台的低门槛、监管弱化，各种文化元素、思想潮流相互碰撞，在很大程度上阻碍了正面信息和主流价值观的交流传播，而且随着传播的大众化、娱乐性，民众逐步成为传播的主体，抖音、快手等各大直播平台，新颖的传播方式、活跃的传播内容不断要求思想政治教育紧跟时代潮流，掌握最新的传播工具，了解受教育者的思维方式，熟悉舆论前沿话题，借助现代的传播工具，增强思想政治教育内容的传播力和感染力，在加强和改革社会教化内容和方式的同时，要进一步调动群众的积极性和能动性，把社会教化和个体学习有机结合，提高政治社会化工作的实效性，促成合格的政治思想和政治自我的形成。

(四)维护社会稳定和变革社会政治体系

特定社会中往往存在复杂的利益关系群体，既有占主导地位的，也有处于非主导地位的，他们对政治问题的情感和态度不可能完全一致，社会成员形成和具备被现有政治体系所接受和认可的态度及信念，是社会政治体系存在的合法性基础，这是保证社会政治稳定的重要前提。如果社会成员和现有政治体系所接受和认可的政治态度和政治信念不一致，甚至离心离德，就会对社会政治稳定构成严重威胁。因此，任何政治体系要想维护社会政治稳定，就必须对其成员进行政治价值观、政治信念、政治态度以及政治行为方式等方面的教化，使社会成员能够自觉地接受社会的价值标准，承担其应有的责任和义务，从而维护社会政治稳定；必须具有鲜明的主导政治意识做支撑，同时与各种亚政治文化和谐相处，吸收其有益于自身的因素，遏制其敌对因素的发展，从而在更深的层面上化解社会政治生活中的矛盾与冲突。当政治社会化过程造成社会政治成员对现有政治体系的强烈认同的政治心理和政治思想时，它对于现有政治体系具有极大的维系作用。反之，当政治社会化过程使社会成员对现有政治体系离心离德，乃至要求推翻现有政治体系而代之以新的政治体系时，它对于现有政治体系具有极大的摧毁作用。

第二节　政治社会化的过程

一、政治社会化是多种过程的统一

结合社会学视角和政治学视角对政治社会化的表述，从现实政治生活出发，不难发现政治社会化是一个社会内部特定的政治体系和社会成员个体之间相互作用、互相影响的动态、持续的过程，社会政治环境在这一过程中完成政治教化，而社会个体则在这一过程中形成个人的政治心理、政治取向。

(一)政治社会化是个体参与政治实践的过程

政治社会化首先是社会个体参与政治实践，并在长期的政治实践中学习政治知识、掌握政治技能、积累政治经验进而提高自身的政治素养和政治能力的过程。政治实践活动在这一过程中具有极其重要的作用，它是客观的政治世界和人们主观政治心理和政治意识的桥梁。政治社会化的实践性主要表现在以下几个方面：

1. 政治实践是社会个体获取政治认识的前提

社会个体是在政治生活和政治实践的基础上获得政治认知。在政治社会化的过程中，社会成员可以通过自己的政治实践直接获得第一手的政治知识和技能，也可以通过主动或被动的学习获得前人或他人总结出来的间接的政治经验和知识。相较于政治社会化的其他介质，政治实践具有本质性的意义，人们正是通过政治实践来认识和理解政治生活的，政治实践是社会成员获取政治认知的前提；同时，人们的政治认识也会随着其政治实践的发展而发展，随着政治实践的深化而深化。因此，无论以何种方式进行的政治社会化过程，其前提和基础都是个体的政治实践活动。

2. 政治实践是检验个体政治认知、政治心理的标准

政治实践不仅是人们认知政治的前提，还是检验和修订人们所获知的政治心理和政治思想的唯一标尺，人们通过政治实践—认识—再实践—再认识的过程不断调整、修改自己的政治认知，提高自己的政治能力，完善自己的政治人格，从而逐步达到客观的政治环境和政治生活与主观的政治思想意识的统一。因此，政治实践是社会个体检验、坚持、调整、修改其政治认知和政治心理的唯一标准。

3. 政治实践是政治文化发展变化的基础

在社会环境中，随着社会政治体系的发展变化，人们的政治实践随之发生变化，与此同时，个体在社会政治条件下也不断获得新的社会认识、政治心理和评价标准，这种社会政治环境条件存在于具体的社会形态和发展阶段之中，从而逐步形成了某个社会体系下的政治文化。因此，人们的社会实践活动使社会成员在政治社会化进程中拥有了某种特定的社会政治内容，而这正是政治文化发展变化的基石。

(二)政治社会化是社会对其成员进行政治教化的过程

在社会政治环境中，社会的组织和群体是政治社会化过程的主体，在政治社会化过程中担任起主导作用的传者。为了维系现存政治体系、传承政治文化并对社会成员进行政治文化教化，社会通过政治权威机构、社会组织和群体有意识、有目的、系统地将现存政治体系所认可的政治思想、政治价值观念以及政治行为规范灌输、传授给社会成员，把社会人培养成政治人。因此可以说，政治社会化的过程即是社会为了维系政治体系的运行，对其成员进行政治培养和政治教化的过程。

(三)政治社会化是主客观之间和不同政治社会阶段相互作用的过程

政治社会化的过程不仅是社会政治环境和社会个体之间相互作用的结果，同时也是在既有的特定社会政治关系中进行的。政治社会化过程不仅是社会与其成员的主客观互动过程，也是社会个体与不同政治社会阶段相互作用的结果。

社会个体是政治社会化过程的客体，但其在政治社会化的过程中又发挥着积极的能动作用。对于个体来说，客观既定的政治体制、政治制度、政治过程、既有的政治文化已经成为社会意识形态中的客观存在，这种反映特定社会阶段的政治思想必然影响着社会个体的主观心理和思维。另一方面，不同的社会个体在成长过程中面对着不同的社会政治环境，每一个社会个体都是社会、文化、历史的产物，同时也是心理性、生理性和生物性的复合体，这种个体人格的独特性导致了社会个体的政治社会化过程呈现出差异性。社会个体在政治实践中不断丰富自己的政治知识、形成自己的政治态度、提高自身政治素质，这一过程中既有政治环境的影响，又呈现出独有的个性特点。由此可见，政治社会化的过程，实际上是社会成员与其环境之间相互作用的过程。

(四)政治社会化是政治文化传递、持续和变化的过程

从个人的政治心理和政治意识的形成和发展来看，政治社会化这一过程是社会成员进入社会政治生活、参加政治实践、获取政治能力的过程，是个人不断进行政治学习，从而形成和调整自己政治心理和政治思想的长期过程。从社会政治体系和政治环境来看，政治社会化就是现有政治体系和政治共同体将自己的政治信仰、准则、认识、价值和情感等，通过各种途径传授给社会政治环境中的每个成员，引导其形成特定的政治心理，在特定的政治思维和行为模式中去进行政治活动的过程。

从社会政治文化的发展来看，政治意识形态、政治价值观念和政治心理又在政治社会化过程中得以传习和变迁。政治文化和政治社会化在现实政治生活中密不可分，政治文化作为一种无形的力量，对社会政治生活的各个方面具有深刻而持久的影响，政治文化的这种影响和作用又必须通过政治社会化的方式来实现。政治社会化的结果，就社会政治体系而言，表现为政治文化的传播、交流、继承和发展以及政治文化的功能实现，即政治文化对政治体系的维持、变革和指导作用的实现。社会成员的政治社会化过程也就是政治共同体内部的政治文化的传习、延续和变革的过程，因此，正是通过社会政治化这种个体与客观政治环境之间的相互作用，才使政治文化得以形成、发展、传习和变迁，从而构成了人类政治文化的发展过程。

(五)政治社会化是自然个体成长为政治人的过程

政治社会化的过程是社会成员学习政治知识的过程，人们对政治生活的认识和取向等始终是政治社会化的基本内容。在家庭、学校、政治组织特别是大众传播媒介的影响和作用下，个体开始对政治制度、政治体制、政治关系有所了解，并形成初步的政治认知、政治态度、政治情感、政治价值以及某些政治观念，个体会利用这些心理与观念进行逻辑推理，并依据政治实践和周围的政治人、政治组织的评价来验证。对个体来说，政治社会化

的结果是个人政治态度的形成、政治行为方式的获得、政治实践经验的积累和政治素质的提高，通过这一过程，社会成员了解既有政治文化，熟悉政治准则，并且形成独立的政治意识，明确自己的社会政治角色，从而从“自然人”转变为“政治人”，成为社会政治关系的承担者和政治活动的实践者。因此，政治社会化又是个人成长为政治人，获得政治角色的重要手段。

二、政治社会化的要素

在政治社会化这种连续不断的动态过程中，社会个体的政治学习和内化要以社会组织和群体提供的政治信息为基础，社会教化则需通过个人的学习和内化得以实现，并在个体政治态度和政治行为中体现出来。政治社会化进程中，个体主观意识和社会环境教习相互影响、相互作用，成为政治社会化过程中不可分割的方面，共同构成政治社会化的完整统一过程。在政治社会化进程中，参与这一过程并起到重大作用的有三大方面：

(一)感性的政治心理

政治社会化是一个人通过学习实践获得政治知识、价值、规则和规范的过程，通过这种学习和实践，一个自然人转变成为一个具有一定政治认知、政治情感、政治态度和政治倾向的社会政治人。在这一过程中社会成员个体的政治心理和政治价值取向必然成为参与政治社会化进程的一大要义。

政治心理是社会成员对社会政治生活各个方面的心理反应，其表现为人们对政治生活的某一特定方面的认知、情感、态度、情绪、兴趣和信念等，是社会成员对政治生活的一种自发的心理反应。政治心理的形成与社会个体的性格特征、心理特质、政治认知和政治实践有着密切关系，其中，性格特征和心理特质是一个人先天和后天获得的，这种个性化的特点在政治实践中会逐渐转化成政治情感和政治态度。在人们长期的政治社会生活中，人们通过多种渠道获取对政治体系、政治过程、政治角色等国家政治生活各个方面的认识和理解，通过这种认识和理解形成人们对政治制度、政治团体、政治决策和政治领袖的内心情感和直观评价，这种爱憎、好恶、美丑、信疑、亲疏等感受往往带有一定的主观成分，但它对人们政治行为的选择和国家政治体系的稳定都有着极大影响。在政治认知和政治情感的影响下，人们在参与政治生活中表现出不同的精神状态和反应倾向，比如在参与国家政治生活时所表现出来的积极或消极态度，对国家政治决策表现出的服从或反抗态度等。

(二)理性的政治价值

政治价值是社会成员在社会实践过程中获得的对政治世界的稳定的理性认识，包括政治思想观点、政治理想信念和政治评价标准。政治思想观点是人们对国家政治生活的基本看法和意向，它直接反映了社会经济关系和阶级关系，体现了社会不同阶级的利益，在社会政治体系中，社会各阶级都要力图把自己的一系列基本看法和意向理论化、系统化，形成本阶级的政治思想观点，用以政治宣传和指导社会政治实践运动。政治思想具有鲜明的阶级性，居于政治文化体系的核心。政治理想信念是对国家政治生活未来发展前景的认定和追求，不同社会的不同阶级，具有不同的政治理想信念，它是每一社会政治体系进行政治活动时极为重要的导向性精神因素。政治评价标准是对国家政治生活中的政治团体、政治制度、政治决策和政治领袖等的价值衡量尺度，它与政治思想观念和政治理想信念密切相关。人们往往以一定的政治思想观念和政治理想信念为标准来评判政治，同时，对现实政治的评判又会加深对某种政治思想观点和政治理想信念的认识。与政治心理相比，政治价值更具理性，它集中体现了政治体系中特定阶级的政治要求和政治意向，具有深刻的思想性和鲜明的表现方式。

政治心理和政治价值互相作用，成为政治文化的两大基本组成部分。政治心理作为一种特有的、感性的自发性心理反应，促进人们政治思想观点的形成、政治理想信念的树立和政治评价标准的确立；政治价值作为一种理性、系统和深刻的政治文化，引导和影响着人们的政治心理，使人们对政治生活的感性认识逐步上升为理性认识。

（三）客观的政治环境

政治社会化是一个社会将普遍的政治知识、价值、规则和规范等政治文化内容广泛传播的过程，通过这种传播，社会成员所具有的政治认知、政治情感、政治态度和政治倾向逐渐形成政治文化并传习下来。不管从个体层面抑或社会层面，客观的政治环境成为个体内化学习和社会政治教习的客观存在。政治文化的形成也必然要与特定的政治环境一致，才能传播、普及和发展，为了稳定和延续某种政治文化，社会政治共同体要不断与各种各样的异质政治文化作斗争，在矛盾冲突中不断充实，发展有利于自身稳定与正常运行的政治文化体系，并将之持续地灌输、传授给社会成员。政治社会化这一过程就是在这种客观的政治环境中不断发展、变化的。

三、影响政治社会化进程的因素

政治社会化是一个长期的、持续不断的、动态的、复杂的过程，在这一过程中，人们政治认知、政治态度、政治价值、政治行为模式等的形成受诸多因素的影响。概括起来，影响政治社会化过程的因素主要有以下几点。

（一）利益因素

在政治社会化中，一个自然人经过内化和外化成为社会中的政治人，政治人最根本的特征就是具有政治性，而政治最核心的问题就是利用权力进行权威性的资源分配。资源分配从根本上来讲就是利益的分配，正是在利益的驱使下，人们才进行政治实践、获得政治知识、进行政治活动、进入政治社会化的过程。政治体系和政治环境本身就意味着利益的分配，没有利益的参与，政治社会化就成了无源之水、无本之木。在现实的政治生活中，人们政治情感、政治态度、政治价值的形成无一不和利益有着密切的关系，利益是人们接受、维护、排斥、改造政治环境和政治文化的准绳，社会成员都是按照不同的利益要求形成了不同的政治心理和政治思想。社会的政治共同体对社会成员进行政治文化教习，传递和灌输特定的政治文化，塑造某种政治行为模式，从根本上讲都是为了实现自身的利益要求，如果被现存政治体系所接受和认可的某种政治文化及其政治价值符合社会成员的利益，那么这种政治文化和政治价值就容易被社会成员所接受。

(二)权力因素

人类为了更好地生存与发展，必须有效地建立各种形式的社会关系，并进行各种各样的分工与合作，这些社会关系通常具体表现为相应的社会组织或社会团体。人们一方面不断地向这些集体投入一定的价值资源，另一方面从这些集体中获得一定的价值利益。通常情况下，在一般的集体中，人们所投入的价值资源并不是由所有人共同支配，所产出的价值利益也不是由所有人共同分配，而是由一个人(即政治体系中的领导者)或若干人(即政治体系中的领导集体)按照相应的法律、制度、规章或伦理道德，根据集体的基本意志或利益要求，对投入的价值资源或产出的价值利益进行支配。

为了充分利用集体的各种价值资源，集体赋予政治体系中的个人或政治团体支配公共价值资源份额的资格。在政治社会化的过程中，政治权力首先影响着政治社会化过程的发生和发展，政治权力在社会生活中的作用能够在很大程度上促进或阻碍社会成员利益实现的效能，从而影响或制约政治社会化进程。政治权力对社会生活的覆盖程度大小和控制力的强弱，政治权力为社会成员进入社会政治生活所提供的各种途径、方式和实际可能，都影响着政治社会化的发展程度。其次，政治权力本身所推行的政治观念、政治思想、政治价值对进入政治生活的社会成员具有直接的影响，对人们获得政治知识和价值起到了至关重要的作用。在阶级社会中，统治阶级为了维护其权力和政治统治地位，必然要利用特定的政治教育机构和特定的政治传播媒介，配备特定的政治教育人员，倡导和灌输代表其阶级利益的特定政治价值和政治信念。显然，由政治权力推行的政治社会化，必然会对整个社会的政治社会化过程产生巨大的影响。

(三)社会经济发展速度与水平

在政治社会化进程中，社会整体的发展速度和水平也是影响其发展变化的重要因素。一个社会经济发展的规模、速度和所达到的水准对政治体制和政治社会化有重要影响，先进或落后的生产发展方式为政治社会化提供了客观的环境。首先，一个社会经济发展水平的提高会给政治社会化提供较为有利的客观环境和物质条件。社会经济的发展、社会流动的加快、都市化程度的提高、交通和通信能力的改进、国民收入的提升等因素会极大促进政治社会化的发展，从而提高政治社会化的广度和深度。反之，如果社会经济落后、发展水平较慢，则会给政治社会化带来客观上的困难和障碍。其次，随着社会经济发展水平的提高，人们的利益要求就会不断发展，社会公共权力及其作用和效能，以及社会政治权利的实现要求也会不断提高，从而进一步促进政治社会化在更高的社会政治层次上开展。如果一个国家经济社会发展水平较高，速度较快，社会成员从发展过程中普遍受益，则社会成员就容易接受和认可政治体系所倡导的政治文化，政治社会化就容易取得成效；反之，如果一个国家经济发展水平较低，速度较慢，收入分配不公，失业现象严重，政治社会化就不容易取得成效。

我国在进入新时代之后，社会主义精神文明之所以又达到了一个新的高度就是因为物质文明提供了坚实的物质基础和实践经验，同时它又能推动物质文明的进步，中共中央多次提出在建设物质文明的同时，着力建设社会主义精神文明。社会经济水平越高，人民物质生活越得到满足，政治社会化的进程也会更推进。

(四)文化因素

文化是一种社会现象，是人们长期创造形成的产物，它又是一种历史现象，是社会历史的积淀物。确切地说，文化是一个社会、国家或民族的历史、地理、风土人情、传统习俗、生活方式、文学艺术、行为规范、思维方式、价值观念等的反映。在人们共同生活的社会环境中，文化在不同的层面发挥着不同的功能和作用。首先，文化对社会成员的行为起到了整合作用，它协调着群体成员的行动。社会群体中不同的成员都是独特的行动者，他们根据自己的需要，基于对情景的判断和理解采取行动，文化则是他们之间沟通的中介，如果他们能够共享文化，那么他们就能够有效地沟通、消除隔阂、促成合作。其次，文化对社会成员的行动提供方向和可供选择的方式起到了导向作用。通过共享文化，社会成员可以知道自己的何种行为在对方看来是适宜的、可以引起积极回应的，并倾向于选择有效的行动，这就是文化对行为的导向作用。再次，文化对现有的社会秩序起到了维持作用。文化是人们以往共同生活经验的积累，是人们通过比较和选择认为是合理并被普遍接受的东西。某种文化的形成和确立不仅意味着某种价值观和行为规范的被认可和被遵从，也意味着某种秩序的形成，而且只要这种文化在起作用，那么由这种文化所确立的社会秩序就会被维持下去，这就是文化维持社会秩序的功能。最后从世代的角度看，如果文化能向新的世代流传，即下一代也认同并共享上一代的文化，那么，文化就有了传续功能。

政治社会化本身就与政治文化有着密不可分的关系，政治社会化是政治文化形成、发展、传递和变迁的过程，而政治文化又是社会文化的一部分，因此，社会文化对于政治社会化过程也具有重要的影响。这种影响主要表现在：第一，社会文化是特定国家、民族在长期的发展过程中形成的思维方式和心理定势，这种文化模式无疑会影响不同民族文化背景下政治社会化过程的发生和发展；第二，任何社会文化都有其发展的当前内容，因此，社会文化发展特定阶段的社会价值取向、社会信念和社会行为模式会在很大程度上影响到政治社会化的内容和程度；第三，在政治共同体成员之间，社会文化水平分布是不平衡的。研究表明，在社会文化水平较高的地域和群体中，政治社会化的广度、深度和速度都要大于社会文化水平较低的地域和群体。因而社会文化对政治社会化进程的发展也起到了推动或制约的作用。

(五)政治事件

政治事件是指与国家政治有直接联系的事件，是一切政党活动以及一切与政权有关的活动。政治事件是政治社会化的催化剂，会改变政治社会化的内容和价值取向，随着每一次社会制度的巨大历史变革，人们的观点和观念也会发生变革。重大政治事件对政治文化的影响，往往要在政治事件发展到末期，事件结果基本显露之后才展示出来。第二次世界大战深刻地影响了一些国家的政治文化，德国和日本两国战败并作为战争挑起者面对世界，其国土变为一堆废墟时，政府形式、意识形态中的某些重要的政治价值观，就受到了人们普遍的厌恶，社会总体的政治文化发生了深刻的变化。

重大事件往往在短时期里给人民以强烈的政治刺激，并引发社会总体政治文化急剧的、比较彻底的改变。由于广大社会成员在这种事件的经历中，会对旧的政治系统和某些政治价值产生根本性的否定态度，相对于平常、潜移默化的政治文化的发生、发展及变化过程，重大政治事件对政治文化的影响具有变化的历史性、急骤性、彻底性等特点。比如中国近代史上发生的列强侵华，强迫中国政府签订不平等条约等政治事件，把中华民族生死存亡的问题提到了社会政治生活的首位，民族主义、爱国主义成为社会政治的价值取向和政治社会化的重要内容。

政治事件也会加速政治社会化的过程，政治事件的发生和发展，会把国家命运、政治生活与社会中的每一个人明确而紧密地联系到一起，从而起到其他政治社会化媒介所无法比拟的政治动员的作用，促使人们学习政治、参与政治生活。此外，在政治事件发生和发展过程中，政治生活创设特定的政治教育机构和政治传播媒介，再配备特定的政治教育人员，倡导和灌输特定的政治价值和政治信念，政治社会化的进程进一步深化。显然，由政治权力推行的政治社会化，必然会对整个社会的政治社会化过程产生巨大的影响。在中华人民共和国历史上，抗美援朝、粉碎“四人帮”、中共十一届三中全会、邓小平南方视察等重大的政治事件无一不广泛影响着政治社会化的进程。

（六）政治社会化媒介的作用方式

在政治社会化的进程中，社会是传者，要通过多种途径把现有的政治思想、政治价值、政治意识传播给社会成员，并完成政治教化。在社会中，这种教化是通过多种媒介来进行的，而这些媒介的作用方式对于政治社会化过程也有重要的影响。一般说来，政治社会化媒介发挥积极有效作用，会增加政治社会化的强度，反之，则会削弱政治社会化的效果。政治社会化媒介的持续作用，会使政治社会化过程保持连续性，而这些媒介的间断作用，则会使政治社会化过程发生中断。政治社会化的各种媒介之间在政治价值取向、政治态度塑造和政治信念形成等方面的一致性，可以有效地促进社会政治生活中同一内容和目标的政治社会化过程。反之，如果政治社会化各种媒介传播的政治文化不同，甚至截然相反，政治共同体中就会存在取向和内容不同或相反的政治社会化过程，这些过程就会相互影响甚至抵消其作用。

（七）公民的政治素养

公民的政治素养在本质上是一种政治能力和水平，与政治社会化是相互作用的关系，从社会层面看，政治社会化是对个体的教化，通过一些方式使社会成员接受其意识形态和价值观念。但是从个体角度来看，政治社会化是社会成员自主学习，逐渐形成政治意识、态度以及实践的过程，个体在成长的过程中不断融入不同的社会生活，扮演着不同的社会角色，家庭、学校、社会工作、组织、大众传播媒介等，都对个体的政治社会化产生影响。待到法定年龄履行法律权利和义务，参与到政治生活中，公民的主观与主动学习就成为了政治素养的重要部分。

进入新时代的中国，在社会主义现代化建设进程中不断加强对公民政治能力的培养，同时公民政治素养的提高也推动着社会主义民主政治的发展和进步，公民参与政治生活的意识和主动性越高，公民的政治权利也能得到更好的保障，国家的政治文明程度也将更高。在政治、经济、文化等领域广泛、有序的参与可以增强公民对国家的心理认同，提高政府决策的合理化、科学化、民主化，因此公民政治素养的提升对社会的进步具有重要的作用，从而来推进政治社会化的进程。

第三节　家庭、社会、学校等与政治社会化

在社会成员的政治社会化过程中，政治信息的传递、政治文化的传播都需要一定的渠道和媒介。随着社会政治结构分化的日益加深，承担政治社会化功能的传播媒介也越来越多，概括起来主要有家庭、社会、学校等。

一、家庭、学校与社会政治化

(一)家庭

家庭是构成社会的基本单位，是政治社会化最初的、最为直接的途径，也是社会个体政治社会化过程的起点。对个体成员而言，家庭是最初的教育环节，父母是孩子最早的老师，家庭是儿童的第一个学校，它对儿童的影响是无法抗拒的、潜移默化的甚至是关键性的。一个人一出生首先生活在家庭之中，家庭教育是一切教育的基础。父母不仅教给子女进入社会所必须掌握的知识和技能，而且父母的世界观、人生观、价值观、政治态度、政治情感也在潜移默化地影响着子女。大量研究表明，家庭环境，尤其是父母对待事物的态度和意见影响着子女的态度和意见。

在家庭中，父母对儿童的影响是多方面的。家庭首先向孩子作出对现存世界的解说，向他介绍某些道德、社会、宗教和政治价值观。如果父母关心政治，他们的兴趣通常会感染子女。父母常常把自己的政治观点和政党定向传达给子女，父母的政治倾向性、政治态度和政治价值观是最明显地影响儿童政治心理的因素。父母的政治地位、政治用语和家庭关系也无形地影响着儿童。积极参与家庭决策的青年人很可能到成年时在政治上也表现得非常积极；专制家长式的家庭教育，可能会产生政治专断者或政治服从者；幼时家庭生活不完满、缺乏正常的家庭教育，成年后可能会成为一种社会反常人。由于家庭教育常常对孩子进行反复训练和潜移默化的培养，并且一般都具有十分浓烈的感情色彩，因此，它的影响力往往贯穿于人的一生，既强大又持久。在家庭环境的熏陶下，儿童会产生一种朴素的政治心理，如对国家、民族和领袖人物的认同、敬仰与忠诚等。同时，家庭教育还可能会对儿童未来的政治人格、政治抱负、政治理想以及政治行为方式的塑造起着某种关键性的作用。

家庭直接影响着子女的政治倾向和政治选择。父母对政治的看法影响着子女的政治选择，家庭所处的社会阶层影响着子女的政治态度和倾向。一个人从出生到成为社会的一员，最主要的生活场所就是家庭。与其他媒介相比，家庭在对儿童人格的塑造、基本人生观的形成以及政治常识的启蒙等方面起着特别重要的作用。西方社会学家普遍认为，每个人在社会中的主要人格模式大多是在家庭中培育起来的。所谓“父母是孩子的第一任教

师”正是从这个意义上来说的，也正因为这样，家庭对孩子的社会化教育有明显的直观性和可接受性。父母的是非观念、行为模式以及对社会人际关系的态度都直接在家庭中体现。同时，父母与子女之间有着不可分离的血缘关系和共同的生活环境，父母与子女之间既相互归属又相互依恋，子女对父母乐于听其言、仿其行，由此带来的问题就是家庭环境的非政治性在一定程度上制约了政治社会化功能的发挥。家庭中的政治交流环境带有一定的自发性、宽松性，父母政治交流中的模糊表达就会导致子女的政治概念不明确；受知识水平、文化程度的限制，父母可能不具备较深入的政治知识，甚至会给子女造成误导。总之，家庭政治社会化具有偶然、非正规、难以预测等特点。

另外，每个家庭生活的模式、社会背景以及社会交往关系等，也都会在儿童的心理上打下烙印，这是他们认识社会及自身社会地位的基础。研究表明，儿童时代的经历和所受到的影响对一个人一生的政治态度和政治选择十分重要。虽然在其成长到一定阶段时会接受再社会化教育，但早期所接受的影响往往会在他们的潜意识中积淀下来，成为影响他们政治行为的心理因素。

家庭是社会成员最初的、影响最为直接的政治社会化的媒介。它通过教导基本技能、社会规范，指导生活目标，培养社会责任感和行为，最终形成子女的个性。正如有关学者所言：“几乎对每个人来说，家庭教育是个体出生后接受社会化的第一个社会环境，家庭教育和影响对个人早期社会化甚至一生的社会化都具有重要意义。”

(二)学校

学校是儿童脱离家庭后进入的第一个专门社会化机构，学校作为桥梁将儿童从家庭引向社会，社会成员在学校进行系统化、专门化的学习和训练。因此，学校是社会成员从早期政治社会化到成人政治价值观确立的重要中介，是传播文化的专门机构，是系统化和强有力的社会化途径。法国社会学家迪尔凯姆(Durkheim)提出，虽然家庭在塑造孩子的个性方面更加有效，但是要培养孩子成为国家公民，主要得依靠学校。学校教育拥有集体性的时间安排、系统化的学习环境、社会化的同伴群体等，在这些方面，其他任何教育形式都无法与之比肩。

作为社会成员系统学习和获得政治知识最重要的场所，学校教育是一种有意识、有目的、有计划地向学生传输政治文化，培养学生政治态度和政治价值取向，训练学生参与政治生活能力的过程。在学校生活中，学生一方面通过正式课程和有组织的政治活动来接受专门的文化知识和系统的政治教育，形成了政治生活的初步规范知识。另一方面，在学校的人际关系中，学生初步体验了社会的政治生活，学校中存在的政治文化环境也对学生起着潜移默化的熏陶和影响。学校通过各种活动向学生灌输特定的政治价值和政治态度，强化其对政治体系的情感，并对学生进行各种政治知识和政治技能的培训，支持、扩大或改变青少年最初在家庭生活中所确立的政治认识、政治态度、政治价值取向。因此，在确立社会成员的政治价值观念、培养其政治态度和政治情感方面，学校起着十分关键的作用。正因为学校可以强化人们对政治体系的好感，能培养人们的政治忠诚和共同的政治信条，能提供各类政治知识和技能等政治社会化功能，所以，学校教育是社会进行政治教化、传递特定的政治价值和政治态度、灌输政治知识和技能的专门场所，学校教育也成为政治体系培训公民的重要手段之一。

学校教育涵盖了政治目标、政治体系的构建、政治价值的形成、政治制度和规范、重大政治活动和历史事件、政治现象等政治文化的各个方面，学校通过教学资料、教师、学校的政治氛围以及带有象征意义的政治活动来影响学生的方方面面。学校教育通过书本、讲授来教导学生政治体系结构及其优势，传播参与政治生活的责任和义务，引导他们建立符合统治阶级利益的价值和观念，树立良好的政治规范，传授他们参与政治的技能。由此可见，学校教育奠定了个人对国家、民族和社会的基本认知和情感，统治阶级通过学校教育对国民进行系统化的政治教育。

有资料显示，在目前世界上的大多数国家，大部分儿童都有接受义务教育的机会，这表明学校教育的影响力十分强大。家庭、大众传播媒介的社会化重在潜移默化，是一种渗透式的影响教育；而学校教育的政治社会化则具有强烈的认知色彩，强调人们对政治社会化原则和理论基础知识的掌握。比如，教育学生热爱中国共产党，就必然使学生了解党的历史、党的丰功伟绩、党在建设中国特色社会主义中的作用；教育学生热爱祖国，就要坚定学生维护祖国统一的信念，坚决反对民族分裂势力。学校教育的政治化具有较大的可控性，这种控制建立在对社会个体系统训练与培养的基础之上，建立在对社会化个体有计划的组织之上，因此学校教育是对家庭及大众传播教育的重要补充。

从一般意义上来讲，社会对学校的政治社会化过程的控制是从两方面进行的：一是以外在的强制政治领导力量控制学校的政治社会化过程；二是规定学校思想政治教育的内容，以内在的渗透力量控制学校的政治社会化过程。通过日积月累的学校教育，指导学生的政治立场、思想信念、情感态度等，使受教育者形成深刻持久的控制政治行为的内在约束力，进而完成政治社会化过程。学校教育政治社会化主要是通过以下四个方式实现。

1. 教学资料

在学校教学中，专门课程教授的内容会以教学资料的方式提供给学生，如教材、讲义、学习材料等。学校在进行专门特定的政治化教育和训练的过程中，必然要把教化内容确定为教学资料，形成系统的政治理论和政治准则。通过教学资料所进行的政治社会化呈现出循序渐进的和系统性的特点。一方面，学校根据学生身心发展的特点，本着由具象到抽象、由现象到本质的认识途径，在学生身心发展的不同阶段给予不同层次的政治社会化教育。另一方面，教材中所传递的政治内容并不是零散的，而是系统的。在许多西方国家，特别是美国对学校在政治社会化过程中的作用尤为重视。低年级时，学校向儿童介绍被授予权力的社会人物，教学生社会行为规范、民族格言、口号和象征等，训练学生通过民主途径解决问题。中学阶段则有意识地培养其成为在政治上可信赖的公民，使他们熟知政治过程、政治制度和价值观，并理解那些被认为是政治中正确的东西。我国规定高中历史课程标准要“坚持正确的政治方向”“基础教育课程必须体现国家意志”等。几乎所有的高等院校都开设了一系列的政治理论课程，尤其值得注意的是，政治学作为普及教育课程在美国所有大学生的公民教育中占有重要地位。当前，美国政治学家人数的不断增长和学校教育有着不可割裂的关系，美国学校教育的做法同时也对美国社会经济政治的发展产生了巨大的推动作用。

2. 教师

在学校教育中，承担这种专门教育和训练的主体就是教师，他们是学校中向学生传递文化知识和技能、灌输政治思想和价值观，把受教育者培养成社会人的专业人员。学校是每个学生的学习之地，学校的教育方式与手段对学生的影响极大。以身作则是教师职业品德的重要内容，也是教师教育力量所在。教师为人师表，既向学生传授知识，也教育学生做人，教师的一言一行，政治态度、政治思想、道德品质、行为习惯都对学生有很深的影响。教师的教育对学生的发展产生直接、强烈的感染作用，不仅如此，教师的日常工作和生活中的一切行为，都同他的教育活动一样，也对学生的思想认识和行为习惯产生巨大的影响。因此教师在整个学校教育政治化进程中起着主导作用。

教师的主要任务是传道、授业、解惑，教师的行为习惯本身就与特定的政治、经济制度有关，或者说体现了一定的政治、经济制度，所以教师在教学的同时，也就对学生进行了政治社会化。更为重要的是，教师自身也是具有稳定政治倾向的人，因此教师在传播知识过程中自觉或不自觉地体现了这种政治倾向，同时教师会有意无意地将自己的政治观点、政治信仰和追求渗透到课堂教学和课余与学生的交往之中，对学生的政治社会化产生影响。学校教育中通过教师实施的政治社会化具有强烈的情感性和示范性，学生常常会把教师当作某种政治倾向化身而加以模仿，这种持久、鲜明、生动、现实的教育手段对学生的影响是其他手段所无法比拟的。

3. 学校的政治氛围

不同政治氛围下学习和成长的学生，会有较大的政治观念以及国家观念的差异，政治氛围浓重的学校，学生经常会就国家的政治事件、政治问题展开思考和讨论，学校的政治社会化进程也更加顺利。

当前，面对各种意识形态碰撞的局面，学校更加重视思想政治教育的重要性。尤其是习近平总书记多次讲话强调宣传思想工作，从各级机关到各地高校都积极展开了思想政治教育工作，培养合格的社会主义接班人。

思想政治教育是指统治阶级把一定的政治观点、价值观念和行为规范有目的地、有组织地传授给社会成员，使社会成员不断提升自身思想、政治、道德品质以符合社会发展要求。思想政治教育在本质上和政治社会化一样都具有鲜明的阶级性，通过一定的媒介或者渠道，向社会成员灌输统治阶级的意识形态。

政治社会化在本质上是一种政治手段，为传播政治文化作出了重要贡献。学校的政治氛围在中国特色社会主义政治文明建设过程中发挥着不可忽视的作用，以全方位、多角度对政治文化进行传播，使受教育者在思想道德品质上得到全面的发展，政治社会化也是统治阶级用来巩固统治政权和阶级意识形态的强力措施。在建设中国特色社会主义的过程中，中国共产党高度重视个体的思想政治教育，所以对思想政治教育活动过程以及目标都进行了全面的把握，在最大程度上提升了受教育人员的思想道德素质。

4. 带有政治象征意义的活动

比如大中小学生的每周升旗、奏国歌、国旗下讲话、定期组织参观英烈纪念馆等带有政治象征意义的活动都能培养学生的爱国热情。我国目前在学生中广泛开展的“青年大学习”，就是共青团中央为了引导广大青年深入学习贯彻习近平新时代中国特色社会主义思想和党的十九大精神的青年学习运动，以此让广大学生更好地了解党和国家的重大历史以及政治事件。

综上所述，学校教育将进一步巩固和拓展青少年在家庭教育中形成的政治感知方式和政治视野，并通过较为正规严格的系统培养，将公民的政治素质提升至更高的水平，继续推进政治社会化进程。

二、大众传播媒介

大众传播媒介作为现代社会信息传播过程中重要的传播介质，成为现代社会政治社会化的重要载体和工具。大众传播工具以现代通信技术为依托，以广播、电影、电视、报纸、杂志及互联网为载体的传播方式及时地将各种政治事件加以广泛传播，使其能够吸引公众的注意力，增加人们对特定政治问题的了解和关心程度。同时，大众传播媒介在传播信息的过程中，也在向公众传播着一定的政治态度、情感和价值观念，从而对人们的政治态度和政治取向产生潜移默化的影响。大众传播媒介是现代社会政治社会化的重要介质和渠道。

作为政治社会化传播渠道的大众传播媒介经历了报纸、广播、电视和网络四个发展阶段，而大众传播媒介的传播内容就是信息。在现代社会，大众传播是社会公众获取信息的主要来源，各种传播媒介持续地向公众传输着某种经过选择后的新闻信息和资讯，以及对这些信息和资讯的分析与评价。这种对于社会公众的“信息灌输”，常常是潜移默化的，使人们自觉或不自觉地接受，进而形成某种特定的政治倾向和政治态度。这样来看，掌握大众传播媒介，操纵公共舆论，是社会政治共同体用来传播社会主导政治文化、塑造体系成员共同政治意识的最基本的手段之一。

(一)大众传播媒介的政治属性

大众传播媒介自诞生之日起，就不仅仅是信息发布和传递的工具，它所具备的信息传递、宣传引导、意见交汇等功能就被政治利益集团操纵和控制。马克思和恩格斯在《德意志意识形态》一书中提到：“统治阶级的思想在每一个时代都是占统治地位的思想，这就是说，一个阶级是社会上占统治地位的物质力量，也是社会上占统治阶级的精神力量，支配着物质生产资料的阶级，同时支配着精神生产的资料，因此，那些没有精神生产资料的人的思想，一般是受统治阶级支配的。”①大众传播媒介因其具有鲜明的政治属性，成为了为某些阶级和政治体制服务的重要工具。

政治社会化的目的就是传播政治文化，在传播过程中要借助大众传播媒介，比如：报纸、广播、电视、互联网，大众接受着来自各方面的信息，往往因为没有足够的精力和能力来甄别信息的真假，不能快速有效地识别和接收自己需要的政治信息。此时，通过大众传播媒介的信息筛选，人们获得了政治信息，大众传播媒介相当于新闻把关人，起到了议程设置的作用，在公民政治社会化的进程中发挥了重要作用，尤其是在网络和新媒体发达的现代社会，要尤其注重大众传播媒介在传播政治文化、引导政治舆论、树立公民政治价

① 《马克思恩格斯全集》第1卷，人民出版社1956年版，第52页。

值等方面的作用。

大众传播媒介在社会中具有广泛的话语权，在社会公众的心目中也有着较高的威信。任何一个国家的大众传播机构都不是绝对独立的，它们是产生思想和观点的意识形态部门，它在传播信息时都体现着传媒本身的价值标准，而这种价值标准始终是在国家高层的管控和引导中的。传媒的政治属性是客观的存在。在任何国家社会发展过程中，当矛盾冲突激烈时，例如发生战事，传媒的政治属性会表现得更明显。

大众传播媒介对政治走向产生的影响，主要体现在大众传播媒介可以促进民众达成共同的政治认知，使政治文化的传播更加多元，也更加深刻地影响民众的政治参与。在一些西方国家，大众传播媒介能在很大程度上影响选民意向和选举结果。

因此，大众传播媒介作为一种专门从事大众传播活动以满足社会需要的组织机构，其活动已渗入社会的一切过程和现实生活的一切领域。也就是说，媒介活动从来都不是单纯和孤立的，它通过反映、阐明、报道各种社会现象与社会问题，实现其社会价值，同时也受到政治、经济、文化等多种关系的束缚和控制。整合社会思想、维护现行的社会秩序、对社会成员进行思想政治教育，大众传播媒介不能不说是个极其有效的工具。

(二)大众传播媒介政治社会化的方式

电视、广播、报纸、杂志、网络等大众传播工具是现代社会政治社会化的重要途径。它不仅在传播政治文化、形成共同的政治意识方面，而且在改造政治文化、引导社会政治方向方面都发挥着重要作用。大众传播工具实现政治社会化职能主要通过以下两种方式：

1. 通过信息筛选、设置议程和引导舆论等形式，增强公众的政治认知

1947年，美国著名社会心理学家、传播学四大先驱之一的卢因在《群体生活的渠道》一文中指出，“信息总是沿着含有门区的某些渠道流动，在那里，或是根据公正无私的规定，或是根据守门人的个人意见，对信息或商品是否被允许进入渠道或继续在渠道里流动做出决定”。这就是目前已经广受大众传播界认可的“把关人”理论，这一理论认为在大众传播媒介进行信息传递过程中，作为传播者的把关人起着决定继续或中止信息传递的作用。即媒体在传送信息的过程中，有重大过滤功能，而由于大众传播媒介的政治属性，信息的过滤和筛选又不得不从社会的政治环境和经济水平出发，对新闻信息进行层层把关、筛选与编码，从而决定最终面向受众的新闻信息内容，并通过发出的新闻信息影响受众，在政治社会化中起推动或抑制作用。

20世纪70年代，美国传播学者麦库姆斯和肖通过实证研究发现，在公众对社会公共事务当中重要问题的认识和判断与传播媒介的报道活动之间，存在着一种高度对应的关系，即传播媒介作为“大事”加以报道的问题，同样也作为“大事”反映在公众的意识中。传播媒介强调得越多，公众对该问题的重视程度越高。根据这种高度对应的相关关系，麦库姆斯和肖认为大众传播具有一种形成社会“议事日程”的功能，传播媒介以赋予各种议题不同程度“显著性”的方式，影响着公众瞩目的焦点和对社会环境的认知。中国学者郭庆光教授在所著的《传播学教程》一书中指出，大众传播具有一种为公众设置“议事日程”的功能，传媒的新闻报道和信息传达活动以赋予各种“议题”不同程度的显著性的方式，影响着人们对周围世界的“大事”及其重要性的判断。大众传播媒介通过新闻报道、舆论

渲染等方式，吸引社会大众对某一话题的关注，这种政治认知的传递在一定程度上是潜移默化的，却又是强大的。

所谓舆论导向，是指大众传播媒介向公众传播、宣传系列社会规范，对社会成员的行为及价值观念进行引导，以维护社会秩序的活动。大众传播媒介将现行政治体制下所制定、颁布的法律、政令公之于众，对少数社会成员的违规行为、违法行为及违纪行为进行曝光，引发社会关注，倡导公众对越轨行为进行批判、谴责和制止，引起社会成员对其指责，形成社会舆论压力，增强公共权力的公正性与合理性，呼吁人们遵从现有的社会政治规范，从而来促使政治社会化的实现。

2. 在新闻宣传中直接传递政治观点、政治价值和情感

大众传播媒介通过传播支持现行体制的政治文化，向社会成员传递价值观念、政治信仰和行为方式以实现政治社会化。一方面，大众传播媒介通过政治教育培养个体的政治参与热情和能力；另一方面，大众传播媒介通过政治教育来培养公众对现行政治制度和政治价值的认同、忠诚和责任感。正如西方学者所说，“大众传媒是既定工业社会秩序的文化武器，主要用来维护、建立和巩固传统的信仰和行为，而不是去改变、威胁或削弱它”。大众传播媒介在新闻宣传中通过塑造典型，控制公众个人理想。如通过电影、电视、报刊新闻等传播形式对革命人物和优秀事迹的宣传，倡导公众的社会理想和政治情感。通过反复地向公众传播和灌输代表统治集团和执政党利益的意识形态，引导社会成员形成共同的价值观，从而维护和巩固既有的统治秩序。

（三）大众传播媒介的政治社会化功能

在社会信息系统中大众传播媒介已经日益介入政治生活，在传递政治信息、进行政治宣传、灌输政治思想、树立政治形象、传播政治知识、监督政治环境、激发政治参与等方面起到了至关重要的作用，并对人们的政治观念和政治行为产生了深刻影响；而政治体系和政治价值的变更，也日益体现出大众传播媒介的影响痕迹。可以说，现代社会中大众传播媒介开始与政治生活走向一体，并成为政治社会化的主导力量。

1. 大众传播媒介对个体进行政治教育培训

大众传播媒介作为政治社会化的主要渠道，在社会政治运行中有着极其重要的角色。从个体方面来看，其政治知识的获取、政治技能的培养、政治价值的构成、政治态度的形成和政治行为的改变，在很大程度上都受到大众传播媒介的制约。传播知识是大众传播媒介的一项基本功能，在政治社会化进程中仅靠家庭和学校对社会成员进行政治教习是远远不够的，大众传播媒介成为了政治教育培训中更具开放性的教育手段。大众传播媒介在传播政治知识、进行政治教育培训时，主要是通过报道政治事件、采访政治人物、宣传政治主张来实现的。美国的政治传播学者通过实证研究表明，接触媒体频率高的人和接触媒体频率低的人在政治知识方面存在明显差异。比如在美国总统大选期间，一个人对于总统候选人的情况、选举程序、选举过程等政治知识的获取主要是通过媒介了解到的。大众传播媒介在提供政治知识方面、进行政治教育培训方面具有重要作用。

2. 大众传播媒介传播和维护政治文化

大众传播媒介在对人们的政治态度、政治价值、政治人格和政治行为方式产生全面影

响的前提下，甚至可以促进传统政治文化的革命性变革和促成新的政治文化的形成，形成政治发展。应该说，大众传播媒介从作用于人们的政治观念着手，传播政治文化，最终促进政治发展。对于多样化的政治文化传播，大众传播媒介的使命和职责，主要在于传播主导的政治文化，反映主流文化价值。在阶级社会中，为了维护阶级的根本利益，无论哪个政治体系，总会有意无意地利用政权的力量确立主导的政治文化的地位。通过大众传播媒介的广泛传播，使政治文化被全体社会成员认同和支持。

在大众传播媒介的长期持续的政治教育和熏陶中，社会成员获知了现行政治体系所希望的政治知识、政治信仰、政治价值和政治情感等政治意识，并且不断内化为社会成员的政治心理，从而形成特定的政治文化扎根在他们的心理结构之中，并世世代代延续下去。

3. 大众传播媒介塑造形成政治人格

政治人格的形成是个体政治成熟的标志，它意味着进入社会的成员已具备了应有的政治素质，由“自然人”转变为“政治人”，政治人格是经过长期的、持续的政治社会化形成的，大众传播媒介对政治人格的形成起着催化作用。大众传播媒介在传递政治信息时，同时也在传递着一定的政治倾向，这种政治倾向和价值标准会对人们的政治观念和政治态度产生深刻的影响，从而巩固他们的政治信仰。政治人格是可塑的，在不同的社会历史条件下，在不同的政治社会中，往往会形成截然不同的政治人格，已经形成的政治人格还会随着政治社会化的进程，发生这样或那样的改变。政治人格一旦形成，就会对政治社会化、对个体的政治行为以及对社会的政治发展，产生重大的影响。大众传播媒介在对新闻事件进行报道或评价时，它对具体事件的报道或其语言表达及判断是非的标准都隐含着某种倾向性，从而引导人们的认识，尤其是主流媒体在公众心中享有较高的声誉，代表着社会的发展方向，它的立场和态度往往会改变人们的立场和态度，重塑人们的价值观，媒体促使外在的政治文化不断内化为社会成员的政治心理，沉淀为社会成员文化心理的深层结构，形成政治人格。也就是说，在塑造理想政治人格的过程中，大众传播媒介能够产生影响的潜力是无限的。

4. 大众传播媒介控制社会意识形态

意识形态是社会的经济基础、政治制度以及人与人的经济关系和政治关系的反映，是与一定社会的经济和政治直接相联系的观念、观点、概念的总和。意识形态正日益成为权力的重要组成部分和核心支柱，为政治文化提供内在凝聚力。大众传播媒介作为政治宣传的工具，其在政治社会化中最重要的功能是促使社会成员政治意识的形成，进而实现意识形态的统治。当今政治生活中，意识形态问题之所以不容忽视，是因为意识形态在社会发展和政治进程中起到了整合与凝聚的作用，并且强有力地影响着人们的政治判断力。而作为掌握着话语权的阶级，不仅可以控制利益、价值的权威性分配，也可以控制意识形态的分配。

政治社会化对政治体系的维护主要通过营造社会成员对政治体系的认同或不认同来实现，当社会成员在社会化过程中形成强烈的政治认同时，它会对政治体系的秩序起到积极的维护作用。反之，当社会成员的政治认同度低，政治离心力强时，政治体系的秩序会受到极大的挑战，甚至可能会颠覆现有的政治体系秩序，代之以新的政治秩序。而媒体在信息传播时总是通过议题设置功能对一些问题重视、强调或忽视，从而影响社会公众舆论，促使社会群体在一些议题上形成共识，整合社会意志。也就是说，政治社会化中意识形态统治主要是通过媒体的舆论引导功能来实施的。

5. 大众传播媒介进行舆论监督

大众传播媒介是重要的舆论工具，同时还承担着重要的舆论监督功能，尤其是随着新媒体的蓬勃发展，媒介成为舆论的发布和传播平台，也成为了政治权力的有力监督。政治监督主要是对公权力和公职人员的监督，通过新闻媒体揭露政府或者公职人员滥用权力、贪污腐败的行为。

大众传播媒介通过各种形式将权力运行的状况公之于众。近年来，我国新闻媒体在舆论监督方面发挥着不可忽视的作用，大众传播媒介进行的舆论监督也是在随着社会政治经济的发展而推进的。但是大众传播媒介作为“党的喉舌”，依赖于政府以及权威机构的支持，通常大众传播媒介的批评代表着党和政府的意见，但是随着自媒体的崛起以及公众主体意识的增强，舆论监督的环境和力度也会得到很大的改善。习近平总书记在网络安全和信息化工作座谈会上发表讲话时提到：“对于网上那些出于善意的批评，对互联网的监督，不论是对党和政府提出的还是对干部个人提的，不论是和风细雨的还是忠言逆耳的，我们不仅要欢迎，而且要认真研究和吸取。”这无疑更加有利于广大人民群众利用互联网媒体对党和政府公权力进行监督，使权力在阳光下运行。

三、社会政治组织及团体

社会政治组织指人们通过或试图通过政治权力来实现自己的利益和权利而按照一定原则和规则结成的集合体。社会政治组织包括各种各样的社会、经济、政治组织，如工会、职业协会、社团、政党、国家机关等，它们既是社会构成的要素，也是政治社会化的重要途径。

社会政治组织的政治社会化功能主要表现在通过宣传组织的主张、信仰来影响社会成员的政治取向，以及通过组织的活动向其成员传播政治知识和政治技能，培养其成员特定的政治文化。其中，现代社会政治组织的高级形式是政党，这也是现代社会最重要的政治社会化途径。这是因为，政党建立的主要目的就是要掌握国家政权，它的主要活动方式就是广泛宣传自己的政治纲领和政治主张，并力图使自己的政治信仰和政治价值观念被多数社会成员所接受，获得社会成员的支持。这种宣传活动将在很大程度上影响其支持者的政治态度。而对某一政党的成员来说，政党中一些政治观念一致的人聚合在一起，政党严密的组织系统和严格的组织纪律使其可以对其成员进行政治教育和政治训练，规范他们的行为，动员他们为实现本党的政治目标采取相应的政治行为，从而使政党成员形成共同的政治信仰、政治行为准则以及较高水平的政治技能。政党在现代政治生活中通过宣传党的纲领、政策主张等，影响社会大众的政治态度；通过发展新的成员，使他们在党组织中受到社会化的培养和训练；通过党的各项活动，来实现其成员和政党拥护者的政治参与。

政治社会化作用机制中的核心因素是政治符号，政治符号是一种政治力量的工具，这种特定的符号如国旗、国徽、国歌、政治领袖人物的肖像等，在社会生活中具有重要的政治象征意义和代表意义，因此在政治社会化过程中起着重要的政治文化传播作用。政治符号的构成基于“社会流行信念”，铸为群众向往之标志，尤其是对于人们的政治心理来说，它们更具有直观的刺激作用，从而产生特定的政治心理效应和定势，左右社会个体的信仰与行动，达成政治目的。

除上述所列主要的政治社会化媒介之外，教会、工作场所和娱乐、职业、文化团体、“共同体、聚居区和同辈集团”等，也都具有政治社会化的功能，承担着传播、维持和改变政治文化的功能。在不同的社会中和不同的政治文化背景下，担负政治社会化功能的主要机构往往有比较大的差别，这种差别将直接导致人们的政治态度、政治认同和政治理想的差异。在传统社会中，政治社会化功能的承担者主要是家庭、宗教团体、村社等，社会化的方法是感情的、经济的方法。而在现代社会中，政治社会化的主要承担者则是学校、大众传播工具、政治组织，社会化的方法是理智的、理论的方法。两种社会在政治社会化的媒介与方法上的差异，必然会造成不同时代的人在素质和观念上的不同。当然，在同一个政治体系中，由于社会成员个体之间的差异，各种媒介对不同人的影响也不尽相同。政治社会化是一个非常复杂的过程，并没有一个统一的、固定的模式可循。

【延伸阅读】

1. [美]李普赛特：《政治人——政治的社会基础》，张绍宗译，上海人民出版社 2011 年版。

2. [法]莫里斯·迪韦尔热：《政治社会学——政治学要素》，杨祖功、王大东译，东方出版社 2007 年版。

3. [英]梅尔文·里克特：《政治和社会概念史研究》，张智译，华东师范大学出版社 2010 年版。

4. 江德兴等：《马克思社会化理论与政治权力的演变》，社会科学文献出版社 2005 年版。

5. 刘德厚：《广义政治论：政治关系社会化分析原理》，武汉大学出版社 2004 年版。

6. 马振清：《中国公民政治社会化问题研究》，黑龙江人民出版社 2001 年版。

【思考题】

1. 简述政治社会化的含义及其主要功能。
2. 简述政治社会化的过程。
3. 如何从个体和社会的角度来理解政治社会化？
4. 结合实际案例，谈谈大众传播媒介工具在政治社会化中所起的作用。
5. 结合自己成长经历及现实政治生活中的事例，谈谈政治社会化的影响因素有哪些？
6. 结合自己的学习经历，谈谈高校思想政治教育对大学生政治社会化的作用。

第八章　中国政治传播

第一节　中国古代政治传播

【本章重点】

尽管政治传播的概念起源于西方，是伴随着大众传播迅速发展而产生的新名词，但中国的政治传播实践其实已有几千年的历史，中国古代社会虽无政治传播的概念，但其政治传播实践及其理论却十分丰富。

一、中国早期政治传播活动溯源

早期的政治传播活动主要是以口头传播为主，辅助有烽烟、旗鼓等。烽烟用于报警，《史记》中有信陵君和周幽王使用烽烟报警的记载；《孙子兵法》中也有关于旗鼓的记载，都是用来传递军事号令。据《左传·襄公十四年》师旷引《尚书·夏书》称："每岁孟春，遒人以木铎徇于路。"据说早在夏商周时期，就曾经有这样一种被称为遒人的政府官员，摇动木铎，巡行于各地，宣达政令。春秋战国时代，群雄割据。各个地区性小国的统治者需要发布政令，通报政情军情；参与合纵连横活动的政客，需要游说诸侯，宣扬自己的政治主张；诸子百家需要聚徒讲学，弘扬自己的学说和政治思想；等等，促使传播活动更为频繁。汉代以后，传播工具和交通工具的进步促进了政治传播活动的发展。首都长安设有供地方官员和周边属国"通奏报，待朝宿"的"邸"，中央政府部门设有负责接待和通报工作的主官"大鸿胪"和属官"郡邸长丞"，此外还设"公车司马令"一人，"主受章奏"，设"御史"若干人，充当皇帝的秘书，负责接收官员们的报告和皇帝诏书的制颁等事宜。① 封建政府内部的信息传播制度逐渐完善起来，面向全国臣民的政令发布工作也日趋经常化和规范化。《史记·高祖本纪》有关汉高祖入关前和百姓们"约法三章"的记载即说明将法令和皇帝的诏旨公诸于众广而告之的官方传播活动，在当时已经十分普遍。三国魏晋时代，军阀割据，战乱频繁，时局纷争扰攘，各国间的政治、军事、经济上的交往错综复杂，政治信息传播与交流十分活跃、旺盛。三国时代魏蜀吴的政治家们十分重视信息传播，都有着强烈的信息需求，非常关注对方辖区的政治、经济等各方面的动态，以及注意搜集敌友我

① 方汉奇：《中国新闻传播史》，中国人民大学出版社 2002 年版，第 3 页。

三方的相关新闻和情报。先秦时代已经出现的“消息”一词，在这一时期被广泛使用。据尹韵公在《三国时代的新闻信息传播》一文中所作的统计，仅《三国志》一书中，就有近二十段提到“消息”一词的文字，内容包括政治、军事方面的信息，也包括社会舆论对时局趋向和动态的议论和分析。此时期的主要传播媒介是布告和露布。布告就是《三国志》和《三国会要》中所经常提到的用以“布告天下”的那种政府文告，内容主要是皇帝的诏书和各级政府制颁的行政法令，以在固定地点悬挂或张贴为主。露布则是一种以流动的方式来传递信息的载体，主要为帛制成，也有用木板制成的，因而也被称为露板，用于军事特别是传播战争胜利的消息。尽管三国魏晋时期政治传播活动迅速发展，但是传播载体最多的还是竹简，纸并不多见。同时这个时期并没有建立发行官报的体制。

二、中国古代政治传播活动的发展历程

(一)唐宋元时期的政治传播活动

1. 唐代

唐代官报的孕育和发展是从唐朝中期开始的，和唐代藩镇制度的发展紧密联系在一起。唐代中叶以后，一些边远地区开始建立藩镇，设置节度使。到了9世纪初，全国节度使已经发展到40几个。随着藩镇势力的日益发展，各节度使纷纷在首都长安设立办事机构，最开始称邸，后改称上都留后院，最后简称进奏院。进奏院的负责人称进奏官。经由进奏官传发给各藩镇、用来介绍朝廷政事动态和各项消息的书面报告就是最早的官报的雏形。其性质接近于后来的邸报。

经由进奏院传发的报状主要内容有以下几个方面，即：皇帝的起居活动、皇帝的诏旨、官员的任免、大臣的奏章，以及其他军事政治方面的重要信息。这些报状还有以下特点：它是不定期地由首都的进奏院发往地方的，其读者主要是地方藩镇和诸道长官；它在行文上还保留着官方文书的痕迹，但又区别于一般官方文书，它所提供的信息往往早于正式的官方文书；它所包含的信息，绝大多数属于朝廷的政治活动，有的和读者有直接关系，有的并无直接关系；它所提到的信息，有一些是进奏官员自行采集的，有的是从他们获得的朝廷动态中筛选出来的，这些信息往往是其主官所关注的那一部分内容。由此可见，唐代的进奏院状是一种政府机构内部发行的官报，是一种原始状态的报纸。现在仅存的两份唐代官报，是1900年在敦煌莫高窟出土的两张“进奏院状”的残页。这两份“进奏院状”是唐僖宗时期由驻地在沙洲的归义军节度使张淮深派驻朝廷的进奏官发回沙洲的。因为沙洲在敦煌地区，两份残页均属敦煌文物，故被新闻史学者定名为“敦煌进奏院状”。

唐代的官方传播活动，除了各地的“报状”等官报，还有烽燧、露布、檄文和告示等，这些传播手段，唐以前就被广泛使用，唐代继续沿用。其中，烽燧、檄文和露布主要用于军事方面，用以传递军事信息和声讨敌人。告示和榜文则是用于行政和科举方面，用以宣传政令和公布中举人选。这在当时都是人们政治社会生活中关注的焦点。

2. 宋代

宋代开始出现了在政府中枢部门统一管理下统一发布的正式官报——“邸报”。负责“邸报”发布工作的是都进奏院。北宋初期沿用了唐、五代的旧制，由各路州郡在首都东

京汴梁各自设置进奏院，归各州自行管辖，最多的时候达到二百多个。太宗太平兴国六年起，对散处于首都的各州进奏院进行整顿，设立了都进奏院，对各进奏院的业务活动进行统一管理。在都进奏院的管辖下，负责采集和传播工作的是进奏官。经由进奏官们传发出去的封建政府官报就是“邸报”。

和唐代的进奏院状比较起来，宋代的“邸报”具有更多的报纸的特征和封建政府官报的色彩。首先，它已经不像唐代进奏院那样，只是一种由派驻首都的进奏官们向自己的藩镇长官报告朝廷信息的新闻信，而是一种在封建中枢部门统一管理下，按一定制度统一编发给诸路州郡，向地方官员们传报朝廷信息的中央一级官报。其次，它已经完全从官文书中分离了出来，成为一种官方的新闻传播工具，是当时社会上传播朝廷政事信息的重要载体。它的读者已经不像唐代的进奏院那样，仅限于少数藩镇长官，而是逐渐扩展到京朝官、地方各级行政官员和广大的士大夫知识分子。最后，它已经由不定期发行转为定期发行。前后的刊期不完全一致，有时为“每日”，有时为“每五日”，有时为“逐旬”，有时为“每月”。刊期的每一次调整，都基本上做到按期连续发行。信息量逐渐加大，新闻的时效性也有所加强。

“邸报”的内容，见于宋人记载的，至少包括以下几个方面的内容：一是皇帝的诏旨；二是皇帝的起居；三是官吏的任免；四是臣僚的奏章；五是军事情报；六是刑罚。此外，还有新近制颁的法令条例，三省枢密、六曹、寺、监、司的宣礼符牒，以及根据皇帝或宰辅的意见要求条布报行的有关材料。“邸报”的稿件，大部分是进奏官们抄录来的，抄录的过程也是选择和采集的过程，因此，进奏官带有官报记者的性质。除了进奏官，宋代宫内的女官内夫人和相当于汉代左右史的门下省起居郎及中书省的起居舍人，也负有采集、记录和向有关方面提供皇帝起居言行等动态信息的责任。他们近似于官报的御用记者。宋代“邸报”的读者主要是政府官员和一般士大夫知识分子。

“邸报”之所以能够在宋朝开国不久就成为封建中枢部门掌握下的政府官报，和宋朝是一个高度集权于中央的封建王朝有关。这种官报从它问世的第一天起，就是为在封建官僚机构内部传播经主管部门核定允许传播的信息、巩固封建统治秩序、维护封建统治阶级的利益服务的。为了巩固皇权和维护封建统治秩序，宋代各时期都很注意对“邸报”传播工作的管理。对涉及灾难、军情以及朝廷机密等方面的信息和未经批准公布的臣僚奏章，都限制发布。宋代最典型的限制“邸报”内容发布的制度就是“定本”制度。所谓“定本”，指的是根据进奏官采集来的各种发报材料，经本院监官编好，送请枢密院或当权的宰相审查通过后产生的“邸报”样本。① 进奏官们必须根据这一样本进行发报。宋代“定本”制度起始于真宗咸平二年(公元999年)，当时的规定是，“进奏院所供报状每五日一写，上枢密院定本供报”②。定本制度的执行，加强了当局对“邸报”的控制，迫使进奏官们只能按照当局允许发布的内容进行传报活动，使“邸报”能够更好地贯彻皇帝和当权派宰辅们的意图，为巩固他们的统治秩序服务。

正是因为“邸报”这种官方政治传播的限制性，使得民间出现了一种非官方报纸——

① 方汉奇：《中国新闻传播史》，中国人民大学出版社2002年版，第15页。

② 《宋会要辑稿》(第59册)，中华书局1957年版，第2394页。

“小报”。“小报”是中国历史上最早出现的非官方报纸，其内容以不定期刊载新闻和时事性政治材料为主，大概起源于北宋，盛行于南宋，其发行人包括进奏官、使臣、在政府机关内工作的中下级官员和从事书籍印售工作的“书肆之家”。“小报”的内容很丰富，除了朝廷的政事动态，还有中枢部门没有公开的朝廷秘事，有手写也有印刷。它的读者范围很广，有京官，也有一些地方官和士大夫知识分子，甚至还有一些关心朝政的皇室人员。“小报”是“邸报”的一种补充，满足了读者对朝廷官报不载的内容的需求，但是它也触犯了统治者的言论之禁。宋代封建统治者为了查禁“小报”，颁布了很多法令，可是终宋之世，“小报”也没有完全被禁绝，说明了它能够满足一定的社会需求，得到了社会的支持。

两宋时期社会上的各种传播活动，由于交通便利，印刷术的普及和发达，也十分活跃。被誊写或印刷复制后广泛传播于社会的，除官办的“邸报”和“民办”的“小报”外，还有榜文、檄文、诏书、大臣章疏、边报、传单等。这其中最值得注意的、影响最大的是“榜”。“榜”是一种由政府部门发布的、以张贴的方式公布信息的新闻传播手段，与唐以前的布告类似。但宋代的“榜”提供信息之及时，使用频率和受百姓关注程度之高，都远超汉唐。和汉唐时代的布告一样，宋代的“榜”通常是用来公布法令的，但也经常用来公布希望公众尽快知道的诏旨、章奏和赏功罚罪等方面的事宜，非常时期，也用来及时向公众公布战讯和群众关心的朝廷政事消息。“榜”的张贴地点大多在居住密集、过往人等较多的内外城门口和市镇的商业繁华地区。从《三朝北盟会编》《靖康要录》等宋人文集和《宋史》中保存下来的大量的“榜”文中可以看出，其内容的新闻信息量是比较大的，时效性也比较强，它成为发行面较小的“邸报”和“小报”的重要补充。

3. 元代

元代国祚很短，只有不到90年的时间，没有来得及建立全国性的官报发行体系。迄今为止，还没有看到过元代官报的实物，公私文献中也没有找到有关发行官报的记载。元代民间流行一种传播媒介“小本”，这种“小本”是民间私自雕印发卖的，内容主要是来自朝廷方面的政事消息。《元史》刑法四所载的禁止“但降诏旨条画民间辄刻小本卖于市”①的条例，所限制的就是这一类“小本”。从内容、形式和发行的方式来看，这种“小本”很可能就是宋代“小报”的延续。

（二）明朝中后期的政治传播活动

1. 明朝的“邸报”发行

明代的“邸报”沿袭了宋朝的邸报和它的发行制度。但是它不是由进奏院负责发行，而是由中枢部门来统一安排封建官报的发布传抄，习惯上被人称为“邸报”。明代邸报的发行和传抄活动，主要通过三个环节：通政司、六科、提塘。通政司的地位相当于今天的中央办公厅。它的作用是“出纳帝命，通达下情”。来自地方和京城官僚的奏章绝大部分都必须经过它，是朝廷政事信息的总汇。明朝统治者对这个部门都极为重视。明朝的六科相当于今天中央的各个部，包括吏、户、礼、兵、刑、工等六科。六科曾一度直属于通政司。它主要管理日常朝廷决策的各项重大政事。在六科要处理的众多政事中与邸报相关的

---

① 《元史》（101卷），中华书局1976年版，第2680页。

活动有两点：一将皇帝看过、做了批示同意发行的奏章公开发抄。二是记录皇帝接见大臣时的谕旨。明代的六科衙门，位于今天清故宫午门和端门之间两廊一带，时称“六科直房”，明代邸报稿件的发抄活动，就是在这里进行。明朝的提塘类似于今天的各省驻京办事处，负责军情及各项文报的呈递下达任务。提塘的一个重要任务就是抄传邸报。明朝的邸报由六科抄出后，经过以下几个步骤发到各地的读者手中：一复制；二通过塘马和驿站传送给省城或驻地的军阵长官；三由省城的有关人员复制后，分送给省城各衙门的一般官员；四由省城的府县人员或从事抄报的专业人员抄出，经驿传分送给府县长官；五到达府县衙门的邸报，除衙门内的正佐官员们传看外，还可辗转抄出，供一般官绅的阅读。

回顾一下明朝的邸报传播活动大致是这样的：通政司汇集各类题奏和地方上报的信息，六科收集和发布有关的诏令和题奏从六科抄出，经过筛选和复制，传发到省，再传到府县，通过辗转抄录，在各级官绅中传阅。明代邸报按日发行，以书册形势出现，字数大约在三五千左右。它的内容大体上包括皇帝的诏旨，皇帝的起居以及有关皇室的各类消息，官吏的任免，臣僚的奏章，军事信息和一些社会新闻。明朝中叶以后，商品经济发达，资本主义开始萌芽。北京的民间传播活动日趋活跃，开始出现了民间的报房和从事抄报工作的专门行业。最初的民办报房，据现在人的猜测很可能是从官方的提塘报房分出来的。民间报房问世以后，它的官方消息人来自六科，或间接地得自提塘的报房，两者的内容基本一致。除了抄报和发行邸报外，民间报房还从事报录、印卖缙绅录、鼎甲单、出版临时性的小本贴等类活动，以增加收入。明代的邸报至今保存下来的有《万历邸抄》《天变邸抄》和《急选报》。

2. 明代传报活动的限禁

明代的言论出版之禁历来很严。对新闻传播活动虽然没有专门的法规，但也有很多限制。《明会典》中规定：“若近侍官员漏泄机密重事于人者，斩。常事杖一百。”“若边将报到军情重事而漏泄者，杖一百，徒一年。”“探听抚按题奏副封传报消息者，缉事衙门巡城御史访拿究问，斩首示众。”①这些禁令都适用于新闻传播活动。

对“邸报”，明代的封建统治者主要抓的是抄传这个环节。《明史·王应熊传》中所说的“故事，奏章非发钞，外人无由知；非奉旨，邸报不许抄传”指的就是这一点。由于臣僚奏章在“邸报”中占有很大比重，控制了这个环节，也就基本上控制了“邸报”的内容。对“邸报”抄传环节的控制，明代各朝的宽严程度并不完全一致。如宪宗成化年间西厂太监汪直掌权时期，主管方面往往以“泄漏机密”为名，诸多约束，对“邸报”抄传活动的控制就比较严。相对而言，万历年间控制的就比较松一些。由于万历皇帝长期不见大臣，不理朝政，大量的章奏被留中不发，科臣们只好把一些未经皇帝阅览批示的章奏直接发抄，曾因此受到禁止，但时禁时弛，并未穷究。天启以后，由于内忧外患严重，明王朝的形势岌岌可危，对抄传环节的控制又明显的加紧。

从保存下来的明代文献中可以看出，天启以后各朝禁止在“邸报”上抄传的主要是涉及军事、刑狱和朝廷机密等方面的材料，尤以涉及军事方面的文件限制最多。其结果是

① 《明会典》，卷一六二，卷二一〇。

“凡涉边事，邸报一概不敢抄传，满城人皆以边事为讳”。[①] 此外，和皇帝及当权大臣观点相悖，公布出去足以涣散人心、动摇统治者权力地位的材料，也在限制之列。严厉限制“邸报”抄传活动，使很多章奏都不能发抄，使广大依靠“邸报”获知朝政和国家大事的官员和在野的士绅们耳目闭塞，信息不灵。

（三）清初和清中期的政治传播活动

清朝的信息传播过程与明朝大致相仿。清朝统治者参考前朝“邸报”的发行办法，继续在全国范围内发行“邸报”。清朝的官报的发行方式也是沿袭了明朝的做法，即经由通政司、六科、提塘等环节，只是它们的分工更加明确了。清代的通政司是收受臣僚题奏的机关，“邸报”刊发出的消息大都来源于此；六科是发抄皇帝谕旨和奏章的机关；提塘主要负责官报的抄传发行工作。清朝的设置比明朝要完善，在“邸报”的发行活动中提塘起了十分重要的作用。清代的提塘分京塘和省塘两种。京塘是各省设在北京的提塘，它的任务主要是收受和转呈地方上报的各类公文和中央各部院发给本省的公文，其次是发行“邸报”。

为了能够及时处理“邸报”的誊录发行等项工作，清朝初年就出现了提塘自设的报房。早期的报房是提塘为了便利“邸报”的发行工作自行建立起来的，虽然得到官方的默许，但没有被正式批准，直到乾隆年间，朝廷才下诏书承认它的合法性。提塘的报房是奉朝廷之命成立的，因为具有官方性质。但从报房的业务工作相对独立、报房的工作人员并无一官半职、体制上和各督抚及兵部均无关系、只对提塘个人负责等方面来看，又似乎是非官方机构，因此它是半官方机构。到清朝中后期，民间报房出现并盛行，清朝的“邸报”被习惯的叫作京报。印刷它的报房因而也被称为京报房，大多在北京。京报的内容基本上是宫门抄、上谕和奏章等三大部分。京报的全部稿件都来自内阁和科抄，没有报房自己采写的新闻，也没有任何评论。编辑工作十分简单，把收到的宫门抄、上谕、章奏大体分类一下，照发就行了。在近代化报纸产生以前，民间报房出版的这种京报，是臣民们获知朝政和国家大事的主要消息来源，读者可以从中寻找自己所需要的、所关心的和感兴趣的各种信息。报房出版京报，旨在盈利，其读者主要为朝野的官绅和士大夫知识分子，市井小民只是少数。

清代的提塘也发行过小报，内容主要刊载提塘官们和提塘报房刷写报文者们采录的消息，目的是为有关省份的官员们提供更多朝廷的消息。清代的小报主要见于清初的顺康雍乾四朝，其公开发行，没有受到当时朝廷的查禁，在一般官员的心目中，它被视为以科抄为主要内容的正式官报的一种补充。小报受到当局注意和限制起始于康熙末年。当时曾经以上谕的方式禁止小报的发行，但没有效果，直到雍正、乾隆两朝小报才被完全禁止。小报之所以受到当局的限禁，是因为出现以下三种情况：一是小报往往是先于部文到达地方，使获罪的官员得以逃避刑罚；二是小报报道了失实的消息；三是小报刊发了未经六科发钞的奏章。

清朝的民间小报最后未能够兴起，一方面是当朝的统治者严加控制、禁限的结果；另

① 文秉：《烈皇小识》(卷六)，神州国光社 1946 年版，第 163 页。

一方面是小报自身没有一个专业且懂当局政治的人来把关，出现消息失实。另外，清朝这三代的文字狱也最为严重，甚至是严酷，对提塘小报的禁止也是在这种情况下进行的。经过康熙、乾隆、雍正三朝，提塘小报基本上被全禁了。一个新生事物的产生，成熟需要一个好的环境。报纸的产生更是需要一个良好的舆论环境和政策的支持。小报当时所处的环境是高压集权的封建专制制度，孤立无援，它的生存空间狭窄，最后连呼吸的空间也被剥夺了。闭关锁国时期中国的封建专制主义达到高峰，凡不利于当朝统治的一切行为和事务，全被扼杀。在这样的情况下，中国的古代没有兴起报纸，也没有建立传播制度，中国的传播活动和传播经验都是散见于一些文章文献中。

清代是皇权高度集中的皇朝，日常的政务活动最后都听命于皇帝。官报的抄传发行工作也是这样。谕旨和臣僚奏章，哪些是应该发抄的，哪些是不应该发抄的，都由皇帝决定。清初的几个皇帝都很重视邸报抄传这个环节，能够批红下阁经过六科、提塘，以邸报方式抄传出去的臣僚奏章，只占全部奏章的三分之一。这些发抄活动逐日进行，和这些发抄活动相关的官报发行活动多数情况下也是逐日进行的。基本的内容是宫门抄、上谕和臣僚的奏章三大块。

回顾清代初期和清代中期的传播活动，经历了由提塘及其报房发行官报，到部分抄报人从提塘报房分离出来，创设民间报房，发行民办报纸的这么一个过程。乾隆以后的一个时期，曾经是清代民间报房的飞速发展时期。它们发行的京报等报纸，曾经为朝野人士所倚重，但是没有多久就逐渐地趋于衰弱。清代的民间报房及其所办报的没落，其历史背景，是海禁大开，封建闭关锁国政策被打破，西方资本主义经济打进中国市场。主观上由于官方对这类报纸控制得很严，办报人除了照录科抄和牌示之外，不能越雷池一步，再加上当时的近代报纸的兴起，清朝的封建官报也随着清王朝结束的钟声退出了历史舞台。清末近代报纸的诞生与发展，宣告了清代官报和民间京报的结束。社会制度的变迁，导致了它内部的传播制度也跟着改变。中国近代报纸在中国的危难时刻肩负复兴中华民族的使命兴起。它的发展和壮大不可阻挡。

三、封建社会政治传播的特点

(一)朝廷决策传播为主

朝廷决策传播主要是通过政治信息的交流和意见的表达来实现的，而这在封建社会朝廷的四种决策方式中都有不同的体现。四种决策方式是指皇帝批示直降有司、御前决策会议、宰相决策会议，百官决策会议。前两种皇帝在现场；后两种皇帝不在现场。

皇帝批示直降有司，是指皇帝批阅百官奏章疏报，直接决定国事，然后交付有司执行办理。其信息来自呈奏章的官员，决策仅仅由皇帝本人进行。秦始皇经常使用此种决策方式，根据“齐人徐市等上书”，他作出了“遣徐市发童男女数千人，入海求仙人”的荒唐决策，根据燕人卢生所奏图书谶语“亡秦者胡也”，他作出“使将军蒙恬发兵三十万人北击胡”这一错误的重大军事决策。唐宋时期，实行三省制，皇帝运用这种决策方式大为减少。唐宋的三省制，是中书省负责起草政令，相当于皇帝的秘书班子；门下省掌出纳帝命，拥有对中书省草诏的审核权，即所谓“主封驳”；尚书省负责具体贯彻政令。但皇帝独断的决策方式从未废弃。皇帝私下的批示，即所谓"斜封墨敕"，或"内批""御批"，以秦汉明清为甚。两千年间，皇帝直接批阅文武百官的奏章疏报，是朝廷决策的基本方式之一。这种决策方式的传播，在明清两朝都没有变。从信息的供给，到决策的作出，即信息源—决策者—传送者—读者，信息与意见的流通都是单线的，传播范围极小。

御前会议决策，是由皇帝每天或间隔数天，会见大臣和有关职事官，讨论日常政务或决定重大政治、军事行动，皇帝"听政"，而后作出决断。这是"兼听独断"的决策方式。秦汉时代的御前会议，是那些由皇帝召集，有公卿、列侯、二千石以及大夫、博士等人参加的朝会，属于"朝议"的一部分，举凡立储、宗庙、典礼、分封、爵赏、刑狱等等一切军国大事，均在朝议之列。汉武帝时一次朝会，为是否设置朔方郡发生廷争。主张设置朔方郡的汉武帝，耍了一个小花招，让中大夫朱买臣诘难公孙弘，阐明设朔方郡之便。朱买臣在朝会上慷慨陈词十条理由，公孙弘无言以对，最后汉武帝拍板设置。

唐代的御前决策会议称为"常参"，一般每日或隔日举行。倘若事关重大，需要保密，或者奏事官所奏问题涉及出席常参的官员，则在常参会议结束，百官退出殿堂之后，皇帝再与宰臣及奏事官另行议决。这时，议决的问题更重要，信息、意见交流圈却缩小，也就更容易出现问题。

御前决策会议制度，或者说朝议制度，虽说是制度，但因皇帝勤惰不同，实行结果也不大一样。以明朝为例，明太祖、明成祖等比较勤奋的皇帝，每天都上朝，并且还有早、午(晚)朝之分。但明穆宗隆庆六年(公元1572年)，"诏以三、六、九日视朝"，表明常参已不是每天举行了。至于像明世宗(嘉靖)、明神宗(万历)等二三十年不上朝，则说明御前会议实际上已被废弃了。

宰相决策会议与百官决策会议，皇帝都不到场，但事先必须经皇帝批准才能召开。在通常情况下，宰相或者有关大臣在接到皇帝的指令后，便可召集朝会(朝议)。由于与会人员的等级差别，所以，可以分成宰相决策会议和百官决策会议两个档次。这两种朝会，议定的决策方案，由宰相或主要官员上奏皇帝，皇帝批准后颁降有关部门施行。百官会议规模更大，唐朝时有时扩大到在京的九品官员。百官会议是在遇到疑难的军国政务，御前会议和宰相会议都未形成决断的时候召开，目的是在更大的范围内集思广益。唐高祖武德九年(公元626年)，太史令付奕上疏请除佛法，由于事关重大，"上诏百官议其事"，经过百官集议之后，形成折中的对策，即减少寺观，淘汰不合格的僧尼。这样既不对佛教造成摧毁性的打击，又大为减少"沙门、道士苟避征徭，不守戒律"的现象。

唐代的百官会议没有定期，与会人数也不固定，只要皇帝认为有必要，即令召开。会议地点在尚书省，一般都有宰相主持。讨论的结果由宰相以中书门下的名义具状上奏。如果与会者意见一致，则需要在进状上联署；如有不同意见，则允许单独具状进奏。百官会议的决策方案，只是供皇帝参考。只有得到皇帝批准，才能成为正式决策。

宋袭唐制，又有所发展。孝宗初年曾一度命令侍从、两省官每天到都堂集议一次。皇帝在看到集议结果的奏札后，或者口头指示，或者书面批示给两府长官。两府长官与其他相关的长官起草"圣旨"，最后一起押字。为防止漏洞，规定还要向皇帝复奏。皇帝详审"圣旨"确实无误，便通过二府一下达有关机构或州、县执行。

明太祖废丞相和中书省，因此，明代无宰相会议可言。明代的百官决策会议，叫作

"廷臣集议"，简称"廷议"。清朝初期，满洲亲贵大臣们拥有决策权，议政王大臣会议(自康熙中期改称议政大臣会议)，是决策的一种形式。至雍正、乾隆，其决策权逐步被削夺。清代的议政决策会议还有阁议、廷议与九卿三种形式。阁议是指内阁大学士与协办大学士议决国政的会议。廷议，即"廷臣集议"，奉旨举行，与会者包括大学士、六部尚书、都御史、亲王、正副都统等。所议内容，偏重军政大事。九卿议。层次低于阁议与廷议。九卿，指六部尚书，都御史、通政使、大理寺卿，通常是议某些具体问题，如铸币之类。

无论是明清的官报还是"邸报"，它们的内容几乎都是朝廷的消息，很少有民间的消息。这些内容包括皇帝的诏书、起居以及皇室的各类消息，官吏的任免，臣僚的奏章，军事信息，一些天灾的报道等，主要还是集中在朝廷的各类消息。明朝的"邸报"、清朝的京报中参与传播的三个机构通政司、六科、提塘的任务是抄录朝廷的各项决策，把皇帝的诏书、已经被皇帝同意发布的臣僚们的奏章和皇帝接见大臣们的谕旨，通过通政司、六科、提塘由上往下进行传递。整个过程上下的运作体现出皇权高于一切。皇帝是国家重要信息的最终汇集处，也是运用重要信息的最后决策者。

明朝的邸报基本上也是以各级抄报人手写的方式传抄。明朝的封建统治者对新闻传播活动控制很严，主要控制的也是抄传这一环节，但是控制的情况有严有松。明宪宗成化年间对邸报的抄传活动控制就比较严，万历年间就松一些，当到了明皇朝形势危急的时候，对邸报的控制又开始加紧。如果一些重要的"军机"被传发出去，将会涣散人心，严重者将会动摇统治者的地位。明朝最后一个皇帝严格控制军事失利的消息和有关清方秘密议和的消息。一有泄漏，被发现立即处死。这种为了保守机密，稳定人心的做法，虽然有一些作用，但是也使老百姓和作战的前方将领对军国大事和朝政消息一无所知。最后，当敌军攻进的时候，上下恐慌，一片狼藉。所以，这种闭目塞听的做法在封锁敌人的同时，也封锁了自己。

皇权高于一切造成政治传播的异化。封建社会所形成的政治传播的特点是由于国家的一切都由皇帝来批准或否决，所以在一切决策中，都体现了皇权至上。传播为政治服务自然也是如此，尤其是因为所有的策略都取决于一个人，加上中国皇位的终身制和世袭制，规定了皇帝权力的不可分割性和不可转让性，这就使得在中国几千年的历史中出现了许多被褓小儿、低能白痴以及素质很差的人当最高统治者的现象，导致法定的决策程序都被打破。中国历代王朝都在不同程度上出现过后妃临朝、宦官专权的现象。这两种现象打破了政治决策传播的正常秩序、法定程序。明朝宦官专政，清朝同治、光绪年间，慈禧太后垂帘听政，这些现象是高度的集权主义难以避免的。后妃与外戚结成利益集团，同时形成了一个狭小的信息圈和非法的决策圈；这个信息圈垄断、并以非法手段获取一些信息，有时还会制造虚假信息。这个信息圈或者影响皇帝决策，或者代替皇帝决策。宦官由于朝夕生活在皇帝和后妃的身边，是接受他们信息最多，而又向他们传播信息最频繁的一群人。他们一旦得到皇帝的宠信，在政治决策和政治传播中所起的作用是很大的。

(二)上情下达的模式

朝廷决策依赖于对信息的掌握，特别是对全国各地情况的了解。朝廷了解下情的渠道主要有地方上报、各级官吏奏报和皇帝出巡。地方上报制度是朝廷了解全国情况的基本制度。上报制度经宋元明清，日益健全，特别是上报内容涵盖面越来越广。康乾时代，各地要定期向朝廷汇报雨雪、年景及粮价情况。甚至要报告各种粮食的价格，是属于价昂，还是价平、价贱，以及与上月相比是涨是跌等，这些情况成为朝廷制定救灾平籴或蠲免钱粮政策的依据。

从战国起，就出现上计制度。官员将一年内的任职目标，诸如户口统计，垦田与租赋预算、库藏指标治安状况等，写在木券上面，称为“计书”，岁首上交国王，国王将木券剖分为二，臣下执行左券，右券留在国王处。地方上报情况，主要途径有两条：一是专使入朝，通常一年一次；二是通过驿传制度传递。这里主要介绍通过驿传制度传递。明清报纸的发行基本以驿传制度为基础，各级官吏奏报，也是朝廷了解下情的一条重要途径。无论是专使入朝还是通过驿传传达消息，一些开明的皇帝都强调信息渠道的畅通和确保信息的真实。除了依靠地方上报和官员临时奏报以外，皇帝巡行全国各地，也是了解下情的一条补充办法。说其是补充办法，是因为皇帝巡行并不是定期进行，更不是所有皇帝都用巡行的办法了解下情。清代皇帝中，康熙和乾隆最爱巡行各地。康熙出巡，均重视“周览民情，察访吏治”。他多次南巡，都与治河有关，视察河工，撤销不称职的漕运官吏。康熙说过：“臣下之贤否，朕处深宫何由得知，然朕不时巡行，凡经历之地，必咨询百姓，以是知之。”乾隆皇帝在位63年，先后出巡百余次。自1751年起，曾6次南巡江浙，“其目的在于借奉母游览名胜之名，问俗观风，了解民间疾苦，考察吏治、戎政、河务、海防，召见加恩江浙缙绅，蠲免积欠钱粮。甚至移风易俗，以兴利革弊、宣扬圣恩，争取江南缙绅士民的支持，确保清朝财政主要来源的江浙地区的稳定。”

然而，这种“皇恩浩荡”的巡行，沿途兴师动众的接驾，自然会有碍真实信息的传播。所以，皇帝巡行了解下情的广度和深度，就会大打折扣。即便有地方上报制度，官员奏报制度，最高统治者还是可能得不到真实的情况。重要的信息为阴谋集团所控制，皇帝在信息世界中成了孤家寡人，这就是中国封建社会中历朝都有过的悲剧。

（三）监察信息的传播

政治需要监督，权力需要制约，否则就会腐败丛生。中国古代先贤们也很早就认识到这一点。封建君主制的国家，除至高无上的皇帝外，还需要一支庞大的官员队伍来支撑。如何监督这支队伍，使他们忠于职守，效忠朝廷，为国家的长治久安服务，自然是历代帝王孜孜以求的。

监察机构是监督官吏的机构，监察官员是监督官吏的官员，是“宪官”。中国是世界上最早建立监察制度的国家之一。早在先秦时期，中国就开始出现了监察活动。秦汉以后，出现了系统的监察制度。商周时期，天子不能直接干涉诸侯国的内政，但可以派出使臣，对诸侯实行监察。当时所派的使臣称为监官，其正式名称为监国。但先秦时期的监察职能，主要还是由天子或诸侯亲自执行。这种监察方式的特点是行政首脑兼监察官。

明清时期是封建监察制度进一步严密的时期。在这一时期，御史台的名称改为都察院，谏官组织的名称改为六科给事中。到了清代，六科给事中并入都察院，成为都察院下属机构，简称“科”。都察院下属的御史机构主要为十五道，简称“道”。科道的合一，使封建皇权对监察机构的控制更加严密。明朝统治者为了加强封建专制皇权，建立了一系列的特务组织，如锦衣卫、东厂、西厂、内行厂等。这些特务组织是监察机关的辅助机构，是宫廷的侦查机关，但后来这些特务机构胡作妄为，官民恐惧。“厂卫”和“宦官”二词在当时成为凶恶、残暴的象征，反过来成了危及明王朝的痼疾。

中国封建社会的监察制度历史悠久，实践丰富，也出过一些出色的监察官员，但由于它存在一些明显的缺陷，因而不能更好地发挥作用。如监察机构的职权不能明确划分，监察机构庞杂混乱；监察人员在执法时，得不到法律的保护，等等。最大的问题是，皇权的至高无上常常成了监察信息的传播和利用的最大障碍。为了更好地统治国家，巩固自己的地位，统治者们也是费尽心思，各种方法都用上了。但是在这个封建制度长达两千年的国家里，要建立一种有效的、能够使上情和下情都顺利通畅的信息传播制度是不可能的。

中国古代政治传播历史悠久，实践丰富。在决策传播中有御前会议、宰相会议和百官会议，使信息和意见的交流在一个比一个更大的信息圈中进行，起到集思广益的作用。三省制的确立，使政令的起草、审核和执行分开进行，使得任何一个小的信息圈(常常也是一个小的阴谋集团)，难以一手遮天，这些都是中国古代政治决策传播中的优越之处。中国很早就形成比较系统的下情上报制度和监察制度。特别是监察信息的传播，在中国古代历史中有很多值得研究的内容。监察思想之独到、监察机构之健全、监察规定之周密，监察官员之刚正不阿(有“死谏”气概)，在中国许多朝代中都有可能找到实例。但是，中国两千多年的封建社会中，皇权至高无上，皇帝的“金口玉言”可以推翻法律。这种专制主义，始终占据统治地位。因此，一个朝代的政治决策，是否沿着法定的和比较科学的程序进行，监察信息能否无阻碍的传播，都取决于皇帝的贤愚优劣。在皇帝不贤不优或小儿皇帝无能力治国时，各种阴谋集团，也就是不同的信息集团，兴风作浪，使阴谋政治拉开了序幕。历史证明，信息圈与法定的决策圈相一致时，政治就清明；信息圈与法定的决策圈不一致时，政治就腐败。经常出现少数人垄断某些重要信息，使得他们得以进行不应由他们，或不应只由他们进行的重大决策。这就是阴谋政治的特点。

皇帝是国家重要信息的最终汇集处，也是运用重要信息的最后决策者。但历史证明，恰恰是因为皇权至高无上，最终破坏了信息的上达和利用，使信息最灵通者常常成了闭目塞听者。现代民主社会消除了这样的信息独享、独用的特权者，法律保证各种信息在法定的各个信息圈中交流和利用，这样就最大程度地消除了阴谋集团得逞的可能性。

第二节　中国近代政治传播

一、中国近代报刊的出现和政论报刊的形成

(一)以外国人在华办报活动为开端的中国报业

1841年1月，清钦差大臣琦善擅自与英军签署《穿鼻草约》，香港被英国侵略者所占据，接着大量的英国移民涌入香港，使该地区的外国侨民跃居全国首位，为其在港办报提

供了极其便利的条件。因此，鸦片战争后，外国人在华办报的第一个重要基地就是香港。香港在1841年到1861年间先后出版英文报刊17种，当时在香港最出名的报纸是《遐迩贯珍》。但是在第二次鸦片战争后，上海发展成外国人在华办报的中心。1861年至1895年间上海出版的报刊是香港的四倍，影响力也超过了香港。这一阶段的报纸，香港和上海都以商业性报纸为主流。《申报》和《上海新报》代表了当时报纸的主流。就这样外国报业在香港和上海发展起来后很快遍及全国。在一个不算长的时间内，外报独占中国报坛，形成了一个以上海、广州为中心的在华外报网。

为什么中国的报纸史是由外国人在华办报活动开启的，而不是以中国自己的办报事业为开端？这跟当时中国自身的政治经济发展状况和世界格局都有着紧密的联系。

第一个原因是中国的经济水平并未给报业发展提供土壤。18世纪中叶，中国仍处于清王朝统治的封建社会。自然经济依然占据着统治地位，自给自足的生产方式并未对科技的发展产生动力，同时对外国的先进技术不以为然，对外长期实行闭关锁国政策，与外面的交往很少。当国人沉醉在"天朝上国"的美梦里时，西方资本主义迅猛发展，以英国为首的国家率先进行资产阶级革命，政治上冲破封建束缚，走上资本主义道路。18世纪60年代又开始了工业革命，以机器大工业代替工场手工业，生产力大大提高，科学文化大大发展。为了满足资本主义迅猛发展的需要，以英国为首的资本主义列强掀起了殖民扩张的高潮。18世纪末英国统治了印度，转而把目标对准地大物博的中国，抢占广阔的中国市场，在尚无足够能力的情况下，一面通过走私和非法贸易进行经济上的侵略，另一方面通过传教、办学、行医以及出版书报等方法进行文化渗透。

第二个原因是中国高度集权的封建君主专制制度阻碍了报业的发展。在中国的京报还默默地、忠实地传抄朝廷的谕旨、奏章等官文书的时候，西方的报纸，以传教为名，带着统治者入侵的任务，为侵略者摇旗呐喊，进入了中国。自1815年后，外国传教士在中国境内和南洋出版的中文报6种，出版时间最长的是由英国传教士米怜在马六甲创办的中国近代史上第一份近代化报刊《察世俗每月统记传》，历经6年；在中国境内出版的中文报刊时间最长的是《东西洋考每月统记传》。除了这两个影响比较大的报纸以外，外国人办报的地点局限在广州和澳门。葡萄牙人办的《蜜蜂华报》是中国土地上出版的第一份外文报刊；在广州出版的《广州纪录报》《广州周报》《中国丛报》是商业报纸，以刊登商情信息为主，同时也很注意报道中国新闻。

鸦片战争后在华外报迅速发展，并与西方殖民势力的入侵和扩张同时进行。这些来华的外国人怀着侵略的野心，带着传教的目的，更多的是想寻找发财的机会。在华外报都有强烈政治目的，绝大多数是为西方殖民主义侵略者服务的，是外国侵略者的舆论工具。在华外报迅速占据了中国报坛的垄断地位，从文化上积极配合侵略者。这些报纸中，英国报纸的侵略性最强，反华的叫嚣也最露骨。从鸦片战争到甲午战争前，外国人在中国创办了约180种中外文报刊，这一时期的外报在宣称办报目的时，大多谈其为公众通信息、广见闻的宗旨。史实证明，外国人在华的办报活动，本身就是列强侵华活动的一部分，外国人在华的报刊总体上是为资本主义列强侵略中国服务的，是列强侵略中国的舆论工具，其表现为：为武力侵华、政治说辞提供了情报；为英国倾销鸦片政策辩护；报业本身的经营也是一种凭借特权的经济侵略活动；宣传西方文明，进行西化，为列强对中国的文化征服服务。

尽管如此，在华外报对中国的报业发展还是具有积极意义的，主要体现在：第一，外报的出版客观上促进了中西文化的交流。西方国家在18世纪以后科学技术得到了突飞猛进的发展，中国则停滞不前，明显落后于西方，这些外报对科学文化知识的介绍客观上促进了中西文化的交流。第二，外报的实践有助于中国民族报业的发展。近代报刊为资本主义社会的产物，它们与中国报刊的完全不同之处在于独立撰稿权，记者和编辑可以自行采写新闻，发表评论。这种体现民主精神的办报方式在严厉的封建统治下是不可能实现的，西方殖民者强行进入中国之时也将近代报刊带来了中国，这些先进的办报经验也为中国培养了第一代新闻工作者。

(二)洋务派与他们的政治传播观念

19世纪40年代至70年代，中国朝廷的一些开明官员和当时的知识分子组成中国的洋务派。洋务派虽然学习西方，但基本上还是停留在学习外国先进技术方面，坚持“中学为体，西学为用”的思想。主张中国人自己办报，反对允许外国人在中国办华文报纸，以郑观应为代表的激进派提出了不同程度地向西方学习资本主义的社会制度的变法要求。在他们的著作中都一致提到办报的主张，为后来的维新变法运动做了舆论准备。当时他们主张办报一方面是把报纸当作一种学习知识的工具，另一方面办报本身是一种政治要求。他们在论述报馆的意义时，无一不强调报馆作为“通上下之情”的工具的作用。这种求“通”的要求，实际上是主张给民族资产阶级以一定的政治自由，允许他们有提出意见和建议的权利。他们要求打破“防民之口甚于防川”的封建政治言论统治，主张办报是为了给他们以议论政治的权利。同时他们也提出了一定的监督政治的要求，主张“大小官员苟有过失，必直言不讳，不准与报馆为难”，即报纸要论政和实行舆论监督，但是这些先进的政治传播思想未能实现。清王朝虽然在设同文馆，组织译书，对于“广见闻”那样的意见可以容忍，但对于允许民间议政和实行舆论监督的主张坚决不可能接受。容闳、艾小梅身体力行，但都很快失败了。

对我国近代报业作出了巨大的贡献的是王韬创办的《循环日报》。1873年，著名的改良派人物王韬与容闳几乎同一时间办起了《循环日报》。《循环日报》是中国近代最早期的宣传资产阶级改良主义思想的报纸，该报以“强中必以攘外，诹远以师长，变法以自强”为宗旨。他指出“穷则变，变则通”，主张在政治上建立一个君民共治的国家，在经济上发展工商业，在外交上维护国家主权和独立。这种报纸既有别于以传上谕、刊发奏章为主的古代报纸，又有别于遗传教义、刊载商情为主要内容的在华外报。它首创了一种以政论为灵魂的报纸。王韬办报以立言为目的，在主办《循环日报》期间写了大量的政论，利用报纸纵论中外形势、直陈时弊、褒贬得失。王韬撰写的文章政论立场鲜明、短小精悍、深入浅出、通俗易懂，后来发展成为一种新的报章文体。他的政论文章后汇编为《弢园文录外编》，这种办报方式也对当时的报业和以后的维新派的办报活动有很大的影响。这是典型意义上的有中国特色的政治传播，以文载道。当这种有鲜明政治主张的文章在报纸上公开发表的时候，传播范围和影响力都是巨大的。

二、中国近代史上的政治家办报高潮

(一)维新变法运动与第一次办报高潮

虽然针对一些具体问题提出了一些改革主张，但是王韬等早期维新思想家还没有形成完整的变法理论体系，这也限制了政论报刊的更大发展。当时政论报刊的水平基本停留在王韬《循环日报》这一层次，而且社会上办报的热情也没有被激发出来，国人办报的高潮是在甲午中日战争后。甲午战争失败后，中国的爱国人士受到极大的刺激。战前较为微弱的变法维新的呼声迅速发展成一股汹涌的社会思潮，并导致了一场全国性的维新运动。

在维新运动中，报刊起了重要的推动作用。以康有为为代表的资产阶级维新派大力宣传维新思想，促进变法活动的开展，从一开始就很重视报刊宣传。从康有为的《中外纪闻》到梁启超的《时务报》，再到严复的《国闻报》，中国第一次国人办报的高潮出现了。第一次国人办报的主流则是宣传变法维新思想的政论性报刊。维新派的主张是把报刊作为维新变法的重要手段，是变法的舆论阵地。当时著名的报纸还有湖南的《湘报》《知新报》，它们都在自己所处的地方为新思想的宣传作出了重要的贡献。在当时影响最大的是1896年梁启超在上海创办了《时务报》。该报是旬刊，以“域外报译”为主，同时开设言论栏目，是维新派最重要的舆论阵地，在《时务报》连载的维新变法的代表作《变法通议》，第一次全面而系统地论述了维新变法的主张，成为维新变法运动的政治纲领，也是戊戌变法期间最重要的代表作。《变法通议》由《〈变法通议〉自序》《论不变法之害》《论变法不知本源之害》《论科举》《论女学》《论译书》等二十多篇论文组成。其中《〈变法通议〉自序》《论不变法之害》《论变法不知本源之害》等篇中阐述了“法何以必变”的原因。梁启超指出：“凡在天地之间者，莫不变。”他上引历史，下述现实，举东西方各国之例，论述了“故夫变者，古今之公理”①。他还进一步指出法应如何变的问题，分析了变法中的本原之害，“吾今一言以蔽之曰：变之本，在育人才；人才之兴，在开学校；学校之立，在变科举；而一切要其大成，在变官制”②。他认为官制是需要变法的根本原因，可谓击中要害。在《论科举》《论女学》《论译书》《论学会》《论师范》《论商务》等各篇中，他论及当时政治、经济、文化、教育、军事等诸方面的问题，全面系统地将维新派的变法思想介绍给广大受众，推动了社会维新变法运动的开展。

梁启超的新闻思想主要体现在代表作《论报馆有益于国事》中，他在文中提出“去塞求通”的观点，认为报馆有耳目喉舌的作用，主要宣传进化论，倡导学校废科举，设议院兴民权，发展民族资本主义，揭露帝国主义罪行，呼吁捍卫民族独立。该报在具有资产阶级倾向的士大夫知识分子和统治阶级中的爱国分子中引起了很大反响。该报是当时发行量最高、影响力最大的国人报刊，发行量最高达1.7万份。由上文中我们也可以看出梁启超写的政论主要内容是阐述康有为托故改制的变法理论，宣传变法的必要性和紧迫性；宣传

---

① 梁启超：《变法通议》(自序)，时务报，1896年8月9日。

② 梁启超：《论变法不知本原之害》，时务报。

“开学校、变科举”是当务之急；宣传发展民族资本主义工商业，和列强进行商战；提出实行君主立宪制，抨击封建专制主义制度；对帝国主义侮辱中国人民的言论和侵犯中国领土主权的行为，表示了强烈的愤慨。《时务报》的变法宣传在全国引起强烈的反响，成为中国历史上第一份问世不久即风行全国的近代报刊。梁启超撰写的政论文痛陈爱国救亡，呼吁变法维新，言论新颖，文字畅达，在爱国知识分子和一部分开明官僚中引起强烈的共鸣，被称为“时务文体”。

维新派的办报活动对我国近代新闻事业的发展作出的贡献主要体现在：首先，维新派的办刊活动冲破了封建统治者的言禁。维新变法是新兴的资产阶级及其知识分子向中国2000多年的封建政治、中国思想和文化体制发出的一次重要冲击。封建文化的统治地位开始发生动摇，社会思想文化结构发生了重大的变化，中国文化开始步入近代领域。西学和新学是维新派冲击封建思想文化的武器，而报刊则是传播这种武器的主要载体。它向当时的读者进行了近代民族主义和爱国主义的教育，向读者进行了资产阶级思想、文化的启蒙教育，冲破了封建统治者对报刊言论出版的禁限。维新派报刊以其鲜明的时代性、新颖的思想性和丰富的知识性大大提高了近代报刊的声誉和社会地位，使近代报刊成为近代思想文化的重要载体。其次，维新派的办报活动开启了政治家办报的先河，提高了报业和报人的社会地位。在维新变法之前，中国的知识分子还是固守“学而优则仕”的思想，从事报刊活动的多是只有迫于生计的落魄文人。由此一来，报纸在一般的士大夫和知识分子眼中也成了不务正业之举。自从康、梁办报后，报刊从文笔到思想高度得到了彻底的颠覆。他们充分利用了报刊开通民智的功能，通过报纸大力传授“新学”和“实学”，并且还专门办了一批“讲求中西有用诸学”的“学报”，把自己的思想全倾注于报刊。他们不仅开启了我国政治家办报的先河，也使整个报业和报人的地位得到了提升。

（二）中国民族资产阶级与第二次办报高潮

1900年以孙中山为首的中国资产阶级在香港创刊的《中国日报》，标志着中国资产阶级革命派办报活动的兴起。《中国日报》作为第一个资产阶级革命团体——兴中会的第一份机关报，是最早宣传资产阶级民主革命的报纸，主要揭露清朝政府的无能腐败，宣传资产阶级民权思想，介绍英法等国的资产阶级革命的历史。《中国日报》不仅是革命党人的宣传舆论阵地，也是他们的重要活动据点。多次武装起义的策划、组织和联络工作，就是由报馆内进行的。中国资产阶级革命团体的壮大和革命运动的发展促进了政论报刊的繁荣，在1902—1905年出现了20多种进步性的报刊，除了留学生在资产阶级革命初期创办的重要报刊，我国境内也出现了很多充满革命激情的办刊，《苏报》就是其中的代表。由它引发的“苏报案”在中国报业史上具有重要意义：1903年6月，《苏报》刊登了由章太炎作序的邹容的作品《革命军》，同时又刊登了章太炎撰写的《康有为与觉罗君之关系》，直骂清朝政府。《苏报》这样肆无忌惮地鼓吹革命，引起了清政府的恐慌。租界当局受清政府之托逮捕邹章二人，并查封了《苏报》。由于英法租界的介入，清政府通过审判来调停此事。邹容和章太炎在法庭上慷慨陈词，把法庭变成了宣传革命的讲坛。邹容和章太炎成了革命英雄。《革命军》一书大大畅销，革命的思想得到了广泛的传播。论战和这种审判都从另一个侧面传播了资产阶级的革命思想。

历史总是在矛盾的推动下不断向前发展。戊戌政变后逃往到日本的康有为和梁启超在海外成立了保救大清皇帝会(简称“保皇会”)，积极地开展办报活动，创办了一大批的报纸，大张旗鼓地宣传保皇立宪的思想和活动。保皇会在海外的办报活动促使中文报刊在日本、美洲、澳大利亚、南洋及我国的港澳地区得到了很大的发展，其中最有影响力的是《清议报》和《新民丛报》。与此同时，随着资产阶级革命进入高潮，革命报刊的宣传进入普遍开展的阶段，革命报刊的勃兴以同盟会机关报《民报》的创刊为起点。孙中山创办《民报》的使命就是使三民主义灌输于人心。《民报》创刊后，为了扫除革命发展的思想障碍。他主动请战与《新民丛报》展开论战，全面反击《新民丛报》对革命的污秽和批驳其散布的改良立宪主张。论战主要涉及三个方面：一是要不要反满和以暴力推翻清王朝；二是实行民主共和制还是君主立宪制；三是要不要改革封建土地制度。这场论战持续了一年多的时间，最终以《新民丛报》停刊，《民报》大获全胜而告终。这场论战使得资产阶级思想得到了广泛的传播，为辛亥革命做了组织上的准备，也使很多支持改良派的人转变了立场，当然也促使了革命派报刊的发展。1905 年 8 月 20 日，同盟会成立后，革命派开始更多地致力于国内民主革命的动员和组织工作。革命报刊宣传的中心由海外移向国内。到 1911 年武昌起义前，革命宣传工作已基本在全国展开，其中以上海、香港、广州、武汉等几个地方最为活跃。上海是这一时期的国内革命报刊宣传活动的中心。于右任是当时最著名的报刊活动家，他在革命期间先后创办了《神州日报》《民呼日报》《民吁日报》《民立报》，《民立报》成为同盟会的机关报，《民呼日报》《民吁日报》和《民立报》历史上称“三民报”。这些报纸用比较委婉的方式宣传革命，前仆后继地和清政府作斗争。辛亥革命时期以孙中山为代表的资产阶级革命报人的办报思想也在这是成熟起来。革命派人把报纸看成是自己的舆论工具，认为它是政治斗争的锐利武器。从政治的角度承认报刊的党派性，主张利用报刊宣传革命的纲领和政见，同时坚信他们的报纸代表人民的意愿和利益，是社会的公器，把报纸作为制造舆论不可或缺的工具。

同样值得注意的是梁启超在这一时期的办报思想。戊戌政变后，梁启超在国外办报的同时借用西方资产阶级的政治理论和新闻理论对他的新闻实践进行了研究和总结，根据亲身的体会，在报刊功能、办报原则、健全舆论、宣传方法等方面提出了新的观点：第一，提出报馆的“两大天职”，即“监督政府”和“向导作用”。第二，提出办报的四条标准：“宗旨定而高”“思想新而正”“材料富而当”“报事确而速”。第三，提出健全舆论的主张。报馆要造成健全的舆论必须具有五要素：一曰常识；二曰真诚；三曰直到；四曰公心；五曰节制。第四，提出了宣传的方法。为了强化宣传效果，梁启超总结出两种宣传方法，即浸润法和煽动法。梁启超这时的新闻思想是早期资产阶级维新派报刊理论的继承和发展，也是他新闻实践的概括和总结，此时他的新闻思想已经进入了资本主义新闻思想体系，为中国资产阶级新闻思想的形成奠定了基础，也为后来的中国革命派人士所借鉴。

在中国传统的政治思维与实践中，政党政治生存的土壤不足，“漫长的封建专制统治排除了政党存在的可能性。只有到了民主政制代替专制君主政制，社会的阶级利益有了日益明显的分野，政治权力日益成为一种可以用来实现一定利益的力量时，政党现象才得以产生。历史的力量从商品生产领域中带来了自由、平等的经济原则，政党的竞争便是这种经济原则在政治生活中的生动体现"①。1905年中国同盟会的成立以及各种立宪党派团体的成立，揭开了近代中国政党政治的序幕，而中国政党开始大规模涌现，则是在辛亥革命之后。1911年的辛亥革命推翻了满清政权，结束了中国几千年的皇朝专制统治，引进和实践现代政治理念，迈出了探索民主政体发展道路的步伐，很大程度上扭转了人们对党派的阴暗心理。近代中国的政党政治也开始蓬勃发展起来。随即出现了"集会结社，犹如疯狂，而政党之名，如春草怒生，为数几至近百"②的壮观景象。据研究统计，迄于1913年底，新兴的公开党会共682个，其中政治类的就有312个。③ 政党政治是近代国家民主政治的基本要素，在一个大国中，没有良好的政党政治，民主政治的运作是难以成功的。民国初年出现的前所未有的"政党热"，形成了中国社会近代政治发展的"新气象"，开始了有声有色的政党政治的实践。各阶级、阶层或政治团体的代表人物，纷纷组党结社，争相发表各种名目繁多的政纲、政见或宣言。一些先进知识分子也通过组党，以期实现自己的政治抱负。这些都在客观上推动了中国公民政治意识的觉醒，提高了人们的政治活动能力和组织能力，为中国政治走向现代化奠定了最初的基础。

三、中国共产党早期的政治传播

（一）五四运动时期的政治传播

1919年1月，第一次世界大战结束后，中国作为战胜方协约国之一出席了在法国巴黎召开的所谓的"和平会议"，但是在会议上，中国提出的废除外国在中国势力范围、撤退外国在中国的军队和取消"二十一条"等合理要求被断然拒绝，并把德国的在华权益转让给了日本。这是五四运动的导火索，但是五四运动爆发还有更深刻的社会原因：五四运动发生前，中国正处于北洋军阀统治的黑暗时期，军阀势力利用封建传统思想禁锢人们的头脑，推崇作为封建专制制度精神支柱的孔孟之道，借以维持自己的统治。严酷的现实引发当时先进分子的反思：辛亥革命由于忽视了思想文化战线上反对封建主义的斗争，致使革命的成果遭到严重的破坏。为了完成改造社会的历史使命，必须"冲决过去历史之网罗，破坏陈腐学说之囹圄"。于是，作为五四运动的先导，标志中国人民新觉醒的新文化运动便应运而生了。1915年9月15日，陈独秀在上海创办了《新青年》（初名《青年杂志》），标志着新文化运动的兴起。中国的启蒙思想家陈独秀、李大钊、胡适、鲁迅、吴虞、钱玄同、刘半农、易白沙等是它的主要撰稿人。随后积极提倡新文化、新思想的还有《每周评论》《晨报》《京报》等报刊。民主和科学是新文化运动的基本口号。作为一场提倡资本主义新文化，反对封建主义旧文化的斗争，新文化运动虽然指导思想仍属于资产阶级旧民主主义的范畴，但是，这场运动毕竟打破了长期禁锢人民思想的封建牢笼，震动了中国的思想界，启发了人民群众的民主主义觉悟，冲击了统治中国两千多年的封建专制制度和传统观念。这是中国近代史上未曾有过的思想解放运动，为适合中国社会需要的新思潮

① 卢少华、徐万珉：《权力社会学》，黑龙江人民出版社1989年版，第205页。
② 刘宋斌、姚金果：《中国共产党创建史》，福建人民出版社2002年版，第23页。
③ 张玉法：《民国初年的政党》，岳麓书社2004年版，第32页。

的传播开辟了道路。

比起《新青年》的创刊具有更大影响力的是1920年9月的《新青年》改组：从第8卷第1号开始，《新青年》成为中国共产党的机关刊物向广大读者进行了马克思主义思想启蒙教育，激励和团结许多人从民主主义走向马克思主义，在思想上和干部上为中国共产党的建立做了思想准备。在五四爱国运动和新文化运动的影响下，先进青年更加清楚地看到国家命运岌岌可危，更加对腐败黑暗的社会现状难以忍受，他们以救国救民、改造社会为己任，积极探索拯救中国的道路。五四运动后，各地青年纷纷成立社团，传播新思想的刊物犹如雨后春笋大量涌现，仅五四运动后的一年中，就出现400多种。在这一时期，为了宣传马克思主义思想，中国无产阶级的新闻事业开始形成。具有初步共产主义思想的知识分子编辑刊物，撰写文章，组织社团，初步接触工人群众，研究和宣传马克思主义。经过比较、鉴别、争辩，马克思主义以其缜密的科学性和革命精神赢得日益增多的先进分子的信仰。《新中国》《每周评论》《晨报副刊》《国民》等刊物开始刊登文章宣传马克思主义。新文化运动发展成为以传播马克思主义为中心的思想运动。五四新文化运动的最大成果，就是中国人民选择了马克思主义。马克思主义并没有束缚人们的思想，相反，正是学习和运用了马克思主义，中国人民的思想才在更广阔的范围和更深刻的程度上获得了解放。马克思主义在中国的传播和它在同中国实际结合中的不断发展，成为五四以来科学、民主精神的主流。五四运动促进了马克思主义在中国的传播及其与工人运动相结合，从而在思想上和组织上为中国共产党的建立准备了条件。

(二)大革命时期的政治传播

中国共产党成立后，随着反帝反封建的民主运动的高涨，中国共产党领导下的革命报刊蓬勃发展起来。《向导》《新青年》《前锋》《先驱》《中国青年》等中共中央报刊相继创办，并充分发挥了舆论导向的作用。中国共产党在大革命时期逐渐成长，开始形成了自身特色的工作方式和办报思想。

作为中国共产党成立后的第一份机关报，《向导》用大量的典型事实报道和分析马克思列宁主义理论，揭露了帝国主义在华的罪恶行径，宣传各个革命阶段建立革命统一战线的主张，号召中国人民起来打倒封建军阀，并同各种错误思想和反动宣传进行了斗争。而作为中国社会主义共青团的机关刊物，《中国青年》也在大革命时期表现得尤为出色，它热情关心青年的成长，引导青年正确对待学习、工作和生活；评述时事政治，帮助青少年认清国内外形势；宣传马克思主义思想，批判各种侵蚀青年的反动思想。在大革命时期，中国共产党形成了早期的办报思想，即：报刊宣传是党的事业的重要组成部分，也必须服从党的领导，这是无产阶级报刊的党性原则，也是我国无产阶级报刊的根本传统，明确提出不同阶级的报刊总是为不同的阶级利益服务的。关于在报刊的任务和工作方法上努力实践正确宣传和贯彻党的民主革命纲领和策略，反映社会和民众的实际需要，报道评论国内外事实真相，廓清反动势力的欺骗宣传，用马克思主义战胜各种错误思想是无产阶级报刊的主要任务。与别的报刊不同，中国共产党很强调党报工作的品格。《向导》和《中国青年》等报刊都严格要求忠诚党的事业，立志献身大众利益；增强马克思主义理论的修养，研究洞悉国内外政治时事；深入群众，勇于实践，不畏艰苦牺牲，是无产阶级党报工作者的基本品格。

1925 年 5 月 30 日在中国共产党领导下，中国人民以上海工人为主体，发动的反对帝国主义的五卅运动，这标志着中国第一次大革命高潮的到来。新的革命高潮迅猛地到来是对各种新闻机构的考验。中国共产党创办《热血日报》，由瞿秋白主持，在运动中发表了大量的新闻，报道工商学界群众的斗争，揭露帝国主义的暴行，反映运动在全国的展开，也传播了国际无产阶级支持人民的消息，它指出了斗争的方向，坚持彻底的反帝方针。这家报纸和时事政治性的周刊《向导》相配合，对运动起了很大的指导作用。报纸以大量的新闻报道为主，展现出了强烈的政治鼓动性，在中国共产党领导的无产阶级运动中起到了巨大推动作用。在五卅运动中，面对中国人在五卅运动中的英勇表现，几乎所有外国通讯社和报纸都站在帝国主义的立场上，进行反对中国人民的宣传，英日两国的新闻工具尤其明显。他们无论是向外报道中国事件，还是对中国人进行宣传，都极尽欺骗，尽量掩盖事实的真相。五卅运动教会了中国人使用新闻的武器对帝国主义破坏中国人革命的反动宣传进行了有力的斗争——革命报刊与反革命报刊进行了斗争。上海新闻界努力反击，在全体人民的支持下查封了《申报》和《新闻报》刊登的《诚言》，这是新闻战线上的一次重大的斗争。

（三）十年内战时期的政治传播

南京国民政府统治期间，极力推行新闻统治政策，剥夺人们的言论自由，迫害进步和革命的新闻事业。从 1926 年开始先后颁布了《宣传品审查条例》《出版法》《出版法施行细则》《宣传品审查标准》《新闻检查标准》《修正重要都市新闻检查方法》《图书杂志审查方法》等法律法规。此外还实行严厉的书报检查制，设立新闻检查所，成立中央宣传委员会，实行原稿审查制度，即凡要发表的稿件，必须先经有关部门审阅批准，否则不准发表。1927—1936 年被查禁的书刊高达 1028 种。尽管如此，新闻统治并没有吓倒新闻界的志士们，中国无产阶级的报刊事业还是迅速壮大起来。1931 年 11 月，中华苏维埃临时中央政府在瑞金成立（又称中央工农民主政府）。1933 年秋，仅中央根据地就有各种大小报纸 34 种，出现了人民通信事业的萌芽。其中，影响较大的是《红星报》《青年实话》《斗争报》及《红色中华》报。新闻工作者采用了种种方法与之进行斗争，在斗争方法中有一种方法别具一格，它就是“策略性差错”。“策略性差错”就是明知是错而故意为之的差错。《新华日报》常使用各种办法“开天窗”，并且故意错印成原字的形近字。1943 年年底和 1944 年年初，《新华日报》的《新华副刊》的编辑就采用“断章刊登”的办法，把毛泽东的《在延安文艺座谈会上的讲话》刊载出去，并躲过了国民党的检查，其产生的影响是不可想象的。《新华日报》的处境十分困难，许多社论被扣或被删改得面目全非。在审查中被删除的段落，在报纸上用括号加以注明：“被略几段”，对国民党极端苛刻的新闻检查加以赤裸裸的暴露，反动派无可奈何。新闻界的志士不放过任何可以斗争的工具，连广告也派上了用场。广告出错必遭广告主斥责并成为众人笑柄，但广告在当时却是个好工具，因为检察官通常不太注意广告。还有通过先让稿子通过新闻检察官的审查，然后事隔之后登上“更正”，添加或删除一些否定词如：“不”“否”“非”等，使意思朝相反的方向转化，一篇战斗檄文便顺利躲过了新闻检查。这种方法安全隐蔽，效果良好。作为中央工农民主政府的机关报《红色中华》报在这场“政治宣传战”中起到了冲锋军的作用，它的宣传报道主要有以下三方面：配合党政中心任务，积极进行了建设和巩固工农民主政权的宣传；帮助党和政府进行了多方面的战争动员工作；宣传贯彻党的抗日救国的主张，及时揭露日本帝国主义侵略我国的罪行，以及国民党的卖国政策。《红色中华》是当时党和政府用来组织战争和经济动员的有力工具。

在宣传战中，鲁迅是左翼文化运动的主帅，他率领左翼文化工作者，以报刊为重要阵地，与国民党的文化“围剿”进行了英勇的斗争，并积累了丰富的经验：第一，他们注意守住营垒，发扬“韧”的战斗精神。鲁迅一生用过 130 多个笔名，其中大部分都是在后十年“围剿”严重时期使用的。仅在《申报》上就先后换用过 40 多个笔名。第二，他们重视发挥杂文的战斗作用，把杂文当作投向敌人心脏的“匕首和投枪”，“必须是匕首，是投枪，能和读者一同杀出一条生存的血路来的东西”。鲁迅的杂文特点是把政论性与形象化融为一体，给读者以强烈的感染。瞿秋白称鲁迅的杂文是“战斗的‘阜利通’，(文艺性论文)”。鲁迅一生编辑过 19 种报刊，并指导过许多报刊的编辑出版。鲁迅从事报刊编辑的革命精神和优良作风，他的卓越的杂文，都是新闻工作者学习的楷模。

(四)抗日战争时期的政治传播

从抗日战争到解放战争初期革命影响最大的报纸是 1941 年抗战时期在延安创刊的中共中央的机关报——《解放日报》。它是在抗日民主根据地出版的第一份铅印对开大型日报，也是整风改革中走在了新闻界改革最前面的先锋报纸，它对我党报纸改革发挥了重要作用。

1942 年开始，中国共产党在全党范围内进行了整风运动。抗日根据地当时新闻事业的整风改革是全党整风改革的一个组成部分。1942 年 4 月 1 日，《解放日报》改版，登载了中共中央宣传部《为改造党报的通知》，使《解放日报》能够成为真正战斗的党的机关报。改版前，《解放日报》过量的刊登国际新闻，严重脱离了延安解放区的实际和群众生活的实际。改版后，第一版主要是反映各抗日民主根据地的要闻版，第二版是陕甘宁边区版，第三版是国际版，第四版是副刊和各种专论。改革后的版面，把抗日民主根据地新闻报道提到了首位。这个改版主要解决了以下两个问题：一个是克服了王明错误路线的影响；另一个是克服国内外资产阶级办报思想和做法对党的影响。这次改版使《解放日报》在宣传党的中心工作，在联系群众，联系实际方面向前迈进了一步，从而大大克服了主观主义和党八股，加强了报纸的党性和群众性。其中《解放日报》在实际工作中发挥了宣传鼓动和组织作用，主要表现在：第一，重点报道了党的中心工作；第二，加强了大生产运动的宣传和军事宣传；第三，加强对敌对思想的批判，成功地反击了反共舆论。对国民党顽固派发动第三次反共高潮的理论基础，即蒋介石的《中国之命运》进行了深刻的批判，指出它是反共、反人民、反革命的哲学，是极端唯心主义的愚民哲学。在整风过程中《新华日报》提出全党办报的思想，全党办报方针既包括组织建设又包括思想建设。1942 年中共中央西北局责成各级党组织在党内进行关于党报的教育。经常看党报，是每个党员应当努力尽到的责任。《解放日报》配合该决定的贯彻执行，发表题为《党与党报》的重要社论，比较全面、准确地阐述了全党办报的思想。1944 年《解放日报》发表社论《本报创刊一千期》，总结的结论为“全党办报”。

从1937年11月12日中国军队从上海撤出到太平洋战争爆发之前，上海尚未被日寇占领的公共租界和法租界被称为“孤岛”。爱国的中国新闻工作者利用英美法和日本帝国主义之间的矛盾，借用外国人的名义，创办了一批中文抗日报刊。这种报刊聘请外国商人担任发行人，避免了日本帝国主义的新闻检查和租借当局的阻挠，继续进行抗日宣传。这种挂出洋人旗号的做法，被称作办“洋旗报”。其中最有影响的是《译报》《每日译报》《导报》和《文汇报》等。

(五)中国抗战胜利后的政治传播

1945年8月底抗日战争胜利后，国统区的新闻中心随着政治中心的东迁重新转战到上海、南京地带。以蒋介石为首的国民党统治集团凭借政权抢先在收复区扩展自己的新闻事业，并对国统区的中共报刊进行了苛责的规定控制。因此，国统区新闻界掀起了一次又一次争取新闻自由的浪潮。其中以1945年8、9月间发起的“拒检运动”声威最大。8月7日，重庆国讯书店在其他进步出版社机构的支持下，不顾国民党当局审查而自行出版了黄炎培撰写的《延安归来》一书，揭开了“拒检运动”的序幕。重庆16家杂志社拒检声明一发表，立即得到了整个文化界的支持与响应。9月1日记者节这天，重庆《新华日报》发表社评《为笔的解放而斗争》。此后，由重庆出版界发起的拒检运动扩展到成都，并由出版界扩展到新闻界。拒检运动的兴起与发展，使国民党当局陷入被动局面。为了缓和国内外矛盾，国民党当局被迫于宣布自10月1日起废止战时新闻检查制度，但留了一个尾巴，即收复区在军事行动尚未完成以前除外。至此，拒检运动获得了巨大的胜利。

在解放区，中国共产党领导的人民新闻事业经历了一个发展、收缩、再发展的历程。对于土地改革初期，出现的宣传地主拥护土改，一派“和平”土改的虚假报道，《晋绥日报》采用在报纸上公开进行批评与自我批评的方式，发动群众揭露假报道，维护新闻真实性原则，反对“客里空”。新华社发表署名总社编编辑部的专论：《锻炼我们的立场与作风——学习〈晋绥日报〉检查工作》。9月1日，新华社又发表社论《学习〈晋绥日报〉自我批评》。后各个解放区的新闻界普遍展开反对“客里空”的运动。这场运动发扬了批评与自我批评的优良传统，检查、纠正了新闻报道失实现象，维护了新闻真实性原则；克服了土改宣传中的右的倾向，改造了新闻工作者的立场与作风，提高了新闻工作者的政治素质。

1948年4月，毛泽东接见了《晋绥日报》编辑部人员，在听取报社工作汇报后做了重要谈话，即著名的《对〈晋绥日报〉编辑人员的谈话》。毛泽东的讲话，对包括《晋绥日报》在内的解放区新闻工作中经历的两条战线的斗争作了全面总结。毛泽东的讲话精辟地阐述了无产阶级党报理论的几个基本问题：(1)关于办报的路线与方针，毛泽东指出，“我们的报纸也要大家来办，全体人民群众来办，全党来办，而不能只少数人关起门来办”。(2)关于无产阶级党报的作用与任务，毛泽东指出，“报纸的作用和力量，就在于它能使党的纲领路线、方针政策、工作任务和工作方法，最迅速最广泛地同群众见面”。(3)关于无产阶级党报的风格，毛泽东指出，“我们党所办的报纸，我们党所进行的一切宣传工作，都应当是行动的，鲜明的，尖锐的，毫不吞吞吐吐的，这是我们革命无产阶级应有的战斗风格”。(4)关于党报工作者的学习与修养问题，毛泽东认为，“报纸工作人员为了教育群众，首先要向群众学习”。

1948 年 8 月 15 日，中共中央宣传部发布了《关于城市党报方针的指示》，提出城市党报工作的三大注意事项：报纸主要为工农兵服务，但同时也要为干部、工商业者和知识分子服务；报纸以报道农村与工厂的消息为主，同时兼顾市场、学校以及其他地方；报纸副刊，必须宣传马克思主义，深入浅出地对读者做教育工作。同年 9、10 月间，中共中央在西柏坡举办由华北人民日报社、新华社华北分社的部分记者参加的学习班。10 月 2 日，刘少奇亲自去学习班作长篇讲话，即著名的《对华北记者团的谈话》。刘少奇在讲话中表达了党中央对新闻工作的重视，为新闻工作者适应新的形势、完成新的任务提出了明确的努力方向：一是深刻阐明了新闻工作的作用与任务；二是提出了党和人民的新闻工作者必备的四个条件：“第一要有正确的态度，第二必须独立地做相当艰苦的工作，第三要有马列主义理论修养，第四要熟悉党的路线和政策。”刘少奇提出了党和人民的新闻工作者必备的四个条件，即“马列主义理论修养；政策路线的知识；正确的基本态度；独立地做相当艰苦的工作”①。

全面内战爆发后，国民党也把自己的报刊事业推向全面崩溃。国民党的报刊、电台等通讯事业虽然达到过鼎盛时期，但是它们在宣传报道上颂扬法西斯，鼓吹反革命内战；在报道上歪曲事实，造谣中伤的行径不得民心。当人民解放军以迅雷不及掩耳之势节节胜利之后，国民党新闻事业的全部房屋、大部分设备器材都被人民政府接收，为建设人民新闻事业的增加了物质条件。

第三节　中国当代政治传播

一、改革开放后的政治传播

1978 年 12 月，党的十一届三中全会召开，从此中国在各个方面开始了具有深远意义的转折。改革开放政策的施行，带来了中国社会各阶层天翻地覆的变化，新事件、新情况层出不穷；同时，国外的许多新事物也传入了国内。人们的观念也随着社会的转型而发生了巨变，人们迫切希望能了解更多的社会动态，学习和接受更多的新东西。

在改革开放之初，不少国内媒介还抱着“阶级斗争为纲”不放，对社会上的经济建设大潮、人们的价值观念需求、国外的新事物等视而不见、避而不报，这引起了广大人民群众的普遍不满。从 1979 年开始，有三次重要会议为全国性政治传播改革指出了方向，添加了动力。1979 年 3 月，中共中央宣传部主持召开新闻工作座谈会。会议的首要议题是：新闻工作的中心如何转到社会主义经济建设上来。1979 年 10 月，在北京地区社会科学界庆祝建国 30 周年术讨论会新闻学组上，与会者提出，媒介要进行自身改革，以更好地满足新的历史时期的要求。1980 年 2 月，北京新闻学会成立，与会者达 400 人之众，胡乔木在会上发表长篇讲话，阐述了邓小平的要求：报刊要成为巩固安定团结、生动活泼的政治局面的思想中心，促进这个政治局面的发展。

① 《中国共产党新闻工作文件汇编》(下册)，新华出版社 1980 年版，第 248~263 页。

如果从1979年的新闻工作座谈会为发端，到今天改革开放40余年，新时期的政治传播改革大致可分为三个阶段：第一阶段是1979—1982年，是中国"拨乱反正、正本清源"的时期。全国上下对"四人帮"倒行逆施、祸国殃民的罪行，对"文革"期间媒介的功能沦丧，进行了深刻的反省。中国传媒界否定"阶级斗争工具论"，探索和尊重新闻规律，重新恢复报纸作为"新闻纸"的本来面目。这一时期中国传媒战线所取得的基本成就，主要有以下几点：(1)摒弃"报纸是阶级斗争的工具"的性质说，重新肯定新闻事业是以刊登时事为主的、面向社会大众的传播机构；社会主义的新闻事业是党、政府、人民的耳目喉舌，是党联系人民群众的桥梁。(2)摒弃"假大空"，提倡"短快新"，尤其重新确立了新闻真实性的权威。在这一时期里，对新闻真实性的讨论占有各种新闻学刊物的最大篇幅。(3)随着党的工作中心逐步转移到经济工作上来，新闻传播的指导思想也从以阶级斗争为纲转到经济建设和经济改革上来，经济报道逐步成为新闻媒体的主体。

第二阶段是1983—1991年。1983年以后，信息概念引入了我国新闻界，导致了对媒介功能的重新定位，从而引发了我国媒介的巨大变化。从1984年10月中共中央十二届三中全会通过《中共中央关于经济体制改革的决定》，确立"中国社会主义经济是公有制基础上的有计划的商品经济"理论，到1987年10月中共"十三大"召开，新闻观念实现三个方面的变革：(1)在计划经济体制下，国家对经济活动实行指令性安排，信息传递以纵向传递为主，同时受"左"倾思潮的影响，新闻声音被看作是单一的政治宣传工具甚至是阶级斗争的工具。在有计划的商品经济之下，国家对经济活动采取"国家调节市场、市场引导企业"的方针，信息传递以纵横交错的网络传递为主。在这种形势下，新闻声音不仅具有政治宣传功能，而且具有传播信息、指导经济、服务社会、舆论监督等多种功能。(2)在计划经济体制下，我国新闻事业形成了几乎是党报一体化的单一结构。在有计划的商品经济之下，新闻事业的主要功能之一是传播，而信息又具有多种类、多层次、多流向的特点，这就要求新闻事业建立以党报为核心的多层次结构。(3)在计划经济体制下，新闻事业作为政治宣传部门，完全由党委领导，难免以党代政、以党代报的弊端。在有计划的商品经济条件下，新闻事业既是政治宣传部门，又是独立的行政事业单位。

第三阶段：1992年至今。1992年邓小平的"南方讲话"以及10月份的党的十四大的召开，确认了我国要建设社会主义市场经济体制的方针，对新闻的认识又有了新的认识。就其产品来说，它既有很强的政治性，同时它又为全社会提供了经济活动和人们生活必不可少的信息、知识和娱乐；媒介属于第三产业即信息产业。这个新思路可以归结为"事业性质，企业化管理"，即在保证党的新闻事业是党和人民的耳目喉舌的前提下，以企业管理的方法来经营媒介。这一阶段出现四大特征：新的媒介种类迅速涌现；媒介的传播内容更加贴近受众；媒介的内部结构有了很大的调整；媒介朝集团化发展，开展多种经营；媒介的技术手段有了极大的改善。

现时期媒介工作的新观念就是深化媒介改革，建立与改革开放、社会主义市场经济相适应的媒介体制与报道模式，关键是要更新新闻观念，在坚持党性原则、喉舌功能等无产阶级新闻工作基本观念的前提下，树立和强化与改革开放新时期相吻合的新观念。

随着我国由计划经济体制向社会主义市场经济体制的转型，各项工作与国际社会的逐步接轨，社会对信息的需求在量上越来越多，在内容上日益多元化。这就迫使媒介在具体的新闻工作中树立信息观念，提供比以往计划经济时代要丰富得多的各类信息，扩大报道面，在高度重视新闻舆论政治导向的前提下，把采集、传播信息放到重要位置，使信息成为联结生产、流通、消费的纽带和沟通各国经济活动的桥梁。随着20世纪80年代信息概念的引进，以及媒介管理体制的转变，媒介由过去的完全由政府拨款扶持运作逐渐过渡到自谋生路，自创效益，使媒介在角色认知、报道角度、文体文风等各个方面都开始强调服务功能，树立"一切为受众服务"的观念。在改革开放和市场经济条件下，我国的媒介逐渐成为自负盈亏、自主经营的法人主体。政府财政专项拨款的基本断绝，使媒介开始对经济效益的重视达到了前所未有的程度，而对经济效益的重视具体地体现为对媒介经营与管理的重视和观念转型。

二、邓小平的政治传播思想①

邓小平对党和政府的宣传工作、政治思想工作，有更多的言论、著作和批示。尤其在改革开放时期，他对国内外政治传播的大环境，党和政府领导新闻工作的宏观方针，对作为政治思想战线上的新闻工作者的素质与修养，发表了许多远见卓识，并渐成体系，形成了完整的邓小平政治传播思想。邓小平根据改革开放和社会主义现代化建设新时期我国经济、政治、文化和社会发展的需要，对政治传播的社会地位、政治使命、传播功能、工作原则和工作方法等都进行了理论概括，这些都是指导我国传播者更好地为社会主义服务、为人民服务、为当前改革开放和现代化建设服务的思想指南。

邓小平同志历来重视政治传播工作，强调政治传播工作的重要性。特别是20世纪70年代末80年代初，我国进入改革开放、社会主义现代化建设新时期后，邓小平更是站在时代的高度，从全党和全国工作的大局出发，反复强调包括新闻宣传在内的思想战线的工作对整个国家的经济发展和政治稳定的重要作用。最能代表和体现邓小平在新时期的政治传播思想的就是他1980年1月在《目前的形势和任务》的报告中提出的"思想中心"说。他提出，"要使我们党的报刊成为全国安定团结的思想上的中心。报刊、广播、电视都要把促进安定团结，提高青年的社会主义觉悟，作为自己的一项经常性的基本的任务"。邓小平认为，出报纸、办广播、出刊物的作用大得很。新闻宣传对于国家稳定和社会安定起着重要的作用，正确的新闻宣传对于经济发展至关重要。因此，新闻宣传工作一定要适应经济形势和政治形势的要求。第一，宣传马列主义毛泽东思想。第二，引导舆论，成为国家安定团结的思想中心。第三，为改革开放创造良好的舆论环境。邓小平指出，要通过新闻宣传引导人民群众正确认识改革开放的必要性，认识"发展才是硬道理"，要通过加强对外宣传让中国人正确了解美国等西方国家，在世人面前树立起中国是一个和平力量的形象，从而为改革开放创造良好的国内外舆论环境。他说，要通过新闻宣传和思想教育，让人民懂得什么是社会主义，如何建设社会主义。要让人民懂得，马克思主义的基本原则就是要发展生产力。马克思主义的最高目的就是要实现共产主义，而共产主义是建立在生产力高度发展的基础上的。邓小平要求，我们的新闻宣传工作者要把改革开放中的新情况和新问题告诉群众，让人们对此有足够的思想准备。第四，实施舆论监督，推进社会主义民

① 邓小平的政治传播思想主要是指他的新闻思想：新闻即政治。

主和社会主义法制建设。

邓小平强调，党的新闻宣传工作必须在马克思主义指导下，在党的统一领导下，遵循下列各项原则。第一，党的新闻宣传工作必须坚持党性原则。邓小平指出，党领导的报刊一定要无条件地宣传党的主张。第二，党的新闻宣传工作要坚持实事求是的原则。邓小平指出，解放思想，就是使思想和实际相符合，使主观和客观相符合，也就是实事求是。邓小平指出，在当前，有很大的必要来强调宣传四项基本原则，这是因为，一方面，党内有一部分人深受林彪、“四人帮”的毒害，另一方面，社会上有极少数人散布怀疑或反对四项基本原则的思潮。因此，我们必须一方面继续坚定地肃清“四人帮”的流毒，另一方面要用巨大的努力同怀疑四项基本原则的思潮作斗争。这两种思潮都是违背马列主义、毛泽东思想的，都是妨碍社会主义现代化建设事业前进的。第三，党的新闻宣传工作要坚持社会效益为最高准则的原则。邓小平指出，新闻宣传等部门，要以社会效益为最高准则。第四，党的新闻宣传工作者要坚持讲大局的原则。邓小平提出，新闻宣传工作者要坚持讲大局，经常地、自觉地以大局为重。建设四个现代化的社会主义强国，就是我们的大局。邓小平还说，离开政治的大局，不研究政治的大局，不顾及革命斗争的实际发展，就不可能成为一个马克思主义的思想家和理论家。

为了更好地贯彻邓小平的政治传播思想，1996 年 1 月 2 日，江泽民同志在接见解放军报社副师以上干部的讲话中指出：“我们的报纸办得好，可以对党的路线、方针、政策和任务起到有力的宣传、贯彻作用，对群众起到极大的动员、鼓舞作用，对先进的东西起到积极的倡导作用，对错误的东西起到及时的制止、纠正作用，还可以对科学知识起到传播、普及的作用。”在视察《人民日报》时，江泽民同志又指出：“舆论导向正确，是党和人民之福；舆论导向错误，是党和人民之祸。”他还特别指出：“党报、党刊、国家通讯社和电台、电视台都要积极宣传党的主张，在引导舆论中发挥主干作用。”在党的十六大报告中，江泽民同志再次强调：“新闻出版和广播影视必须坚持正确导向。”他把新闻的性质、功能“聚焦”到党和人民的舆论工具上。

三、现代网络政治传播

(一)网络时代政治传播的形式

对于网络时代的政治传播，有人曾简化为网络政治传播。不管怎样描述网络时代的政治传播，都必须充分注意到网络的技术特性，网络时代政治传播形式和传统媒介的政治传播形式是不相同的。政治信息究竟按照怎样的形式在网络上进行传播、流通？要弄清楚这个问题，必须弄清楚网络政治信息及其特点。在网络上传播的政治信息，可以分为两种：一种是信息，一种是意见。在这里，信息是指那些由各种组织或个人发布的与政治有关的新闻或信息；意见则是指由政治信息所直接激发的主观认识与观点，类似于美国社会学家罗杰斯所说的“影响流”，网络上的“意见”跟新闻学中“舆论”和“民意”的概念有些类似，可以说是网民的“舆论”和“网民民意”。

从发布方式看，政治性的信息与意见都采用同样的技术在网络上流动，信息的流动结构也就是信息的复制与传播途径。从手段上看，它是网络的各种应用技术的组合，主要包括：网站、电子邮件、FIP、聊天室与 BBS、ICQ、微信公众号、政务微博、短视频等。

(1)政府上网与电子政务。从政府方面来讲，互联网一出现，就引起了各国政府的重视，各国政府也都把网络看作是今后政治传播的“必争之地”。政府纷纷设立自己的网站来发布政务信息以及接受民众的反馈。如今世界各国政府都把电子政务作为优先发展战略的重点。政府上网主要目的是公布政令以及为民众提供便捷的服务，传播信息的主流是政治信息。这种传播方式最大的好处就是拉近了民众与政府之间的距离，使得政府有一个更加便捷的工具和平台来服务于民众，当然，也有利于政府引导舆论和进行宣传。美国和加拿大是世界上电子政务发展最快的国家。1992 年，美国就出现了网络版的“电子市政厅”，为公民提供线上政策讨论场所；加拿大政府则实现了教育、就业、医疗、电子采购、社会保险、企业服务、税务等领域的政府电子服务。欧盟制定了信息社会行动纲领，各成员国也分别制定了各自国家的信息社会行动计划和电子政务规划，并积极付诸行动。亚洲的新加坡从 20 世纪 80 年代起就开始发展电子政务，现在已成为世界上电子政务最发达的国家之一。我国政府上网工程也是信息化战略中的重中之重。现在，我国的政府网站有 2000 多个，国家部委在全国建立的广域网络和信息系统有 80 个，为实现政府内部网络办公和网上审批、登记、备案等的网络交互办公奠定了基础。上海、深圳、广州、天津等地方政府提出建设数字化城市或数码港计划，其中电子政务的建设是数字化城市建设的核心内容之一。

(2)论坛(BBS)与新闻跟帖。论坛可以分为网站论坛(指各类网站设立的论坛)和论坛网站(只提供网友发帖单一功能的网站)两类。网上论坛具有三大特点：一是新闻的集散地，国际和国内的一些突发新闻和重要新闻都能看到；二是观点集散地，各种各样的观点都有，既有系统的阐述，又有大胆的设想；三是民声集散地，网民的地域分布、行业分布乃至阶层分布都很广，论坛中能够听到各种声音。

20 世纪 90 年代中期互联网刚刚在中国兴起时，网民数量很少，论坛数量也很少，那时陆续有了“水木清华”(国内第一个基于互联网的 BBS)“体育沙龙”等著名论坛，为数不多的网友也能在此畅所欲言，发出各种声音，但尚未达到足以产生社会影响的地步。随着中国互联网的发展，各类网站开设论坛的数量越来越多，尤其是 1999 年以后，众多新闻媒介网站甚至政府网站均提供了这一功能，如人民网的“强国论坛”、新华网的“发展论坛”和“统一论坛”、外交部网站的“外交论坛”、天涯网的“天涯杂谈”等为网友表达意见和对政治的看法提供了平台。BBS 是非常具有影响力的，在 2003 年，无论是伊拉克战争、SARS 暴发等重大或突发事件，还是弱势群体的维权行动，网络在新闻传播尤其是舆论民意的形成方面都彰显优势。例如，发端于平面媒介、网络媒介呼声浩大的孙志刚案，在多家 BBS 引发了强烈的讨论，形成强大的舆论效应，最终促使国家出台了新的收容政策法规；网络对刘涌案的重申呼声使最高人民法院对刘涌案破天荒地进行三审，也正是来自网络舆论的强烈质疑。新浪网调查显示，超过 88%的网民认为“刘涌一审被判死刑、二审判为死缓的改判”不公正，网络“声音”的舆论力量使沈阳黑帮头目最终被判死刑。在突破新闻封锁、传播信息、形成舆论、产生持续的压力等各个方面，互联网都发挥了不可替代的巨大作用。新闻跟帖和 BBS 有一些类似，主要是一些门户网站和新闻网站开设的一种功能，当刊发一条新闻后，网友即可在新闻下面发表自己的看法。因此，每当一条热点新闻发出后，跟帖评论可以很快达到数百页、上千页，即帖子总数可达到成千上万条。如2004年1月4日，《沈阳今报》关于苏秀文驾宝马车撞人案重新调查的消息刊发后，从上午11时至晚上8时，新浪网的网友跟帖量就突破了1万条，截至11日18时，网友跟帖量突破了22万条。这种声势浩大的跟帖行为对于整个“宝马撞人案”的审判产生了极其重要的影响力。新闻跟帖虽然能够使网上舆论的形成比论坛讨论更快捷、更集中，但大多数跟帖内容存在着过于简单的缺陷。不管怎么说，BBS和新闻跟帖使以往只有权势阶层和知识精英拥有的话语权，在今天能够普及到普通公众包括弱势群体、边缘群体等，这使得社会舆论在短时间能够形成强大的压力，从而更好地进行舆论监督。

(3)网上调查。网上调查一般是媒介或者政府通过互联网的形式对网民进行的调查，常常在重大新闻事件发生或社会热点问题形成后，网站都会及时推出相应的调查。网上调查尽管不具有统计学的科学性，但由于反馈快捷、广大网民可以直接参与表态等优势，几乎所有的网站都会使用这一手段，这类调查通常采用问卷的方式，一般只有3~4个问题，以了解网民对某一事件的态度。凡是重大新闻或热点问题的网络调查，网民参与踊跃，这些网络调查无疑也反映出相当的民意。如2004年“两会”之前，新华网于2月16日展开“本次‘两会’，你最关注的热点问题”网上调查，短短两天内，共有17000余人参与调查、评论，到26日中午，已经有4万余人参与调查、评论，共收到有效投票超过1万票。在列举的20个热点问题选项中，反腐败问题以84%的得票率排在第一位，区域经济发展的不平衡和收入差距问题以57%的得票率排在第二位，教育收费首次进入前三名，以54%的得票率排在第三位。此外，电信、铁路等垄断行业如何打破垄断问题、农民增收、社会治安、如何进一步完善社会保障体系、就业和再就业等问题也成为广大网民关注的焦点。网上调查虽然具有快速、反应迅速的特点，但是网络调查由于网民的年龄以及学历层次的影响，不具有典型的代表性，因而不具有统计方面的科学性。

(4)网上签名。网上签名往往是网民一种自发性活动，可以视为网上舆论的一种升级行动，近年来网上签名这种形式已十分常见。例如孙志刚被殴致死一案被披露后，200多位网民于2003年5月29日在互联网上发动签名运动，上书最高人民检察院，强烈要求彻查此案，并呼吁保证司法公正，并对审案过程中可能存在的一些程序性问题提出合理建议。

网上签名与传统签名的一个重要的不同之处是精英色彩淡化。以往的政治生活中的签名运动，基本上限于“精英”的小圈子，每一次签名，谁够格，谁不够格，都要有一定的规则。但目前的大多数网络签名，发起者对于签名者精英身份的认定和排名已经不再看重，著名学者、知识分子与普通网友同在一份签名名单上出现已成为常见的现象，由此网上签名往往能形成较大的规模。2003年规模最大的网上签名活动当数“爱国者同盟”等7家网站发起的“对日索赔百万网民签名活动”。此举是“8·1事件”(侵华日军遗留化学武器在齐齐哈尔泄漏)导致的，历时一个月的网上签名活动最终征集到1119248个网友及12518个网站签名。9月18日，活动组织者将4000多页的网民签名递交日本驻华大使馆。这一事件还显示，网上与网下活动的结合与互动已达到十分活跃的地步。网上签名还衍生出为声援某人而在网上发起报名参加接续绝食(每人一天)、接续幽闭(每人一天)的活动方式。网上签名与新闻跟帖的作用类似，可以在很短的时间内形成比较强大的舆论攻势，但是往往是来得快、去得也快，不能形成长时间的、更广泛的影响力。

(5)各类民间网站与BLOG。互联网网站的多样性造就了互联网信息的多元化。各类民间网站是不同群体网上发声号角和扩音器。在国际问题上，中国民间力量通过互联网释放出的能量已经越来越大。

BLOG又称“博客”，翻译成为“博客”主要是考虑到中国人的接受习惯，以前人们认同了“黑客”“闪客”等，翻译成为“博客”是顺应了这种习惯，它主要是指个人网络日志，一般博客不会单独存在，往往是由某一家网络公司提供网络空间，很多博客会在上面公布自己的日志，也有很多人发布新闻，发表评论。在中国，比较著名的博客联盟有“博客中国”等。关于博客有这样的说法——有了“博客”，人人都可以当记者，也就是说，博客也是一种可以在互联网上自由发表个人观点的一种形式。在国外，很多传统媒介的记者拥有自己的BLOG，发布一些不能在传统媒介上公开发布的消息，当然，博客绝大多数还是非专业媒介人士，他们往往通过BLOG，来表达自己的观点和发布某方面的信息。所以博客与BBS最大的区别是，其他网络形式上发布的信息，还要通过潜在的“把关人”，例如版主、网络编辑等进行把关，而BLOG更像是一种个人行为，因而，传播的消息也就更加多样化。同时，由于博客是一种更加彻底的个人行为，除非是极具影响力或者形成联盟，一般的BLOG很难达到BBS的影响力。

(6)微信公众平台和政务微博。2011年1月21日，腾讯公司推出一个为智能终端提供即时通信服务的免费应用程序——微信。2012年8月23日，腾讯又在微信内部推出微信公众平台，曾命名为“官号平台”“媒体平台”、微信公众号，最终定位为“公众平台”。自此之后，利用微信公众平台开始自媒体活动成为一股潮流。随着如雨后春笋般的自媒体账号的涌现，官方也认识到了该平台对信息传播的重要性。2013年1月，人民网开通运营微信公众号，紧随其后，新华网、新京报等官方和地方以及民营的政务账号纷纷开通运营，发布每日新闻以及政务信息等内容。

通过微信公众平台创建自媒体在2015年迎来井喷式发展，影响力也逐渐加大。一些现象级的自媒体大V拥有上百万或上千万的粉丝，他们发布的文章可以在短时间内阅读量达到几十万甚至几百万。2015年12月12日一篇名为《致贱人：我凭什么要帮你》火爆朋友圈，而发布这篇文章的作者就是我们所熟知的千万粉丝大V咪蒙。2018年12月，一篇《百亿保健帝国权健，和它阴影下的中国家庭》掀起轩然大波，发布公众号丁香医生一时间也被全国人民知晓。在2015年至2019年这五年间，微信公众平台自媒体的影响力可谓是巨大的。

微博是一个由新浪网推出，2009年11月3日推出上线，提供微型博客服务类的社交网站。用户可以通过网页、WAP页面、手机客户端、手机短信、彩信发布消息或上传图片。新浪认为可以把微博理解为“微型博客”或者“一句话博客”。用户可以将看到的、听到的、想到的事情写成一句话，或发一张图片，通过电脑或者手机随时随地分享给朋友，一起分享、讨论；还可以关注朋友，即时看到朋友们发布的信息。2010年国内微博的发展迎来春天，四大门户网站、名人纷纷进驻微博。人民网、新华网等官媒也纷纷开通了微博账号，引领了大批媒体的跟风潮。通过微博该社交媒体发布热点新闻成为报社、电视台等媒体的新渠道。据《2019年上半年人民日报·政务指数微博影响力报告》显示，截至

2019年6月，我国经新浪官方平台认证的政务机构微博数量已达173569个，通过政务微博发布或转发权威信息、处理相关业务、倾听社情民意是政务微博的核心功能。2019年底发生的特大公共卫生突发事件——新冠肺炎疫情，在疫情从1月开始蔓延到5月最终得到有效控制期间，政府官网、主流媒体等每天实时更新公布疫情动态、疫情数据、全民舆情关注信息等。微博作为新媒体，已成为该事件曝光、信息分享、公众宣泄的重要渠道。在此期间，政务微博的影响力也逐渐扩大。

(7)新闻短视频。2013年开始，在媒体融合背景下，移动短视频开始出现。至2017年，短视频迅猛发展，美拍、微博vlog、移动短视频app抖音、快手、火山小视频开始成为新的潮流。在该形势下，新闻短视频也成为传统主流媒体争夺受众的新利器，并且逐渐衍生出了两个视频生产渠道：PGC(专业生产内容)和UGC(用户生产内容)。普通用户也可进行新闻生产，使得新闻短视频传播主体更加多样化。比如，封面新闻坚持以“无视频，不传播”为定位，积极拉近与受众的距离，吸引受众加入“青蕉拍客”拍摄短视频，与主流媒体共同进行新闻短视频生产。随着移动短视频app的火爆，众多官媒纷纷“下海”，投入短视频的阵营。人民日报、央视新闻等媒体入驻抖音等短视频平台，话语表达也更加年轻化、紧跟潮流，在弘扬主旋律、传播正能量的同时，又不乏青春气息和生活趣味，受到了当代年轻人的喜爱。不仅限于新闻短视频的发展，随着短视频创作的门槛不断降低，消费者的消费需求上升，短视频内容领域进行了更垂直的细分，包括健身、科普、旅游、人文、美食、美妆等。但无论怎么垂直细分，好的视频都需具备策划精良、视角独特、贴近生活、接地气、能引起共鸣等特点。

(二)网络时代政治传播的特点

特点一，网络传播是一种多媒体传播形式，可集文字、图片、声频、视频于一体，通过编辑可以使政治信息的传达更密集、更能吸引注意力，便于形成和引导舆论。

特点二，政治信息不受时空限制，到达速度更快，容量更大，其非线性的传播特征使其影响时间更为持久。“政治事件的发生、你的意见、政治家的态度以及政府决策和相关表决结果，这一系列与政治有关的活动和内容，在网络上是以光速传播的，因此政治传播活动变得非常迅速。”

特点三，网络政治信息的传播更加公开，由于网民的地域分布、行业分布乃至阶层分布都很广，因此传播者和受众都较传统媒介广泛得多。可以说是四面来风，八方来雨。

特点四，网民(公众)的参与与交互更多，反馈更为即时。受众随时可以转而成为传播者，比如通过站点进行民意测验，了解受众对新闻事件或有关人物的看法或态度。“传统大众传播媒介单向传播的特点，使得反馈机制迟缓，普通受众即使想向公众表达见解也往往难以实现。因为广泛传播的渠道被大众传播媒介控制着，而简单的人际传播显然无法使这种见解产生多大的影响……然而在网络的文化生活中，特别是对于网络言论的反馈，其反应是立即的。”

特点五，通过网络进行政治传播更为直接、平等和自由，在政治传播过程中把关人仍在发挥作用，但较传统媒介对于政治信息的审查力度要小，每个人可以平等地进行政治问题的交流，尤其虚拟社区的去身份沟通，使政治意见表达更自由。①

由此可见，在网络世界中，政府和政治人物可以迅速地将政治意见、行动和决策通过互联网传递给不同的目标群体，提高政府的透明度，而对于普通民众来说，网络使他们能快速获得多方信息和多角度的视点，为其提供了发表言论和表达言论的平台。网络可以迅速而集中地反映公众的意见和言论，使民间舆论或民意得以展现，进而形成民众和政府决策的有效互动。

(三)网络时代政治传播的"二级传播"及"新把关人"

"把关人"的概念最早是由美国著名的社会心理学家、传播学的奠基人之一卢因(K. Lewin)提出来的，他的学生怀特后来进行了进一步的研究。大众传播媒介"把关"行为是一个十分复杂的过程，其中既有新闻专业的规范和标准，又带有市场的因素，但是无论大众传播媒介运用什么样的"把关"原则，人们都可以从中看出，"把关"是一个复杂的、有组织的过程，其中个人所能起到的作用是十分有限的，因为完全的客观是不可能存在的，新闻都是大众传播媒介根据一定的立场、方针、原则选择加工的，正如著名的美国新闻史学家弗兰克模特说的："纯粹的客观性甚至是对于机器人也是不可能的，因为在创造出机器人的背后，必定存在一定的思想。"

在传统媒介的传播方式下，大众传播媒介的信息是社会大众获得信息的重要来源，信息总是以客观真实的面貌示人，但是事实上，广大受众所获得的事实上已经通过了层层的过滤。信息先经由"把关人"再传给受众，这样也就形成了传统媒介的"二级传播"模式。此模式是否还适用于网络传播呢？网络传播中是否也存在"把关人"呢？答案是肯定的。网络的出现虽然是使传播权力更加倾向于受者，但是，网络传播中把关人仍然存在，因为任何信息传播活动都是一个信息搜集、信息加工、信息发布的过程，而这个过程离不开人的劳动，无法由某一技术或者程序自动完成。传播活动只要有人的参与，其中就一定会有人为因素的影响，而传播者在传播活动中必然有自己的偏好和标准。而且，由于政治传播不同于其他传播，政治传播在传播的过程中受到的影响因素更多，其中最主要是要受到"把关人"政治观念的影响，因而，网络政治传播中的把关人的作用不可小觑。在传统媒介中，担任"把关人"角色的往往是"权力精英"，但是网络的出现使"权力精英"的把关人已被"网络负责人"这个机械性功能的角色取代，不再具有传播主控权力。网络化的个人电脑成为冲击传统媒介造就的"中心—边缘"二元对立结构的巨大力量，使这种结构造成的文化和信息的垄断与独裁被彻底打破。回顾一下历史，如果从人类有传播活动的历史算起，人类传播最初就是源自人际传播，随着文明的演进，信息传播发展成为高度组织化、职业化、制度化的活动，而如今网络又使传播回归人际性。在数字化时代，地球才真正成了一个既大又小的村落。正如尼葛洛庞帝所说，人们正处于一个"沙皇退位，个人抬头""消解中心主义"的时代，也就是"权力精英"的传播特权已经分散到普通人的手中。

网络传播颠覆了第一媒介时代的传播逻辑。在新的传播逻辑里，受众获得信息的方式

① 周静：《中国网络政治传播优势的建构、特点、体现及策略》，载文化中国网，http://culchina.met/Article/HTML/2692.html，访问时间：2021 年 3 月 20 日。

更加全面而且多样，选择媒介的权力也随之加大，随着媒介掌控信息的权威的逐渐消解，传统的“把关人”身份不得不发生与之相适应的变化。当大众传播媒介转化成“去中心化”的传播网络时，发送者变成了接收者，生产者变成了消费者，统治者变成了被统治者，这样，用来理解第一媒介时代的逻辑就被颠覆了。以往“把关人”是负责为受众挑选信息、构筑外部世界的主要力量，相对于受众而言，他代表着权威。但是到了第二媒介时代，传播的特征表现出“去中心化”和“双向性”，如同众多社会学家所注意到的那样，网络传播蕴涵着远胜于报纸、广播、电视的巨大的民主力量，它对权威的拒绝同时也是对传统“把关人”角色的消解。媒介“把关人”位高权重的情况发生了很大的变化，因特网上富裕的媒介资源给了受众挑选媒介的权利，受众完全可以向那些他们不喜欢的媒介组织说不，受众的地位得到了前所未有的提高。

这种“把关人”身份的变化，是传统媒介与网络的一个根本性的区别。尤其是在政治传播方面，赖特·米尔斯提出“权力精英”的概念可以帮助人们理解传统媒介的把关权力实质。怀特认为，权力精英可以占据一个超越普通人、普通环境的关键性位置，能够聚合一切有效手段，持续获取财富、声望以及权力；但“强者”的价值终需建立在其所处的政治机制上。传统媒介的“把关人”正是占据一个超越普通人、普通环境的关键性位置上，以“权力精英”的身份而出现，他身后所依托的正是社会政治体制的运行机制。网络的繁荣把“权力精英”把关人的权力瓦解后，无数个人化的传播主体出现了，在新的传播主体身上蕴涵着比传统传播主体更为丰富的文化内涵。新的传播技术自身所蕴涵的意义以及它对传统媒介工作环境的改造，对市场意识的加强和利润的需求，网络传播对“把关人”角色的解构和受众地位的上升共同作用于网络传播中的“把关人”。在网络政治传播中，“把关人”的权利逐渐分散，互联网呈现出与传统媒介不同的“权力变迁”。报纸、广播、电视等传统媒介的传播蕴涵着这样的权力结构：“把关人”在控制政治信息传播时，处于“决定媒介内容”的支配地位；传统媒介基本上是以“无回应的言语”实施着以传播者为主体的“中心—边缘”的传播结构模式。传统媒介的传播模式往往从一个层面上推行着总体化策略，将多种性简化为一致性，或者朝着一个目标去组织话语。但是对于网络传播来说，总体化策略似乎走不通，因为网络用户有着很强的选择性，他可以在绝大多数的情况下来控制对政治信息的接受与否，而摆脱“把关人”的影响，同时还可以自由地表达自己的政治观念。

总之，虚拟中的网络主体，削弱了现实中的相互关系及其等级界限，也消解了专家、权威对现存社会、生活领域的主导权。关于互联网的政治传播权力变迁可以借鉴后现代者米歇尔·福柯的权力理论。他认为网络传播的后现代特征乃在于有空前繁多的权力核心，以及不计其数的流通节点，权力关系在其中得以维系、支撑，并散播于四处。它无法被单一主体固定永恒地“获得、夺取或分享”，只是随处运作并表现为高度的不确定性。权力在网络中被看作分散的、不确定的、形式多变的、生产性的。福科消解了“权力精英”的观念，将关注点由国家政治权力延扩为日常生活的权力网络。从某种意义上人们可以说，分散多元而矛盾的网络主体及其相互关系，决定着网络权力呈分散的、不确定的、形式多变的、生产性的特点。

从以上的描述可以得出这样的结论：由于网络传播的互动性(某种程度上是无序性)、

自由性，网络媒介的把关人角色的作用已经大大被削弱了，但是，虽然“权力精英”的把关作用被削弱，单是网络上的把关人角色仍然存在，原因在于，网络媒介的信息流动量前所未有，更加需要把关人筛选、加工和传播。所谓的互动性和自由性，只是在消费者层面的特征，就网络媒介的传播者而言，仍然存在把关人。人们上网的重要目的之一是查看信息，而看信息无非是信息传播机构的网站，即依靠传统媒介建立的网站、商业门户网站以及个人网站这几个渠道。尽管个人网站在某一个时间和某一个事件上比专业的网络传播机构更快、更全面，在网络传播方面起到了不可忽视的作用，但是，从长远看，专门的网站在信息传播方面仍然占有绝对的优势，它们有个人网站难以比拟的资金、设备和人员，甚至还有国家政府的支持以及相关政策的倾斜。从这个方面看，人们查看信息的时候应该倾向于选择专门的网站，因为那里的信息更加丰富，更全面。另外，即使某人有避开专门的网站阅读信息的想法，要找一个非专门的网站来满足信息阅读的需求，虽然也不是一件费力的事，但是，任何一个理性人在阅读网络信息时，都会毫不犹豫地选择专门的网站。

在网络时代，媒介把关人的作用虽然削弱了，但是网络传播中把关人的作用并没有消失，传播机构的把关行为仍然存在。所以，网络政治传播的模式仍然是“二级传播”模式，仍然存在“把关人”的作用，但是，与传统媒介的二级传播模式是不同的，其一，“把关人”的含义发生了些许变化；其二，“把关人”在网络政治传播中的身份已经不仅仅是原来国家或者媒介所有者；其三，“把关人”在舆论监督方面的作用日益增强了，由于普通人开始享有话语权，原来的话语权控制者在统一声音方面就遇到了前所未有的挑战。以克林顿的性丑闻案为例，美国(新闻周刊)的编辑部在这篇消息即将发稿的时候把它撤了下来，而由一个年轻人开设的个人网站德鲁吉报道则将这一爆炸性新闻公之于世，这一举动在当时引起的轰动足以见证网络舆论监督的威力。所以，可以得出这样的结论，网络政治传播中“把关人”还是存在的，但是由于网络政治传播使得民主力量日益增强，传统的“把关人”在把关时要受到民主力量的影响和挑战，因而，“把关人”在网络政治传播中身份出现了多重性，要受到更多因素的影响和制约。

(四)虚拟议政空间的构建

网络的出现除了使“把关人”的身份发生变化之外还产生了一种新的传播形式，那就是虚拟的议政空间。近年来，不少传播学者也将哈贝马斯的“公共领域”(public sphere)理论引入自己的研究领域，哈贝马斯在研究公共领域结构时，重点采用了民主理论的视角，强调了政治公共领域对实现民主的重要作用，崇尚大众拥有对公共事务自由发表意见、交流看法的空间和权利。然而在现实生活中，除了政治、经济力量的干预外，传统大众传播媒介本身的媒介特性，如单向传播、守门人过滤、报道空间有限、缺乏互动功能等，很难提供大众直接发表言论进行相互交流的平台。当人们在网上“以言行事”时，也就构成了一种特有的力量。网民首先是现实中的人，然后才是网上的虚拟的角色，因此他们往往自觉或不自觉地把现实中的规范、伦理携带到网上，使网上交往具备现实交往的仿真性。与此同时，传播主体的变更使网络传播呈现出复杂的政治景观。一方面，分散多元矛盾的主体带来了网络传播自由、多元和开放的优势，可以排斥传统媒介单一化产生的负面效果；另一方面，由于网络主体的分散多元矛盾，又使网络传播呈现“无政府”状态、“个人主义”色彩；网络主体身份的个人化认同，有可能实现一个自由、平等、自主地交流意见并发布其观念的“公共领域”。

网络个体作为自主的存在，他们各具独特的领域、独特的背景，在网上自由交流，可以在交流中实现“和而不同”，整合成真实的民意，从而主导虚拟空间进而影响现实生活。可以说，网络传播的“权力关系”是在虚拟空间中模拟、重塑现实社会的权力运行状态，网络权力被置身于日常现实与虚拟之间。所以，人们既不能把网络权力看成是单纯的虚拟世界的产物，也不能以单一现实的眼光去审视它。网络的出现对于政治最大的意义在于拓宽了民主渠道，这个建立在新技术基础上的“虚拟的广场议政”，已经吸引很多民众的呼声，成为汇集民意的新渠道。

网络信息发布的匿名性，使得无数公共事物的关心者通过网络进行的信息传播成为可能。德国社会学家、传播学者伊丽莎白内尔诺伊曼提出的“沉默的螺旋”理论的假设前提认为：社会使背离社会的个人产生孤独感；个人经常恐惧孤独；对孤独的恐惧感使个人不断估计社会接受的观点是什么；估计的结果影响了个人在公开场合的行为，特别是在选择公开表达观点还是隐藏起自己的观点的行为上。因此，在传统媒介上的身份、内容公开性的压力往往会使被访者更容易发表符合主流舆论的观点。而在网络中，信息发布者可以使用真实姓名也可以用假名参与，没有人会因为你的假名不真实而谴责你。这种在网络中，参与者主体身份处于一定程度隐匿状态的传播活动就是独具特色的网络匿名传播。匿名意味着自由，隐匿的安全感使参与者进行表达时会较少顾及社会规范的约束，比较自由地表达自己的思想。尤其是在中国传统文化中，不愿激进冒头的思想，也被匿名带来的安全感冲淡，从前害怕“枪打出头鸟”，面对各种社会不公平、不正义的行为，许多个体在群体中只有保持沉默，而在互联网上，在没有人知道说话人的真实身份的前提下，他可以把那些他想说而不敢说的东西通通宣泄出来。

虚拟传播的诸多属性(如异步性、去中心化、非线性和非历史性等)使得网络成为一种平等的信息交互平台，对于这一问题，国内不少学者从这种新媒介的新特点出发提出了不少的构想，网络和虚拟传播在他们看来已经成为一种建构“公共领域”的利器。清华大学的熊澄宇教授在他的《信息社会》一书当中曾经提及，“网络正在形成一种崭新的公共空间以展开对公共领域问题的讨论。在网络空间，一方面网民可以各自发表意见，另一方面通过超链接，将发布各种观点的新闻网站呈现在大众面前”①。事实上，卡斯特(Manuel Castells)在他的信息时代三部曲之一《信息时代：千年之结》当中也提到，这种信息社会统合了多种因素并构建了一种超越时间和空间的虚拟文化，这种崛起的网络社会在信息化的时代有着自己的制度肉身，信息社会的诸多逻辑逐渐使得工业社会的社会形式趋于瓦解。在信息社会，基于虚拟经验的社区传播和网络传播，很大程度上对传统的传播理念提出了新的挑战，一种全新的信息交互方式也正在显形，这种信息交互的方式对于“公共领域”的构建影响极大。这种虚拟政治传播虽然提供了自由议政的空间，但是其优势并不能轻易凸显，还要受到很多因素的制约。首先，虚拟信息交往者往往受国家的政治管控和经济利益的驱动，在国内的虚拟论坛当中，政治的无形统治依然存在，网络当中的人群聚合无形

① 熊澄宇：《信息社会中国社会构建新对策》，清华大学出版社2003年版，第120页。

当中进行了一种自我的过滤。虚拟社区和虚拟论坛的商业化导向的构建使得信息平台当中的信息交往并不能脱离经济利益的影响。而且“公民”之间的道德约束都是贫弱的，网络间的信息互动也很难形成有效的信度和效度。其次，影响网络“公共领域”构建的元素是公民的“自省性”和“批判性”，这种特性有助于信息传递者对自身和他人的立场、价值观、倾向性、旨趣进行过滤，提出自己的意见。在有效地维护自己的意见同时也能挑战来自对方的“强势观点”，“舆论领袖”常常也会起到很重要的作用，在虚拟信息交往中，大量的人充当的是“匆匆过客”的角色，泛泛地阅读已有的帖子，试图保持最大的疏离。论坛当中的辩论和宣传往往在网际的“舆论领袖”当中进行，次级的成员没有太大的话题导向能力。在这些次级的成员之间，一种“冗余”的交谈开始进行，这种“漫无目的”的谈话实际上构成对“舆论领袖”话语的消解，网络的格局开始分层、成员开始分化，最初的“公共空间”成为一种“散漫性社区”。与此同时，一方面因为网络主体的虚拟摆脱了现实中的诸多制约，致使传播有可能呈现出“真的自我”来，以实现人与人真正的交流与沟通，构筑起新型的“虚拟社群”；另一方面，网络主体的不稳定性，网民摆脱现实的监控和责任，易使传播内容流于粗俗，成为无聊情绪的发泄，而且由于网上传播很难追究其责任，这就致使很多无聊的信息影响其他网络用户。

但是，不管怎么说，伴随着网络的普及与发展，网上的“虚拟议政空间”逐渐开始发挥作用，像中国众多的游离于政坛的公众知识分子也开始走上前台，通过网络传播这种渠道参政议政，影响着中国的民主发展进程。中国网络传播迎来它的鼎盛时期，网络传播对公众舆论的影响力第一次极为鲜明地凸显出来，它成为了公众知识分子传播信息、发表意见的舆论平台。

【延伸阅读】

1. 谢俊美：《中国古代官制》，中国国际广播出版社 2010 年版。
2. 刘建军：《古代中国政治制度十六讲》，上海人民出版社 2009 年版。
3. 郭齐勇：《简明中国哲学》，高等教育出版社 2010 年版。
4. 丁小萍：《中国古代政治智慧》，浙江大学出版社 2005 年版。
5. 白润生：《中国新闻通史纲要》，中央民族大学出版社 2004 年版。
6. 杜洪义：《中国简史》，辽宁师范大学出版社 2006 年版。

【思考题】

1. 简述中国大一统时期的政治传播活动。
2. 中国封建社会的政治传播活动有什么特点？
3. 请概括梁启超的政治传播实践及其政治思想。
4. 中国共产党早期政治传播实践有什么特点？
5. 结合实际，谈谈对改革开放之后中国政治传播实践的看法。
6. 新媒体对我国的政治传播有什么影响？

第九章　国际政治传播

【本章重点】

国际领域的政治传播是国家面临的新课题，如何运用政治传播的理论树立国家在国际社会中的良好形象，增强国家的软实力和话语权，都是国家政治要解决的问题。本章重点介绍了在国际政治传播中广泛运用的理论，并联系实际进行了分析，这对国家具有重要的现实意义。

第一节　国家形象与国际话语权

一、国家形象的概念、特点和功能

(一)国家形象的概念

“形象”一词，最早出现于《周易》。《周易·系辞上》云：“在天成象，在地成形，变化见矣。”①在这里，形象二字都有“形体、状貌”的意思。可见，自远古先民始，人们便意识到世间万事万物皆有其形。古人所理解的形象，是指人之相貌、物之形状。到今天，形象已被理解为人们在一定条件下对他人或者事物内在和外在表现的总体印象和评价。《现代汉语词典》将形象定义为“能引起人的思想和感情活动的具体形状或姿态”。《朗文当代英文词典》则解释为“某人或某事在他人脑海里所留下的图像；多数人对某人、某组织或某一事物所持有的普遍判断和看法。”②

明确了形象的含义，我们就能更准确地了解国家形象的概念。国家形象可以分为国内形象和国际形象，二者之间存在一定的差异。西方学者较早研究“国家形象”，他们认为国家形象就是国家品牌，是一个国家无形的财产，不仅代表某种特定的商品，是国家形象的一个子集。他们探索的主要是国家品牌形象和商业竞争之间的关系。杰弗等学者认为，国家形象在商业中相对应的就是“原产国效益”。“原产国”这一国家形象能够在商业中占有更大的优势。他们认为，海外消费者对于一个国家的整体认知主要来自对这个国家及其输出的产品的观察。美国学者马丁等认为，国家形象是多方面的建构，国家形象集描述

---

① 朱熹注：《周易》，上海古籍出版社1987年版，第56页。

② Longman Dictionary of contemporary English(English Version)，外语教学与研究出版社1999年版，第709页。

性、推断性、信息性的信念为一体。① 国内形象是指本国民众对本国的整体认识和评价，国外形象是指国外民众对某一国家的综合认知。在国内，较早进行国家形象相关问题研究的是中国新闻学院徐小鸽教授，她在《国际新闻传播中的国家形象问题》一文中提到，“国家形象是一个国家在国际新闻流动中所形成的形象，或者说是一国在他国新闻媒介的新闻报道中所呈现的形象。② 一般而言，我们侧重于从国际层面对国家形象进行定义。总的来说，国家形象是某一国家外部公众对该国政治(包括政府信誉、外交能力与军事准备、政治局势、国际关系、领袖风范等)、经济(包括金融实力、财政实力、产品特色与质量、国民收入等)、社会(包括社会凝聚力、安全与稳定、国民士气、民族性格、社会制度等)、文化(包括科技实力、教育水平、文化遗产、风俗习惯、价值观念、民族文化等)与地理(包括地理环境、自然资源、人口数量等)等方面状况的认识与评价。即某一国家的行为表现、性状特征与精神面貌等在外部公众心目中的抽象反映和外部公众对该国的总体评价和解读。

我们可以从以下几个方面来理解国家形象的内涵：

(1)国家形象在根本上取决于国家的综合国力，但是不能简单地等同于国家的实际状况。综合国力是指一个主权国家赖以生存和发展所拥有的全部实力及国际影响力的合力。综合国力的构成要素中既包含自然的，也包含社会的；既包含物质的，也包含精神的；既包含实力，也包含潜力以及由潜力转化为实力的机制，是一个国家的政治、经济、科技、文化、教育、国防、外交、资源、民族意志、凝聚力等要素有机关联、相互作用的综合体。

(2)国家形象包含物质因素和精神因素两个方面。综合国力中既有物质因素，也包括精神因素。同样，作为对国家综合国力的反映的国家形象也包含这两个方面的因素。在国家形象的物质因素中，科技、经济和军事等综合国力要素起着至关重要的作用。科技是第一生产力，科学技术的蓬勃发展，使经济、科技在世界竞争中的地位日益突出，将先进的科技转化到生产领域才能提高国家的综合国力。因此国家的科技发展水平在其国家形象构成要素中占有十分重要的地位。军事实力是国家形象的坚实后盾。没有强大的国防，就很难保证国家的独立，就会失去在国际社会与别国平等交往的权利，以致丧失国家主权和领土完整。从精神因素上讲，国家形象的精神因素集中体现在国家的民族精神或民族性格上。世界上各个民族所经历和创造的一切都不同程度地沉淀在各自的民族文化中，从而使其民族形成自己独有的民族性格和民族精神。这种民族性格通过长期的文化传承逐渐稳定下来，形成了各个民族各自不同的文化传统、情感态度、思维模式、价值观念等。所有这些，都从不同侧面映射着该民族的精神和国家形象。

(3)国家形象是可以被塑造的。国家形象的塑造包括自塑和他塑两个方面。自塑是指国家通过改变自身特征或外部形象来宣传、传播自身；他塑主要指一国媒体对他国形象的

① 范红：《国家形象的多维塑造与传播策略》，载《清华大学学报》2013 年第 28 期。

② 徐小鸽：《国际新闻传播中的国家形象问题》，北京广播学院出版社 2000 年版，第 27 页。

评价和塑造，或是他国公众按其价值观、世界观、利益取舍和好恶感来塑造一国形象的过程。① 国家形象主要靠本国对外传播媒介和他国传播媒介的博弈来塑造。本国媒介和他国媒介在文化背景、价值观念和利益诉求等方面存在差异，从而导致“本国形象”和“他国形象”往往存在很大的分歧。媒体塑造本国和友国形象时，大多是以正面形象报道，但有时也有例外，如“水门事件”中的尼克松总统形象和“莱温斯基案”中的克林顿总统形象，作为国家象征的总统形象扫地，国家形象自然也大打折扣。不过，这种“揭丑”有时也被视作媒体对政府的制衡，从另一方面看，反倒给国家起到了一定的宣传作用。这种情况一般取决于该国言论自由程度及该国道德观念、思想文化等价值标准等因素。一国媒体在塑造非友好国或敌国形象时，除了有逼近真实的部分，也有在媒介架构下失真的或者歪曲丑化的形象。但无论构建正面还是负面形象，都没有脱离两种方法——全面性和片面性，或者说公正性和非公正性。无论“美化”还是“丑化”都是失真的、不公正的，是片面性主观性手法；只有出于公正，在整体上逼近真实，才算是全面客观的。② 国家形象主要依靠本国对外传播媒介进行正面报道和评论来积极塑造，但是也离不开“他国”认同，有关本国形象的话语能够影响“他国”公众，使这两种形象契合，才能形成良好的国家形象。

(4)国家形象中一个关键因素就是国家美誉度。一个国家如果想要在国际社会中维护并提高本国的国际形象，就需要在有凝聚力基础上，不断维护和提高国家美誉度。因为，国家美誉度是评价其国家形象的重要标志，它不仅体现了一个国家赢得社会公众信任、赞美的程度，并且还反映了一个国家的国家形象在公众心目中的地位。良好的国家美誉度是促进国家国际地位和经济提升的重要途径。因而，健全的国家形象将美誉度视作其追求的目标。③

(二)国家形象的特点

国家形象由物质因素和精神因素构成，是一个完整的综合体，作为对综合国力的反映，它会呈现出很多特点，最典型的是以下五个特点。

(1)国家形象内部和外部的差异性。在当今信息化社会，国家形象最主要的塑造途径是大众传播媒介，一般大众都通过大众传播媒介来认识和感知身边的环境，他们对于国家形象的认识很容易受到大众传播媒介的影响。如果媒体对一个国家所进行的传播活动是正面的，一般而言大众对该国国家形象的看法也是积极的；反之，如果媒体对一个国家进行大量的负面报道，大众则会加深对其负面影响。从国家内部来看，任何国家都希望自身有一个正面的形象，因此，国内媒体对于该国活动的报道大都是积极的，它代表了该国家的自我评价，是国家发展的内在动力。国内大众受到传播媒介和民族情绪的影响，对于国家形象的评价会趋于正面化。从外部来看，由于国与国之间存在着复杂的利益关系和价值标准，外国对该国的报道就可能存在偏见，外部公众对于该国家形象的认识就会出现片面

① 张梓轩、商俊：《国家形象多重塑造中的信誉与情感证明——基于中外合拍片英语评论的语义网分析》，载《现代传播》2020 年第 42 期。

② 刘小燕：《关于传媒塑造国家形象的思考》，载《国际新闻界》2002 年第 2 期。

③ 刘小燕：《关于传媒塑造国家形象的思考》，载《国际新闻界》2002 年第 2 期。

化、零散化甚至是歪曲化。西方国家长期以来对我国存在意识形态上的偏见，他们在世界上宣扬“中国威胁论”的说法，并且截取各种负面镜头来展现中国的形象，致使“中国威胁论”在国际社会上泛滥。国家形象内外部存在差异，这个问题已被大家公认，关键是要找出方法，尽量缩短这种差距，使这两种形象趋近一致，在内外部都树立良好的国家形象。

(2)国家形象具有相对稳定性。国家形象在根本上取决于一个国家的综合国力，综合国力在一定时期不会发生太大的变化，因此，国家形象也处于一个相对稳定的状态。再加上公众思维定势的作用，即使国家形象发生变化，他们对于国家形象的认识也不会立即改变，而是更倾向于认同原来的国家形象。例如，近代中国的落后、统治者的腐朽、国民综合素质的低下等形象在外国人心目中还没有完全消失，导致那些不了解中国国情的外国人对中国存在深深的偏见。任何事物都不是一成不变的，国家形象也是如此，它只是相对稳定的，随着国家各方面的发展变化而变化着。随着中国的崛起(近两年中国综合国力快速提升)，特别是以科技和人才为基础，以经济和军事为后盾的综合国力的快速增长，中国从一个被世界看不起的国家逐渐变成受到国际社会普遍尊重的国家，并且中国越来越多地致力于维护世界和平，为推动世界经济发展贡献自己的力量，中国在努力建立一个负责任的大国形象。因此，国家形象的确是一个循序渐进的过程，但是又在一定的时期保持相对稳定的状态。要保持国家形象的开放和动态，才能保证国家形象朝着良好的方向发展。

(3)国家形象的具象性与抽象性。国家形象的这一特点是由国家形象客体决定的。从认识和评价对象的角度来看，国家形象具有具象性是指国家是由多种具体要素构成的复合体，国家形象通过多种维度来体现，如国家形象可表现为科技形象、经济形象、文化形象社会形象等，这些形象也往往是通过具体的可感知的行为符号表现出来的，如一国乐团外出演出的表现可以体现出这个国家的文化形象。再比如 2020 年 7 月 31 日北斗三号全球卫星导航系统全面建成并开通服务，我国成为世界上第三个独立拥有全球卫星导航系统的国家，这体现了我国的科技形象。通过具象性，形象主体能够建立起对一个国家的整体印象，这对于国家形象整体建构有着非常重要的意义。由于人们对一国国家形象的认识往往是从具象开始的，因此只有建立起良好的具象，才能使人们形成固定的模式，从而“抽象”出符合本国要求的国家形象。此外，在对外传播中，讲好中国故事对于建构积极健康的中国形象非常重要。媒体通过中国故事，可以使他国人民更好地了解和认识中国，形成关于中国的“具象”，进而“抽象”出对整个中国的认识和看法。

(4)国家形象的主观性与客观性。国家形象是人们对该国家的综合认识和评价，由于意识形态、价值观念、知识水平、利益关系、道德标准和宗教信仰等差异，使得国家形象具有主观性。比如由于历史恩怨和现实利益关系原因，巴基斯坦视中国为风雨与共的“铁哥们”，而印度则把中国视为竞争者、威胁者和敌对者。因此，国家形象并不是人们对一个国家简单直观的认识，而是带有强烈的主观色彩。但是，对一个国家的认识和评价并不是随意的，而是建立在客观存在的基础之上的。因此认识主体会受到这个国家自身特点的制约，如一个国家的地理环境、军事实力、经济发展状况、公民素质等客观因素。因此，认识主体的认识和评价都是以该国的客观存在为依据的。

(5)国家形象的多维性与整体性。国家形象的多维性是指，虽然任何一个国家对外都表现为一个整体，成为一个个体，但在这个国家自身内部，其结构和规定性又是立体的、多面的，又会受到形象主体的认识和评价，从而使这个国家的形象表现出多种侧面和维度。例如根据国家的构成领域来划分，国家形象可分为经济、政治、社会、文化、军事、科技、地理等不同领域的形象；从不同行为主体来看，国家形象可分为政府形象、社会组织形象和公民形象等。国家形象的整体性是指国家作为一个个体或整体的形象是由多方面形象相互组合形成的特性，其多维性是由一系列局部形象组成的。国家的整体形象并不是局部形象的简单组合，而是相互配合、综合而成的有机整体。因此，国家形象的整体性，其实质就是国家形象作为系统的表现。认识到国家形象的多维性与整体性对于我国当前的国家建设具有重要启发，我们不但要重视各个领域的发展，而且要注重它们的协调发展，只有这样才能赢得良好的国家形象。①

（三）国家形象的功能

早在古希腊时期，著名政治史学家修昔底德就在《伯罗奔尼撒战争史》一书中论及国家声誉和威望对雅典和米兰战争的影响，他指出，国家和个人一样，对安全、荣誉和私利的追求是它的本性。② 自“二战”结束以来，各个国家都在关注国家形象对本国政治、经济、安全等的影响。党的十八大以来，中国对国际事务具有很大贡献，如对全球治理的参与、对世界经济的发展以及世界和平的维护等，国际社会有目共睹。中国提出的“一带一路”倡议，对沿线国家的经济发展和民生改善发挥了重要作用，越来越多的优质中国商品、中国文化产品走出国门，这些都是提升我国国家形象的重要内容。③

在全球化不断推进的今天，一国对外政策的制定及其结果，不但取决于本国的利益和需求，更取决于对他国的知觉、评价和情感，即他国的国家形象。为了能到得到国际社会的信任，获得大的国际发展空间，最大限度地保护本国的利益，各个国家都在致力于改善和塑造本国的国家形象，提高本国的国际声誉。可以说，国家形象的功能在今天得到了很大程度的彰显。我们将从政治、经济、外交这些方面论述国家形象的功能。

1. 政治功能

良好的国家形象更容易获得他国的认同和信任，推动国家间的合作。国家形象、声誉是判断国家意图的重要依据，是影响国家安全与合作的重要因素。国家形象的政治功能是指积极的国家形象不仅增强国家凝聚力，鼓舞人民士气，激发人民爱国主义热情。还能够维护国家在国内及国际上的威信，并且巩固其合法地位。④ 政治形象是国家形象之基础，国家对外战略与政策的制定都建立在对其他国家意图判断的基础之上。一个国家的国家声誉来自对一个国家过去行为的总结或特性归纳，这有助于预测其未来的行为。学者王学东指出，“一个国家的声誉，就是国际体系中的其他行为体对于这个国家持久特征或特性的一种信念与判断。声誉的主要功能就是利用国家过去的行为来解释和预测其未来的行为。

① 吴献举、张昆：《国家形象：概念、特征及研究路径之再探讨》，载《现代传播》2016 年第 38 期。

② 修昔底德：《伯罗奔尼撒战争史》，谢德风译，商务印书馆 1985 年版。

③ 王丹：《做好新时代中国国家形象的调研与塑造——〈中国国家形象全球调查报告 2019〉发布会综述》，载《对外传播》2020 年第 11 期。

④ 孙有中：《国家形象的内涵及其功能》，载《国际论坛》2002 年第 3 期。

声誉是国家在互相交往过程中表现出来的一贯的行为特征，是国家的一种‘非物质诉求’，也是外交战略的目标之一”。陈寒溪则认为，国家声誉是国家相对稳定的偏好和行为所获得的一种国际评价，评价的依据主要来自国际道德和法律，以及在国际政治中的权力地位。他认为国家声誉至少分为两种类型：道德—法律声誉和政治—权力声誉。由上可以得出国家声誉的基本特点：声誉与国家的信誉有关，在国家间的互动中产生，建立在国家历史行为的基础上，因此需要长期的时间和成本积累。① 具有良好形象或声誉的国家，容易获得他国的正向判断和信任，避免对本国的战略误判、陷入安全困境，从而推动本国与国际社会的良性互动，实现安全与合作。良好的国家形象有利于国家间建立正向认同，在国家间建立朋友的身份结构。

2. 经济功能

良好的国家形象有利于提升本国企业的国际竞争力，增强本国的经济实力，提高对国际经济组织的影响力和世界其他国家的吸引力，从而提升自己的国际经济地位。良好的国家形象有利于增强国家竞争优势，吸引国际资源。从营销学的角度可以把国家形象称之为国家品牌，即一国产品和服务在其他国家公众心目中的总体形象。在当今全球化潮流中，国家与国际经济组织和跨国公司等一起，构成了国际经济竞争的主要参与者。为了追求社会物质福利最大化，国家需要获得更多有利于本国经济发展的外部要素，只有积极、健康、强大的国家品牌才能获得更多消费者、投资者、游客、移民、媒体以及他国政府的瞩目、尊重和信任，并在全球竞争中获得有利地位。此外，良好的国家形象有利于增强企业的国际竞争力。研究表明，国家品牌有助于产生协同效应，能够激发消费者的购买意向。国家品牌形象的提升，将会对本国企业的品牌国际化、企业销售和国际竞争提供有力支撑，所以各国政府和企业纷纷不惜重金采取各种措施和手段来宣传和打造国家品牌形象，以此来获取最大的经济利益。西蒙·安浩认为新兴市场经济国家要想摆脱作为发达国家原料供应地的贫穷地位，并在全球化经济中更加有效地展开竞争，就有必要实施国家品牌化战略。法恩认为，国家品牌化是一个过程，在这个过程中国家形象被创造、改变、监测、评估或积极的管理，目的是提升国家在目标国消费者心目中的声望。国家品牌资产是一个国家的附加吸引力所产生的额外价值，它来自人们对该国可见的或不可见的、内部的或外部的、功能性、情感性或象征性的价值的消费。② 2009 年底，中国首次进行国家品牌的宣传，在西方主流媒体投放以“中国制造，世界合作”为主题的国家形象广告，就是为了推动中国产品出口和提升中国产品在国际上的竞争力。《2017 中国企业海外形象调查报告（东盟版）》数据中曾指出，借由“一带一路”倡议的实施，东盟六国消费者对中国企业的评价正在逐年上升，在认可中国企业的积极贡献中重点包括“改善当地的基础设施”“带来先进的技术”“促进不同文化更好地融合”三大方面。另根据 2019 年《财富》世界 500 强品牌排行榜中，中国品牌首次在数量上超越美国品牌。这些不仅代表着中国品牌走向世界，也标志着中国在国际上的国家地位不断提高，国际影响力越来越大。

---

① 余红、王琨：《国家形象概念辨析》，载《中州学刊》2014 年第 1 期。

② 康瑾、丁佳：《国家何以“品牌化”——兼论中国的国家品牌塑造》，载《现代广告》2019 年第 6 期。

3. 外交功能

国家形象是国家对外决策的重要背景因素。与传统基于追求本国利益的国家外交不同，二战后的信息革命，使得围绕着少数人的幕后商议、秘密会面的外交转向了大众，成功利用大众传播媒介塑造有利的国家形象，从而获取国内外公众的支持。罗伯特·杰维斯曾指出，如果不考虑到决策者对世界的看法以及他们对别人持有的印象，那常常是无法来解释至关重要的决定和决策的。对他国的国家印象一旦形成，就会成为一种根深蒂固的国家共识或国家偏见，作为一种背景因素长期左右该国领导人的决策思维和具体的对外政策。有关美国前国务卿约翰·杜勒斯对苏联态度的案例研究就表明他对敌人形象的僵硬和简单化对美国外交政策造成了消极影响。此外，国家形象一旦形成，就具有持久的逻辑和趋势，制约国家对外政策行为选择。国家形象概念是一个主体间概念，反映了国家间的相互身份建构关系。

4. 文化功能

国家形象在根本上取决于国家的综合国力，不仅包括经济、军事等"硬实力"，也包括以意识形态、文化等方面的"软实力"。后者也是当今时代衡量国际地位和国家国际关系的重要因素，因此作为一种认知和评价的结果，国家形象应该被纳入文化软实力的范畴。马尔库塞认为，文化可以提供一种认知的价值标准，它可以在文本的叙述中质变为"生产性"的东西，进而对理解现实和重构形象具有重要的指导作用。①

二、话语权与国家话语权

(一)话语权的概念

19 世纪末 20 世纪初，西方哲学著名的"语言转向"引发了诸多学科对语言问题的关注与研究。20 世纪 80 年代末，"话语"问题开始正式进入国际关系研究领域，对它的研究深受法国后现代主义思想家米歇尔·福柯话语权力理论的影响。福柯认为，"话语意味着一个社会团体依据某些成规将其意义传播于社会之中，以此确立社会地位，并为其他团体所认识的过程"。② 即话语是一种关于语言表达和交流的社会实践活动，是一个沟通"自我"与"他者"社会关系的概念。此外，葛兰西的"霸权"理论、哈贝马斯的"合法化"理论，也是话语理论的思想基础。对于话语权的理解，有如下几点认识：

(1)话语是一种社会实践活动，并且对现实具有建构作用。这种观点为国际关系学把话语作为影响国际政治进程的一个重要因素奠定了认识论基础。建构性的话语观拓宽了国际关系学的研究视野，启迪人们探究不同的话语，建构国际政治现实。

(2)话语并不完全等同于一种声音，话语权也不仅仅是指说话权，而是指控制舆论的能力。话语权的本质不是"权利"，而是"权力"，它所追求的是所表达的话语和观点能够被确认。我们注意到在国际社会中存在着霸权话语，即所谓的"真理"，它们掌握在具有话语霸权的国家手中，并且在国际社会广为传播，而其他国家的话语则受到霸权话语的

① 刘艳婧、刘新利：《文化纪录片对国家形象的建构功能及方式》，载《新闻论坛》2015 年第 2 期。

② 王治河：《福柯》，湖南教育出版社 1999 年版。

压制。

(3)话语权不是孤立存在的，它不是一个封闭的系统，而是受到各种社会历史条件制约的。正如福柯所说，“在任何社会中，话语的生产是根据一定的程序被控制、选择、组织和再分配的”。[①] 福柯提出了话语内部秩序控制的三组力量：外部力量的控制、话语内部的控制和对话语主体的控制。从宏观方面看，话语权不是完全独立而是相对独立的，它受到国家政治、经济、军事等硬实力的制约，硬实力始终是话语权的基础。从媒体的角度看，媒体的话语权表现也受到制约，媒体传播的信息都经过把关人的过滤。在国际传播方面，话语权的价值观制约就更加明显，国际新闻往往是“错位”的新闻，体现出了更强的主观性和国家性。

(4)话语具有行事和建设功能。以约翰·R. 赛尔等为代表的哲学家们认为语言的使用本身也是一种实践。作为社会生活的基本内容，语言不仅可以反映真实的存在，而且可以产生有意义的社会实践，将所表达的内容变为人们认为是存在的东西。语言的建构功能不仅体现在它可以建构社会存在，不同的言语实践也能建构出不同的社会身份、关系，人们对其进行不同的命名，采用不同的叙事方法，使用不同的修辞手法等，就会使言语者呈现出不同的观念和态度，产生的建构效果也完全不同。[②]

(二)国际话语权的内涵

根据话语权的概念，结合国际关系学相关的研究成果，我们可以给国家话语权定义为：主权国家通过正式外交活动、大众传播媒介传播、民间组织交流等渠道，将蕴含一定文化理念、价值观念和意识形态等因素的话语渗透到国际社会中，使其他国家自愿接受并认同的能力。

国际话语权以国家利益为核心，就国际社会发展和全球性问题等发表意见的权利和影响力，体现了知情权、表达权和参与权的综合运用。根据国际话语权的内涵，我们可以认为国际话语权就是对国际事务、国际事件的定义权，对各种国际游戏规则的制订权以及对是非曲直的评议权等。国际话语权被世界各国日益重视，它不仅是一个国家在国际社会“说话”的权利，而且是指该国的“话语表达”在世界上的影响力和有效性，本质上体现的是一国在国际社会权力结构中的地位。从本质上说，掌握国际话语权的一方完全能够按照利用话语权优势来定义国际事务和国际事件，掌握国际游戏规则的制订权，按照自身的利益准则对国际事务进行评价和裁决。总的来说，西方国家凭借其强大实力在国际社会中占据优势话语地位，而非西方国家则处于弱势话语地位。虽然国际话语权的基础是由政治、经济、军事等硬实力决定的，但是话语权本身则表现为一种相对独立的软实力，它靠传播来体现。媒体是话语权的主要载体，在传播的过程中形成了媒体话语权。媒体话语权有两种实现形式：一是在国际传播中作为信息传播主体参与国家话语权的争夺；二是媒介之间的话语权控制，主要是传统媒体和新媒体之间的较量。在国际社会的信息传播上，虽然传统媒体依然是舆论主角，但是新兴媒体正在分割传统媒体的话语权。

---

① 黄华：《论话语的秩序》，载《北京行政学院学报》2006 年第 2 期。

② 孙吉胜：《从话语危机到安全危机：机理与应对》，载《国际安全研究》2020 年第 38 期第 6 卷。

(三)国际话语权的特征

当今社会，软实力正在逐步取代经济军事等硬实力而成为国际竞争的战略制高点。在过去硬实力主导的国际关系发展走向的时期，没有强权就没有话语权，然而在软实力作用日益凸显的今天，谁有强大的软实力，特别是文化软实力，才能够拥有强大的话语权。因此，国家话语权是软实力的重要体现，在本质上属于软实力范畴的国际话语权，具有以下特征：

(1)文化软实力是国际话语权的深厚根基。文化的先进与否，决定着话语权的大小。一个没有足够的文化软实力资源做支撑的国家在当今国际舞台上是很难有话语权和国际影响力的。国际话语权的说服力、渗透力和吸引力都需要通过文化来展现。汉唐时期中国曾出现四夷归服、八方来朝的盛世景象，与当时中国文化的发达有着密切的联系，对于唐朝时期周边的邻国来说，“中国的文化、思想体系、文学、艺术、法律、政治制度和使用的汉字在这些国家中处于支配地位”。① 近现代时期，法国也曾凭借文化、思想观念和独特的话语体系获得过国际话语权。后来随着时代的发展，国际话语权在不断地发生着变化和转移，不难发现，一些边缘国家和半边缘国家逐步走向中心，这在很大程度上取决于这些国家文化软实力的增强。

(2)国际制度和国家政策的制定是国家话语权的重要支撑。国际制度有着广泛的活动空间、较多的参与主体和多样化的合作形式，因此，一个国家参与国际制度的广度和深度的不断扩展，那么其享有的国际话语平台也就越来越宽广。另外，国家政策是国际话语权发挥作用的重要基础。一国制定与实施合理合法、互惠有效的内外政策，有助于该国以一种独立的姿态进行对外合作交流，对于提升该国的国际话语权有明显的作用，也是国家谋求国际话语权比较容易有所作为的领域。

(3)国际话语权不等于话语霸权，它与话语霸权既相互联系又有区别。非霸权的国际话语权与话语霸权同属软权力范畴，都以文化软实力为根基。但两者又有着重要区别，即话语霸权由国际体系内的霸权国家掌握，是具有支配性和排他性的话语权，其常常采用绝对权威的结论，先向受众灌输某种意念，使受众强硬接受，形成先入为主的观念。非霸权国际话语权则不具有排他性，其权力主体追求的是不同话语主体间平等的对话交流，接收者则自愿接受和认同通过话语传递的内容。长期以来，西方媒体作为国际话语权的主体，它们掌握着话语霸权，在涉华报道上一直都存在偏见，而中国话语权的缺失，让自身形象的塑造受到阻碍。近些年随着中国成为世界第二大经济体及综合国力的提高，中国在促进全球经济发展与治理中扮演着越来越重要的角色，比如 2020 年全球遭受新冠肺炎疫情的重创，中国以中国主张为应对疫情和改善全球治理指明了方向。除此之外中国近年来举办了 G20 峰会，2013 年提出“一带一路”倡议，以及习近平总书记提出构建人类命运共同体的理念，种种努力都表明了中国日渐走向全球舞台的中央，为人类发展贡献了中国智慧和中国方案。一些新兴大国的崛起，美国的国际话语权正在松动，中国在话语权的转移中努

① ［英］崔瑞德：《剑桥中国隋唐史》，中国社会科学院历史研究所等译，中国社会科学出版社 1990 年版。

力成为关键角色，取得自身应有的国际话语权。

（四）国际话语权的转移

美国学者约瑟夫·奈提出了“软权力”的概念，而话语权是软实力的重要体现。他指出，世界的软权力并不是一成不变的，它也在不断地变化。例如在18世纪，法国通过启蒙运动、法国大革命和拿破仑战争，将其影响传遍整个世界，它依靠文化、思想观念和独特的话语体系，最先获得了国际话语权。然后在19世纪，英国完成了工业革命，成为当时的日不落帝国，同时利用发达的媒体将自己的声音传到世界的各个角落，它取代法国拿到了国际话语权。美国紧随英国的步伐，在19世纪末取得经济世界第一和媒体世界第一的地位。到20世纪，美国开始获得国际话语权，其强大的话语地位一直持续到现在。但是随着一些新兴国家的崛起和欧盟一体化进程的加快，美国的话语霸权地位在动摇，国际舆论格局呈现多元化的态势。这种格局的变化归根结底是由于西方经济的衰落和低迷、新兴经济体的崛起以及多元文化格局的出现。美国国际话语权的松动是我国争取国际话语权的一个机遇，希望中国能够抓住机遇，在国际话语权的转移中掌握主动权。

（五）关于中国提升话语权的现实问题

尽管中国在国际舆论中的地位有所上升，美国话语权的松动对中国总体有利，但是中国在国家话语权的提升方面仍面临很多不利条件。马克思曾经用“他们无法表述自己；他们必须被别人表述”来描述东方和西方的不平等关系。一直以来，国际话语权都被西方媒体所掌握，中国只能处于被西方媒体建构的环境之下。一方面是掌握国际话语权的西方媒体对中国的报道仍然存在偏见，另一方面中国媒体的国际传播能力和对世界的影响力有限。这些不利条件具体表现为：

（1）在国际舆论中，西方媒体作为话语权的主体，其对华报道的偏见由来已久。从世界上第一个社会主义国家成立以来，西方媒体就没有停止过攻击和诽谤社会主义国家。中国改革开放以来，取得了一系列令人瞩目的傲人成绩，但是西方媒体对我们取得的成绩视而不见，反而挖空心思搜罗中国社会发展过程中暂时存在的问题，甚至进行歪曲报道。根据调查显示，国际社会受众借助西方媒体了解中国的信息获取率高达68%，通过其他国家了解中国的有10%，仅有22%的受众从中国媒体了解中国。虽然我国近年来国际传播能力有很大提高，但是当今的国际舆论格局仍然呈现出“西强我弱”的局面。在某些西方主流媒体别有用心的失真宣传下，中国声音在国际舆论中一度出现了失语现象，造成了国际社会对于中国的错误认知。比如在《经济学人》的涉华报道中，文中通过实地采访，以在北京工作的河北人小张为切入点，指出中产阶级强烈需要北京户口，但中国长期严格控制大城市人口规模，落户北京“难于上青天”，建构了中国“户籍制度死板、僵化”的国家形象。[①] 随着对中国了解的不断深入，西方媒体对中国根深蒂固的偏见在逐步减少，但由于意识形态和国家利益等因素的影响，西方媒体的偏见难以在短时间内彻底消除。我们要

---

① 高徽、曾勇：《西方媒体对中国国家形象的双面建构——以〈经济学人〉2019年涉华报道为例》，载《国际传播》2020年第3期。

对消除西方媒体偏见的长期性、艰巨性和复杂性有充分的认识和心理准备。

（2）近年来我国媒体特别是主流媒体在国际话语权的争夺上有了很大的飞跃，主流媒体承担着取得国际话语权的重要任务。由于西方国家长期主导着国际话语权的分配格局，中国在努力发出自己声音的过程中仍面临很多问题。第一，中国媒体的对外传播能力较差，发生重大事件时不能及时主动报道事实真相，等到国际不利舆论泛滥后，中国媒体才开始进行反驳，因此常常处于被动地位。随着改革开放进一步深化，西方话语大量涌入，并且被各领域广泛采用，我们对待西方话语，更多的采用的是“拿来主义”，遵循西方既定的逻辑体系，不能发出我们自己的声音。第二，传播渠道不足，影响力不够。以中央电视台为例，央视通过上星和落地初步完成了多语种多地区的全球性覆盖，但是相比那些国际一流的西方媒体，节目覆盖人数还有很大的差距，考虑到有效收视人数，将会有更大的差距。尽管近年来我们在不懈努力缩小与国际一流媒体的差距，但是巨大的差距依然存在。

中国想要切实提升国际话语权，就必须克服这两个不利因素，妥善解决以上矛盾。因此，我们需要从传统文化中汲取营养，充实话语内容，进行文化创新，打造中国的国际一流媒体，扩展对话平台等几方面努力。

第一，将传统文化中的精髓转化为中国的软实力，充实有吸引力的话语内容。在古代，中华文化曾经对世界上的其他国家产生过重大的影响，古代中国文化的榜样力量，让西方一度极度推崇。因此，挖掘中国传统文化的精髓，将传统文化转化为软实力，从而在国际社会推广，对于提升中国的国际话语权具有积极作用。我们可以从两个方面借鉴传统文化资源来提升中国国际话语权。一方面，借鉴中国传统的“和”文化。中国传统文化追求“以和为贵”和“和而不同”，主张通过平等相待、诚信合作来化解人和人、人和自然、国和国之间的冲突，实现和平共处与和谐发展，就是对中国传统“和”文化的借鉴与升华。另一方面，借鉴中国传统文化的包容性。近年来，中国在文化领域不断扩大对外开放的程度，文化交流的内容和形式日益丰富。当前，中国已经与100多个国家和地区签署了文化合作协定，“中俄文化年”“中法文化年”“非洲主题年”以及各种“文化走出去”活动生动地从多个方面展现了中国文化，同时也提高了中国文化的影响力，让更多的人了解中国，了解中国文化。[①] 中外文化在古代有过多次交融，中国从不同文化中吸收营养，实现了文化上的“兼容并蓄”。在今天我们仍然可以与国际文化进行交流，并且做到取其精华，去其糟粕。

第二，努力进行文化创新，占领文化发展战略“制高点”。创新是文化发展的不竭动力，在今天，中国较弱的文化创新能力使其在国际文化关系格局中相对处于文化弱势地位。因此，提高文化创新能力，构建自身的话语体系，从小的方面看，影响到中国人民的精神文化生活的质量；从大的方面看，关系到中华文化的伟大复兴。中国在当今世界能否实现文化软实力与硬实力兼备，关键在于能否有一个强大的文化创新能力。要提高中国文化的创新能力，一是要在文化批评的基础上进行文化吸收，文化批评是文化创新的前提。要努力突出中外文化的融通性，以此破解文化身份认同困境。中国对外话语要基于中国发

---

① 李昊：《软实力提升中国国际话语权探析》，载《西部学刊》2020年第22期。

展现实和历史传统，描述中国现状，反映中国价值，表达中国精神，同时要深刻挖掘中外文化的共通点，既要讲清中国的独特之处，又要强调中外文化的融通之处，从中国文化的历史渊源、发展历程中挖掘与世界各国文化的契合点，激活共同“历史记忆”和“文化记忆”，从而打通中国话语与外国受众之间的良性互动空间，塑造其对中国对外话语体系的认同，形成融通中外的话语共同体。① 西方的文化不能随随便便就拿来为我所用，任何一种文化都只是特定民族、国家特定时空的产物，要根据自身的需要进行文化批评，在此基础上创新文化，构建中国风格。二是要在别人未曾开垦的文化“荒原”上不断开拓，大力增强文化原创能力。这必须着眼于社会实际问题，更要紧随世界文化发展的前沿步伐，不断丰富中国文化的内涵，丰富中国话语体系的内容，不断争取国际上的理解、认可和接受。

第三，打造我国的国际一流媒体，争夺国际话语权。首先，我们必须改变长期以来的国际传播方式，不把空话和套话放到国际上逼迫外国人接受。好的宣传效果是采用对方易于理解和接受的内容和方式进行传播，因此，在国际传播方式上一定要选择“西方思维”。国际话语权的提升要遵循“国际通行原则”，即了解和尊重国际传播的特点和规律，掌握国际传播的方法和技巧，充分了解自己的话语对象，树立“受众本位”意识，采用“中国立场，国际表达”的方式，选择让世界既能听懂又能接受的报道方式，提高传播的亲和力和有效性，努力营造客观友善、于我有利的国际舆论环境。② 其次，中国媒体要构建中国特色的话语体系。我们要让世界清楚了解中国特色社会主义核心价值观是世界文化多元化的价值理念，即在全球化的背景下，各种文化都能获得生存和发展。媒体要努力传递中国传统文化的“和”文化以及传统文化的包容性，从而形成独特的中国报道视角，来丰富中国话语体系的内容，从而提高中国特色社会主义话语体系的吸引力、感染力和渗透力。

第四，提高国际制度参与能力，扩展国际对话平台。话语平台是指话语能够传播的基本载体，并在国际竞争中提升国际话语权的基础工具。一个国家要想在国际舞台上占得一席之地，就需要有一个强大的话语平台。国家的话语平台是否在世界上有影响力，直接决定了国际社会舆论的走向。一个国家掌握了国际社会舆论的走向也就在国际舞台上掌握了国际社会的话语主导权。中国只有建设好各类国际话语平台，有效增强自身的国际传播能力，才能扭转在国际社会被动的话语地位，在国际舞台上发出最强音。③ 从 19 世纪中叶开始，西方以炮舰外交强行把中国纳入其主导的国际体系中，这 150 多年来，中国与国际制度的关系“经历了从拒绝到承认、从观望到参与、从扮演一般性角色到力争重要发言权的过程”④，这个过程艰难而又曲折。在今天，中国参与国际制度的广度和深度都达到前所未有的程度，而且还在不断向前发展。国际制度具有更广泛的活动空间、更多的参与主体和更多样的合作与对话形式等特点，因此在全球化的背景下，它成为中国向国际社会进一步阐明自己的外交方针和原则立场的重要渠道。通过这一渠道，中国不仅可以用自己的

① 薛丽：《跨文化视角下的中国对外话语体系建构》，载《人民论坛》2020 年第 34 期。

② 童兵：《理论新闻传播学导论》，中国人民大学出版社 2000 年版。

③ 李昊：《软实力提升中国国际话语权探析》，载《西部学刊》2020 年第 22 期。

④ 门洪华：《中国软实力评估报告》(下)，载《国际观察》2007 年第 3 期。

实际行动向世界表明，中国的崛起和强大会对世界的和平与稳定，特别是亚太地区的和平与发展产生积极和具有建设性的作用，从而增进中国与其他国家间的相互信任，消除他国的疑虑；而且中国可以更顺畅与其他国家地进行对话协商，增信释疑，及时反驳“中国威胁论”。因此，中国应该强化国际制度参与能力，争取在国际制度中发挥主导作用，提升中国的国际话语权。

第五，不断提升国际地位，彰显中国价值观。如果要在国际话语体系中拥有一席之地，中国就必须彰显既符合中国国情和国家利益诉求，又具有人类价值共识和中国传统文化，对外具有感召力和说服力的价值观。与西方的价值观不同，中国的价值观念是中国的传统文化与中国特色社会主义建设经验高度凝练的结合。2020 年 9 月，习近平总书记在第七十五届联合国大会上发表讲话时指出：“坚守和平、发展、公平、正义、民主、自由的全人类共同价值，推动构建新型国际关系，推动构建人类命运共同体，共同创造世界更加美好的未来！”将良好的中国形象和独有的中国价值观完整的展现在了世界的面前。①

第六，重视语言的转化，消除语言障碍。语言的转化对于保证对外话语的准确表达和真实传递具有重要意义。只有注重语言的转化，才能准确将中国文化的本质精准传达。因此，传播媒介应重视加强国外受众对中国的基本认知，填补外国人对中国文化的认知空白。同时也防止国外媒体利用译文对中国话语进行歪曲，因此当中国在发布重要对外讲话时，应做到多语种同步推出，将外界利用文本转化过程进行话语操纵的可能性降到最低。

三、国家形象和国际话语权的关系

(一)综合国力是国家形象和国际话语权的共同基础

根据前文章节的内容，我们可以得知国家形象在根本上取决于国家的综合国力，疆域、人口、自然资源、经济、科技、军事等物质因素是国家存在和发展的支柱，对国家形象有着很大的制约性。国家的民族精神或民族性格会对国家形象的精神要素产生很大影响，国家形象会随着这些因素的改变发生相应的变化。国际话语权也受到国家政治、经济、军事等硬实力的制约，硬实力始终是话语权的基础。但是话语权其实是软实力的体现，在软实力作用凸显的今天，谁拥有了强大的软实力特别是文化软实力，谁就能够拥有强大的话语权。同样，国际话语权的分配格局也不是一成不变的，随着新兴大国的崛起、欧盟一体化进程的深入，美国的话语霸权地位在动摇，国际话语权在发生转移。

(二)国家形象的塑造和国际话语权的提高都主要借助于大众传播

大众传播无处不在，塑造着整个信息环境，它是公众获取外部信息的主要渠道，也是一国国家形象进入国际社会的重要通道。因为媒体具有左右舆论的力量，所以大众传播的国际报道和时政评析，直接影响着社会公众对某一国家的认识和看法。在一定情况下大众传播媒介在传播国家形象时充当着国家形象的“促销者”，对国家形象起着“催化剂”或“定型剂”的作用，通过引导或制造舆论美化或丑化一国形象。国际话语权的提升，即自己表

① 李昊：《软实力提升中国国际话语权探析》，载《西部学刊》2020 年第 22 期。

达的观点和话语让别的国家的公众所确认，就必须借助于大众传播的报道。媒体通过传播具有中国特色的传统文化和价值理念，形成独特的中国报道视角，来提高中国特色社会主义话语体系的吸引力、感染力和渗透力。

(三)国际话语权的提升是塑造国家形象的前提

拥有国际话语权才能将自己国家的声音发出去，并且渗透到国际社会中，获得其他主体的认同，从而塑造本国良好的国家形象。反之，在国际社会中保持沉默，任由他人塑造该国的形象，肯定会与其本来面貌相去甚远。近代社会，中国的国家主权被侵蚀，话语权被剥夺，只能眼睁睁地看着国家形象被西方拥有话语权的国家歪曲和丑化。当代中国话语权意识觉醒，在话语实践上，努力塑造负责任的大国形象，与国际社会上歪曲、丑化甚至妖魔化中国形象的言论作斗争，追求塑造中国形象的话语主动权。自"二战"结束以来，尤其是冷战之后，各民族国家国际关系环境发生了很大的变化，全球化、社会化、媒介化和人文化的趋势越来越明显，这种发展所带来的显著标志就是文化外交、媒体外交、公共外交等新型外交形态。话语权力是外交活动的运作核心，相应的这些外交活动成为话语的重要表现形式和实践载体。因此，国际话语权的争夺已经越来越成为国际社会的主题乃至关键议题。

(四)中国努力提升自身的国际话语权，塑造"负责任大国"良好形象的目标

改革开放以来，中国奉行和平发展的政策，努力发展本国经济，在经济上迅速崛起，创造了连续30多年经济快速增长的"中国奇迹"，综合国力显著增强。中国通过对外开放和全面融入国际社会，逐渐建立起经济实力雄厚的国际社会中"负责任的大国"的形象，中国的国家形象不断向着成熟、理性的方向发展。2001年12月11日，中国正式加入世界贸易组织，在此后的谈判中逐渐获得了发言权。2008年中国举办的第29届奥林匹克运动会，有利于提高中国的国际地位，不断塑造大国形象。2010年中国成功举办世博会，不仅展现了我国改革开放以来的巨大成就，树立我国和平发展的良好国际形象，还增进我国与世界各国的友好合作。除此之外，从2013年中国发出建设"一带一路"的倡议，到2016年G20杭州峰会的成功召开，再到2019年第三届中国国际进口博览会举办等一系列活动的举办和召开，这些无不标志着国际社会对中国国际形象的全面认可。日益开放、日益强大的中国以更为宽广博大的胸怀拥抱世界，为世界经济、政治和文化的发展做出越来越大的贡献。我们可以明显看到，近年来，全球媒介信息之中越来越频繁和突出地出现中国、中国人、中国元素、中国制造、中国创造、中国符号、中国风等内容。据相关数据统计，2019年《经济学人》共刊发涉华报道200余篇，其中中国专栏相关报道136篇，中国主题封面7期，均为近五年最多。这些内容共同建构了"中国形象"，为人们提供了对于中国历史、现状、自然、人文、生活方式和价值观的"综合印象"，这种印象中既有对中国国家和民众行为的"反映"，也有感性和理性的"判断"，既有对中国的"认识"，也有对中国的"评价"。但是，西方人对中国的了解仍然是想象多于实际。20世纪90年代初以来，西方国家一直在鼓噪"中国威胁论"，在西方的主流媒体中，中国经济的威胁、粮食

的威胁、军事的威胁、环境的威胁、文明的威胁等种种威胁纷纷出现。2001 年以来，“中国崩溃论”又登上国际舞台，如《经济学人》针对中俄、中美关系，分别刊登“中俄袍泽之情”和“中美新冷战”封面文章。前者通过“大熊猫抱着小棕熊”的封面，建构了“中强俄弱”的形象，认为中国逐渐成为中俄双边关系各个领域的“主导者”，“俄罗斯迟早会发现难以摆脱中国”。在中美关系上，《经济学人》认为中国存在“窃取知识产权、霸凌民主国家、激化南海局势”等问题，被美国认定为“世界和平的最大威胁”，试图以此建构“中国极具威胁”的国家形象；除此之外，《经济学人》还通过黑色调的背景，妖魔化中国国际影响力提升，暗示中国崛起与中美竞争可能导致全球陷入“经济增长放缓、合作缺失”的“黑暗世界”。① 形形色色的“中国威胁论”和危言耸听的“中国崩溃论”已经严重损害了中国的国际形象，并且影响了中国的国家利益。

可喜的是，中国媒体也在努力地发出自己的声音，让更多的世人了解中国文化，向世界展示正面的中国形象。中国媒体在积极挖掘中国传统文化的精华，传递“和而不同”的和谐思想、“天人合一”的自然观、“以人为本”的政策导向等，不断丰富中国话语体系的内容。同时对于西方媒体的偏见及时地予以还击，坚决维护中国的国家形象。

在构建中国国家形象上，必须借助大众传播媒介的有效传播将中国的话语传递出去。随着中国的经济实力越来越强，中国媒体的对外传播能力不断提升，中国将会在国际话语权的转移中扮演越来越重要的角色，了解中国的外国友人也越来越多，中国的国家形象会越来越高大。

第二节　国家身份与民主的未来

一、身份和国家身份

(一) 身份的含义

理解我们在日常生活中经常说到的“身份”一词，其意思并不复杂，它主要有三层含义：(1) 指自身所处的地位；(2) 指受人尊重的地位；(3) 物品的质量。② 然而学术界对在身份的深入研究后发现，“身份是一个模糊而又不得不用的词”③。对于身份一词的难以把握，程克雄深有体会，他在《我们是谁？美国国家特性面临的挑战》一书的译者说明中对把 national identity 译为“国家身份/国家特性”感慨：“如此处置，实在是译者无可奈何，不得已而为之。”④那么，在学术界，到底该对身份下一个什么样的定义呢？对此，根据研究的侧重点不同，学者们定义的侧重点也不一样，“在哲学层面上，身份是使事物成为该

① 高徽、曾勇：《西方媒体对中国国家形象的双面建构——以〈经济学人〉2019 年涉华报道为例》，载《国际传播》2020 年第 3 期。

② 《现代汉语词典》，商务印书馆 2000 年版，第 1119 页。

③ 塞缪尔·亨廷顿：《我们是谁？美国国家特性面临的挑战》，程克雄译，新华出版社 2005 年版。

④ 塞缪尔·亨廷顿：《我们是谁？美国国家特性面临的挑战》，程克雄译，新华出版社 2005 年版。

事物的因素”。温特认为，“这个定义含义太广，因为如果根据这个定义，小猎犬和自行车也该有身份了”。根据温特的理解，只有人以及由人组成的各种团体才有身份，所以，他把“身份作为有意图行为体的属性，可以产生动机和行为特征”①。杰普森等将身份定义为行为体持有和投射中印的有关个体性和独特性的“形象”（image 即个性），它是通过与有意义的他者发生联系而形成的（并随着时间改变）。② 费伦认为，身份包含有两层意思：(1)身份指的是一种社会类别，该类别有其成员规则，以及有其（宣称的）特征或预期的行为；(2)身份是指某人感到特别自豪的，或者视为不可改变的但很重要的社会特征。当然，也可以二者兼而有之。③ 米德认为，“自我是指在考虑了自己所处情境中所有他人的态度后采取行动的有机体，即由客我和主我这两部分组成的实体”④。以上关于身份的定义，虽然各有侧重，但是每种定义都反映了身份的一个或者多个方面。另外，“身份”一词也源自英文中的“identity”，在中国经常被翻译为“同一性”或“认同”。阎嘉对上述三种翻译进行了区分，认为在心理学、社会学、人类学和文化研究中，“identity”一词具有两种基本含义：第一是个体或群体据此来确定自己在特定社会里地位的某些显著性的标准或尺度，如性别、种族等；第二个是当某个个体或群体试图证明、寻找自己在文化上的身份时，可以用“认同”来表达。身份与认同都来自“同一性”，即与某种事物原本固有的特征本质相关联。然而在当今的文化研究中，认为“身份”和“认同”是固定不变的本质主义观念越来越受到挑战，取而代之的是身份在历史和现实语境下处于流动、不断变迁的观点。⑤ 根据学者们的论述，我们可以看出身份至少要包括下列内容：

首先，身份是一种共识。虽然身份作为一种态度是行为体对他人的主观看法，但是这种认识并不取决于单个主体的意见，而是所有或者大多数的人的观念才会引起某种身份意义或者身份本身的变化。其次，身份的形成离不开一定的背景。行为主体间的互动都是在社会环境或者情景中进行的，这种环境的行为主体互动的产物，但是产生后具有一定的独立性，反过来又影响着行为体。特定环境使人们形成与此环境相关的认识，使身份凸显。比如，在战争年代，国家与国家而言，身份是朋友或者敌人；在和平年代，他们的身份更多的是合作伙伴或者竞争对手。再次，身份具有特殊性，身份的建构是以事物的特定属性为基础的，这种特定属性可能是物质性的，也可能是观念的，身份是某物或某人区别于他物或他人的本质特征的集中体现。亨廷顿认为，“身份特性的来源至少有以下几个方面：归属性的、如年龄、性别等；文化性的，如民族、部落等；疆域性的，如所在国别、省份等；政治性的，如党派、集团等；经济性的，如工作单位、经济部门等；社会性的，如友人、同事等。”⑥这种特性包括两层含义：相对特性和绝对特性。所谓相对特性，是指这种特性是某种行为体共有的，并非一个行为主体特有，是区别于其他群体的特性，但在群体

① 亚历山大·温特：《国际政治的社会理论》，北京大学出版社 2005 年版，第 281~282 页。

② 郑智勇：《中国国家身份与外交战略的选择(1949—2004)》，外交学院 2005 年博士学位论文。

③ 郑智勇：《中国国家身份与外交战略的选择(1949—2004)》，外交学院 2005 年博士学位论文。

④ 乔治·H. 米德：《心灵、自我与社会》，上海译文出版社 2005 年版，第 120~128 页。

⑤ 王缅、范红：《国家身份建构：文化外交的基本理论命题》，载《社会科学战线》2019 年第 9 期。

⑥ 塞缪尔·亨廷顿：《我们是谁？美国国家特性面临的挑战》，程克雄译，新华出版社 2005 年版。

内部是他共性；所谓绝对特性，是指该行为体区别于其他行为体的绝对特征，他可能是由一种特定属性构成，也可能是由多种相对属性构成的绝对属性。比如，一个人，他是中国人，这是一个相对特性；他是北京大学 2011 级的学生，这也是相对特性；他是一名学生干部，这也是一种相对特性，但是这些相对特性加上更多相对特性的组成，就构成了其个体的绝对特性。

根据以上对身份的界定因素的分析，笔者认为，身份是一种属性也是一种状态，也是行为体的行动。它不仅表明了行为体是谁，也显示了行为体的属性，体现了行为体的立场。

(二)国家身份及其建构

1. 国家身份的定义

身份是指行为体的归属和在这种归属中所处的地位。归属，是相对性的体现，而归属地位，体现的是绝对性，这两种特性体现的都是行为体的属性。国家身份和身份在本质上一样的，国家身份是一种特殊的身份，因此，我们可以根据国家身份的定义逻辑，来定义国家身份：国家身份是国家的归属和国家在其归属中所处的地位。那国家身份该如何分类呢？亨廷顿认为，身份作为一种特性，至少受以下几个方面的影响：归属性、文化属性、政治属性、社会属性、经济属性等。根据不同的特性来源，温特可以把身份分为四类：(1)个人或团体身份，即一个行为体能成为一个实体的组织结构，对国家来说，指的是人口、领土、政府等，这是其他身份的基础。(2)类属身份(社会身份)，也就是国家的社会属性，如资本主义国家、法西斯国家、发展中国家等。(3)角色身份，由于类属身份确定了一个国家在国际社会中的位置(position)，这也就决定了一个国家在国际舞台上所扮演的角色。(4)集体身份，这说明的是在同一类属身份中自我与他者的认同(identification)。① “简单地说，集体身份是角色身份和类属身份的独特结合，它具有因果力量，诱使行为体把他者的利益定义为自我利益的一部分，亦即具有‘利他性’。”②具有集体身份的人或者团体之间的关系不是利己关系。上面的四种身份，除了第一种外，其他三种身份都可以在同一个行为主体身上得到多种形式的体现。我们个人有多种身份的体现，国家亦是如此。国家身份指在特定国际背景下国家拥有和表现出的反映个体独特性的形象，即国家是什么、代表什么。国家身份有内外两个方面的含义：对内来讲，它是国民对自身文化接受和理解的过程和结果，其目的在于使国民拥有共同的价值观、信念和行为习惯，从而比较顺利地生活于社会；对外来讲，国家身份的认同也起着区别“自我”与“他者”的作用，是对一国文化的定位，其目的在于通过与外来文化的交流促进其他文化对本国文化的理解和认可，这也正是文化外交的目的所在。国家身份的形成主要涉及两方面：自我身份和相互身份。一方面，国家身份是一国的自我身份认知，是有意图行为体的属

---

① 亚历山大·温特：《国际政治的社会理论》，北京大学出版社 2005 年版，第 282~288 页；上述概括请参阅《中国国家身份与外交战略的选择(1949—2004)》，外交学院 2002 级博士学位论文，第 34 页。

② 亚历山大·温特：《国际政治的社会理论》，北京大学出版社 2005 年版，第 278~288 页。

性。从这一层面来讲，国家身份主要根植于国家行为体的自我认知，集中反映了本国有别于其他国家的特征。另一方面，国家行为体的自我身份认知常依赖于他国对该国国家身份认知的一致，即一国的国家身份也是一国与他国之间的相互身份的反映，因为身份具有主体间性的属性。因此在这一层面上，这种身份只有得到其他国家的认可时，才可以称之为身份。①

国家身份具有三个特点：一是主体施动性，是指国家作为主体主动建构国家身份，国家主体分析自身所处的环境，明确自身的定位，为实现自身的国家利益有意识地对身份进行建构。二是动态变化性，是指国家身份是根据国内外环境变化不断调整的。三是国家间互动性，是指国家主体虽然主动建构身份，但是必须要获得他国的认可。②

2. 国家身份的建构

国家身份的建构，简单地说，就是国家在国际活动中，得到关于其他行为体对本国身份认识的信息之后，对自己属性的认识过程。“身份由自我界定，但又是自我与他人交往的产物。”亨延顿对身份建构过程的理解与温特的理解不谋而合：“身份根植于行为体的自我领悟。但是，这种自我领悟的内容常常依赖于其他行为体对一个行为体的再现与行为体的自我领悟这两者之间的一致。”“两种观念可以进入身份，一种是自我持有的观念，一种是他者持有的观念。”从以上的论述可以看出，就组成而言，国家身份包含自我持有观念和他者持有观念两部分构成。只要它们中一个发生了变化，对于观念变化的一方身份的意义就会产生变化，但受到身份主体间性的影响，这种变化仅是自己知识构成的变化，并不会引起国家身份在整个国际社会中意义的改变。只有两个观念都发生了改变，身份的意义在国际社会中才会发生变化。国家身份由多种因素共同决定。现实主义与自由主义均为国际关系物质主义理论，二者均认为国家实力决定其身份，重视物质性条件和物质性实力对国家身份和对外行为的影响。由于实力相差悬殊，大国经常对小国拥有权威，使国际体系呈现出等级制特征。自由主义虽与现实主义不同，强调国际机制对国家预期和价值观念的影响，但是承认国际机制的设计和维持很大程度上是由体系中追求自身利益的那些最有力的成员设计，与有差别的权力的重要性联系在一起。③

身份建构的过程也就是他人持有的观念和自我观念的不断交换的过程，体现在国家身份中，就是国家不断考虑他人持有观念的过程，也就是社会共有文化建构的过程。建构主义认为国家身份可以由话语来建构，话语不仅可以表达含义，也可以再现和建构世界，话语可以对人的价值观和意识形态产生重要影响。奥斯丁认为，“说话即是做事”，这就突出了话语交际者行动的主动性，突出了话语的行为意义。④ 为了方便分析国家身份建构的框架，使结构更加严谨，我们可以借鉴米德符号互动理论，将国家身份建构划分为三个阶段：第一个阶段，国家社会中其他行为主体对某国国家行为和国家身份进行观察后，形成

---

① 杨巧燕：《话语视角下的中国国家形象探析——以〈纽约时报〉为例》，载《世界经济与政治论坛》2020年第5期。

② 李莹：《新时期中国国家身份的话语建构》，载《新闻传播》2019年第4期。

③ 雷建锋：《国家身份、现代化与中国特色大国外交》，载《教学与研究》2019年第5期。

④ 李莹：《新时期中国国家身份的话语建构》，载《新闻传播》2019年第4期。

了他们的观念，在采取相应行动时会基于这种观念；第二个阶段，某国以自己持有的观念为基础，解读其他行文体对该国的观念及基于这种观念采取的行动；第三个阶段，该国在经历前两个阶段后，形成对自己身份的重新认识，并采取相应的行动。虽然国家身份的建构与身份的建构不同，但是我们在分析国家建构框架时同样是基于米德的符号互动理论中关于自我建构的研究，温特把符号理论运用到国际关系中不仅完善了米德的理论，也是建立国际政治的社会理论的作出了贡献，而他将吉登斯的结构化理论和华尔兹的结构现实主义结合起来，建立的整体理念主义理论，是微观和宏观结构建构和因果作用的详细论述。这些理论，为我们研究国家身份建构的意义重大，因为关于它们的研究逻辑相同，本质也相同。

(三) 当代中国的身份界定

中国的国家身份自然是由中国的国家特性和属性组成的，是中国对其特性和属性的认识和界定，也是中国在与其他国际行为体的互动中，考虑了其他行为体对自己的认识之后，最终确定的自己的归属以及在这种归属中的地位。当代中国的国家身份，就是中国对自己在当代国际社会中国家身份的界定。包括国家在内的所有行为体，都有多种相对特性和绝对特性，这意味着所有行为体都拥有多种身份。根据温特的分类标准，中国的团体身份是亚洲国家、崛起中的国家；中国的类属身份是发展中国家、社会主义国家；中国的角色身份是地区大国、崛起中的大国、最大的发展中国家和主要的社会主义国家。笔者认为，虽然在新中国成立后的一段时期内，中国与苏联以及非洲国家间的关系具有一些“集体角色”色彩，但这个阶段是爱德华·卡尔所说的，一个新生政权刚建立后对事物认识具有浓厚理想主义色彩的不成熟阶段，随着国家的不断成熟，对国际事务的认识终将成熟，终将成为一个正常国家，而国家的理想主义色彩亦日益褪色。① 这种“集体角色”并非温特所说的，国家文化从洛克文化转变成康德文化后，由康德文化所建构的朋友关系。虽然中国对苏联和非洲一些国家的行为具有一定程度的“集体身份”，但此“集体身份”并非温特的彼“集体身份”。类属身份主要是指在国际社会中，国家根据自己的属性，确定自己的归属和立场，即人们经常说的“我是谁”；角色身份则是国家确定它在自己所属的群体中的地位，即人们经常说的“我的地位”。国家身份是国家对自己在其所属的群体中所处地位的认识及相应的行动。这种认识和行动是考虑了相关的国际环境和其他国际行为体对这种身份的认识以及相应的行动。中国的国家身份，就是中国在解读了其他国际行为体对中国国家身份的认识以及相应行动的基础上，对自己国家身份的界定以及采取的相应行动。

二、大众传播环境下的国家身份建构

(一) 大众传播媒介参与下的国家互动

人类社会经历了五个历史阶段：口头传播、文字传播、印刷传播、电子传播、网络传播。从这不断发展的大众传播媒介中可以看出人与人之间的接触的关系从亲密到远距离。

① 爱德华·卡尔：《二十年危机》，秦亚青译，世界知识出版社 2005 年版，第 24~27 页。

这也是国家空间距离所决定的，因为国家间交往的主要形式变现为群体对群体的交往。所以，从本质上讲，国际交往是需要借助大众传播媒介完成的大众传播行为。从历史角度看，国家间交往几乎是和国家诞生同时发生的。古代的包括政府间外交在内的国际交往还带有浓厚的人际交往色彩，或者说还是建立在人际传播基础上的交往，但是，现代意义上的国际交往，是依赖于报刊、广播、电视、电影、互联网等大众传播媒介的活动，也是国际交往活动建立的基础。大众传播媒介的参与，使得国际交往日益密切和频繁，国际关系也向从前所未有的广度和深度发展。在当今各种媒介融合下，传统且单一媒介已经不再能满足外交策略和对外传播的需要，因此，以互联网和手机新媒体为代表的新兴媒介在对外传播过程中开始扮演越来越重要的角色，各种新媒介传播不仅为便捷地传播国家信息提供了正面舆论引导保障，同时使得信息发布更加及时，增强了信息发布的时效性，从而从侧面维护国家的正面形象。新兴媒体较之传统媒体的一个重要特征就是传播者与受传者之间的互动性。据此国外受众可以根据自身的特殊需求获得个性化的信息，从而使线性传播逐渐转变为双向互动的新型传播，这对国家形象构建来说是一个历史未有的机遇。国际交往也正因为大众传播媒介的“介入”，逐渐褪去人际交往的痕迹，并显示了超越人际交往的特性。现代社会，运用大众传播媒介作为媒介外交，及以媒介外交为手段面向国际公众的公共外交的兴起，这就是大众传播媒介在国家间交往发挥积极作用的集中体现。事实上，大众传播媒介已成为联结国际社会使其成为相互依存的纽带。关于这点，加拿大著名传播学家麦克卢汉曾预言，包括互联网在内的电子媒介，在信息时代所发挥的作用可以超越时空距离和时间上的差异，这可以让信息得到快速传播，使地球上对某个事件进行同步报道，并不用所有国家的民众都召集起来，这就是著名的“地球村”预想。①

然而，不管“地球村”是否是一个“遥(远)不可及的梦想”②，它本身就是一个虚拟的“媒介现实”，或者说，是象征性现实，“地球村”中的所有事件都是媒介事件。只有将国家的形象传达到国内国外两个平台，才能在市场经济和世界贸易中实现信息沟通的无障碍。在“地球村”这一概念已经深入国际共识的今天，高瞻远瞩是现代政府治理的必要能力。这对在国际传播和全球传播秩序中国家地位的维护具有奠基性作用。预测到未来国际社会发展的动态，并将自己国家的发展动态传播到国际受众的视野中，实现国际间的互动和交流，以期促进国家更新和发展，是国家形象构建的题中之义。③ 从这方面讲，大众传播媒介对未来国际社会的深入涉足也预示了一个完全由媒介事件构筑的媒介社会的到来。因此，未来国际社会中的国际交往行为在很大程度上就成为了媒介互动行为，这区别于国内真实的人际交往。媒介的互动不仅很好地弥补了国际社会中人际互动不易的缺憾，还强化了国家在国际社会中的影响力，同时也增加了国家对整个国际社会的依赖，这就增进了国际政治的社会性。这样一来，大众传播媒介作为“人的延伸”参与国际中国家间的互动，这不仅是媒介互动和人际传播的区别，更决定了国际社会中，国家身份的构建与国内社会

---

① [加]马歇尔·麦克卢汉著：《理解媒介：论人的延伸》，何道宽译，商务印书馆2001年版。

② [美]罗伯特·福特纳：《国际传播：“地球都市”的历史、冲突与控制》，刘利群译，华夏出版社2000年版，第303页。

③ 郭英楠：《浅议大众传播视阈下的国家形象构建》，载《现代国企研究》2016年第10期。

中个人自我身份的构建的不同。

(二)国家身份在大众传播媒介环境下的构建

建构主义认为，国家间在国际社会中的互动造就的国际文化结构形成的共识，反过来作用于国家行为主体的建构和国家身份的塑造。由此可见，国家身份不是先天的，而是经过后天自身主观努力而形成的。而且国家身份的建构是在国际文化结构中建构的，不是自封的。那么，大众传播媒介发达的国际传播时代中，国际文化结构是怎么形成的呢？国家身份又是如何建构的呢？社会学界认为，个人的身份建构需要角色定位、自我认同、他人承认的，这三个层面的内容。由此可见，国家身份的建构也是从这三个层面进行的。前文已经讲了国家身份建构经历的三个阶段，但是具体到建立在国家间媒介互动基础上，和以大众传播媒介为中介集体认同的过程中的大众传播媒介参与下的国家身份建构，是由媒介教示、媒介解读、媒介回应和媒介反馈四个阶段构成的过程。

以下用20世纪60年代到70年代中美外交中身份转换为例，分析国家身份在大众传播媒介参与下建构的四个过程。①

第一阶段：媒介教示阶段。1969年之前，中美两国的身份认同结构是“敌人”模式，处于敌对状态。尼克松上任了之后，基于对国际形势，尤其是美、中、苏三大国的关系的判断，希望改变中美之间的不友好状态，变“敌”为“友”。为此，美国方面通过媒体多事示意同意对话中国：1970年10月，美方在欢迎罗马尼亚总统的宴会上，尼克松以美国总统的身份首次公开使用了“中华人民共和国”的称号；接着，美国《时代周刊》等各大媒体纷纷传递了尼克松的访华意愿，这些都是意味深长的外交信号。这些通过美国政府传递的语言和行动符号，经过媒介的传递，告诉中国其想要扮演中国朋友的角色，同时希望中国做出相应的回应。

第二阶段：媒介学习阶段。中国政府接受了尼克松政府通过媒体传递的一系列示好的信号，在联系之前美国对华态度及长期以来对美国长久的“敌人”角色定位的基础上，对这种媒介示意进行了各种可能的解读。同时，中国政府重新审视了国际局势，重新评估了中美关系的未来走向，从国家的自身根本利益出发，又经过了慎重的分析考虑，对中美关系在国际体系中的地位做出和美方一致的判断，即：冷战格局中美苏攻守的态势发生了变化，中美的敌对状态也应该成为过去式了。

第三阶段：媒介回应阶段。中国通过媒体会议和社会学习，同美国达成了国际结构的共识，积极接受了美国的角色定位，也明确了自身应该扮演的角色。中国政府作出了媒介回应：1970年10月中方在大年初一期的《人民日报》头版头条刊登了毛泽东主席和斯诺夫妇一同在天安门检阅国庆大游行并亲切交谈的照片，在当期报纸的“毛主席语录”栏中登有“全世界人民包括美国人民都是我们的朋友”；12月25日，《人民日报》中又发表了一期“毛泽东与斯诺的谈话”，通过媒体回应的方式向美国转达了中国欢迎尼克松访华的意愿；次年4月，在世界范围都有影响力的《生活》杂志上发表了有关毛泽东与斯诺谈话的信息，向国际社会传递了中国欢迎尼克松访华的讯息。这些反馈信息对美国传递的信号

① 参见郭树勇：《建构主义与国际政治》，长征出版社2001年版，第175~177页。

是：中国愿意以朋友的身份接待美国来访，同时希望美方以友好的朋友角色相待。

第四阶段：媒介返回应阶段。美方通过媒体接收到中国诚邀尼克松访华的信息后，并针对中方发出邀请时提出的一系列条件和对美方的角色要求，做了慎重考虑后，进一步审定国际局势，对自身原有的不切实际的打算进行了修正，调整了对华方针，以接近美国对中国的期望，这是一次社会学习的过程。最终通过多次的媒介活动，美中双方终于在1972年2月签署了《上海公报》，这标志着双方关于国际文化结构达成共识，它带来了中美从“敌人”到“战略伙伴”的新的社会身份结构的确立。

以大众传播媒介为中介的国家身份建构的特殊性，在现实的国际政治生活中，无论国家间的国际文化结构的构成，还是国家身份的建构，都不是在国家间的一次媒介互动基础上完成的。只有经过多次乃至无数次持续的媒介互动，国家间共享的文化规范体系才最终成型，彼此间的国家身份才终于得以确立。这就解释了，在国际社会，许多媒介互动中的国家何以始终保持身份的模糊和游移，迟迟难以建立起相对稳定的国际关系，而不像社会中“亲密接触”之人的个人身份和人际关系确立得那么明朗、快捷。世界上有近200个国家，但迄今在国际舞台上有鲜明“身份”的国家并不多见。

另外，在国际政治现实中，尤其是处在信息传播在空间距离和时间差异都不复存在的全球化背景下，国家间的媒介互动绝不限于两个国家之间的媒介互动。国家间的媒介互动像人际互动一样呈网络状，每一个国家都是媒介传播网络中的一个结点，它同其他许多国家都发生着媒介互动，发展着多边关系。可见，国家的身份及其建构都具有针对性，一过为建构起相对于对象国的不同性质的国家身份，针对不同的对象国展开不同性质的媒介互动。因此，大众传播媒介的参与和互动在一定程度上弥补了国际社会中国际关系的疏离感，在稳定国家对国际社会依赖性的同时，提高了该国家在国际社会中的影响力，从而增进了国际政治生活的社会性。但在国际社会中，基于国家间媒介互动的复杂多样性，不可能赋予一个国家以同一种身份，可以说，一国与多少个国家发生了媒介互动，它就拥有多少种身份。而且，可以预见的是，国际媒介互动并不能从根本上改变国际社会的协同发展状态。不管国家间的媒介互动有多密集，媒介关系多么密切，只要世界仍是一个没有实现世界统一，国家间就不可能发生像一般社会中个人之间那种人我合一的完全的认同，所有国家的同一种身份即“集体身份”就永远是个国际政治的神话。

三、新时代背景下国家民主的未来

(一)国家的民主政治

民主政治是与君主制、独裁制有别的制度，这种比较完整的国家体制和政治制度，最初产生于古希腊的城邦国家。资产阶级在反对封建专制的统治中，扩大了民主政治的基础，确立了普选制和议会制为中心的资产阶级民主政治制度。社会主义民主政治与资本主义制度的民主不同，其本质和核心是人民当家作主的，是最大多数人享有的最广泛的民主。民主政治具有双重性：一方面，民主政治反映国家的阶级本质，不同阶级统治的国家，民主政治的性质不同，并由此表现出特殊性和差异性；另一方面，民主政治又有共同性和普遍性，不同的民主政治制度在实现其阶级统治时必须遵循民主政治的基本原则，诸如多数原则、确认和保护公民权利的原则、代议制原则、法律面前人人平等原则等。社会主义民主政治批判地吸收了资产阶级民主政治的合理成分，为人类民主政治的发展开辟了新的前景。

民主政治是凭借公共权力，和平管理冲突，实现社会有序、平等、自由等价值理念的方式和过程，它的核心内容包括三个方面：首先是选举制度，现代民主政治生活的典型方式为代议制，即民众无法直接掌握权力，选举少数精英分子代行职能。民主政治中的选举是自由选举，选举人的自由意志是受到保护的，不允许任何人以任何方式进行强迫。选举出的领导人是需要定期更换的，领导人的任命不同于君主制度的终身制，任期满的领导人会卸任。选举是一选择行为，一般来讲选举是两人或两人以上的差额选举。总之，选举是体现民主社会主权在民的核心体现。其次，政治主体，从横向看，政党、行政、立法、司法等政治机构是相互独立的；从纵向看，不同阶级之间的政治机构是性对独立的，不是只听命于上下级机构的下属关系。最后是不同意见的合法化。民主是共同成员以普遍认同的程序和规则为依托，解决利益冲突，使各利益主体追求利益的积极行为得以持续进行的制度安排和实际行为过程。因此，按特定程序自由发表不同意见是民主的根本。这种不同意见的合法化，是自由、平等的选举和各级政治机构之间纵向、横向的制约关系得以实际运行的保证。

(二)网络时代对国家民主建设的影响

1. 关于网络和民主

以电脑为载体的网络，作为一种新兴的信息传播和交换媒介，已经发展成为社会交流载体和社会联系的普通形式，并将形成一种以其为主导的信息交流方式及生活方式。互联网带给人类的变革是全方位的，它不仅改变了人们的交流方式，还改变着生活方式甚至思维方式。它最重要的功用就是把人类带进了虚拟世界。网络既包括网络社区，也包括电子邮件、即时通信、电子投票等各种网络技术工具。当然这二者的区别也不是绝对的，例如网站可以发布信息，读者也可通过留言、评论等形式进行反馈，在某种程度上也具有社区性质。网络社区和网络技术是互相关联的，网络社区是基于网络技术的基础上建立的，没有网络技术也便没有网络社区。网络社区的发展反过来也促进网络技术的完善。对于民主而言，应该说网络社区起着主要的作用，网络技术起着辅助性作用。民主一次从出现开始就备受学界关注，虽然在学理上并没有给出一个统一的界定，普遍的观点认为民主应分为两种基本类型：一是民主作为理念，一切权力应该属于人民，即从目标上追求的是直接民主制；二是民主作为一种政治体制，大多在实践中实行间接民主制。网络和民主的互动关系起源于"人进入网络后成为'电子人'，其社会心理意识和思维行为方式会发生不同程度的变异，由'电子人'组成的虚拟'网络社区'必然具有独特的形态和特点，这就决定了在'网络社区'特殊环境中生成并发展起来的'网络民主'自然也就会表现出特殊性，并以各种形式对民主政治发展产生不同程度的影响，且这种影响呈加强趋势"。大多数研究表明，网络信息技术的发展为实现民主政策提供了机会、形式和渠道，不仅为民主节省了时间和成本，并且也提供了技术方面的支持。互联网的发展不仅推动民主选举的基础上，也为民主选举提供了新的渠道。①

总体来讲网络技术促进了民主程序的完善。如前所述，民主在现实生活中更主要指的是一种程序安排，即通常表现为选举制度。互联网被称为继报纸、广播、电视之后的“第四媒体”，近年来互联网的迅速发展极大改变了人们的生活方式，深入影响人们的政治生活。在互联网持续发展的背景下，网络政策应运而生，并成为影响国家决策的重要因素。如今公民参加选举的方式已逐步改革，网络选举已逐渐成为新的民主选举的趋势。② 电子技术手段用于选举具有三方面的作用：

(1)网络技术使选举更加便利。网络技术的发展使电子投票成为可能，公民在家里只要摁一下按钮就可以投票，这无疑会节省许多选举成本，也提高了公民参加选举的兴趣，使选举人群不断扩大。

(2)网络技术使选举更加公平。技术的发展正创造出语音识别、容貌识别、指纹识别等准确识别选民身份的方式。这些技术及其他相关电子技术的成熟，将会保障电子投票的公平，从而实现现实投票中存在的各种弊端的消除。这便可以真正实现达尔提出的“投票的平等”。

(3)网络技术使选举更加精密。传统的选举方法往往是在“是与否”之间进行选择的简单的多数原则，因而十分粗糙，不能很好地显示选民的“偏好强度”。“51%的原则显然是一个生硬的纯粹定量的工具。用投票方法来决定多数，并没有告诉人们意见的性质怎样。它能告诉我们，有多少人在一定时候需要某人或某物，但并没有表示需要的程度有多高”③，而电子选举不仅可以在“是”与“否”之间进行选择，而且还能记录下选民选择的程度和等次，反映选民和他人讨价还价的条件，还可以记录选民的建议意见及偏好，从而更准确地反映选民的意愿。

2. 网络为民主的未来带来积极影响

首先，网络可以更好地体现民主精神。随着互联网普及，人们的个人生活和社会政治活动越来越依赖于网络，网络民主开辟了当代民主的新领域。网络民主的未来重点不在于网络而是在于民主，因为网络作为一种技术手段，本身无法自我民主化，它无法决定自身被运用的性质和方式，只能在既有的制度框架内发挥相应的政治功能。与传统媒介不同的是，网络具有更强大的政治功能，它能更高效更具有渗透力地实现既有制度的自我维护。“科技力量会加深根植于原社会结构和制度的趋势”，在民主制度之下，网络扩大了民主的广度和深度；在集权体制之下，网络则有效地放大集权的声音并更高效地实现社会监管。④ 民主的核心是：自由、平等，而自由、平等是互联网络的天然特性，因此运用网络来发扬民主精神具有得天独厚的条件。马克思所设想的人类理想社会便是人们从必然王国

---

① 杨丹宇、戴伟峰、戴敬梓：《基于“互联网+”背景下的基层民主选举方式研究》，载《法制博览》2020年第17期。

② 杨丹宇、戴伟峰、戴敬梓：《基于“互联网+”背景下的基层民主选举方式研究》，载《法制博览》2020年第17期。

③ 阿尔温·托夫勒：《第三次浪潮》，生活·读书·新知三联书店1983年版。

④ 申建林、张晶晶：《网络是民主的引擎？——技术乐观主义的困境与网络民主前景》，载《理论探讨》2019年第10期。

向自由王国的跨越，而网络社区在一定程度上便是人们言论自由的王国。虽然也受法律的制约，但是相对于现实生活来讲，它毕竟自由了许多。在这些几乎看不到守门人的"论坛"里，人们可以畅所欲言、随意发布几乎任何形式的信息。围绕同一话题，大家可以吵得热火朝天互不相让，BBS 上有些帖子常常跟帖百余。随着人们理性参与能力的增长及网络技术的改善，有一天自由王国也许会真正地在网络上到来。网络自由的发展，也必定会波及现实生活，从而带动现实自由的扩展。无论如何，自由精神在网络上已经得到了传播，经受了考验，也在现实政治生活中得到了相应的发展，促进了民主进程。

在网络社会里没有权力、财富、身份、地位、容貌等的差异，人们可以平等地交流思想、观点、心情等"形而上"的东西。奈斯比特在谈到这种平等时指出："在网络组织里，信息本身就使得一切事物都趋于平衡，在网络组织中成员彼此平等相待，因为最重要的是信息，它使一切变得平衡。①"之前政治从来被看成少数精英的事。拉斯维尔在《政治学》一书中，便指出政治是少数权势人物的活动。他们之所以成为权势人物执"政治之牛耳"，就在于他们掌握了权力资源。其中，信息便是一种重要的权力资源。在一些专制的国家里，少数权势人物正是凭借着对信息的封锁和控制而造成的信息不对称，决定并操纵着国家的政治，而互联网络却恰恰具有打破信息封锁和政治垄断的功能。正如有的学者所说："自由、民主、开放的网络导致了网络居民的自由、民主、开放。"②网络的自由、平等、开放培养了人们的民主精神。而"精神的力量是无穷的"，人们的意识会指导反映到人们的实践行动上。我们可以充分地相信。网络的发展必然会促进现实民主政治的进步。

其次，网络能促进公民政治参与的发展。政治参与是公民通过运用自己的政治权力，实现自己利益的主要环节，这是政治民主的重要内容，它的发展会促进民主化进程，而网络作为新的政治参与手段，无疑可以提高公民政治参与的有效性。

（1）增加了政治参与途径和方式。公民政治参与的传统方式主要有政治投票、政治选举、政治结社、政治表达、政治接触等。网络技术的发展也给这些传统方式带来了新的生命。电子投票在传统投票环节的使用，还有电子民意测验等新型选举方式产生之后，在美国等发达国家得到了日益广泛的应用。早在 20 世纪 70 年代中期世界上第一个"电子市政厅"就在美国的俄亥俄州的哥伦比亚市建立了。居民在家就可以通过电子设备参加当地计划委员会的会议，对各种问题的提案进行表决投票。而且网络社区本身就是公民政治表达的空间，各种论坛、贴吧、讨论组都为公民提供了便利，也丰富了政治接触的渠道，我国的新浪时事网论坛和人民网的强国论坛都是做得比较好的。

（2）扩大了政治参与主体的范围。网络技术的便利和廉价，使得网民的人数增加，互联网更为普及。同时网络社区具有匿名性和开放性，无论是经济成本、政治风险还是机会成本，都是传统政治参与方式无法比拟的。公民运用网络参政的代价都比传统方式小，这也是网络上政治参与的人数增加的重要原因。"微博问政"的出现，充分体现了这一点。公民运用微博对时事发表自己的看法和意见，发挥着不可忽视的作用。

（3）提高了政治参与有效性。政治参与的发展不仅体现在量上，还要体现在质上，也

---

① 约翰·奈斯比特：《大趋势》，上海远东出版社 1999 年版。
② 刘树秀、聂巧：《信息霍乱》，世界知识出版社 1999 年版。

就是有效性上。在网络社区里，公民可以围绕大家关心的话题或者社会热点问题，自发地无拘束地交流，并且往往由于参与者众多，容易形成了强大的公共舆论，继而影响到其他人群的观点，甚至制度建设。传统的政治参与模式主要表现为自动、被动、消极参与三种，而网络社区的公众参与，本身就是一种自动、自发性的参与，是基于方式便利、信息充分等参与条件相对成熟而自愿自下而上的参与的自觉行为。网络社区主人翁的感觉提高了他们对政治的兴趣和政治效应意识，网络社区的政治化功能及信息的丰富便利也必定会提高他们的政治责任感和政治参与能力，促使他们更加积极地参与政治。这种参与才是政治参与的本质所在，这会提高政治参与的有效性，才会更有效地推动民主政治的发展。

再次，网络能有效抑制独裁专制。有了电子网络，“信息不会被再控制，也就是说人们不再被控制和压抑”①独裁专制的能力受到了严重的限制。而且网络信息传播非常迅速简单，一旦发生暴行，信息会以最快的速度在全球内传播。另一方面具体到某一地区的政治生活，公民能利用网络可以更有效地选举、罢免公职人员，表达意见形成舆论，或者直接介入管理过程来制约、监督政府的政治管理活动，从而保证政治管理的廉洁与效能，促进民主的建设。总而言之，网络时代信息的高速传播打破了消息垄断，使政府专制的难度提高；公众积极参与政治事务，从客观上防止和抑制了独裁专制行为的泛滥，巩固了民主的阵地。

总之，网络对于民主的未来的作用主要体现在一个整体功能的发挥。网络技术为政治参与带来的途径、方式的创新，民主程序更加完善；政治参与的范围增加和人数增多使民主精神的传播渗透更深。按照达尔提出的民主的五项标准来判断，无论是对于民主精神还是对于民主程序，也不管是从侧面(政治参与)还是反面(独裁专制)来考证，网络对未来民主的发展是有着重大正面作用的。当然任何事物都是两方面的，网络对于民主肯定也会有一些负面影响。诸如数字鸿沟可能会加剧人们阶层分化，网络的发散性也许会产生无政府状态等。真实有效的信息是实施网络民主的前提条件，一旦信息失真，结果就不再准确，可能会失去民主。某些网民会传播虚假信息，会破坏公共网络空间中的公平，可能导致“网络围观”现象，随着猜测和评论逐渐增多，会对公众舆论产生“负面影响”，这无疑对民主实践和治理构成了严峻挑战。另外，网民的受众范围受到限制。尽管城乡互联网普及率已经达到一个较高的水平，但是，网络作为一种新兴产物具有特殊性、偏年轻化等特点，据统计网民的教育水平也普遍较低，主要是在中等教育水平，这对改善线上政治参与产生了一些不利影响。中国要充分利用互联网政策，就必须推动全面加强网络教育的发展，只有发展网络文化教育事业，才能最大程度上使网民参与到网络政治中来。② 所以网络的出现能否带来直接民主的辉煌胜利，现在还没办法断言。人们只能相信，在网络时代的背景下，民主的未来会更加美好。

---

① 约翰·奈斯比特：《大趋势》，上海远东出版社 1999 年版。

② 杨丹宇、戴伟峰、戴敬梓：《基于“互联网+”背景下的基层民主选举方式研究》，载《法制博览》2020 年第 17 期。

第三节　互联网与全球公共领域

一、公共领域的概念、组成要素和范围

(一)公共领域的概念

当代西方学者在对政治哲学问题进行系统思考的过程中提出了公共领域的概念。德裔美国思想家汉娜·阿伦特最早对公共领域进行了研究，她在《人的条件》一书中分析了人的条件、极权主义的起源和现代宪政困境等问题，从此拉开了公共领域理论研究的序幕。随后德国著名哲学家尤尔根·哈贝马斯对公共领域理论进行了深入的研究，并在 1962 年出版了《公共领域的结构转型》。20 世纪 90 年代以来，哈贝马斯一直在丰富“公共领域”的概念，并且引发了世界范围内对公共领域理论研究的热潮，有代表性的是加拿大学者查尔斯·泰勒和美国学者托马斯·雅诺斯基的研究。

对于公共领域理论的研究，不同的学者有不同的理解。汉娜·阿伦特指出，人不单单是一种社会动物，更是一种政治动物。公共领域随着社会的兴起开始出现。她认为，“公共”一词意味着两个联系密切但又不完全同一的现象：(1)任何展现于公共领域的现象都能被每个人看到和听到，并且具有最大可能的公共性；(2)“公共”一词意味着世界本身，这一点对我们所有人而言都是相同的，但又区别于我们在其中的私人领域。① 哈贝马斯对公共领域进行了最为详细和系统的研究，他认为：所谓公共领域，首先指的是我们社会生活中的一个领域，在这里像公共意见的东西能够得以形成。公共领域向所有公民开放。公共领域的一部分由形成公共团体的私人聚会的各种对话构成。公民们可以自由地集合、表达他们的意见。在哈贝马斯看来，公共领域是处于公共权力领域与私人领域之间的中间地带，也是公民自由讨论公共事务、参与政治活动的公共空间。后来，受到哈贝马斯深刻影响的查尔斯·泰勒和托马斯·雅诺斯基对公共领域的概念又有了新的理解。查尔斯·泰勒认为：公共领域是一种公共空间，社会成员在这个空间里通过面对面的交流或者各种各样的传播媒介对事关大家共同利益的事务进行讨论，从而形成某种共识。托马斯·雅诺斯基把社会划分为国家领域、公共领域、市场领域和私人领域这四个相互交叉的组成部分，他指出，公共领域包含了一系列的组织形式，因此，虽然它是最重要的，但是它很难与其他领域完全区分开。

对以上几个人的观点进行归纳后可以得出，公共领域是处于国家和社会、公共权力领域与私人领域之间的中间地带，是公众自由参与和讨论公共事务、对公共事务进行批判的公共空间，并且这个空间必须对所有的公民开放，所有人民都能利用传播媒介参与决策，信息也必须得到公开。

---

① 熊光清：《中国网络公共领域的兴起、特征与前景》，载《教学与研究》2011 年第 1 期。

(二)公共领域的主要组成要素

虽然不同的学者对于公共领域的概念理解不同，但是通过归纳总结后发现，我们还是能够把握其普遍性因素的，公共领域主要由以下三个要素组成：

1. 具有独立人格的公众

公共领域的首要组成因素就是拥有共同关注的普遍利益、自愿组合、自由地表达他们意见的、具有一定规模的“公众”。在这里，“公众”成员没有阶层、阶级、财产等的限制，只要他自愿地关注某些普遍利益，不受国家或者其他政治力量的制约，具有独立的人格和一定的批判精神，能够理性地对公共利益问题进行讨论，就可以成为“公众”的一分子。微博就是一个典型案例，在网络平台上大家都是以“网民”身份自居，这里没有阶层、等级、财产限制，每个人都可以针对新闻事件或者国家发布的政策发表言论，行使自己的监督、批评、表达权。

2. 拥有保障参与者自由交流、充分沟通的媒介

公众通过媒介表达事实和传播意见，并且使之对公共权力形成影响、约束和监督。在公共领域里，媒介的特质不仅影响参与者的数量和范围，还影响参与者观点的形成和传播。单向的媒介则会导致信息的匮乏和沟通的欠缺，那么公众的“独立”和“理性”就难以体现出来，从而不能形成公共领域。因此，公共领域必须有保障参与者自由交流和充分沟通的媒介。随着新媒体兴起，微博、抖音、快手等新媒体成为公众了解事实发表意见的新渠道，如2020年国家两会的召开，微博开通了网友留言功能，广大网友可以针对政策、方针发表自己的评论看法。

3. 能够形成公共舆论

这是公共领域最重要的组成要素。哈贝马斯认为，公众舆论的主要作用就是通过对国家权力的批评、监督并最终控制国家权力。在公共领域中，公众在理性思考的基础上通过对关乎公众普遍利益的公共事务自由讨论、充分交流，最终达成某种共识，形成公共舆论，从而能够促进公共事务的处理和解决。尤其是随着互联网发展，新媒体迅速崛起，人人都可以随时随地了解世界各地实时发生的各类事件，发表评论观点，互联网的大背景将人人都编织于信息的透明网络之中，公众舆论的作用日趋明晰，从国家政策的发布到个体情感等等，社会的方方面面都有舆论的监督，公共舆论的作用也越来越重要。

(三)公共领域的范围

哈贝马斯说：“公共领域是介于国家与社会之间进行调节的一个领域，在这个领域中，作为公共意见的载体的公众形成了，就这样一种公共领域而言，它涉及公共性的原则——这种公共性一度是在与君主的秘密政治的斗争中获得的，自那以后，这种公共性使得公众能够对国家活动实施民主控制。”①由于公共领域介于国家与社会之间，因此，它的范围就必然取决于国家与社会的“边界”，再考虑到它的开放性和流动性，它与国家、社

① 尤尔根·哈贝马斯：《公共领域》，汪晖译，转引自汪晖、陈燕谷主编：《文化与公共性》，三联书店1998年版，第126页。

会之间的界线又具有模糊性和不确定性。在《市民社会与政治公共领域》中，哈贝马斯把公共领域定义为“一种用于交流信息和观点的网络”。从以上定义，可以看出公共领域存在的条件有两条：首先是信息的发出者；其次是信息的载体，并能够保证自由和充分的信息的交流。除了具备了以上两点，还需要人们对具有利益的问题做出广泛的热议，从而通过理性的见解达成某种共识，形成公众舆论。①

公共领域和国家之间的界限从表面上看是清楚的，因为公共领域的主要功能就是对公共权力进行批评、监督和约束，这样看来国家权力是公共舆论的对象，公共领域可以对国家公共权力进行干预。但是深入研究就会发现，这种界限只是表面上的，公共权力也会对公共领域产生影响。公共权力对公共领域的主要组成因素公众、媒介和公共舆论进行不同程度上的管制和约束。所以说二者相互杂糅，并没有一个明显的分界线。

公共领域与社会之间也没有一个清晰的界限。一方面由于“社会”本身就是一个非常不确定的概念。哈贝马斯在谈论国家和社会的对立时，将社会定义为一个私人领域，它包含由私人集中形成的公众而构成的“公共领域”。但是，在他用介于国家与社会之间的领域来界定公共领域时，这时的“社会”仅仅是指一个较为狭隘的私人领域，即商品交换和社会劳动领域，以及家庭、个人私生活、狭小的内心世界等私有领域。显然，由于公共领域中“公众”是由私人领域中的“私人”所组成的，而这些私人组成的公众所共同关注的普遍利益又与个体在商品交换、社会劳动领域中的个体利益密切联系在一起，因而二者之间的分野注定只能是一种理想状态。个体私利或集团利益与普遍利益之间的模糊界线和置换，为公共领域容易受到来自社会的侵蚀埋下了伏笔。

二、互联网的发展和影响

(一)互联网的溯源

互联网是由一些使用公用语言互相通信的计算机连接而成的全球网络，即广域网、局域网及相互分离的计算机按照一定的通讯协议组成的国际计算机网络。

互联网始于1969年，以美国国防部高级研究计划署研制的阿帕网诞生为标志。阿帕网的研制主要出于军事目的，当时美国的军事部门已经广泛使用计算机，并且建立了许多集中式处理的计算机网络，但是这种网络的弱点是一旦网络中心被破坏，整个网络就会陷于瘫痪。在美国国防部高级研究计划署工作的拉里·罗伯茨提出“分组交换”的设想，利用这一技术可以在网内发生故障时，网络中的路由机制会使分组自动地选择一条新的路由避开故障点，不会造成通信中断。1969年，美军在制定的协定下将美国西南部的大学UCLA(加利福尼亚大学洛杉矶分校)、Stanford ResearchInstitute(斯坦福大学研究学院)、UCSB(加利福尼亚大学)和University of Utah(犹他州大学)的四台主要的计算机连接起来，这就是阿帕网的雏形。到20世纪70年代初，阿帕网的网点扩展到40多个，并且研制出了沿用至今的电子邮件、文件传输协议和远程登录这三个互联网的基本服务工具。1974年，著名的传输控制协议/网络间协议(TCP/IP)研究成功，因特网由此迎来了大发展。20

① 崔伟萍：《微博的社会学视角解读》，载《黑河学刊》2011年第5期。

世纪80年代中期，美国国家科学基金会利用TCP/IP协议建立了名为国家科学基金会网络(NSFNET)的骨干网，许多大学和科技机构的网络相继接入NSFNET，此后，NSFNET逐渐取代了ARPANET，成为美国境内广域网的骨干基础，1993年底ARPANET退出了历史舞台。“超文本”这一术语的设想，导致了万维网(World Wide Web)的诞生，万维网又促使互联网走进了千家万户。NSFNET和万维网的提供者的动机都是非营利性的，但是商业化的行为推动了互联网在全球的普及。一些商业化的机构和公司看到了互联网在通信、资料检索、商业广告等方面潜在的巨大商业价值，纷纷涉足互联网，互联网由此进入大发展时期。

(二)互联网的影响

互联网的飞速发展，给人类生活的各个领域带来了越来越重要的影响。今天，网络技术正在以惊人的速度向社会生活的各个领域渗透，进而改变着我们的生活、学习、工作乃至思维方式。

互联网拥有世界最大规模的信息和服务资源。它不但为人们提供了各种各样简单而且快捷的通信与信息检索手段，更重要的是为人们提供了巨大的信息资源和服务资源。通过互联网的使用，全世界范围内的人们既可以互通信息、交流思想，又可以获得各个方面的知识、经验和信息。

(1)互联网为人们提供了一个能够相互交流，相互沟通，相互参与的互动平台。互联网是私人之间通信的极好工具。在互联网中，电子邮件是互联网出现最早也是使用较为广泛一项功能。由于电子邮件的出现，人与人的交流更方便了，随着信息技术的发展，互联网又逐渐出现新的交往方式，如：BBS、网络论坛、博客、推特、聊天室等，这些平台让人们之间的联系更加方便，也更加普遍了。

(2)互联网对政治具有双重影响。社会舆论属于社会生活中的一个公共领域，在这个领域中，能够形成各种公共意见。这些公共意见客观、公正、理性的表达能为政府制定政策提供依据，有利于民主政治建设。当然，互联网也会对政治文明建设产生消极作用。例如，互联网上错误的舆论信息可能导致民间非理性舆论膨胀而影响政府决策，互联网上的虚假信息可能破坏社会稳定等。

(3)互联网对经济具有多重影响。信息网络化的过程实质上是物质产品和劳务向知识密集型转化、产业结构的重心向附加值较高的信息产业演进的过程，它在国民经济中已成为与钢铁、能源、汽车相并列的支柱产业和先导产业，同时也是促进其他高新技术产业化形成和发展的基础。企业管理者通过互联网可以获得企业内部跨地区、跨层次、跨级别的多方位信息，减少内部管理环节，还可以通过互联网认识到国际竞争对手的优势和劣势。使企业逐步具有参与国际竞争的能力。从消费者角度来看，消费者通过互联网，可以获得世界范围内最新的资源、技术、金融资本和商品信息，参加国际贸易并直接参与国际竞争，大大推动了经济活动的跨国化和全球化。

(4)互联网颠覆了传统的传播概念，不仅带来了全球性的海量和时效的信息，更重要的是它的开放性和互动性达到了任何一个传统媒体都无法企及的高度。它的迅速发展为自由民主提供了新的手段，在推动社会平等方面前进了重要的一步。

互联网是人类科学发展的产物，对信息传播、人们的交往联系、推动社会的民主化进程起到了重要的作用。但是，任何事物都是一把双刃剑，我们也应该看到互联网带来的负面影响：首先，容易使人们沉溺于网络世界，脱离现实，特别是对青少年来说，他们不善于利用互联网，沉迷于网络游戏，影响其学业，对他们人生观、价值观的形成构成潜在威胁。其次，网络上的信息并不都是健康的，一些色情文化在网络上大行其道，对人们的身心健康构成危害。最后，还有一些机会主义者，利用互联网进行经济诈骗、甚至还有宣传迷信思想、借助互联网教授如果从事偷盗等犯罪活动。只有对这些行为采取一定的措施，设法减少互联网的弊端，互联网才能给人们带来更大的利益。

三、互联网影响下的全球公共领域

(一)全球公共领域的形成

哈贝马斯公共领域思想最初是在民族国家内部构想的。但是他并没有就此打住，他后来提出，在全球化的挑战下要想超越民族国家，建立一种“没有世界政府的世界内政”，其关键就在于建构一个能够包容所有世界公民的“全球政治公共领域”，这标志着哈贝马斯对“公共领域”的关注已经超越了民族国家的语境而步入后民族状态。在互联网的影响下，哈贝马斯的公共领域理论注定要超越民族和国家的框架，走向一种“世界公民社会”。

在当前政治和经济等领域急剧全球化的趋势下，传统国家所代表的公共力量一步步消退，跨国企业所构成的资本力量成为主宰的角色，正在形成一个无世界国家且无世界政府的世界社会，一个全球性的资本主义正在蔓延。在这当中，互联网扮演了关键角色。互联网培养了积极参与的网络公众，并将参与权平等地扩展到全体公民。互联网的发展首先有利于可能成为具备理性思辨、交流能力的“公众”，比如网络技术的平等性与开放性使得互联网能够帮助人们培养和提升自我能力去履行公民义务，并且可以提供给用户相关的信息资源链接，以便他们能够参与讨论。随着信息技术的发展，互联网最大限度地扩大了参与者的来源，调动了参与者的积极性，并且在参与者沟通、交流与讨论过程中体现了最大限度的公开和平等原则。以民族国家疆域为范畴的公共领域在网络的跨国界穿透力催化下开始碎裂重组，形成了以不同的议题为中心的从地方、国家以至全球层次上扩展的全球公共领域。①

由此可见，全球公共领域已超越了哈贝马斯的古典定义，不再局限于民族国家框架内。在网络科技的不断革新以及全球化风潮影响下，基于互联网的全球公共领域的雏形正在建构。相比于传统的国家单一公共领域，跨国界的全球公共领域是一个以理性平等为原则、指向共识为目的的公民互动的场域，并且从地方、区域、国家向全球场域扩展，各种议题与立场可以在其间发声与辩论，从而形成跨国界整合的多元全球论坛。

(二)全球公共领域的建构

在新传播科技革新特别是网络技术革命的驱动下，全球公共领域被建构起来，网络技

① 洪贞玲：《在线全球公共领域》，载《信息社会研究》2004 年第 1 期。

术为建构全球公共领域提供了三个基本支撑点。

1. 互联网连结的“全球公民社会”是建构全球公共领域的主体

古鲁·亚蒂认为，“公民”是一个政治壁垒内的概念，他必须对民族和国家忠诚。公民开展相对独立于政治国家和市场组织的公民结社或活动，组成“公民社会”。“公民社会”具有民间性、志愿性、自治性、非营利性、集体性等特征，这些都不同于政府组织或企业组织的特征。公民在政治国家和市场组织活动范围之外为了集体的利益而进行跨国结社或活动形成“全球公民社会”。我国学者何增科认为：“全球公民社会是指公民们为了个人或集体的目的而在国家和市场活动范围之外进行跨国结社或活动的社会领域，它包括国际非政府组织和非政府组织联盟、全球公民网络、跨国社会运动、全球公共领域等。”①

“全球公民社会”的概念在19世纪之前就开始出现。从20世纪80年代尤其是90年代以来，“全球公民社会”迅速发展，其数量、活动和影响都有了空前的增加，以至于有学者把这一现象描述为一场“全球性结社革命”，并认为20世纪末的“全球性结社革命”的重要性和19世纪民族国家的崛起相当。20世纪90年代以来出现所谓的“全球性结社革命”，并且其地位显得相当重要，主要由于以下几个原因。

首先是经济全球化进程的加快以及全球范围内的市场化改革和与之相适应的行政改革。经济全球化的迅猛发展，使得各个国家之间相互影响、相互依存，各个国家都深感国际合作的重要性和必要性。互联网将世界各地连为一体，使其形成一个“地球村”。20世纪80年代开始全球范围内掀起了市场化改革，与之相适应的是各国的行政改革，这些改革都有效地促进了全球公民社会组织的发展。冷战之后，全球各国都开始致力于经济发展，市场化改革席卷了全球，同时各国政府的行政改革也以市场化经济为导向，使得政府退出了经济和社会生活的某些领域，公民和各民间组织的活动空间和范围得到了扩展，这些都为全球公民社会组织的发展提供了有利的条件。

其次是三次民主化浪潮的出现。在《第三波——20世纪后期民主化浪潮》这本书里，美国学者亨廷顿提出，近代以来在世界范围内曾经出现过三次民主化浪潮。第一次浪潮出现于19世纪20年代，结束于20世纪20年代初，有30个国家在这次民主化浪潮中建立了民主政权；第二次民主化浪潮始于1943年，即第二次世界大战后，这次浪潮使世界上又增加了30个以上的民主国家；第三次民主化浪潮开始始于1974年，在90年代初达到高潮并且持续到现在。近代以来世界范围内出现的三次民主化浪潮，为全球公民组织的蓬勃发展创造了有利的政治和法律环境。

最后是各个方面对“全球公民社会”的发展的重视和鼓励。20世纪90年代以来，新自由主义理论和实践的局限性日益暴露，实践证明以国家为中心的发展模式和以市场为中心的发展模式都不能有效地解决发展问题。因此，人们开始寻找“中间道路”或“第三条道路”并寻求其实现的“第三种力量”，“公民社会”和“第三部门”开始进入各种社会力量的视野之中。② 现代社会是多元社会，人们的兴趣、价值观念、经济利益都高度多样化，社会分化为众多的阶级、阶层，以及各种各样的利益集团。作为代表全体民众的政府，很难

---

① 冯建军：《全球公民社会与全球公民教育》，载《高等教育研究》2014年第35期第3卷。

② 何增科：《全球公民社会引论》，载《学术与争鸣》2003年第3期。

全部满足不同阶级、阶层和利益集团种类繁多、数量巨大、彼此冲突的“局部性”需求，政府在满足多元化社会需求上，出现了“功能空白”。在公民社会中，只有具有共同兴趣、利益和要求的人们自愿组织起来才能满足自己的要求，现代社会的多元化格局需要多元化的社会结构加以支持，发达资本主义国家的“福利国家”制度的危机，发展中国家的发展模式的危机，社会主义国家的“国家社会保险”制度的危机，以及全球性的环境危机，造成的一个共同后果，就是对政府主导社会事务的能力和意愿产生了怀疑。依靠市场的作用进行调节，依靠非政府的民间力量挽回危局，成为20世纪80年代以后各国社会变革的一个基本动向。①

由于以上原因，越来越多的人开始逐渐接受全球公民意识特别是全球共同体意识和全人类社会意识，全球公民意识的建构机制在一定意义上体现为对普世精神的识别与确认、对全球共享伦理的尊重与拥护，以及对全球公共事务的敏感及参与，寻求一种超越民族——国家疆域系统之外的身份认同。②“全球公民身份意味着通过对自我属性和特征的重新想象与建构，使得整个世界因为某种经由、某种话语所建构的共同的普遍的价值、理想、生命、信仰和真理而联结在一起，每一个个体自觉而自主地守护并履行这份‘天赋’的权利和责任。”③甚至由种族、国籍、宗教、阶级和性别等因素所造成的偏见与隔膜，在这种强大的身份认同力量面前被忽略，各国公民就在某个或者某类问题的对话上达成和解和共识，也就是各种“全球公民社会”的形成。当这种全球公民身份在个体的生活中得到识别和认同，并成为一种稳定的核心价值体系来支撑某个个体的行为实践时，个体的实践也变成了可以对话世界的全球公民行动。早期的互联网没有很明确的关注公共事务的意识，它更多的是关注一些私人事务，主要是一个休闲交友的空间，但是互联网给我们提供了一个自由、平等的交往和表达平台。由于网民可以在社交平台上随时随地地发表自己的看法观点，因此具有一定的公平性，这使一些网民对平时不感兴趣的政府类的新闻也产生了一定的兴趣。同时，由于网络身份的匿名性和非功利立场有利于网络空间的舆论议题指向公共利益，从而对网络公共领域的建构起到积极作用。④ 从20世纪90年代开始，信息技术的革命和信息网络化以全球范围内互联网的应用和普及为标志开始成为发展趋势，这就为“全球公民社会”参与国际事务提供了技术条件。虽然，网络在民族国家存在分化公民的弊端，但是它在全球范围内提供了一种新的整合形式，让个体在全国层次上形成连结，成为全球公共领域的参与者。“全球公民社会”作为由互联网形成的“社会”，作为全球公共领域的参与者具备以下特点：首先，它提供了可以消除文化差异。因为网络让处于不同地理位置的人同时使用，这就提供了不同民族和不同国家交换意见提供了渠道；其次，可以帮助在过去处于被打压的弱势群体用互联网壮大自身力量、维护权力；最后，基于网络构建的虚拟社区、在线会议等形式打破了过去基于现实构成的真人接触的社会秩序，这有益于超我和超真实的创造。

---

① 史柏年：《“全球性结社革命”及其启示》，载《中国青年政治学院学报》2006年第3期。

② 魏明革：《基于网络的全球公共领域的建构与消解》，载《当代传播》2012年第1期。

③ 刘涛：《全球生态公民身份的识别与建构》，载《中国社会科学报》2009年第2期。

④ 罗亮、时影：《互联网与网络公共领域的兴起》，载《新闻战线》2016年第19期。

2. 互联网是建构全球公共领域的理想交流媒介

英国知名传播学者柯林·斯巴克斯在定义全球公共领域时，强调它必须具备两点重要精神：一为“普世性”，世界所有公民的近用权必须得到保障；二为“平等性”，世界所有公民参与讨论的机会不受限制。① 从这两点出发，斯巴克斯检验传统媒体如卫星电视、报纸等是否能够作为全球公共领域的载体。他指出，由于传统媒体受到内容产制、精英特质以及专业意识形态等的限制，即使媒体的报道可以向外延伸，最终还是会被局限在民族国家之内，或者必须适应各国不同的国情，并且接受各国政府的管制，因此，传统媒体都不能成为全球公共领域的理想交流媒介。互联网则可以解决传统媒体在构建全球公共领域时所遭遇的各项难题，在网络世界中，使用者能轻易地打破地域的限制，建构一个政治、经济、文化和社会等自由交流的“全球村”，打破“地理”因素在构建全球公共领域中的重要性，因此能成为全球公共领域的理想载体。除此之外，互联网还有以下几个特性决定了它能成为建构全球公共领域的理想交流媒介。

（1）互联网的虚拟性。互联网的虚拟性主要表现为网络空间的虚拟性、网络行为的虚拟性和网络行为者身份的虚拟性。网络空间的虚拟性是指网络空间是人为设计和构建的信息世界，它与人类凭借感性和理性认知的现实世界不同。网络行为的虚拟性是指网络上的一些场景只是通过网络信息技术使人有身临其境的感觉，但这些场景并不是真实存在的。网络行为者身份的虚拟性是指网络交往主体的身份是虚拟的，行为者可以根据自己的兴趣爱好来设计自己的网络身份。但是，互联网的虚拟性并不意味着网络就完全是不真实的、虚幻的，在网络公共领域中，互联网的使用者、参与者的活动及其产生的社会影响都具有真实性，网络舆论是大众对现实世界中的公共事务的意见和观点在网络世界的反映，它反过来也会对现实世界中的公共事务的解决产生重要影响。互联网的虚拟性使网络公共空间中聚集了大量的网络行为者，他们敢于直接坦率毫无保留地表达自己的观点和意见，为全球公共领域的形成创造了很好的条件。

（2）互联网的互动性。互动性是互联网所有优势中最为显著的特征。每个网站都是一个社区，人们可以在这里发布信息、结识朋友、交流思想、阐述观点或者进行评论。网络媒体打破了传统媒体中传播者与受众之间的严格界限，网络传播是一个双向互动的过程，在这个过程中，传者和受者可以进行意义互换，受众可以成为信息的传播者，信息的传播者也可以成为受众。网络的开放性使得任何与公共事务相关的利益相关者或关注者都可以参与到论辩过程中来，而相对没有任何的限制，从而使得公共交往的特色更为明显。互联网使得任何人可以就任何问题发表自己的意见、看法或交流相关信息，从而带来公共领域的公共性。更重要的是，互联网使人们更容易参与到公共领域之中②，网络媒介的互动性是其他任何传统媒介都无法比拟的，它从一开始就是一种对话传播的媒介。在互联网的发展历程中形成了许多对话的方式，比如BBS、QQ、MSN、聊天室、电子邮件、博客、微博、微信等。QQ、MSN、聊天室等这些对话是共时性的，BBS、电子邮件、博客等是非共时性的。互联网双向交流的互动性潜在地对整个社会开放，给人们提供了一个便宜而且普

① ［英］科林·斯巴克斯：《全球化发展与大众传播》，社会科学文献出版社2009年版，第98页。

② 罗亮、时影：《互联网与网络公共领域的兴起》，载《新闻战线》2016年第19期。

遍的手段来获取和分享信息，在区域、国家和全球范围内促进个体、群体和机构间的政治讨论和信息的相互交换。

(3)互联网的开放性。互联网最根本的特性是开放性，整个互联网就建立在自由开放的基础之上。开放性意味着任何人都能够获取到网络上的任何信息，任何个人、任何组织都不能完全控制互联网。首先，网络的交互性改变了传播过程中传者和受者的地位，让普通公民掌握了一定话语权，从而摆脱精英分子的话语垄断，真正实现了公共领域参与者的自由平等交流，也为网民提供了广泛的舆情表达空间。而网络点对点的传播特性，也为大众多元化意见表达提供了空间，使互联网也由此成为真正意义上的“观点的自由市场”。①在网络上不分国籍、肤色、种族、贫富差别，任何人都可以参与并自由表达观点和意见，不同的观点和意见在这里自由辩论、深入讨论。互联网的开放性为不同意见和观点的沟通与交流提供了重要的平台，也为形成自由、平等和宽容的网络讨论机制创造了条件。开放性并不意味着可以恣意妄为，如果将讨论变成恶语相向，在信息潮中涌动着谣言诽谤的暗流，互联网就不可能健康发展。所以互联网的发展必须要有基本的理性判断、一定的社会秩序和法律约束。

“全球公民社会”通过对全球性议题进行理性思辨生成全球公共舆论。全球公民社会组织思考和辩论的是全球性公共议题，并在此基础上生成全球公共舆论。全球公共议题包含以下四个方面特征：第一，全球公共议题具有国内外不可分性。全球公共议题不仅涉及国内“公共事务”，也具有“全球事务”的属性，必须二者兼顾。第二，全球公共议题主要解决的是国家与国家之间面临的问题，它涵盖了地方、国家和全球等多个层次。第三，全球公共议题主要关注的是单个国家没有能力解决、需要多国联合协作的问题。第四，全球公共议题一旦得到解决将惠及各个国家及其公民，具有利益的关联性。

随着全球化的深入，国际事务和国内事务的边界不断受到挑战，关系整个人类生存和发展的全球性的公共议题日渐突出。当前最突出的全球公共问题主要包括全球环境污染、资源短缺、贸易争端与金融问题、和平问题、人权问题、腐败问题、社会公正、跨国犯罪和信仰危机、国际恐怖主义等。围绕这些问题，国际社会在经济、政治、科技和贸易等方面形成了广泛的合作关系。全球公民社会组织对这些全球性议题也甚为关注，经常在全球公共网络空间围绕这些问题进行讨论和交流，进而形成全球公共舆论。全球公共舆论已突破了传统意义上的同质性、系统性以及以共识为导向的舆论观，它以种种全球性议题为中心，并且是丰富多元的。“全球公民社会”通过协调对话与理性批判的方式引领着互联网朝向以议题为中心的全球公共领域发展。

与此同时，各种制约因素又在不断消解着全球公共领域的形成。首先，全球公民社会更趋近于乌托邦，是一种理想的社会，全球公共领域的参与者要走向全球公民社会面临着重重困难。在全球公民意识被更多地接受的同时我们应该认识到民族国家仍然是世界上最重要、最强大的政治力量，民族国家建立之后就会自我强化，民族渴望拥有自己的国家，而国家又渴望在民众中培养共同的民族身份。因此，对“全球公民”“全球公民社会”“跨国的公民文化”必须持现实主义态度，民族国家没有也不会退出历史场景。其次，建构全球

① 罗亮、时影：《互联网与网络公共领域的兴起》，载《新闻战线》2016年第19期。

公共领域的理想媒介，即互联网对世界所有公民是不平等的。发达国家拥有先进的硬件设备，而贫穷落后的国家的硬件设备有所限制，由于数字沟的存在，造成不同国家和不同族群在取得信息和参与民主讨论的机会的不平等。此外，英语的霸权地位也使以非英语为母语的使用者在参与全球公共议题的讨论时受到限制，不能真正自由平等地参与讨论。最后，对全球公共议题进行对话不完全生成全球公共舆论。只有在理性思辨、平等交流的基础上才能生成全球公共舆论。现实情况是网络空间内普遍存在非理性的言论攻击，这些非理性的对话不但不利于全球公共领域的生成，更重要的是使全球公共领域失去公共论坛属性。如果用暴力的威胁来代替理性和平等的讨论时，全球公共舆论的形成就没有了希望。

互联网的发展，不但对人们生活的方方面面都产生了极大的影响，也使得公共领域的范围从地方、民族国家向全球化扩展。全球的人们在互联网上对各种全球性的议题进行讨论，形成跨国界整合的多元全球论坛。“全球公民社会”成为全球公共领域的参与主体，互联网成为建构全球公共领域的理想交流媒介，“全球公民社会”以全球性议题为对象进行理性思辨从而生成全球公共舆论。互联网虽然是建构全球公共领域最理想的媒介，但想要建构一个理想的全球公共领域，它还存在一些问题，这些问题制约着全球公共领域的形成和发展。正如前文所说，全球公民社会更趋近于乌托邦，是一种理想的社会，全球公共领域的参与者要走向全球公民社会面临着重重困难。互联网作为全球公共领域的理想交流媒介对全球公民而言不是完全平等的，对全球公共议题进行对话不完全生成全球公共舆论。我们必须努力克服这些困难，为建构全球公共领域铺平道路。

【延伸阅读】

1. 哈贝马斯：《公共领域的结构转型》，曹卫东、刘北城等译，学林出版社 1999 年版。
2. 修昔底德：《伯罗奔尼撒战争史》，谢德风译，商务印书馆 1985 年版。
3. [英]麦克奈尔著：《政治传播学引论》，殷祺译，新华出版社 2005 年版。
4. 段鹏著：《国家形象建构中的传播策略》，中国传媒大学出版社 2007 年版。
5. 郭树勇：《建构主义与国际政治》，长征出版社 2001 年版。
6. 约翰·奈斯比特：《大趋势》，上海远东出版社 1999 年版。
7. 刘树秀、聂巧：《信息霍乱》，世界知识出版社 1999 年版。
8. 约翰·奈斯比特：《大趋势》，上海远东出版社 1999 年版。

【思考题】

1. 国家形象具有哪些特征及树立良好的国家形象有什么作用？
2. 什么是话语权和国际话语权？
3. 国际话语权的功能有哪些？
4. 中国提升国际话语权所面临的不利因素有哪些？
5. 大众传播媒介环境下，国家身份的建构需要哪几个阶段？
6. 网络对国家民主的未来有什么影响？
7. 为什么互联网能成为构建全球公共领域的理想媒体？

第十章 新媒介环境下的政治传播

【本章重点】

本章内容：(1)新媒体环境下传播模式的变化；(2)新媒体环境中公民政治参与的形式和功能；(3)如何理性看待新媒体时代的公民参与行为。难点：(1)如何促进公民新闻的良性发展；(2)新媒体环境中公民无序表达的原因；(3)如何在新媒体传播中构建民主机制。学习目标：掌握新媒体的类型和特征；思考新媒体环境中传播模式的变化；了解公民新闻和公民记者在社会民主发展中的作用；了解公民网络参与的形式；了解新媒体及其传播方式对公民政治参与的转变；理解新媒体在舆论监督过程中的作用，学会理性看待网络舆论，认识到新媒体传播模式下民主机制的构建需要多方共同努力。

第一节 公民与新媒介

一、新媒介类型

信息技术是推动媒体发展的重要力量。在20世纪中后期，随着计算机的发明和互联网技术的应用，出现了许多相对新型的信息传播媒体。“新媒体”一词最早出现在1967年，当时CBS(哥伦比亚广播电视网)技术研究所所长、NTSC电视系统的发明者P. 戈尔德马克(P. Goldmark)在其发表的一份关于开发EVR(电子录像，Electronic Video Recording)商品的计划中第一次提出。它不是指特定的媒介，而是对适应信息传播新需求而出现的媒体的统称。

因此，“新媒体”是一个相对的概念，主要是与传统媒体(包括报纸、杂志、广播、电视等媒体)比较而言的，指某段时期内，在新信息技术的驱动下，以数字技术、网络技术，通过互联网、移动互联网、无线通信和卫星等渠道，向用户(即受众)提供文本、画面、音频、视频等交互式信息和娱乐服务，随传媒市场的进一步细分而产生出的一批新型的传播媒体的总称。

新媒体主要包括以下几大类：第一，云计算、大数据、物联网、互联网等信息技术所支撑的互联网媒体；第二，利用数字技术的新型广播电视媒体，如IPTV，高清晰度电视，卫星直播系统；第三，以Wi-Fi、4G、5G等技术支持，以手机、平板电脑、便携式智能设备为载体的移动互联网媒体。

互联网技术、多媒体技术、通信技术、数字技术和智能技术的突飞猛进赋予了上述新媒体如下特点：信息储存的海量性和易得性，信息共享的即时性与交互性，信息呈现的超文本和多媒体形式，信息传递和交流的个性化、主动化、社群化。

信息储存的海量性和易得性。文字的出现和使用，使人类对信息的保存和传播取得突破，大大地超越了时间和地域的界限；磁存储设备的出现彻底改变了几千年的信息存储方式，使信息的存储发生了巨大的改变，是信息存储的一个里程碑；在计算机技术提升储存能力的基础上，大数据技术可以进行大量信息的捕捉、管理和处理，使得信息处理更具效率、多样化和价值性。

信息共享的即时性与交互性。新媒介技术的发展，方便了信息的数字化储存，实现了信息高效率的传输和分享，多样化的信息传递的边际成本不断降低。信息和信息产品在不同信息系统、不同群体间交流和共用，让信息这一种在互联网时代中价值性越趋明显的资源多人共享，推动资源配置更加合理，节约社会成本，创造更多的机会。

信息呈现的超文本和多媒体形式。超文本是计算机数据储存，超链接技术所带来，以计算机所储存的大量数据为基础，使得原本的线性文本变成跳跃性的非线性文本，读者可以在任意节点之间进行跳跃性的阅读，因此，原本的单一的文本变成了无限延伸、扩展的超级文本、立体文本。计算机、视频技术和 HTML5 技术的结合，使得组合两种或两种以上媒体的人机交互式信息交流和传播形式成为可能，它包括文字、图片、照片、声音(包含音乐、语音旁白、特殊音效)、动画和影片，可以将多媒体的内容与地理定位、多程式交互结合，增强了信息的互动性。

信息传递和交流的个性化、主动化、社群化。新媒体出现以前，大众传播主要针对社会上一般大众为对象进行大规模的信息生产和传播，所发送的信息是商品化、批量化的，传播的方向是单向的，受众是规模化、匿名化、同质化的；新媒体出现后，技术的支持和内容的更新使受众面临的选择更多，增强了受众的主动性，可以根据自己的偏好选择订阅相应的信息圈，智能算法使得传播者可以利用用户的用户画像给用户推送个性化的信息。同时，受众在新媒体平台回复和评论，可以发出自己的声音。爱好、价值观相似的受众可以在新媒体平台上进行进一步的交流和互动，形成新媒体社群，在重大舆情事件发生时发出自己的声音，同时也可以开展商业化的运营。

(一)互联网媒体

互联网媒体，也称为“网络媒体”，相对于诞生已久的报纸、广播、电视等媒体而言，是“第四媒体”，是借助国际互联网这个信息传播平台，以计算机、手机等现代通信终端，以文字、声音、图像、影像等形式来传播新闻信息的一种数字化、多媒体的传播媒介。数字化革命使比特成为构成信息世界的基本单元，信息的形式变得格式化便于传输；互联网媒体传播的开放性打破了传统媒体传播范围限于本地、本国的束缚，促成了全球性的网络传播；互联网媒体传播内容的多样性与信息储存的无限性给受众提供了更多信息选择的空间；互联网媒体传播信息的易检索、易复制更是打破了传统媒体时代媒体发布者对信息的绝对控制。

中国互联网媒体的发展一共经历了四种模式：一是传统媒体的网络版，以《人民日报》网络版模式为代表，只是简单地把传统媒体上的内容拷贝到互联网媒体上；二是传统媒体办网，即依托于传统媒体，并试图按现代企业的规则运营，如北青网等；三是以新浪网为代表的门户网站，它们获得发布部分新闻的权利，并通过登载新闻谋求商业利益；四是以新浪微博代表的微博客、今日头条等新型社交媒体，是一种基于用户关系信息分享、传播以及获取的通过关注机制分享简短实时信息的广播式的社交媒体和网络平台，大力提升了用户的主动地位，促进了在线社群和网络意见领袖的产生。

(二)新型电视媒体

电视原本属于传统媒体的范畴，但随着数字有线电视网、IPTV、通信卫星和卫星直播、数字信号处理等技术的发展和应用，衍生出了属于新媒体范畴的数字电视、IPTV 等新型传播形式。

数字电视的出现改变了原来用模拟方式传递电视信号的方法，而是将活动图像、声音和数据通过数字技术进行压缩、编码、传输、存储、实时发送或通过纪录媒体进行传播，具有图像质量高、节目容量大(是模拟电视传输通道节目容量的 10 倍以上)和伴音效果好的特点。

IPTV 即交互式网络电视，是一种利用宽带网，集互联网、多媒体、通信等技术于一体，向家庭用户提供包括数字电视在内的多种交互式服务的技术。其系统结构主要包括流媒体服务、节目采编、存储及认证计费等子系统，主要存储及传送的内容是以 MPEG-2/4 标准为编码核心的流媒体文件，基于 IP 网络传输，通常要设置内容分配服务节点，配置流媒体服务及存储设备，用户终端可以是 IP 机顶盒+电视机，也可以是 PC 机。IPTV 可以利用有线电视网的基础设施，以家用电视机作为主要终端设备，通过互联网络协议来提供包括电视节目在内的多种数字媒体服务。实现媒体提供者和媒体消费者的实质性互动，用户可以互动点播自己喜欢的内容。

(三)移动媒体

“媒介是人体的延伸”，如今手机所具有的功能已远远超过了其诞生之初，满足人们通讯需求的功能，科技的发展赋予手机的功能越来越强大，移动手机媒体也越来越成为大众生活的必需品。

高度的移动性与便携性，信息传播的即时性，受众面的极大广泛，私密性、整合性和同步性的有机统一，传播者和受众高度融合等优势使以手机成为重要的社会化的媒介形式，被称为“第五媒介”

新浪微博手机版提升了微博客的便携性和即时性互动，提升了受众的传播主体地位，微博实时化的网络传播和热点更新常常引爆舆论场，对社会热点事件的裂变式传播起到了重要的推动作用。

微信(WeChat)是腾讯公司于 2011 年 1 月 21 日推出的一个提供即时通信服务的免费应用程序，可以跨通信运营商、跨操作系统平台通过网络流量快速发送语音短信、视频、图片和文字。微信还提供公众平台、朋友圈、消息推送等功能，可将内容分享给好友或将用户看到的精彩内容分享到微信朋友圈。传播者可以开通微信公众账号对自己的粉丝定期推送图文、视频等多媒体信息。

今日头条是北京字节跳动科技有限公司开发的基于数据挖掘的新闻推荐产品，基于个性化算法，根据每个用户的兴趣、位置等多个维度进行个性化推荐，推荐内容不仅包括狭义上的新闻，还包括音乐、电影、游戏、购物等资讯。根据其社交行为、阅读行为、地理位置、职业、年龄等挖掘出兴趣，计算出用户兴趣和行为模型。对信息进行机器分类、摘要抽取，LDA 主题分析、信息质量识别等处理。根据受众的特征、环境特征、文章特征三者的匹配程度进行推荐。

抖音是由今日头条孵化的一款音乐创意短视频社交软件，是一个智能算法推荐的音乐短视频平台。用户可以通过这款软件选择歌曲，拍摄音乐短视频，形成自己的作品，抖音也借助智能算法对进行精准化的个性推荐，根据用户的爱好，来更新用户喜爱的视频。截至 2021 年 4 月，抖音日活跃用户超过 6.8 亿，对网民心态和网络舆论起到了重要的影响。

二、新媒介环境下的传播模式变革

从语言出现到当下的信息社会，人类传播本身经历了漫长的发展过程：口头传播时代、书面传播时代、印刷传播时代、电子传播时代和互联网传播时代。口头语言的出现使人类摆脱了野蛮的“与狼共舞”状态，不再仅仅依靠内部信息系统来传播信息，而是向功能更强大，效率更高的外部信息系统迈进。文字的发明使人类文明首次突破了时空的局限性，它可以“通之于万里，推之于百年”，并确保信息不在传播过程中失真、变形、重组或丢失。印刷传播实现了文字信息的大规模生产和复制，使原来上层阶级才能使用的书写介质，如竹简和丝绸书籍，开始进入寻常百姓家。上层阶级对知识的垄断被打破，大众传播的时代即将到来。电子传播实现了信息的长距离和快速传输。电报，广播和电视等电子媒体的出现，使人类信息的传播速度空前快，内容空前丰富，范围空前广泛，保存信息以及复制和传播的能力空前增强。信息传播从点对点发展到点对面，并且即时的全球范围的传播也成为可能。

与前四个时代相比，互联网技术和移动媒体的使用和推广不仅在传播介质和内容上更加先进，而且还实现了各种文本、数字、图片、照片、图画、声音、影像，传播内容的统一数字处理，具有即时性、交互性和模拟性等巨大的传播优势，催生了全新的传播环境，挑战了传播者与受众之间传统的传播关系，传播权力面临深层次的结构调整、传统的传播方式发生了巨大变化。

1948 年，拉斯韦尔(Laswell)的“5W”模型清晰地提出了传播过程及其五个基本要素，即谁(who)，说了什么(says what)，通过什么渠道(in which channel)，对谁说(to whom)，取得了什么效果(with what effect)。在新媒体传播时代，这个模式呈现出新的特点。

(一)传播主体的多元性

在前四种传播时代，国家或传播机构基于知识、机会、技术或意识形态上的主导地位，在信息资源和传播权上远远优于普通民众。尽管绝大多数国家的宪法有明确规定“公民拥有言论、出版自由”，但实际上，相对于庞大的国家组织、专业化的媒介机构、雄厚的资金支持，普通公民只有名义上的传播权利，却没有实际上的传播权力。新媒体传播环境下，普通公民借助新的传播工具、传播渠道将自己的权利落到实处，壮大了传播主体的队伍。

(二)传播方式的多元性

传统媒体一般是点对面的传播方式，而新媒体基于其技术优势除了点对多这一方式外，还有点对点(网民通过新媒体网络进行信息交流)、多对点(网民对媒体发布的信息进行评论)、多对多(网络论坛、网络社群)等方式。

(三)传播通道由线性模式向非线性模式转化

作为终端的受众也享有与任何层级信息对称的权力，拥有了可以落到实处的平等的信息发布和信息接收的权力，新媒体传播的多元化、非线性打破了传统媒体时代传播集权化、权威化、单向性的传播模式，无论传者还是受者都借助新媒体的传播平台实现了信息交流的平等，成为“自媒体”。

20世纪40年代，美国社会学家拉扎斯菲尔德提出“两级传播模式”，即观点总是先从广播和报刊传向“意见领袖”，然后再由这些人传到人群中不那么活跃的部分，也就是说信息的传递是按照“媒介—意见领袖—受众”这样的环节流动的，强调意见领袖在传播过程中的作用。

(四)传播层级的重构

新媒体时代，信息的传播由原来的两极传播向多极传播转化。新媒体时代的技术优势、平台优势使信息流和影响流的多层次抵达成为可能。这种传播层级的重构彻底改变了以往信息传播的简单模式，使信息和观念的传播到达的层面更深、更广，拓宽了传播渠道，扩大了传播范围，拓深了影响流的抵达层次。

(五)意见领袖在新媒体时代的变化——“去中心化，再中心化”

詹姆斯·卡伦在《媒体与权力》中提到，“新媒体会导致新的权力中心的出现，从而在现存的主导型维权结构内部引发日趋激化的紧张状态；另一方面，新媒体有时候会绕开已经建立起来的媒体传输机构，发布遭到禁止或限制的信息，通过这种方式来破坏控制社会知识的等级制度”。互联网技术本质上是以个人为中心的传播技术，具有天然的反中心倾向，造成传播资源的泛社会化和传播权力的全民化，削弱国家和大众传播机构在信息、技术和意识形态上的主导地位。

而随着信息发布门槛的持续降低，各类新媒体所提供的信息量远远超过了单一个体独立自主接收和处理信息的能力。在这样的信息环境中，公民更加需要“意见领袖”来筛选信息、判断事实。在传统媒体环境下，意见领袖往往是分散的，在小群体、线下环境中起影响作用的。新媒体技术将意见领袖的影响力由线下搬到线上，网民围绕着意见领袖形成粉丝群体，“意见领袖”成为互联网时代传播和舆论的中心节点。拥有广泛社会资源、具有公共关怀、个人精力又相对旺盛的意见领袖们在互联网上结盟，介入社会公共事件，参与公共表达和社会管理。在人格魅力的基础上，新型意见领袖的影响力、动员力甚至超过了部分传统媒体，在主流意识之外，形成新的思想中心。在互联网新的传播模式下，网络时代意见领袖影响力范围的扩大使意见领袖和其追随者之间在空间地域和生活方式上差距变大，因而造成了更大的异质性。意见领袖的作用更多地体现在对信息的分析和观点的引导，而传递信息的作用已经不那么重要。

具有低门槛开放、直接互动、强关系与弱关系并存的特点，意见领袖在微博时代不仅仅扮演着传统的二级传播中信息中介的作用，其本身也成为意见表达的发源地，可以跳过大众传播媒介直接进行信息传播，并产生更大范围的扩散和更深层的影响力。可以说，微博特有的传播模式和互动机制，拉近了意见领袖和受众的关系，赋予了意见领袖更大的传播权力。而意见领袖作为微博活跃度高、影响力大的用户，他们所产生的互动更为频繁和密切，加之由传播权力所带来的资源和话语声量，这些互动关系在很大程度上影响着微博的舆论生态。微博意见领袖在微博上的互动关系主要存在于相互之间，意见领袖在某种程度上形成了自己的互动圈，彼此间在圈内进行信息的分享和观点的碰撞。

三、公民社会、公民新闻及公民记者

(一)公民社会

“公民社会”是一个不断发展的历史范畴。它最早是由古希腊哲学家亚里士多德提出。随着社会政治，经济和文化发展，两千年来这个概念本身经历了三次转变。在新的媒体环境中，大众政治正在蓬勃发展，中国正在形成一个相对独立的公民社会。

在亚里士多德的《政治学》中，“公民社会”指的是“城邦国家”，即“在法律上界定的法律制度下由自由和平等的公民组成的伦理政治共同体”。① 后来，古罗马政治理论家西塞罗(Cicero)在保留“政治社会”的含义的同时，增加了“文明社会”的含义。在 17 和 18 世纪，现代资本主义生产方式得以发展。洛克、孟德斯鸠、卢梭等资产阶级思想家提出了社会契约论，反对封建帝制的君主制和君权神授思想。他们认为人类最初生活在无政府状态。但是，由于缺乏和平，安全，人身保护等，这种自然社会必须通过权利转让和建立社会契约的方式过渡到公民社会。结果，“公民社会”获得了与自然状态相对应的含义，并且是“政治国家”的同义词，指的是人民生活在政府之下的合法和和平的政治秩序。

资产阶级民主革命推翻了封建君主制，建立了资本主义制度，为工商业的自由发展和私营部门的独立存在奠定了根本的政治保障，极大地促进了公民社会及其与之的关系的迅速发展，与政治国家分离过程。黑格尔认为，“公民社会，这是作为独立个体的个人成员的联合，即抽象普遍性的联合。这种联合是通过成员的需要，保护人身和财产的法律制度以及维护其特殊利益和公共利益的外部秩序而确立的”②。在黑格尔的基础上，马克思将公民社会理解为私人利益关系，“包括每个人在生产力发展的特定阶段所拥有的一切物质交往”，“始终标志着从生产社会组织的发展”。③ 他们直接运用“政治国家—公民社会”二分法来分析社会的整体结构，将市场经济视为公民社会的核心组成部分，并认为公民社会

① [古希腊]亚里士多德：《政治学》，湖南文艺出版社 2011 年版。

② [德]黑格尔：《法哲学原理》，商务印书馆 1961 年版。

③ 马克思、恩格斯：《德意志意识形态》，载《马克思恩格斯全集》(第 3 卷)，人民出版社 1960 年版。

相对独立于政治国家。主要由“需要的体系”组成，从商品经济社会的生产和生活互动中直接发展出来的经济互动和社会组织的构成领域，构成了一个不与政治国家相混淆或淹没的非政治社会自治领域。

黑格尔和马克思的公民社会的思想反映了自由竞争时期资本主义社会的现实。20世纪以后，随着资本主义从自由竞争阶段过渡到垄断阶段，民间社会的观念也进入了一个新的发展时期。20世纪30年代，西方马克思主义葛兰西通过深刻反思发达资本主义国家无产阶级的革命道路，提出了“文化领导权”的思想，这给了公民社会以新的文化生命。先前对公民社会理论传统的研究引发了公民社会概念的当代转变。继帕森斯的“社会共同体”，早期的哈贝马斯的“公共领域”和后期的哈贝马斯的“生活世界”之后，当代美国政治学家科恩和阿拉托通过对20世纪资本主义和社会主义发展中遇到的各种问题的深刻思考，提出了“重建公民社会”的理论主张，认为经济领域应与公民社会，社会组织和民间公共领域被视为公民社会的主体，系统地提出了政治社会—经济社会—公民社会的社会生活分工模式，从而完成了公民社会向社会文化领域的当代转型。

在新媒体时代，互联网将分散的公众与现实生活联系起来，使他们能够获得政治信息，了解政治事件，感受政治生态，进行政治讨论并在网络空间中进行政治磋商，直到他们最终参与政治决策。互联网引发的自下而上的舆论风暴反过来影响了现实中的社会生活，这显示了大众政治的力量，即公民社会的力量。“网民推着政府前进”，虽然听起来有些夸张，但也生动地展示了大众政治的力量。一系列与公众息息相关的法案，例如《城市生活无着的流浪乞讨人员救助管理办法》《中华人民共和国食品安全法》《国有土地上房屋征收与补偿条例》已经修订，它在一定程度上促进了中国的立法进程。另外，一些受到广泛关注的网络群体性事件也客观地为政府设定了议程。网络舆情可以立即将相关政府部门推到风口浪尖，从而使问题成为紧急情况，各级政府和各种机构都必须立即处理，甚至是最紧迫的紧急事件。过去，政府为媒体制定议程，媒体为群众制定议程的情况已经转变了，形成了公民通过互联网为媒体和政府制定议程的情况。

公民社会强调大众政治。与历史上的长期精英政治相比，它更加强调了公民在一个国家的政治生活中的地位和作用。作为影响舆论产生机制和媒介生态的重要因素，传播技术与公民社会的发展息息相关。在法国大革命期间，公民首次出现在现代政治舞台上，当时公众大量涌入公共领域，使现代意义上的舆论成为具有实际参考意义和政治权威形式的概念。这是独立于政府的集体意见，可能会对政治决策产生影响。法国社会学家塔尔德在分析报纸对公众舆论，公众和一个国家的政治的影响时指出，新闻业是要形成所谓的“总体公众舆论”，这使得公众的思想越来越全国化甚至国际化。使君主遵循公众舆论。传播工具不仅是促进现实政治建设的媒介，还是社会组织和政治动员的工具。电视的诞生实现了全球范围内重大历史事件的现场直播，2011年发生在不同时空、不同国家的“阿拉伯之春”“占领华尔街”以及其他大规模抗议运动在互联网上传播。这种新型的社交媒体的动员能力凸显了其对公民社会和大众政治的重要性。

公民社会通过公共舆论获得政治意义，这不仅得益于传播技术的革命，而且还与社会发展过程中的社会分化等急剧变化息息相关。中国大众政治的兴起还具有媒体生态改革和社会转型的双重逻辑。改革开放以来，中国的公众经历了从单位人到社会人的转变，个人逐渐形成了独立的人格和独立感，这是公民社会的前提。随着改革的深入，各种根深蒂固的社会矛盾开始出现。严重的阶层分化，贫富差距，明显的城乡差距，公职人员的腐败以及基层政府的无所作为和混乱不断受到公众的质疑，中国各种各样的自然和社会问题正在层出不穷。当公众认识到改革开放的伟大成就时，失望仍然在心中累积，一旦被触动，情感表达就会涌现出来。随着社会结构的迅速转变，社会行为者的各种政治表现形式和利益维护活动再次成为社会政治生活中的重要问题。

基于上述技术和社会的双重逻辑，我国当前社会环境中的公民社会大众政治主要表现为互联网舆论风暴，即网络群体性事件。互联网群体事件正在成为一种在我国越来越普遍的特殊政治现象，在线上与线下，虚拟与现实之间的互动也已成为社会和政治生活的一种正常状态。大多数在线群体性事件起源于网络媒体，并继续与传统媒体互动。公众的信息发布和意见表达使该活动成为一种有趣的传播方式和生动的故事情节，可以在短时间内吸引大量网民，并引起了公众的心理共鸣。

公民社会受到新媒体渠道的推动，以促进新权力结构的形成。过去，精英政治强调信息的垄断和控制，并实行“民可使由之，不可使知之”的战略。在互联网兴起之前，政府是公共和政治信息的基本来源。政府拥有通过传统媒体发布预选信息来掌握传播信息的实质权利。以 2003 年“非典”疫情为起点，政府加快了公共信息公开的步伐，同时，互联网的推广和普及使公众有更多的选择和权利来发布信息，例如博客、SNS 网站、微博、微信、今日头条之类的新媒体产品被用作媒介，网民的自传播开始挑战大众传播媒介的信息发布和传播。各种网民的曝光和网络围观者为政府创造了一个需要不断警惕的外部环境，并监督政府与官员的一举一动。大众政治已成为民间社会监督公共权力实施，并逐步对当代政治施加应有影响的强大力量。

（二）公民新闻与公民记者

随着新媒体传播技术的发展及其在日常生活中的广泛应用，普通市民参与信息传播甚至新闻制作与传播的渠道日益多样化和便捷。在诸如“史上最牛钉子户”和“厦门 PX”等公共事件中，“公民记者”通过互联网发布了大量的第一手信息。“公民记者”的概念始于 20 世纪 90 年代的美国，并随着公民新闻概念的诞生而诞生。1998 年，美国人德拉吉的个人网站率先曝光了克林顿性丑闻，这使德拉吉成为世界上最早的“公民记者”称号。在中国，周树光被网民称为“中国第一位通过博客关注和参与公共活动的公民记者”，以成功报道了“历史上最牛钉子户”事件而闻名。“公民记者”在我国仍处于新兴阶段，尚无确切定义。“公民记者”一般是指在新闻事件的报道和传播中起作用的普通人，而不是专业的新闻传播者。“公民记者”实际上体现的是“参与式新闻”的概念，即人们积极参与新闻，信息的收集、报告、分析和传播过程。

公民新闻的出现改变了新闻的传统定义。以前由媒体控制的“新闻报道”，现在普通人可以参与其中。任何人都可以自由发布他们拥有的信息，任何人都可以参与其中。补充和讨论，直到提出最接近的事实和最合理的意见为止。公民新闻强调一个或一组公民在收集报道，分析和传播新闻和信息时所采取的积极行动。目的是为民主提供独立、可信、准确、广泛和面向需求的信息。自下而上的民间力量，其释放的内容由公民自由决定，不受政治思想或商业资本的影响。“参与式新闻”和“分散式合作”是公民新闻生产中的两个极其重要的概念：“参与式新闻”意味着记者不再是报道和解释事件的主角，媒体也不再具有高度的控制权。每个人都可以积极创建，收集和发布新闻主题，成为新闻内容的创作者，并在媒体中进行各种对话和讨论；“分散式协作”不仅意味着每个人都可以参与生产过程，而且可以通过交流和讨论来创建不受时间和空间限制的协作式合作模式，从而整合更多种多样的信息并呈现出更加完整和合理的新闻和信息与想法。在某种程度上，这类似于某些网络信息平台的构建，例如维基百科，这些平台都是通过不同网民对特定事件和问题的共同认知和理解，最终形成类似百科全书的知识空间。

与传统媒体报道中以媒体为中心的主观性相比，公民新闻的参与体现了主体间性，即每个人都是主体又互为主体。每个人都有自己的话语空间和表达方式。在尊重他人参与和表达权利的同时，以自己的语言交织和碰撞来完成新闻事件的呈现和认知。

公民新闻和公民记者的出现和发展有其自身理想的土壤。

首先，互联网技术的飞速发展为公民“共享”和“参与”提供了技术条件。移动互联网传播改变了“一对多”的单向线性传播模式，并且以分散、多极化和多样化的新面貌出现。人们已经从单纯的接收信息变为产生和分发信息。从被动支配到主动，个体成为相互联系的社群。在此过程中，公民越来越意识到自己的权利。当新闻制作成为主动参与和共同制作的过程时，共享者可以通过参与发布和共享彼此的信息来形成社群。这个社群的自由，平等，开放和民主的气氛促进了它的进一步发展。每一个人可以根据自己的意愿进行“去中心化”的表达。这些表达可以通过共享以中心化方式呈现，显示集体的力量并促进共享空间的进一步开放和扩展。

其次，公民新闻强调“每个人都是记者”，并鼓励每个人随时随地发布新闻，这是分享和讨论的前提。公民新闻的基本精神是“每个公民都是记者”。互联网媒体允许公民通过“自下而上”的渠道发布个人评论和意见，或撰写与公共问题相关的新闻。2021 中国媒体援引世卫专家和国内外科学家的研究，认为疫情有可能多点多地暴发，BBC 都将此指称为“中国官方在推动虚假叙事”。外交部新闻司有关负责人要求对方停止蓄意抹黑攻击中国，但 BBC 在其推特账号上做出回应时却仍不道歉，声称其“拒绝接受有关于虚假新闻或存有意识形态偏见的指控，这些指控都毫无根据”。这一回应随即遭到大批网友的嘲讽，他们把 BBC 三个首字母改成了“偏见广播公司”(Biased Broadcasting Corporation)。中国网民自发迅速地采取了行动。在个人责任感和正义感的驱使下，他们通过 BBS，博客和网站提供了多个事实。深入揭示真相。从表面上看，中国网民似乎在抗议西方媒体的非客观报道行为。从本质上讲，这是与西方话语霸权作斗争。在这场斗争中，公民记者是必不可少的。

最后，对传统媒体新闻报道的不信任激发了公民主动参与新闻发布和制作过程，并推动了公民新闻时代的来临。当观众不再完全让传统主流媒体称霸并获得更多主动权时，这也意味着增强了实际能力。在公民新闻中，信息的流动是双向互动的，公民之间可以相互交流意见，而且信息既可以实现自上而下的流动又可以实现自下而上的流动，做到反映公民自己的呼声，实现民意上达。在公民新闻提供的平台中公民可以参与自己所关心的事务或问题的讨论，使得公民意见能够得到充分表达，产生社会舆论压力，促进社会公共事务或问题的解决。2016年，微博ID为“弯弯2016”的网友爆料称自己在如家旗下的和颐酒店入住时，在走廊被陌生男子袭击，整个过程大约3分半钟。事件经过微博传播与发酵成为热点话题。微博的爆料使信息更加透明，扩大了民众的知情权，在网民的舆论监督与谴责下，产生了强大的社会影响。同时，公民新闻中提供的新闻线索、新闻事实等资源也可以为传统媒体新闻报道所用，有利于整个社会的信息更加公开、透明，也能更好地满足公民的知情权。

尽管公民新闻工作者在国家的政治和社会生活中的地位变得越来越重要，并得到越来越多的人的认可，但也应注意的是，公民的参与和共享只限于掌握互联网技术的人并愿意参与其中。在此过程中，也有一些滥用参与自由和忽视新闻真实性的案例。那么，如何才能促进公民新闻的健康发展呢?

首先，我们必须看到在新媒体环境中仍然存在“知沟”。在新技术传播的条件下，它们引发了信息弱势阶层和新的社会不公正现象的产生。与公民新闻相对应，那些有条件掌握互联网技术并经常接触互联网的人可以共享更多的信息，因此他们对公共事件的理解更加丰富，完整和多样化。没有这些信息的人无法以这种方式获得信息或为自己的信息增加价值，从而导致两者之间的差距进一步扩大。因此，为了获得更广泛的公民新闻，互联网及其技术的普及是必须致力于的工作。另一方面，我们还必须认识到，知沟不仅是技术问题，而且还是心理问题。并非每个人都希望主动发表意见。为了解决这个问题，有必要实现媒体接近权。无论是获取还是使用，它都强调公民对权力的使用必须是积极的。长期以来，大众传播媒介一直处于主动地位，公众已经习惯了被动接受，很难去主动传播信息并形成自己的意见市场。新媒体为人们提供了从被动变为主动的机会，人们需要唤醒自己的心灵。深入发声并合理表达意见的愿望可以产生更多的公民新闻。

其次，公民新闻工作者要注意与传统媒体的互动，努力以最大的可能来促进公民新闻事业的发展。媒体技术的融合使新旧媒体不再具有明确的界限，而是两者结合，形成了所谓的融合媒体，即媒体组织在使用新媒体技术的同时还依赖于传统媒体系统。传统媒体依靠公众并与公众互动实现新的生命力。公民记者也可以通过传统媒体最大程度地分享他们的信息。传统媒体的经验还可以为公民记者提供专业视角以发布信息，参与讨论以提供参考。因此，无论对于传统媒体的发展还是公民新闻业的发展，两者之间的互动都是有益而无害的。

最后，公民新闻的真实性一直受到质疑，这是公民新闻发展的主要障碍。赵本山在微博上多次“去世”，反映了当前由于缺乏有效监督，一些公民发表不负责任言论的情况，最终损害了公民言论的公信力。朋友圈子里的谣言，耸人听闻的头条新闻以及伪装成权威的谣言常常使公众相信虚假消息是真实的。

比德尔(Biddle)是美国《费城问讯者报》的著名的调查记者、普利策奖得主。他在接受采访时说，公民新闻是危险的，因为有时人们会做出看起来真实的事情，但这实际上是假的“新闻”。根本原因是公民新闻一般先采用发布再审查的方式，不可避免地会在真实性上出现瑕疵。为了避免这种状况，首先，公民必须提高自己的媒体素养，其次，媒体平台必须具有一套严格的运营策略，以确保报道的质量达到一定水平。

第二节　新媒体环境下公民的言论与政治参与

一、新媒体环境下的公民政治参与

公民在新媒体环境中的政治参与是指特定的传播主体利用互联网作为载体，通过在线论坛(BBS)、微博、微信、头条、抖音等传播介质，参与并影响国家政治生活，政治决策和执行有关的社会行为或行动。正如美国学者马克·斯劳卡(Mark Sluka)所说，人类的政治生活正逐步进入网络政治时代，“那些可能永远模糊现实与虚拟之间界限的技术将对政治产生影响”。新媒体时代的公民政治参与是网络环境中传统政治参与的延伸。这是基于“公共利益”的普通市民的追求。在新媒体的帮助下，他们以网民或互联网上的虚拟团体的身份参与政治，影响政府决策并与政府互动，与公共政治生活的进行有关的活动。作为新媒体时代的一种新的政治参与形式，公民的在线政治参与已进入公众和政府的视野。它拓宽了公民政治参与的渠道，对保护公民的政治权利和促进我国的民主化具有积极意义。

新媒体时代公民政治参与的兴起与发展与社会政治发展程度和社会形态密切相关。首先，互联网的飞速发展为网络政治空间的政治参与开辟了一种新型的平台和载体。新媒体及其创造的传播方式极大地改变了人们的思维、行为、生活方式甚至工作方式，使人们能够依靠新媒体围绕利益和公共意愿的表达、博弈、公意的决策和分配发起的一系列政治参与活动成为可能。其次，公民意识的觉醒是网络政治参与兴起的内在动力。在新媒体时代，公民处于信息接收和传播的最前沿。他们重视民族事务，具有强烈的民族认同感和爱国热情；他们使用不同的渠道获取政治信息，了解政治时事，并表达其政治观点、政治态度和政治意愿，发布政治信息，表达兴趣，讨论和评估观点等。当代公民的政治参与重点主要集中在社会热点问题，例如就业、住房、反腐败、教育、医疗、社会保障、两岸关系以及中美关系等议题。

(一)新媒体环境下公民政治参与的形式

按政治参与主体划分，公民的政治参与行为包括个体为和群体行为。我们关心的是代表新媒体技术的在线政治参与行为，它是指一定数量的人在特定时间和空间采取的集体行为。根据参与的空间和地点，我们将网络虚拟空间中的在线政治参与行为称为“线上”行为，并将基于在线政治参与的实际政治参与行为称为“线下”行为。这就是我们通常所说的“群体事件”或“集合行为”。

基于互联网的交互性、自治性、平等性和其他特征，具有相似兴趣，相似爱好或相同意识形态观点的社会群体在虚拟网络中跨越时空进行交流和互动的可能性更高，因此他们倾向于关注与他们具有相似的政治理念、价值观、政治理想、政治利益和政治背景的网络空间和信息，成员之间虽然不熟悉，但对于相同的政治问题却有着相同的关注和热情。对某一事件的共同利益和共同关注促使他们团结起来，并在政治参与过程中表现出他们的社会和群体特征。新媒体时代中国公民的积极有序政治参与主要有以下几种形式：

(1)网络建言献策。2018 年 8 月 31 日下午，十三届全国人大常委会第五次会议表决通过了《中华人民共和国电子商务法》(简称《电子商务法》)。《电子商务法》立法从2013年底启动，历时5年的立法过程受到社会各界高度关注。《电子商务法》三次向社会和网民公开征求意见，从开门立法，其间广泛征求各方意见，充分调研论证，回应社会关切，兼顾了公平公正和现实可行，贯彻了科学立法、民主立法等立法要求。

2016年2月19日上午，习近平总书记来到人民日报社调研。在人民日报“两微一端”向全国人民发布问候，屏幕显示网民点击量迅速攀升。这是总书记首次通过微端语音功能与网友互动。近年在全国人民代表大会和中国人民政治协商会议期间，都通过互联网征求公众意见。近几年来，每年通过互联网征求到的建议多达几百万条，为完善政府工作提供了有益参考。2017年十九大召开期间，人民网开通了人民微博和代表微博专区，新华网开通了微博代表群，央视推出了央视网微博话题页“全景十九大”，各界群众可以通过微博向代表建言献策，截至2017年10月19日总阅读量突破8000万。

在“十四五”规划建议编制过程中，总书记反复强调，“把加强顶层设计和坚持问计于民统一起来，鼓励广大人民群众和社会各界以各种方式建言献策”。内蒙古达拉特旗蒲圪卜村党支部副书记李电波(网名“云帆”)所提的“互助性养老”的建议，最终被写入党的十九届五中全会文件。

(2)网络舆论监督。以2018年的郑州城管“抽梯式执法”致人事件死亡为例，2018年1月23日晚间，新浪微博和微信公众号中分别有网民爆料称，当日下午，两名文印安装工人在郑州市一栋三层楼顶安装广告牌时，上楼的梯子被城管搬开，其中一名工人欧××在用绳子下楼时发生意外死亡。微博爆料中还附带了警察在事发现场处置时的短视频，爆料网民认为城管是故意搬走梯子，随后舆情开始发酵。部分舆论将视线转移到警方执法上，在相关跟帖中对警方以涉嫌造成重大责任事故来刑拘店主表示质疑，追问为何不对涉事城管采取措施。城管局官方回应失当，发言人在后续回应时因吸烟举动导致网络舆情升级。后续郑州市航空港区综合执法局赔偿死者家属70万元，广告牌安装公司赔偿10万元，文印店赔偿43万元。央视网、新京报等主流媒体对该事件进行了持续报道。

(3)网络投票参与调查。2020年全国两会召开前夕，新华网特别联合百度、新浪新闻、趣头条、喜马拉雅、快手推出“2020年两会热点调查”，以年增量350亿条的睿思数据中心为基础，利用新华睿思数据云图分析平台独有的网络热点挖掘技术及情绪感知模型，筛选出了20项热点话题，涵盖国际、社会、经济、民生等多个与百姓生活密切相关的领域。截至5月20日，有近500万网友参与了本次调查。公民通过网络投票，表达了社会的重大利益关切，提升公民参政议政的积极性。

(4)网络集体悼念、祭奠活动。近几年来，网络举行的祭奠活动最为突出和典型的是汶川大地震的纪念活动，如新华网开展“震撼与守护”，搜狐网举行“好好活着，是对死者最好的纪念”，新浪网开展“凤凰涅槃　震后重生”为主题的纪念活动。而公民参与悼念活动的同时呼吁对汶川灾后重建进行捐款捐物。为表达全国各族人民对抗击新冠肺炎疫情斗争牺牲烈士和逝世同胞的深切哀悼，2020年4月4日举行全国性哀悼活动，全国各地下半旗，全国人民默哀，以这种方式表达对逝者的缅怀和无限哀思。央视新闻、今日头条等新媒体纷纷通过更改网页模式，设置悼念启动页图片的方式引导网民的注意力，深切悼念新冠肺炎疫情牺牲烈士和逝世同胞。

通过以上分析不难发现，新媒体环境下公民参与政治的逻辑路径为：公众先通过新媒体平台提供线索，传统媒体报道跟进进行设置议题，然后引发公众大规模参与并发表意见，最后问题得到关注直至解决。人们在网络上建立网络社区、网络集群，以群体的方式参与政治活动并非仅仅停留在虚拟空间层面的互动。网民在现实中的政治参与往往受到网络舆论的影响。“线下”的网民实际行为可以看作是网络群体行为在现实中的延续。

微博、微信、今日头条、抖音等新媒体平台相较于早起的网络媒体，双向互动性更强，网民之间交流的即时性更强，易形成粉丝社群，线上和线下的联结更加紧密，社会热点事件发生后，在线上往往会激起舆论风暴，同时快速向线下传导。

2008 年汶川地震发生后，网民自发地进行网上哀悼，并呼吁在互联网上开展援助活动，而来自全国各地的“线下”群众迅速组织了捐款和物资活动，并尽快组织了志愿者团队前往灾区。当日本极右派势力就侵华和占领钓鱼岛问题发表言论时，网民将立即予以谴责，揭露日本歪曲历史事实的卑鄙行径。实际上，我国各地群众组织了“抗日货”和“保钓鱼岛”游行。2017 年，韩国乐天集团 2 月 28 日同韩国国防部正式签署“萨德”换地协议，不少中国网民自发表示要抵制乐天。面对全球变暖，网民也积极倡导“低碳生活”和“绿色旅行”的生活理念。在现实生活中，许多环境保护组织和志愿者团体迅速推广了低碳和环保生活的概念。

但是，我们不能否认网民的政治参与是双面的，我们应该理性地对待他们的政治参与行为。非理性的互联网言论通常会导致群体分化。例如，与汶川的纪念活动形成鲜明对比的是政治上敏感的活动，例如哀悼南京大屠杀。由于日本政府的错误态度和行为，以及在侵华战争问题上的某些右翼分子，它们继续伤害着中国人民的感情。而有些年轻人在“抵制日本商品”方面采取的行动过于极端。对日本商品的抵制可以象征性地表达，以显示中国人民不可侵犯的尊严。然而，损坏同胞驾驶的日本汽车，严重扰乱了社会秩序，破坏了城市形象，甚至影响了中国形象，这都是不可取的。由此可见，互联网上的激进言论实际上促进了人们的非理性行为。另外，在国际政治因素的刺激和推动下，黑客行动主义的问题变得越来越普遍和突出。

另外，由于“人肉搜索”，公民参与讨论的公共事件的注意力经常转移，并且在线围观者已经成为“看客”。网络语言暴力常常使公众的注意力从公共事件的讨论中转移开来，甚至使一些参与者成为“网络暴民”。这些行为不利于公民的政治参与，甚至使公民的政治参与最终陷入混乱状态。“人肉搜索”是一个有争议的话题，在互联网时代已经存在了很多年。进入微博时代，传统的“人肉搜索”逐渐转移到了迅速崛起的社交网络平台微博。微博打拐、微博寻人、微博抓贼等一些“类人肉搜索”在促进社会和政治事件的发展中发挥了积极作用。另一方面，在微博的“核聚变”传播模式下，微博上的“人肉搜索”也可能使事件失控。

微博平台上产生的“人肉搜索”反过来又引发了微博世界的围观。回顾整个事件，微博的角色首先是发起者，然后是博主参与的引擎。当碎片化的信息以微博核裂变式的传播迅速聚集时，被搜索者的个人信息被迅速被披露。

网络言语暴力是指使用文本、音频、视频和其他手段，由于极端情绪和非理性情绪而在网络空间中滥用、侮辱、诽谤等。它是网络暴行的主要表现，经常导致当事方被网络空间中网民的口头暴力所胁迫，并对当事方造成极大的精神伤害。网络语言暴力常常使公众的注意力从公共事件的讨论中转移出来。网络语言猛烈消解了公民参与公共事务的热情。网络语言暴力也引起了众多围观者，最初的公众对公共事件的关注也转移到了网络语言暴力上，这反过来又偏离了网民参与公共事务的舆论。这也表明网民在参与公共事务时具有猎奇和娱乐的心理。公民在新媒体环境中政治参与的这种心理值得分析。

（二）新媒介环境下的网民政治参与心理分析

中国互联网络信息中心（CNNIC）发布的第47次《中国互联网络发展状况统计报告》显示，截至2020年12月，我国网民规模为9.89亿，较2020年3月新增网民8540万，互联网普及率达70.4%。由于网民人数众多，背景多元化，网民政治参与的心理表现得十分复杂。其中不但受到中国传统文化的影响，而且也受到西方各种理论、流派和思潮的冲击。网络政治参与也成为我国公民，尤其是青年群体政治参与的重要组成部分。网民政治参与的心理分析是新媒介环境下公民政治参与研究的重要内容。在此基础上，我们可以深入理解新媒介环境下政治参与的理性行为与非理性行为。在新媒介环境下，公民政治参与的积极心理主要表现在以下几点：

（1）渴望获得新的政治信息。比尔·盖茨在《未来之路》中称，信息高速公路将汇聚无数学者和作家的最佳作品，并让所有人共享。而且，互联网从未停止前进，开放的拥抱知识海洋，它总是有勇气海纳百川，不断吸收新知识和新技术，并等待人们探索。新媒体的高度开放性和跨时间性已经凝聚了来自古今中外、上下千年的信息。在这个信息海洋中，有关各国政治新闻和各种政治见解的信息以核裂变的形式出现。网民就像一块不断吸收营养的海绵，通过新的网络技术完全满足了他们获取新的政治信息和新的政治观点的愿望。

然而，信息爆炸的时代，海量的信息往往超出了受众的筛选能力，智能算法被设计出来帮助信息进行分类推送，但如果让算法来代替自己筛选，用户担心可能遗漏了某些重要内容。抱怨垃圾太多但又害怕错过有益的信息，好像有用的信息正一条一条地从我们身边悄悄溜走，这便是用户面对信息的患失心态。信息茧房效应，网络只是现实生活的延伸，现实世界中的人也会去加入小团体，关注自己关心的话题和新闻，而在社交网络上这一特点更得到了强化。小圈子文化、粉丝文化，各种争吵骂仗时的“站队”。每个人的视野和价值观在被这些人的诉说强化的同时，也必然受此限制。

（2）平等参与。正如法国解构主义创始人雅克·德里达主张的那样：要把一切都放在同一个平面上，让各要素之间、等级结构的两极之间进入一个“自由嬉戏”的范围。每个人都盼望获得平等和尊重，希望自己能够拥有发言权。但普通的公民在传统的社会政治生活中，也许只能充当信息接收者和旁观者的角色，成就感相对较低。但网络社会具有去中心化的扁平式组织结构，社会成员能够挣脱现实条件的束缚，平等地表达意见，与他人自由地沟通交流，拥有平等的话语权。互联网上的公民政治参与机会和地位是平等的，无论参与个体的身份、地位、财富如何，他们在网络上都可以平等地发表自己的意见和见解。重要的不是传播者是谁，而是传播的内容是否有分享的意义。生活中的普通人可以借助互联网发挥自身的优势，成为网红歌手、主播或者网络红人，由此会激发越来越多的网民参与网络互动，促进网民政治自主性的提升。

(3)突出个性。卢梭说，有必要找到一种可以保护每个成员的人身和财产不受公共权力影响的联合形式。通过这种形式，每个与全体人结合在一起的人实际上只能服从自己，并且与过去保持一致的自由。与卢梭所说的相似，新媒体环境中网络交流的结合为网民带来了无限的可能性，从而形成了一个具有独特个性，只能服从自己的网民社群。网民可以根据自己的喜好自由进入网络空间，在互联网上不断搜索和徘徊，并积极地感受、选择、互动、创造和展示。在互联网上，网民的独特见解常常令人耳目一新，微博、微信公众号等新的交流方式为网民提供了一种发布前沿观点的便捷途径。

(4)自我实现。美国心理学家马斯洛(Maslow)认为，自我实现是人类独有的，是人生追求的最高境界。我们每个人都珍视自己的价值，并且本能地表现出我们的能力并实现我们的目标。日益激烈的社会竞争和相对复杂的社会现实充满了变数。实现自己的权利并不容易，也容易受到各种困难的挑战和攻击。相对而言，虚幻的网络世界所创造的独特的网络交流环境正好满足了网民追求自我实现的心理需求。他们可以感受到自己的潜能，可以体验思想交流的乐趣，并可以品尝到获得网民认可的成就感。采纳网民对当前社会问题的观点和建设性意见，或者通过传统媒体得到媒体、专家、学者或评论员的肯定，以满足最高层次的心理需求。这无疑激发了网民的自信心，使他们全心全意地致力于现实社会的建设。

综上所述，公民政治参与的积极心理是公民意识的体现，这有利于公民以合理有序的方式参与公共问题的讨论。但是，中国网民数量众多，政治参与的心理因素复杂，网民的匿名性，使得网民在政治参与过程中出现了非理性的群体模仿现象，甚至群体分化。了解了公民政治参与的非理性心理，并不难理解在线政治参与的非理性行为。毫无疑问，公民政治参与的不合理心理不利于公民意识和有序政治参与的培养。我们可以从以下几个方面来分析其参政的非理性心理：

(1)猎奇心理。新媒体技术的最大特点是从旧事物中发掘出新事物，这与人们寻找奇异事物的心理相吻合。对新事物充满好奇，希望探究是每个人的自然和普遍的心理活动。首次出现的罕见、特殊、异常、怪异和突然发生强烈变化的政治事件很容易激发人们的感官并使人们产生浓厚的兴趣，以便他们可以仔细观察和探索这些事物。例如，克林顿的性丑闻、美国的华尔街运动、查韦斯突然去世的消息等，都反映了这种心理。观看无关的新闻和热门社交事件。在社交网络上，每个人似乎都有一双好奇的眼睛，随时都在寻找乐趣和打破常规的事。

(2)娱乐心理。娱乐时尚心理通常在一定时期内在社会或某个群体中流行，并且表现为追求某种生活方式的趋势。在快餐文化和商业文化更加盛行的时代，网民的社会和心理特征也具有时尚主义和肤浅的色彩。互联网民主国家往往很少关注事物本身的深刻性和精致性，而时尚的象征元素和视觉思维却一直受到网民(尤其是年轻网民)的追捧和欢迎。诸如“躲猫猫”“楼裂裂”“我爸是李刚”“打工人”之类的互联网热词，反映了网民以一种娱乐性的方式参与公共活动的方式，以及以这种娱乐和嘲弄的方式意味着个人对公共事件的关注是公民在新媒体环境中的政治参与中的娱乐心态的反映。

(3)减压宣泄。当公民面对现实中无法解决的问题时，他们通常会在互联网的虚拟空间中发泄，甚至互联网成为网民在某种程度上发泄情绪的“垃圾箱”。互联网自由、开放和匿名的特征使其成为不受法律和制度约束的自由领土，为非理性甚至非法的政治参与打开了大门。

负面的情绪往往更容易传播，各种揭秘、爆料、负性社会新闻在微博转发泛滥。有研究表明，情绪愤怒的博文被转发或成为愤怒反应对象的可能性远远大于厌恶、高兴和低落这三种情绪。针对推特(Twitter)的博文分析也发现，在检出的203种细分情绪中，负面情绪出现更加频繁，并且更加多样化。在社交网络上，负面情绪总是更容易被创造和传递出去。

一些网民放纵自己的行为，发表一些不负责任的政治言论，攻击诋毁党和政府，造成网络舆论的误导；一些对社会现实不满的个人或组织利用网络散布谣言，进行政治煽动，制造社会混乱，值得我们警惕的是这些根本谈不上有丝毫网络民主的价值，这种新的传播环境下无序的宣泄甚至扭曲的表达最终会伤害公民合理的政治参与。

二、公民言论发布的新平台

媒体环境的变化日新月异。如果在过去，谁能使受众最大化就是赢家，那么在新的媒体环境中，谁能使受众的参与热情最大化，谁才是最大赢家。

在以报纸和电视为主导的政治传播时代，我们的政治宣传强调必须“以科学的理论武装人，以正确的舆论引导人，以高尚的精神塑造人，以优秀的作品鼓舞人”。它必须充当“舆论监督，群众喉舌，政府镜鉴，改革尖兵”。在此期间，媒体更多强调反映舆论。在这种程度上，传统媒体扩大了公民的知情权，而新媒体则增强了公民的参政权。在新媒体时代，公民已经掌握了喊话器，可以随时随地发表意见，这无疑为公民提供了更广泛的发表言论的平台。

传播领域的技术革命正在颠覆传统的媒体传播关系和媒体壁垒，这也使得传播领域的生态环境面临着深刻的洗牌。政治传播如何响应通过新的网络和数字化而崛起的信息聚合平台，如何应对社会生态的“去中心化”模式，媒体生态的“碎片化”模式等，这些都是关于其价值构建的头等大事。新媒体和新传播方式引发的传播领域的新变化赋予人们极大的政治参与自主权，互动性也优化了媒体渠道的功能，这体现在接收者与传播者在社会中更加平等的地位上。以“全民DIY”的内容生产模型为代表的“博客”“微博”“公众账号”和“头条号”使传播的话语权趋于民主化。公民使用扁平化、通俗化和娱乐性的交流内容来颠覆权威。因此，以优化的传播渠道为动力，观众的参与度将增加，“个性化”的选择将成为可能。即使有人说新媒体很难在公民社会进程的历史上留下“碎片化”的内容，但新媒体赋予人们的自由及其传播方法却是一个具有里程碑意义的变化。新媒体带来的公民言论发布模式的改变也已成为必然。接下来，我们将探索政务微博、政务微信和政务头条等新的传播媒介给公民发表言论提供新平台带来的影响。

(1)微博言论平台。新媒介环境下微博以其特有的覆盖型传播模式，快速改变了网络舆论载体格局，它以用户数量的爆炸式增长为基础，已在一系列重大事件中有取代传统媒体之势，成为信息发布源、舆情助燃剂，直接或间接影响了事件的走向和结局。当下，微博问政也已成为公民政治参与的新路径。

微博的兴起不仅使得越来越多的公众关注政治生活，原先分散的个人力量也因微博而迅速发展成一种社会普遍力量。微博的即时性、互动性、便捷性优于所有传统媒体和其他新媒体，加上裂变式的传播方式，使其能够将信息和观点迅速放大、聚合，因而很快被民众作为曝光事件，发表评论的第一媒介平台，随即引起政务机构的重视。微博上容易制造话题，吸引大量网民围观，形成舆论场，为舆论监督开辟新阵地。从单纯的社交工具到舆论监督利器，微博在一系列事件里完成华丽转身，“玉树地震”“富士康连环跳”“江西宜黄强拆自焚”、温州“7·23”动车事故等无数的新闻事件背后都存在微博的分享交流，每一次分享的声音都如蝴蝶效应中一只翅膀的颤动。如2008年3月22日，南京纪检部门宣布，微博爆出抽“天价烟”的南京江宁区房产管理局原局长周久耕，因严重违纪被“双开”，而这离微博爆出仅仅10多天。在网民持续的围观下，2009年10月10日，周久耕被南京市中级人民法院一审以受贿罪判处有期徒刑11年。当前微博反腐已成为我国公民参与政治生态化的重要一环，成为新时期我国廉政建设的创新途径。

(2)微信与微信公众平台。截至2021年，微信月活跃账户突破12亿。在网络问政渐成风尚的今天，微信的崛起无疑为政民沟通提供了新渠道。政务微信，正悄然走进我们的生活。

国务院办公厅发布的《关于进一步加强政府信息公开回应社会关切提升政府公信力的意见》中，明确指出，着力建设基于新媒体的政务信息发布和与公众互动交流新渠道。各地区各部门应积极探索利用政务微博、微信等新媒体，及时发布各类权威政务信息，尤其是涉及公众重大关切的公共事件和政策法规方面的信息，并充分利用新媒体的互动功能，以及时、便捷的方式与公众进行互动交流。开通政务微博、微信要加强审核登记，制定完善管理办法，规范信息发布程序及公众提问处理答复程序，确保政务微博、微信安全可靠。

2019年，全国政务微信总量突破4万，覆盖全国。清华大学公共关系与战略传播研究所高级研究员、腾讯公众微信“政务微信观察”首席评论员侯锷表示，政务微信让政民交流沟通，在理论上实现了“零时差”、无距离，尤其是在社会舆论思潮、不实信息甚至于谣言面前，政府的正面声音要优先借助这一传播利器即时发出，提升透明度，打造公信力，真正实现“指尖上的对话”，增加政民互动和互信，降低我国转型期中社会管理和综合治理的风险和成本。

微博与微信使民众与党政机构平等地、直接地对话成为可能，上情下达和下情上达的渠道变得通畅。微博进入全国“两会”、地方“两会”，网站开设“微观两会”专栏，“两会”代表通过微博征集建议，公布提案、议案，与网民热切互动。“两会”进程中，大量关系民生的微话题如经济政策、房价物价、收入分配、医保社保等被广泛讨论，并通过转发、评论等形式实现参政议政，部分话题由微博发起讨论，传统媒体跟进报道，引起代表、委员关注，由此形成提案议案，进而提交至决策层，促使政府公共决策与民众价值取向趋于融合。

公民记者能通过微博和微信公众平台，便利地发布政务信息，提出意见观点，主动设置议程；也能第一时间捕捉网络舆情，及时回应，以期掌握舆论主导权。微博使用得当，可以变成汇聚民意和民智、倾听民声、有效引导舆论的最佳地点，微博和微信的兴起极大地释放了公民的话语权。

(3)今日头条平台。截至2020年今日头条的月活跃用户达到3亿。与此同时，政务头条号的数量增长到9000多家，实现了跨越式的发展。目前今日头条已成为移动端最大的政务信息的发布与传播平台。

今日头条通过先进的人工智能技术为用户分发个性化的信息，将各级党政机构权威的、为民服务的信息精准地传递到百姓面前，此前，政务部门跨平台开设政务新媒体账号，导致政务新媒体数量众多、重复性大、质量参差不齐。依赖粉丝主动关注的社交平台，迫使新媒体运营者投入大量精力运营吸引粉丝，做了大量与内容创作无关的工作，通常还费力不见效。今日头条人工智能技术正在为政府的信息传播带来新的机遇，使各级党政机构的权威声音在网络空间中得到放大。人工智能能主动把权威资讯推荐到对信息感兴趣对人群中，立体多维地展现事件信息，降低信息不对称，从根源上杜绝谣言产生的可能。

以2016年江苏阜宁的龙卷风灾害前后的信息传播为例，当时舆论集中质疑有关部门为何未能顺利预测，期间又产生多种谣言。但是很快便有科普类政务头条号发文，科学地解释此次灾害气象生成的特殊性，这条信息被推荐给了1269万用户，第一时间应对疏导了舆情焦点。其后，受灾现场和救援行动的一手资料，通过国资委等多部门的政务头条号发布，56条信息推荐给了3800万用户，权威资讯凸显于用户视野内，引导舆情进入理性范围。

技术的加入让政务信息传播得更广泛，惠及大众的红利信息流动得更快，更有效率。智能算法帮助传播党和政府声音，关注民众生活当中的医疗、上学、交通等问题，据统计，公共安全类、交通类信息在今日头条上的分享率和收藏率，是全网资讯平均水平的6倍。今日头条总编辑夏勇认为，政务头条号在传播政府权威声音，提升政府形象，服务百姓生活，弘扬社会正能量等方面正在发挥着积极和独特的作用。

约翰·克莱顿·托马斯(John Clayton Thomas)在其《公共决策中的公民参与：公共管理者的新技能与新策略》中主要讨论了以下观点：公民参与是信息时代政治和社会生活必不可少的部分，是政府和公共管理人员必须面对的环境和情况。公共管理者逃避和忽略公民参与行动是不现实的。公民的参与将不可避免地深刻影响甚至改变公共管理者制定政策和参与管理的方式。我国社会发展的目标已经从解决“衣食”问题的第一任务转变为当今解决“说话”的问题。为了消除障碍并最大程度地减少偏见，彼此进行交流，从而降低了发生社会冲突的可能性。因此，改变“舆论一律”的单极倾向，建立多元和谐、相互尊重、自由言论的氛围已经成为新媒体在政治传播中应努力实现的情况和目标之一。只有这样，才能阻止民意的震荡。

美国政治学家罗伯特·达尔(Robert Dahl)指出：“政治系统可以提供的参与渠道越多，公民参与更加顺畅和容易，对应的参与就越多。只要克服较小的障碍，就可以采取行动参与，遇到的障碍越大，参与的人就越少。”南方周末曾经评论：“关注就是力量，围观改变中国。”可以看出，新媒体为公民提供了一种新型的政治参与渠道，该渠道成本低廉，操作便捷，极大地增加了人们政治参与的深度和广度。

三、新媒体环境下公民政治参与的作用及其秩序的构建

(一)新媒体环境下公民政治参与的正面效用

在新的媒体环境中,公民拥有自由的政治表达空间。互联网增加了公民的政治表达自由,并创造了信息多样化和言论自由的新局面。新媒体拓宽了公民参与政治的渠道,同时也培养了其公民意识。公民的政治参与无疑在政府的科学和民主决策中起着重要作用。

(1)新媒体拓宽了公民参政的渠道。传统公民的政治参与方法通常遵循《宪法》第35条规定:中华人民共和国公民享有言论,出版,集会,结社,游行和示威的自由。然而,由于时间、空间和其他因素的限制,并非所有公民都能顺利地进行政治表达和政治参与。互联网由于其便宜和方便而越来越受到人们的欢迎。在互联网上自由交谈,并以最低的成本进行政治参与。互联网参政无疑大大降低了参政门槛,只需要一台计算机或移动电话,如果可以上网,则可以参加政治活动。

(2)提高舆论监督水平,实现直接对话。人民有权了解、参与、表达和监督政治决策。但是,如果仅通过电视、广播和报纸等媒体获得信息,则公众很难获得充分而全面的信息。移动互联网可以在第一时间向公众披露事件的真相,从而大大提高了事件和决策的透明度,并防止人们盲目跟风,甚至引起社会混乱。在公民了解真相的前提下,他们可以更加理性地参与政治活动。而且,借助互联网,任何公民都可以跨越不必要的中介环节,直接将监管意图传递给被监管对象,并可以与被监管对象进行"面对面的交谈",并在最短的时间内得到回应。如果被监管方未能及时对其行为做出合理的解释,则有可能引发强烈的互联网舆论谴责,甚至导致司法机关的充分干预。

(3)促进公民参政能力的增强和政治责任感的增强。互联网具有开放和互动的功能,吸引了许多人来了解更多有关政治信息和参与政治生活的信息。在互联网上,人们可以围绕共同关心的话题或社会热点问题自由交流,并自由表达其政治见解。同时,互联网创造了一个平等信息空间。在这个空间中,所有人都有参加政治的平等机会。随着了解和评论能力的提高,他们对社会生活和社会决策过程的参与越来越高,参与程度的提高反过来促使公民对政治参与提出更高的要求。

(4)听取民意,促进民主,科学决策,对政府是有帮助的。政府获得的信息通常由下级官员提供,并且这些信息似乎是单方面的。并且由于互联网的高度匿名性,公众可以在互联网上自由表达其政治见解,而不必担心自己的不利后果。因此,互联网参与政治活动可以反映更大范围的舆论,并解决"民意不足"和"虚假舆论"等问题,从而在决策时可以最大程度地考虑民意,并且决策可以民主化和科学化。

(二)新媒体下公民政治参与的消极因素及其思考

在新媒体时代,许多社会和政治事件掀起了网民之间的讨论热潮,并且充分调动了公民的政治参与热情。在微博、知乎、贴吧、天涯总是可以看到很多政治讨论,包括国内政治、国际政治,甚至经常引起争议。如此热烈的政治氛围无疑对国家彰显民主、了解民生、传递民情具有积极的影响,但与此同时,这些现象背后也存在着负面因素。

越来越多的事件被在线披露，频繁的刺激形成网民脱敏效应。网络事件不再追求真实性、客观性和公正性，而是要比其他事件更加猎奇，因为这样可以吸引更多的网民关注。另外，网民在政治上变得越来越敏感，他们经常对一些官员进行人肉搜索，以证明他们的腐败。网民的初衷仍然可以理解，但是这种方法在法律层面上确实值得商榷。

网络政治参与者的群体模仿可能导致集体行为。恶意的人很容易利用网民的政治参与热情，导致社会混乱。

互联网上的一些激进言论也可能误导人们，导致人们在一定范围内不信任政府和社会混乱。舆论的无序表达最终将阻碍公民的政治参与，而网络围观的生命周期则取决于围观者的关注程度。虚拟世界中暴露的问题反映了制度在现实世界中的不公正性，如果不能从根本上解决制度危机，群体围观者会转变为群体冷漠，而旁观者将不可避免地成为看客。

网络组织相对松散，大多数组织和计划者都是个人行为，没有稳定的资金保证，成员主要是匿名性强的中青年网民。在线协会的兴起是公民自由交往的客观需求，这有利于增强公民参与政治和表达其兴趣的能力。但是，当前的中国在线协会通常是非正式的，未经合法注册，并且缺乏有效的法律法规，网络参与活动中甚至存在某些政治风险。

基于对我们公民政治参与的解读，可以看到如何在网络空间中“审议民主”，新媒体还有很长的路要走。我国正处于社会转型时期，社会话语机制呈现出明显的断裂特征。在社会话语体系中，政治精英占据制高点，知识精英的话语空间日益扩大，经济精英利用财富来支持话语霸权，社会弱势群体总体而言，话语权往往处于尴尬境地——在强调文本和实际边缘化之间的位置。作为整合各种话语权，反映各阶层利益诉求的大众传播媒介，也存在一定程度的偏离和失败。公民参与民主的基本精神前提是承认和接受多种社会现实，并强调理性的公众咨询，即讨论、审议、对话和交流，以便在立法和决策上达成共识。公民网络参与过程的关键是培养公民的意识和参与公共事务的能力，并积极为公民提供参与公共事务的机会。因此，新的媒体环境不仅应提供尽可能丰富，有效的相关信息，还应培养公民参与公共事务的意识和能力，积极创造公民参与公共事务的机会。因此，在新媒体时代建立合理的公民政治参与秩序至少可以从以下几个方面开始：

(1)为了建立合理的公民政治参与秩序，必须提高公民的媒体素养。美国学者蕾妮·霍布(Renee Hobb)认为，公民媒体素养包括以下三个方面：一是提高公民的接触，分析和传播信息的能力；二是培养公民自由和负责任地表达自己的个人意见的能力，面对冲突进行协调的能力，以及解决问题的能力；三是提高公民对主动获取不同信息来源和容忍不同意见的能力的兴趣。因此，公民媒体教育的实施应着重于培养公民，以了解如何判断媒体信息的意义和价值，学习如何传播信息的知识和技能，以及如何建设性地利用新媒体发展其能力。

(2)为了构建合理的公民政治参与秩序，必须完善网络立法。中国公民的在线政治参与只有在有秩序的状态下才有意义。为了改变当前中国公民在线政治参与的无序状态，有必要改进立法以改善公民在线政治参与的环境。

在制定的大量的互联网法律、法规当中，既有具备根本法地位的全国人民代表大会的决议，也有大量的行政法规、部门规章和地方性法规。具有司法解释权的最高司法机关，最高人民法院和最高人民检察院，也针对实践过程中存在的问题，做出了许多有法律约束力的司法解释。中国规制互联网，依法推进网络空间法治建设，基本上已经达到了有法可依的水平，这也为全面推进网络空间的法治建设，准备了前提和基本的条件。余下的问题，是如何进一步完善现有的法律体系，如何更严格地、同时又讲究创造性地适用现有的法律、法规。

(3)合理的公民政治参与秩序必须完善网络舆论引导机制。在深入研究网络舆论发展规律的基础上，认真分析了网络“意见领袖”在政治参与中的地位和作用。必须平等对待在线“意见领袖”，认真听取他们的意见，并利用他们的言论寻求优势和避免劣势。此外，有必要加强网络评论员队伍的建设，完善网络新闻发言人制度。在线发言人必须及时表达党和政府对网络紧急情况或重大事件的态度和观点，并确保公众在第一时间听到党和政府的声音，而不是盲目跟风。网络评论员团队和网络新闻发言人制度的建立，有利于网络积极传播能力的扩大，可以更牢固有效地指导网络舆论，减少网络谣言的生存空间。

(4)建立合理的公民政治参与秩序，有必要加强网络伦理建设。通过加强公民的网络道德建设和提高网民的自律意识，网络空间本身的内部规范和秩序逐渐形成。由于互联网具有虚拟性和匿名性的特点，公民对网络道德的意识相对薄弱，甚至有些网民根本不了解网络道德。这需要培养网民的责任心和诚实感以及其他互联网道德情感，加强自律，并培养他们自己的互联网道德意愿。中国传统伦理道德文化中的“慎独”思想值得我们借鉴。它强调，无论有没有人在场，都必须始终注意自己的内心和行为，自觉遵守道德规范，实现理性的自律。

第三节　民主与新媒介

一、新媒体——舆论监督的新渠道

在甘惜分主编的《新闻学大辞典》中，舆论监督被理解为“公众在了解情况的基础上，通过一定的传播媒介组织形式，行使法律赋予的监督权，表达舆论监督，影响公众舆论监督的社会现象，舆论监督的对象是一切权力，其重点是权力组织和决策者，前者的监督包括对决策过程和决策效果的监督；后者的监督包括决策者的产生过程和决策者的行为的监督；舆论监督是社会民主的必要部分。舆论监督的实施是一个制度化的过程，舆论监督制度应确保公众意见通过了一定的立法程序，并转变为行政措施”①。这种解释强调，要理解公众参与公众舆论监督的合法权利，有效运用公众舆论监督必须立足于公众对形势的全面了解，这是社会民主化的主要体现，与社会民主政治建设密切相关。

陈立丹在《关于舆论监督的几个认识问题》中还提到，“舆论监督”是指“公众通过舆论的舆论形式，对各种权力组织及其工作人员以及公众人物产生了影响。自由表达意见所产生的客观效果，是一种自然、客观和无形的监督形式。公众表达的观点、形式和渠道也可以多样化，不仅是批评，还可以是赞美。有正反两种类型的舆论监督效果”。这一含义强调，舆论监督的基本属性是自发性和形式多样性，其效果是在公众自由表达意见后产

① 甘惜分：《新闻学大辞典》，河南人民出版社1993年版。

生的。

从以上两点可以看出，舆论监督是依靠公众表达自己的观点的。公众表达自己观点的渠道、方法和形式是多种多样的；舆论监督有效性取决于舆论本身的影响。公众通过舆论监督促进社会公共事务解决是社会民主化的重要体现。

新媒体环境下的舆论监督案可以追溯到2003年的“孙志刚案”。当时，该案引起了网络媒体的热烈讨论，最终促使政府出台了新政策，废除了原始的拘留和遣返制度。

习近平总书记强调互联网已成为舆论的主要阵地，各级党政机关和领导干部要学会通过网络走群众路线，经常上网看看，潜潜水、聊聊天、发发声，了解群众所思所愿，收集好想法好建议，积极回应网民关切、解疑释惑。善于运用网络了解民意、开展工作，是新形势下领导干部做好工作的基本功。让互联网成为我们同群众交流沟通的新平台，成为了解群众、贴近群众、为群众排忧解难的新途径，成为发扬人民民主、接受人民监督的新渠道。

新媒体的兴起使普通民众拥有了网络话语权，拓宽了公民行使法律权利的途径，人民表达意见和进行监督的权利得到进一步的保障。新媒体环境下的监督比传统媒体监督更为广泛、细致，促使政府管理更加透明。在此形势下，2008年人民网建立了舆论监测室，通过收集网络新媒体的信息来了解民情民意。2009年，党的十七届四中全会做出了“健全联系群众制度，创新联系群众方式，拓宽社情民意反映渠道，加强和改进信访工作，健全反腐倡廉网络举报和受理机制”等重要决定，中央不少部委和多数省市地方政府都开通了网上信访服务。2017年，习近平同志在党的十九大报告中多次提到要善于运用互联网技术和信息化手段开展工作，同时强调发展社会主义民主政治就是要体现人民意志、保障人民权益、激发人民创造活力，用制度体系保证人民当家作主。基层群众自治制度是人民当家作主制度体系的一项重要内容，它是中国共产党对农村和城市社区的基层群众自治性组织不断加以规范和引导，使广大基层群众依照宪法和法律参与国家和社会事务、经济文化事业管理，以实现基层群众自我管理、自我服务、自我教育、自我监督为目标的中国特色社会主义民主政治制度。坚持和完善基层群众自治制度，是发展社会主义民主政治的一项基础内容，也是人民群众直接参与管理国家和社会事务、直接行使民主权利的重要制度保证。

以互联网和移动互联网为代表的新媒体给传统媒体带来了巨大的冲击，造成了媒体生态和原始舆论格局的巨大变化。新媒体逐渐进入中国主流媒体的中心舞台，对舆论的引导和方向产生了不可估量的影响。新媒体的传播速度快，信息多样化，影响范围广等特点，也对舆论监督的功能产生了新的影响。

1. 新媒体环境下的舆论监督方式发生了变化

新媒体可以迅速收集各种舆论信息，及时反映新闻事件的真实情况，并吸引越来越多的人首先通过互联网获取信息，表达诉求、意见并参与社会讨论。通过互联网形成的舆论正在变得越来越强大，可以在很大程度上影响社会舆论的趋势，显示出作为社会舆论主角的新形象。在2008年之前，传统媒体中一些重大事件或关键时刻的滞后甚至失语使人们感到失望，使其逐渐偏离社会舆论的中心领域，并倾向于被互联网舆论所边缘化。媒体意识到自己的舆论战场逐渐衰落，开始改善，并专注于与互联网媒体的互动，传统媒体新媒体的综合报道正在开始，并逐渐收复主流舆论的失地。

2. 新媒体环境下舆论监督的主体发生了变化

在线论坛的活跃，微博、微信、头条的迅猛发展，数码相机和便携式摄录机的普及以及手机的便携性和多功能性，都使普通百姓有机会随时随地成为新闻广播和传播者。因此，使新媒体舆论监督已成为社会的常态。传统媒体适应这些变化，改变观念，引导新媒体舆论监督，从而更好地促进社会民主政治的发展。

3. 在新媒体环境下，公众对舆论监督的态度发生了变化

在新媒体时代，公众，尤其是年轻群体对媒体和舆论的态度发生了重大变化。互联网提供了大量的信息，并为交流提供了新平台。人们对媒体传播的内容有更多选择。他们不再对浅程度的信息获取感到满意，而是更愿意深入探讨事件的成因和后果；不再被动接受一种方式，而是参与讨论和传播过程。随着社会经济和民主政治的进一步发展，公众思想越来越活跃，价值取向越来越多样化，它将在舆论监督过程中发挥更加积极的作用。

与传统媒体时代的舆论监督相比，新媒体的及时互动使这种环境下的舆论监督具有新的特点：快速发酵、快速传播、易扭曲、难掌控。

(1)快速发酵。新媒体在新闻的制作和传播中的作用越来越突出，而传统媒体正在不断寻求改变以力保主流声音，这已导致大量新闻，尤其是突发性新闻和揭示性新闻传播方式的改变。这种变化体现在以下事实上：新闻事件最初是由网民在互联网上发布的。尽管有时只有几句话，但通过互联网的短期发酵，报纸、广播和电视等传统媒体开始介入在线媒体并与之互动。新闻事实将在尽可能短的时间内向公众展示。传统媒体还对互联网上的舆论监督进行了放大，并迅速向政府和公众展示了这种情况的进一步发展。

(2)快速传播。新媒体的技术优势使信息能够以极快的速度传递给公众，并且时间与空间之间的距离已减小到了极致。不再需要传统媒体的复杂编辑和繁琐的制作和布局过程，实现了实时的信息传播。公众通过互联网表达的观点也可以在短时间内传播到一个大的交流圈子。微博、微信和头条等新媒体产品提供了更广泛的平台，可以在短时间内促进舆论监督。

(3)易扭曲。传统媒体无法实现在新媒体平台上发布信息的便利，但与此同时，新媒体传播的自由和开放性决定了网络信息的真实性，可信性和权威性远远落后于传统媒体。网络新闻的信息来源和传播过程经常会产生噪音，这使得信息容易偏离事实。在网络舆论形成过程中，即使是极少数人的别有用心，也容易引起"一石激起千层浪"。只有与现实中的知情人和权威的传统媒体互动，辨别真伪，去伪存真，才能促进网络舆论监督的健康发展。

(4)难掌控。在传统媒体时代，对信息输出进行适当的监管是可行的，但是自从新媒体诞生以来，对其进行监管已成为一个主要问题。所有网民都可以通过微博、微信、头条等渠道发布和传播信息，并就实际事件发表意见。这使得从信息源进行监视非常耗时，费力并且几乎不可能完成。但是，网络舆论的迅速形成和强大的势头使得指导和监督变得更加困难。

二、新媒介下公民无序表达伤害民主

从精英政治向大众政治的转变是历史的进步，也是民主的必然趋势。这是不可逆转的历史趋势。勒庞在《乌合之众》中指出："我们将进入的时代确实将是一个群体的时代。"他总结说："无论未来社会的组织基于什么，都必须考虑到一股至高无上的力量，即群体的力量"。①

在我国当前的社会背景下，大众政治主要以舆论形式发挥作用，但舆论并非天生具有合理性和正确性。它的质量有好有坏，只能在一定程度上反映民意。黑格尔曾经说过："公众舆论值得重视，又不值一顾。不值得关注的是其特定的意识和具体表达。值得重视的是在那具体表达中只是隐隐约约地映现着的本质基础。"②在当前的中国新媒体环境中，互联网空间中充斥着谣言、夸张和炒作，人们难以区分笑与哭、对与错，甚至出于看似合法的目的，也采取极端措施来达到目的。民主政治通过不合理的互联网舆论演变为暴民政治，这种现象需要特别警惕。

互联网空间中的无序表达不仅没有促进民主进程，而且破坏了当前的民主。原因如下：

(一) 网民的构成

"十三五"期间，中国网民规模从6.88亿增长至9.89亿，五年增长了43.7%。据CNNIC第47次调查报告，截至2020年12月，中国农村网民规模为3.09亿，占网民整体的31.3%；城镇网民规模为6.80亿，占网民整体的68.7%；从年龄来看，20~29岁、30~39岁、40~49岁网民占比分别为17.8%、20.5%和18.8%，高于其他年龄段群体。同时，网民增长的主体由青年群体向未成年和老年群体转化的趋势日趋明显，未成年人、"银发"老人群体陆续"触网"，构成了多元庞大的数字社会。50岁及以上网民群体占比由2020年3月的16.9%提升至26.3%，互联网进一步向中老年群体渗透。在职业结构特征上，在我国网民群体中学生最多，占比为21.0%；在网民学历结构上，43%的网民为初中学历。

尽管学历不能完全代表思想水平，但我们很难想象具有这种文化结构的网络群体可以自发地产生深刻的思想和理性的思考。在当今的中国网络空间中，有两种流行趋势趋向于将在线公众舆论推向极端。一种是狭隘的民族主义，主要表现在涉及中国的外交事务中。另一个是民粹主义，它表现出来怀疑政府的所有行动，否认任何权威的判断。但是，我们还必须看到，尽管互联网上有许多激进的评论，但到目前为止，仍处于"动口不动手"的阶段。在线舆论的主要目标是县(市)级政府，这也是体制内的斗争。但是，线上线下交互变得更加频繁，和平抵抗发展为暴力抵抗的可能性提升，而且体制内部的抵抗可能会走向体制外的抵抗，而拆迁、环境保护和司法等民意事件通常会触发网民的有组织的集体行动。

---

① [法]古斯塔夫·勒庞：《乌合之众：大众心理研究》，中央编译出版社2004年版。
② [德]黑格尔：《法哲学原理》，商务印书馆1961年版。

(二)网络舆论监督的匿名性易导致监督失范

在现实生活中积累了心理压力却无法发泄现实的一些人，将互联网视为一个很好的出口。由于互联网的匿名性和开放性，一些网民基于“法不责众”的心态发表不负责任的言论，甚至放纵和激进的言行。在互联网上存在匿名的“马甲”，一些网民在“马甲”的掩护下到处起哄，做出现实生活中不可能发生的行为。作为一种社会动物，人类总是试图从周围环境中寻求支持，以免陷入孤立状态。当他们发现自己属于多数群体或拥有支配性意见时，他们更倾向于积极大胆地表达自己的意见，最终形成支配性意见。网民表达了一定的偏见，通过交流，这种倾向得到加强和扩大，最终形成极端的观点和行为非常容易。网络舆论中过多的言语举止不仅是网络社会道德失范的反应，而且反映出在匿名互联网环境下，公众的自我监督能力较弱。

(三)网络舆论监督的自发性可能导致虚假监督

互联网上舆论监督的行为通常是自发的和无意识的。在新媒体时代，互联网舆论具有强大的监督作用，网民自发地加入了舆论监督的行列。在参与在线舆论监督的人们中，有许多人有正义感，但其中许多人是为了发泄怒气。那些发泄愤怒的人经常出于个人利益，提供一些单方面甚至虚假的信息和极端的言论，以促进局势的异常发展。一些在线舆论监督是自发产生的，但是监督者本身缺乏自律意识。监督者监督机制的不完善，使自发性的，潜意识的监督活动失控，带来了无法预料的后果。

(四)网络舆论监督的情绪化可能影响司法审判的公正性

近年来，网络监督在维护个人权利，揭示事件的真相，表达公众情绪以及促进司法公正方面发挥了作用。但是，另一方面，司法机构也被舆论干预，司法独立受制于媒体审判，这对司法机构产生了负面影响。我国宪法规定，人民法院依照法律规定独立行使司法权力，人民检察院依照宪法规定独立行使检察权，不受行政机关，社会组织和个人的干涉。正义追求的目标是正义，正义的前提是司法人员在司法活动中保持中立。没有中立就没有正义。这就要求司法人员放弃私心，不受个人情感的影响，并拒绝一切涉及媒体干预或影响司法独立的行为。在某些事件中，公民的情绪被激怒，要求“杀之而后快”“不杀不足以平民愤”。这使公众舆论趋于片面，并迫使司法审判必须遵守所谓的“公众舆论”。实际上，公民的情绪绑架了正义。

(五)对网络舆论的监管缺失可能危害公共安全

舆论监督要求公开事实，但并非社会生活中的所有事件都应公开，尤其是在涉及国家安全和正常社会秩序的情况下，不应公开某些信息或对其进行秘密处理。世界上每个国家都有自己的保密制度，国家秘密的范围和保密制度是以法律形式确定的。在网络舆论监督出现之前，由于严格的新闻管制系统，传统媒体泄露国家机密的可能性很小。但是，由于网络舆论所发布信息的匿名性，广泛性和海量性，再加上自我监控能力较弱，泄露国家机密的可能性大大增加，这可能对国家利益和公共安全构成严重威胁。同时，网络舆论具有非理性的方面，一些公众通过互联网发泄他们在现实生活中积累的不满，或发布虚假信息导致舆论极端化，从而危害社会生活和公共安全。

近年来，网络舆论监督由于表达不规范而给社会带来了负面影响，主要表现为以下几种形式：

(1)人肉搜索。使用互联网作为一种媒介来聚合许多网民搜索信息的能力，并将单个查询过程更改为“人找人、人问人、一人提问、八方回应”的过程。人肉搜索与个人隐私有关，它正处于法律和道德的边缘。这种方法的确在某些舆论监督事件(例如“天价香烟”)中起了很大的作用，但是在新媒体环境中，整个社会的透明度增加了，它可以作为抵抗权力腐败的有力武器，但是一旦指导不当或缺乏控制就会失控，侵犯他人的隐私。特别是在大数据时代，新媒体记录了用户的一举一动，相关的隐私更有可能在“人肉搜索”中暴露出来。

(2)网络推手。它也被称为“网络水军”“网络公关公司”“网络营销公司”。它是从原始的“发帖员”发展而来，它用于互联网营销，使用网络信息传播和大众心理，借助各种传播工具，使用事件计划和舆论来引导关注特定信息的人们。普通公众舆论是人们在社会互动过程中形成的集体舆论，是各方共同努力的结果，是社会和互动的集体利益的体现。当舆论是民意的真实表达时，它将对整个社会的影响和民主环境的建设产生积极影响。但是，如果舆论是由网络发起者引起的，那么它并不代表真正的舆论，而是背后的事件。利益集团的利益。当网络推送程序潜伏在舆论浪潮中时，它对舆论具有极大的破坏力，因为它将以各种方式拦截，阻止和阻止舆论，从而使舆论朝着想要的方向发展。

(3)媒介审判。在一个重大的舆论监督案件中，存在几对矛盾：第一种是舆论和司法独立，第二种是司法独立和公共权力，第三种是舆论和公共权力。舆论监督与司法独立的最终目的是实现公正与独立。正义只是实现两者的另一种方式。舆论监督的基础是言论自由。它可以自由地评论法院的审判活动。司法独立的基本标准是“以事实和法律为基础”。这需要相对封闭的环境，以防止法官受到外界的影响和干涉。媒体审判的实质是侵犯言论自由对司法独立性的侵犯。公众打算通过言论产生的压力影响法官的判断，然后将判断偏向公众舆论方向。在这一过程中，司法独立屈从于公众舆论，同时又偏离了“以事实和法律为准绳”的判断标准。

(4)网络暴力。勒庞在《乌合之众：大众心理研究》中指出：“有时，在某些狂暴感觉的影响下，成千上万的孤立个体也获得了心理群体的特征。在这种情况下，一次突发事件足够使他们闻后聚集在一起，从而立即获得群体行为的独特属性。”①由于某些网民有目的性的议程设置以及网络舆论的爆炸性增长，有时情绪激动的人们宁愿相信谎言，也不愿相信事实。一旦发生网络暴力，受到舆论反对的一方将被迫承担“民主的暴政”的后果。由网络暴力引起的网络暴政不可低估。

三、构建新媒介传播形态下的民主机制

新媒体的出现给民主的发展带来了新的助推力，同时也带来了挑战和潜在的阻力，如

① [法]古斯塔夫·勒庞：《乌合之众：大众心理研究》，中央编译出版社2004年版。

何在新媒体环境里推动民主的良性发展？需要党和政府、传统媒体、网络舆论监督主体的共同努力。

(一)党和政府保障民主制度

党和政府必须从四个方面确保民主监督机制：政务公开、鼓励监督、完善机制和健全立法。

1. 加强政务公开，创建透明政府

新媒体带来的技术环境变化从根本上改变了舆论监督的客观环境，从“控制信息”到“信息公开”，从“接受选择”到“选择接受”。但是，“主观环境”对舆论监督产生了更直接的影响，因为舆论监督依靠公众意见来形成舆论流，并给决策者施加压力。改变事件的方向和结果不是强制性的，因此，公共权力的所有者，即执政党对舆论监督的态度将如何直接影响舆论监督的效果。舆论监督的对象是公共权力，公共权力持有者和与公共利益相关的公共事务，公开的政府事务是人们进行舆论监督的前提，党和政府应主动披露其人事、福利、资源分配等。对于紧急情况，除非涉及国家安全和公共利益，否则应发布最新的及时发展，以满足公众的知情权。让公共权力在阳光下运行。

2. 建立奖励机制，鼓励舆论监督“规范化”

网络问政在我国尚处于起步阶段。尽管一些官员已经意识到其重要性并将其付诸实践，但民众仍然参与迟缓。许多官员鼓励互联网“灌水”和“拍砖”，但是影响并不大，使人们感觉更像政府的举措或“作秀”。公众认识网络政治将需要一些时间。有关部门要加大宣传力度，同时借助传统媒体和政务新媒介向公众通报，扩大传播范围，加大传播力度；同时，让公众看到政府重视舆论监督的诚意，采用“建议和表彰”的方式向支持者和监督者表达重视。建立规范化的奖励机制，当网络建议成为习惯时，公众自然会表达自己的思想和见解，既可以激发大家参与政治的热情，又可以塑造民主政府的形象。

3. 完善网络舆论处理机制，促进基层舆论生态化改革

政府官员应重新确立对媒体的态度。“宣传部把关”思想显然不能适应新媒体环境下的舆论监督环境。官方舆论领域与私人舆论领域之间的矛盾是前车之鉴，在一些网络舆论监督事件中，地方官员对舆论监督的恐惧将小问题变成了大新闻，最终这些事件仅通过信息披露而得以平息。因此，当务之急是推进基层民意的生态改革。首先，基层官员必须纠正他们对网络舆论监督的态度。他们必须大胆而勇敢面对。其次，他们必须采取疏导舆论的方法，而不是原始的阻拦和压制方法。重大事件发生时，要尽快发布事实真相，抓住语篇的主动权，努力成为舆论的领导者，引导舆论的理性发展。当基层官员逐步积累有效，可靠的应对网络舆论的手段时，网络舆论的处理机制也逐渐完善。除了建立网络舆论处理机制外，更重要的是促进当地舆论生态系统的改革和重建，让互联网成为基层政府公共决策的平台。

4. 完善网络舆论监督立法，使网络舆论监督有章可循

作为意识形态，网络舆论也受到法律的限制。用法律为网络舆论的发展定义一个令人信服的框架，是指导网络舆论发展的重要途径。要建立健全网络舆论监督法律法规，依法治网，明确监督主体的权利和义务，新媒体舆论监督的前提必须是法律。目前，我国已经

形成了较为完善的网络法律体系，但是许多法律法规没有考虑到网络的高度开放性，流动性和发展性。在线语音控制、版权、隐私保护和在线虚拟财产保护领域仍然存在一些问题。由于舆论监督是民间力量，因此在制定合理的网络舆论监督标准时，应充分发挥市场的作用。在市场本身可以解决问题的地方，政府应避免干预和主观判断；在行业可以自我调整的地方，政府应立法为行业自律创造条件；在可以解决传统法律的地方，应尽可能使用传统法律，以避免过多的网络立法对网络舆论监督造成负面影响。为了使网络舆论监督与传统媒体舆论监督共同发挥作用，建立良好的舆论监督环境至关重要。因此，有必要弥补相关政策法规的不足，加快我国新闻政策体系和新闻立法进程的完善。

(二)传统媒体发挥经验优势

传统媒体应从以下三个方面充分发挥传统优势，加强对新媒体舆论监督的指导。

(1)利用传统优势来把握内容的制高点。尽管受到了新媒体的影响，各种统计数据表明，传统媒体的优势使其保持了勃勃生机。新媒体为公众发布信息提供了极好的条件，但是由于缺乏控制和问责制，内容真假难辨、良莠不齐。传统媒体在业务中的经验是使用大量的人力、物力和个人资源来制作高质量的内容，并且由于品牌的积累，权威性和信誉度很高。在互联网上传播的零散线索应作为新闻产品产生，而网民(或手机用户)产生的碎片化、真伪共存的信息应处理成专业和权威的新闻。传统媒体长期积累的权威性使内容一经报道便迅速被新媒体转发。因此，面对一些重大事件，传统媒体应在内容上努力，从不同角度进行深入探索，以呈现事件。以理性的态度指导新媒体和其他受众的思想，占据舆论监督的制高点。

(2)掌握舆论动态并制定议程。舆论的形成是一个动态的过程，将受到各种因素的限制和影响。当重大事件发生时，事件的发展将首先影响民意的直接趋势。首先，媒体必须跟进并报道事实；其次，必须走出事实，理性地考虑事件的趋势，并抓住机会在媒体中确定议程。不仅要抓住内容的制高点，而且要从高度和深度上引导舆论思考。经过多年的专业学习和实践经验，传统媒体中的专业媒体专业人士将比普通网民具有更高的专业新闻敏感性，他们将能够看到隐藏在民意背后的事实。为了引导舆论的健康发展，传统媒体应采取果断措施争取制高点，不仅要确保报道内容的质量，还要发挥观察和判断全局的能力。在他们的思想和指导舆论的方向。传统媒体当前正在新媒体平台上在线运行，或者建立独立的新媒体应用程序以借助媒体集成来扩大其影响力。

(3)抓好事件总结，积累理性经验。自从新媒体诞生以来，传统媒体在突然强大的对手面前经历了一段困惑，但它却慢慢找到了在战场上生存的方法。从最初的失语症，到与新媒体的互动，再到重新掌握最高舆论，在这个过程中完成了经验积累。在每一个重大事件中，媒体都有失误和失误，总是有值得骄傲的地方。通过总结，它记录了每个过程中值得学习或思考的内容，并且对于将来的业务发展和公众舆论也是如此。在控制之下，我们可以积累更多理性的经验。对于传统媒体而言，在每一个引起公众关注的重大事件之后，记者和相关报道人员都会做出类似的总结，并为“意见领袖”提供重要指导，以便他们在未来遇到类似情况时监督舆论。

(三)网络舆论监督主体提高公民意识

网络舆论监督的主体包括普通网民以及网络从业人员。他们的认识水平在舆论的发展方向和舆论监督的强度中起着至关重要的作用。

加强网络从业人员的专业素质培训。互联网从业人员在在线舆论监督过程中，扮演着“守门人”“议程设置”“意见领袖”等角色。它们具有一定程度的“阀门”作用，其思想道德素质水平，法律意识和政治敏锐性程度，识别虚假信息的能力和判断当前状况的能力非常重要，直接影响着舆论趋势。在一定时期内间接影响社会的和谐与发展。幸运的是，这些素质和能力可以通过获得的培训和学习来获得。在市场经济条件下，大多数在线媒体都被商业化了。如果某些媒体盲目地满足网民的需求，以单方面追求经济利益，争夺公众的关注，并以不负责任的方式在互联网上发布虚假信息，则会损害网络媒体。逐渐建立的信誉不仅不能促进对网络舆论的监督，而且会导致舆论误入歧途。因此，不仅要加强行业自律，而且要提高网络从业人员的专业素质。宣传部门可以组织对网络从业人员的定期培训，并资助地方财政。

从年轻人开始，培养网民的公民意识。网民是网络舆论监督的主力军，提高他们的公民意识对于提高中国网民的整体素质和建设合理的网络舆情环境具有重要意义。目前，各个年龄段的网民数量相对均匀，但未成年人和低学历网民的比例仍然比较大。低龄化的结构对我国目前的网络监管构成了挑战，而且年轻的网民普遍缺乏社会。相对缺乏经验，独立思考和判断能力，很难对互联网上的混杂的信息做出理性的选择，长期接触低俗的信息不利于他的成长。如何提高未成年人的媒体素质，直接决定着我国未来网民的结构特征，深刻影响着我国的素质和时代。从早期开始就应将媒体素养教育纳入教学范围，使媒体素养逐渐融入意识形态，长期学习和倾听将不可避免地提高公民的整体网络媒体素养。

【延伸阅读】

1. 尹韵公：《新媒体蓝皮书：中国新媒体发展报告》，社会科学文献出版社 2012 年版。

2. 邱林川、陈韬文：《新媒体事件研究》，中国人民大学出版社 2011 年版。

3. [美]帕雷兹：《美国政治中的媒体：内容和影响》(第二版)，宋韵雅、王璐菲译，南京大学出版社 2010 年版。

4. 罗新星：《公民新闻：人人都是记者》，载《社会科学评论》2009 年第 4 期。

5. 廖礼中：《是“公民记者”还是“公民报道者”》，载《新闻记者》2009 年第 1 期。

6. 李良荣、郑雯：《论新传播革命——“新传播革命”研究之二》，载《现代传播》2012 年第 4 期。

【思考题】

1. 新媒体与传统媒体在进行政治传播时各自的优缺点是什么？

2. 我国公民社会的发展面临哪些阻碍？

3. 你赞成不赞成实行网络实名制？为什么？

4. 当前我国公民网络政治参与的形式有哪些?
5. 谈谈当前公民网络政治参与存在哪些问题?
6. 如何理性看待新媒体时代的网络舆论监督?